U0835556

Sports Vision

Vision Care for the Enhancement of Sports Performance

运动视觉

促进运动表现的视觉防护

[美] Graham Erickson
英国奇切斯特大学
钱菁华 等 译

北京体育大学出版社

策划编辑：孙宇辉
责任编辑：田　露　井亚琼
责任校对：吴　珂　刘艺旋
版式设计：李　鹤

北京市版权局著作权合同登记号：01-2021-5620

图书在版编目（CIP）数据

运动视觉：促进运动表现的视觉防护 / (美) 格雷厄姆·埃里克森 (Graham Erickson) 著；钱菁华等译. -- 北京：北京体育大学出版社, 2021.3（2022.7重印）

书名原文: Sports Vision: Vision Care for the Enhancement of Sports Performance

ISBN 978-7-5644-3173-0

Ⅰ.①运… Ⅱ.①格… ②钱… Ⅲ.①体育运动－视觉－研究 Ⅳ.①G804.21

中国版本图书馆CIP数据核字(2019)第101587号

运动视觉：促进运动表现的视觉防护

YUNDONG SHIJUE：CUJIN YUNDONG BIAOXIAN DE SHIJUE FANGHU　**钱菁华　等　译**

出版发行：北京体育大学出版社
地　　址：北京市海淀区农大南路1号院2号楼4层办公B-212
邮　　编：100084
网　　址：http：//cbs.bsu.edu.cn
发 行 部：010-62989320
邮 购 部：北京体育大学出版社读者服务部 010-62989432
印　　刷：北京昌联印刷有限公司
开　　本：710mm × 1000mm　1/16
成品尺寸：170mm × 228mm
印　　张：23
字　　数：381千字
版　　次：2021年3月第1版
印　　次：2022年7月第2次印刷
定　　价：48.00元

本书如有印装质量问题，请与出版社联系调换

ELSEVIER

Elsevier (Singapore) Pte Ltd.
3 Killiney Road, #08-01 Winsland House I, Singapore 239519
Tel: (65) 6349-0200; Fax: (65) 6733-1817

Sports Vision: Vision Care for the Enhancement of Sports Performance
Copyright © 2007 by Butterworth-Heinemann, an imprint of Elsevier Inc. All right reserved.
ISBN-13: 978-0-7506-7577-2

This translation of *Sports Vision: Vision Care for the Enhancement of Sports Performance* by Graham Erickson was undertaken by Beijing Sport University Press and is published by arrangement with Elsevier (Singapore) Pte Ltd.
Sports Vision: Vision Care for the Enhancement of Sports Performance by Graham Erickson由北京体育大学出版社进行翻译，并根据北京体育大学出版社与爱思唯尔（新加坡）私人有限公司的协议约定出版。

《运动视觉——促进运动表现的视觉防护》（钱菁华等译）
ISBN: 978-7-5644-3173-0
Copyright © 2019 by Elsevier (Singapore) Pte Ltd. and Beijing Sport University Press.
All rights reserved. No part of this publication may be reproduced or transmitted in any form or by any means, electronic or mechanical, including photocopying, recording, or any information storage and retrieval system, without permission in writing from Elsevier (Singapore) Pte Ltd. Details on how to seek permission, further information about the Elsevier' s permissions policies and arrangements with organizations such as the Copyright Clearance Center and the Copyright Licensing Agency, can be found at our website: www.elsevier.com/permissions.
This book and the individual contributions contained in it are protected under copyright by Elsevier (Singapore) Pte Ltd. and Beijing Sport University Press (other than as may be noted herein).

声明

本译本由Elsevier (Singapore) Pte Ltd.和北京体育大学出版社完成。相关从业及研究人员必须凭借其自身经验和知识对文中描述的信息数据、方法策略、搭配组合、实验操作进行评估和使用。由于医学科学发展迅速，临床诊断和给药剂量尤其需要经过独立验证。在法律允许的最大范围内，爱思唯尔、译文的原文作者、原文编辑及原文内容提供者均不对译文或因产品责任、疏忽或其他操作造成的人身及/或财产伤害及/或损失承担责任，亦不对由于使用文中提到的方法、产品、说明或思想而导致的人身及/或财产伤害及/或损失承担责任。

Printed in China by Beijing Sport University Press under special arrangement with Elsevier (Singapore) Pte Ltd. This edition is authorized for sale in the People' s Republic of China only, excluding Hong Kong SAR, Macau SAR and Taiwan. Unauthorized export of this edition is a violation of the contract.

参编及翻译人员

Jason Brumitt（詹森 · 布鲁米特）
实验师
物理治疗学校
太平洋大学
福利斯特格罗夫，俄勒冈州

Peter Shaw–McMinn（彼得 · 肖–麦克明）
助理教授
南加州视光学院
富勒顿，加利福尼亚州

主　译： 钱菁华、高颀
副主译： 刘冬森
译　者：（按姓氏拼音排序）
冯鹏鹏　高　颀　刘冬森　卢　玮　钱菁华　阮　槟　邵丽娜
司翔月　王立娟　王　烁　王　洋　伍　盈　杨　笛　张　驰
张津沁　张　秦

向我的妻子迪娜和孩子

亚历山大和玛雅致敬，

是他们给予我永恒的爱和支持。

向运动视觉的学生和从业者致敬，

是他们给予我鼓励。

前　言

这些年，运动中视觉表现的作用得到了相当多的关注。随着体育和娱乐活动的参与率越来越高，眼科医生和体育相关人员对运动员的视觉防护服务的兴趣已经加强。运动视觉可以定义成为保护、纠正、增强视觉而设计的视觉防护和咨询，可以使运动更加安全、愉快。它包含了范围相当广泛的专业技能，包括在运动中的预防和处理与运动相关的眼部损伤，确定和提供适当的屈光矫正，确定适当的护目镜，了解滤光片及其在运动中的潜在应用，评估和治疗视觉功能低下，评估运动专项视觉技能，加强视觉表现的视觉训练方法，以及与运动员和其他体育相关人员的沟通。视觉状况对大多数运动表现都有指导意义，运动视觉是众多可以有助于最佳运动表现的学科之一。

在研究运动视觉可能对运动员产生的作用的过程中，之前的调查显示，虽然人们对运动视觉领域的兴趣越来越浓厚，视觉防护服务仍然没有满足运动员的需求。随着运动员的运动水平不断达到新的高度，每一个与运动专项相关的技能被优化，都会对加强运动表现产生很大影响。调查显示，团队人员和验光师对以下这些都很感兴趣，包括视觉筛查，适当的眼部防护，屈光评估和矫正，以及治疗和增强视觉表现的视觉训练。然而，这方面现有的研究是分散的而且质量良莠不齐。

就我个人而言，我一直参与不同临床环境中的运动视觉服务以及从事运动视觉的教学工作，培养学生和训练师。这种两种经验的结合让我有义务不仅学习必要的技能，也理解相关专业和研究文献。我发现，对于教学目标而言，已出版的运动视觉文章不是范围局限、过时，就是已经绝版。本书对眼科医生为运动员提供的视觉防护服务的主要方面进行了综述，这些主要方面都源于对运动表现极为重要的视觉需求的分析。我试图根据视觉科学调查建立一个基础参考，以指导临床防护的应用，这是一种循证医学的方式。感谢许多训练师和研究人员分享了他们对于运动视觉这个新兴领域的想法和见解，书中所讨论的概念和程序是这些人共同智慧的结晶。尽管在许多领域仍有很多问题没有答案，查阅、分析相关的研究结果并结合逻辑推理可以指导从业者确定适当的视觉防护。

人们对于运动和娱乐活动的追求造就了一个每年盈利数十亿美元的行业，在过去30年，这个行业有了很大的成长。正如我想为学生和从业者指出的，几乎每一个病人都是有运动视觉障碍的病人。理解他们的需求以及提供专业的服务以满足这些个人的需求，是每一个成功实践的基本要求。

格雷厄姆·埃里克森

致谢

我衷心感谢下列人士对本书所做出的贡献：Bradley Coffey（布莱德利·科菲）博士，Alan Reichow（艾伦·赖肖）博士，Karl Citek（卡尔·赛克）博士，Stephen Beckerman（斯蒂芬·贝克曼）博士，Steven Hitzeman（史蒂夫·海茨曼）博士，Alan Berman（艾伦·伯曼）博士，Lorne Yudcovich（罗恩·尤德科维奇）博士，Dina Erickson（迪娜·埃里克森）博士。感谢太平洋大学对这个项目的鼓励和支持，以及Nike的视觉团队在理论和实践方面的援助。对我的学生和研究助理在我职业成长中所起到的作用表示永久的感激。感谢Elsevier（爱思唯尔）的Christie Hart（克里斯蒂·哈特）和Laura Kudowitz（劳拉·库多维茨）为开发和生产方面提供的帮助和弹性空间。

目 录

第一章

运动视觉介绍

本章大纲

术语概述

历史进程

运动视觉临床模型综述

运动视觉的展望

你曾希望自己可以提高击打率、减少高尔夫球差点，或者将自己喜欢的运动从事得更好吗？大多数参加运动的人都希望赢得比赛或者至少提升他们的运动表现。各个竞技级别的运动员都会花费大量的金钱在运动上，包括装备和服装。然而很多失败的表现并不是由不好的装备、服装或是错误的身体动作造成的，而是运动时对时机和位置判断错误而导致的。

发达国家中有相当一部分人会参加一定程度的体育活动。美国国家运动器材协会每年会对美国运动参与者的运动项目和性别进行统计。必须认识到体育参与者会涉及不同年龄、性别、种族和社会经济地位的人；每个病人都是潜在的运动视觉患者。此外，很大一部分人可能不会积极参与体育活动，而仅仅是热心观众。

视觉在运动中的角色引起了很大争议。视觉是指导身体肌肉做出反应的信号。传奇的足球教练布兰顿·科利尔被认为是“眼睛引导身体”概念的创造者。[1]视觉为运动员提供有关何时何地进行反应的信息。体形、力量、速度和灵活性方面的优势并不能完全弥补视觉信息的缺乏。例如，如果眼睛不告诉击球手球的位置，无论这个挥棒多么完美，他都不会打到球。甚至对于不同的观众，优秀的视觉功能也可以提供更多的条件来享受比赛。视觉是体育表现的一个关键因素，关于这一点有一些争议存在；然而，有对立的证据表明，成功的运动员具有更优越的视觉功能，这使他们在运动中能够比新手运动员观察和表现得更好。

对运动团体进行有关视觉能潜在影响运动表现方面的教育。为了更清晰地传达这些知识，应该讨论以下视觉因素。

• 视力：视网膜上图像的清晰度和眼部健康。

• 运动/感觉：定位稳定性和眼球运动，适应，聚集和融合; 视觉引导运动性能。

• 信息处理：快速准确的视觉处理，判断和决策。

了解这些因素与运动表现的相关性为有效地提出具体的视觉防护建议提供了途径。接受了更好的建议的运动群体会通过改进服务而受益，这些服务可能使运动和比赛更加安全、愉快和成功。

1 术语概述

“运动视觉”一词被用来描述很多提供给运动员的视觉防护服务。美国眼科学会运动视觉部门的使命是通过教育、损伤预防和加强运动员的视觉表现来促进眼科运动视觉防护的质量和传播。在这个领域工作的医生通常涉及一个或多个下列专业活动[2]。

• 眼部运动损伤的预防和管理。

• 对功能性视力无效的评估和矫正可能对竞技稳定性造成的不利影响。

• 专业的接触镜服务要着重考虑运动中的环境因素、观察位置的因素、急救护理以及达到的最大视力。

• 基于运动表现的眼睛保护服务要能满足视觉和环境的需求。

• 特定运动视觉能力的评估。

• 特定运动视觉能力的加强训练被认为是保持专项运动的竞技稳定性必不可少的部分。

• 与运动员、教练、训练员和团队进行的关于运动员峰值表现一致性相关的咨询。

全球许多团体致力于追求卓越运动。人类峰值表现一个关键性的，但经常被忽略的方面就是视觉。无论运动员参与运动的水平如何，本书中提供的信息都应该有助于刺激这些专业服务被纳入运动员的护理中。

在北美，运动视觉一词一直与旨在加强运动表现的视觉治疗有关。上文定义的运动视觉领域清楚地表明，这些服务中的许多内容是基础的、主要的视觉防护服务，这些服务被改进以满足特定的任务需求。所有眼科医生在为运动员提供视觉防护服务时应该考虑视力表现因素。

2　历史进程

佩戴运动专用眼镜可能是视觉因素在运动表现方面最古老的应用。达兰德描述了美国阿拉斯加州原住民早期使用狭长的口罩进行狩猎，[3]并且在文献中还描述了许多其他专用的光学器具。[4]在某种程度上，为避免日光辐射和强光伤害的视觉保护已沿用几个世纪。但可能由于实用与美观相结合存在困难，光学折射补偿并没有被广泛使用到运动中去。平常用的眼镜通常不适用于运动，直到20世纪后半叶，接触镜技术还没有成为大多数运动员的理想选择，到20世纪90年代后期，屈光手术方案才有效。如今，视力矫正以及视力保护技术和方案设计的巨大进步使运动员受益匪浅（见第六章）。

运动员视觉技能的评价也已经成为引起人们浓厚兴趣的领域。最早引用的文献是1921年一篇关于传奇棒球运动员贝比・鲁斯的感官和运动天赋的报道。[5]随后的一篇文章讨论了棒球运动中视觉的作用。[6]这些早期的文章在视觉技能分析的基础上，提供了评估棒球运动表现潜在因素的建议。有趣的是，文献中关于伟大的贝比・鲁斯的真实视力的描述存在争议。尽管早期报道，鲁斯的视力比普通人快了12%，[5]但是一篇1991年的文章报道说，在一次眼科检查中，发现他的左眼是失用性弱视。[7]击球中深感觉的潜在作用受到鲁斯的视力差异的影响；而他表现得如此出色，可能是因为他具有优异的视觉技能或者尽管因为先天性弱视而造成退化的立体视觉，但是他仍然能成功。虽然这些相对矛盾的报道没有给出明确的解决方案，但是一些人推测，单侧视力丧失可能是鼻咽癌的并发症，而不是漏查的先天性疾病。[8]视觉在运动表现中的确切作用依然存在很大争议，多年来已经提出了许多视觉评估方案，试图发现运动表现这方面的性质。

由于视觉技能普遍被认为是大多数运动表现的关键因素，人们对通过使用训练方法提高视力来提升运动表现方面已经表现出极大的兴趣。许多视觉特性已被训练，而它们被认为是运动中非常重要的部分。关键的问题是运动特定视觉能力是否真的可以被训练，以及视觉技能的改进是否可以提升运动员的运动表现。尽管文献中几乎没有支持运动视觉训练的报道，但是这些报道经常有明显的错误。不过其在逻辑上可以推测视觉技能表现的提升可以在运动员准备比赛时，提供潜在的优势。

运动的普及以及视觉在运动中的作用促进了专业交流机构的诞生。1978年，美国建立了AOA（美国眼科学会）运动视觉部门，从而成为首个建立运动视觉实体交流组织的国家。像许多类似的组织一样，AOA运动视觉部门为医生提供继续教育的场所，他们通过电子通信和会员目录的转接网络来更新升级，以及获取《运动视觉指南》和《运动视觉参考书目》等专业材料。该部门积极参与了同其他组织的专业交流，例如美国奥委会、特奥会（特殊奥林匹克运动）、美国业余体育联合会（AAU）、青奥会（青年奥林匹克运动会）、美国运动医学学会、美国国家体育教练员协会和美国全国大学体育协会。该部门为医生和学生提供参与运动视觉活动的机会。总之，AOA运动视觉部门给医生提供了合作和发展专业的机会。

除美国之外的国家也已经建立了研究运动视觉的机构。加拿大验光师协会在1987年建立了运动视觉部门；欧洲运动视觉学院于1989年在意大利成立；澳大利亚验光师协会于1993年成立了运动视觉部门；此外，英国运动视觉协会于1993年成立。[4]这些组织在各自的地区与AOA运动视觉部门具有类似的功能，并且有助于促进全球运动视觉的发展。

1979年，太平洋大学视光学院开始在视光学课程中提供运动和休闲视觉的选修课程。北美的所有视力学校和学院都在课程中提供一定程度的运动视觉教育。AOA运动视觉部门已经通过一个名叫“运动视觉大学”的教育项目来补充这部分教育。运动视觉大学为验光学学生提供一个全面了解运动视觉的机会，这个课程由两位公认的运动视觉专家（一名学者和一名私人执业者）来教授。这个课程涵盖了矫正和保护运动员视力、管埋眼部运动损伤、评估运动员的视觉表现技能、提升运动员视觉表现技能以及营销和建立运动视觉实践等主题。每4年这个项目就会在北美的每所视力学校和学院进行一次。

3　运动视觉临床模型综述

对运动员的视觉防护应该从视觉因素的识别开始，这些视觉因素潜在地帮助人类提高峰值表现。因此，这些特定的功能应该尽可能地被分离和测量。不同运动项目的关键视觉需求可能会有很大不同。第二章详细介绍了任务分析的方法，这是一个为任何运动项目或任何位置的运动员提供适当的视觉防护必不可少的过程。由于运动表现通常需要运动员处理视觉信息并做出适当的动作反应，医生也应该了解视觉信息是怎样被处理的，以了解在熟练的动作表现中发生视觉信息处理的本质。第三章介绍了熟练的动作表现中的信息处理模型，为理解运动表现的相关方面提供了一个有用的方法。

一旦医生确定了运动视觉因素是对运动成功起决定性作用的视觉任务所必不可少的，就应该做一个评估，以最恰当、准确和可重复的方式衡量这些技能。与成功的运动表现相关的视觉技能尚未被最后确定。因此，医生必须依靠现有的文献和专业判断来决定最适合每个运动员的评估。第四章提供了针对每个潜在视力评估区域和一项评估中的每个评估区域相对测量值的循证说明。第五章介绍了执行团队视觉筛查的建议，以及与向团队提供视觉防护相关的独特挑战。应该为患者总结筛查或评估的结果。第五章中推荐了评定运动员表现指标，从而突出较强或较弱的部分，并给出一些视觉的建议。

眼科医生的根本作用是为运动员提供有关视力矫正以及眼科产品的潜在用途和益处的专业咨询服务。每个运动员都会有影响眼科建议的特定变量。性别、年龄、参与水平、运动类型及产品的使用史都会影响他们的选择。一些运动员寻求单一的产品来满足所有的视觉表现需求，而其他运动员寻求满足各种特定需求的最佳产品。眼科医生应该向运动员患者提供关于眼镜、护目镜、太阳镜、接触镜和屈光手术的优缺点的建议。第六章讨论了视力矫正、眼睛保护和视力增强的不同可选形式所涉及的问题。医生应该帮助运动员做出他个人需求的最佳选择。

参与运动就会有眼睛损伤的风险。眼科医生可以在与预防运动相关的眼睛损伤中发挥关键作用，如果发生眼睛损伤，应立即进行急救管理，必要时将运动员转至合适的专家处，并对有持续眼睛损伤的运动员进行后续护理。第七章从运动防护师和眼科护理专业人士的角度概述了与运动相关的眼部创伤的评估和管理，并总结了一些关于运动员眼部损伤的有效处理建议。

如前文所述，大家对是否可以通过使用训练方法来提高视力从而提高运动表现是非常感兴趣的。如果较弱的技能可以提升到平均水平，那么按理来说，视觉缺陷的运动员有希望在受影响的运动表现方面有所提高。具有平均或高于平均水平的视觉技能的运动员，视觉技能呈现更加引人注目和有争议的挑战性。运动员的视觉技能可以被提升到平均水平以上吗？以及这种技能的提升可以导致运动任务表现的显著改善吗？最近的文献综述得出结论，尽管可能需要数千次的尝试，但大多数正常的视觉功能可以通过特定的训练范例来改善。[9]几项研究指出，视力训练计划对体育专项任务有积极影响，[10–13]而有些研究并没有发现运动表现因其而改善。[14–16]然而，每一个运动视觉训练师都应该在遵从指南的前提下，开发出一种最适合自己的实践模式来提升视觉表现。第八章提供了运动视觉从业人员使用的视觉表现增强程序的示例及有效训练计划的基本原理和框架。

最后一章涉及在专业实践中运动视觉服务发展的独特问题。讨论了内部和外部的营销挑战，突出了扩大这一实践领域的方法。

4 运动视觉的展望

在过去30年中，验光师使用和提供的运动视觉服务普遍增加。[17]眼科护理专员是北美职业体育和许多大学运动部门的健康服务团队的常见组成部分。视觉防护服务的范围包括视力筛检计划、接触镜视力矫正、眼睛保护咨询、眼睛损伤管理和视觉表现增强训练计划。这些服务是在运动场或从业者的实践中提供的。运动团体对运动视觉服务存在很大兴趣，而且他们普遍认为眼科护理专员充分满足这一需求。[17]

眼科护理专业在运动视觉服务的传播方面有相当大的发展空间。许多高水平运动员从未接受过全面的视力检查，并且很大程度上不知道运动视觉服务对运动表现的潜在影响。事实上，护目镜在运动中的使用率反映了公共教育计划对运动团体的影响是有限的。在本章开头列出的所有运动视觉防护领域的发展潜力都是巨大的。

专业的持续发展要求该行业解决一些可能妨碍该领域固有潜在价值实现的关切点和问题。具体来说，临床评估程序需要符合人体工学原理，产生可重复和可靠的结果，区分表现水平，易于获得且成本不高，还要能够在大多数临床实践设备中实施。如果制订这种评估程序，这些程序必须具有对照研究证明过的良好的科学有效性。如果可以实现这一点，运动视觉技能评估可能会成为患者护理的一个常见方面。

类似地，视觉表现增强训练程序需要一定程度的验证以获得更广泛的认同。对于评估程序所描述的一些相同的期望特征也适用于训练程序。训练计划应尝试通过相关实验室和临床研究来证明视觉技能的提高。如果可能，视力技能表现的提高也应与并存的运动表现的改善相关。然而用单一干预方式来改善运动表现是十分困难的。体育训练的任何领域也都是必需的，包括力量训练、身体素质、速度和灵敏性训练、营养方案和运动心理学。如果通过设计严谨的研究显示出明显的关键视力技能的提高，那么就为运动表现的提高提供了有利证据，而这可能比传统报告更容易被接受。

运动视觉专家有巨大的潜力来提供咨询服务。运动产品的发展一般不考虑影响知觉的视觉因素。运动视觉专家处于独特的地位，可以在潜在的独特方面促进产品创新。运动视觉专家可以在譬如产品颜色的选择、功能眼镜的光学性能、性能色调工程以及运动员接触镜的理想特性等领域提供科学支持的建议。这些潜在的机会可以为实践者带来丰富的专业经验。

作者希望，在这方面，本书将有助于增加对运动员运动视觉服务的提供，并激发、提高他们对运动视觉专业发展的兴趣。眼科护理从业者有潜力为运动员的表现做出贡献。最终，运动视觉防护有助于提升人类潜能。

参考文献

[1] Collier B: The eyes lead the body, *Optom Management 15:*73, 1979.

[2] Coffey B, Reichow AW: Optometric evaluation of the elite athlete, *Prob Optometry 2:*32, 1990.

[3] Daland J: Eskimo snow blindness and goggles, *Optom J Review Optom 39:*1334, 1917.

[4] Loran DFC: An overview of sport and vision. In Loran DFC,MacEwen CJ, editors: *Sports vision,* Oxford, 1995, Butterworth-Heinemann.

[5] Fullerton HS:Why Babe Ruth is the greatest home run hitter: *Popular Science Monthly* tests in the laboratory his brain, eye, ear and muscle—and gets his secret, *Popular Science Monthly 99:*19, 1921.

[6] Abel O: Eyes and baseball,*Western Opt World 12:*401, 1924.

[7] Blodi FC: Some famous persons with visual problems as shown on postage stamps, *Doc Ophthalmol 77:*295, 1991.

[8] Voisin A, Elliott DB, Regan D: Babe Ruth: with vision like that, how could he hit the ball? *Optom Vis Sci 74:*144, 1997.

[9] Ciuffreda KJ,Wang B: Vision training and sports. In Hung GK, Pallis JM, editors: *Biomedical engineering principles in sports,* New York, 2004, Kluwer Academic, pp 407-433.

[10]. West KL, Bressan ES: The effect of a general versus specific visual skills training program on accuracy in judging length-of-ball in cricket, *Int J Sport Vis 3:*41, 1996.

[11] Quevedo-i-Junyent L, Sole-i-Forto J: Visual training program applied to precision shooting, *Ophthalmol Physiol Opt 15:*519, 1995.

[12] McLeod B: Effects of eyerobics visual skills training on selected performance measures of female varsity soccer players, *Percept Mot Skills 72:*863, 1991.

[13] Kofsky M: Sports vision visual training and experimental program with Australian Institute of Sport Basketball players, *Austr J Optom 6:*15, 1988.

[14] Abernethy B,Wood JM: Do generalized visual training programmes for sport really work? An experimental investigation, *J Sports Sci 19:*203, 2001.

[15] Quevedo L, Sole J, Palmi J, et al: Experimental study of visual training effects in shooting initiation, *Clin Exp Optom 82:*23, 1999.

[16] Wood JM, Abernethy B: An assessment of the efficacy of sports vision training programs, *Optom Vis Sci 74:*646, 1997.

[17] Zieman B, Reichow A, Coffey B: Optometric trends in sports vision: knowledge, utilization, and practitioner role expansion potential, *J Am Optom Assoc 64:*490, 1993.

第二章

运动视觉任务分析

本章大纲

运动或活动中的一般视觉特征
- 静态和非静态
- 持续需求
- 非动态与动态
- 对比度
- 目标尺寸
- 边界
- 视觉空间范围
- 物体/地面颜色、纹理、阴影
- 视觉时间
- 距离的远近
- 定向定位
- 深度辨别与空间定位
- 注视角度
- 身体位置和平衡
- 压力（认知和心血管）
- 视觉注意要求
  （中央、外周与分散注意力）

体育与娱乐环境分析

视觉任务分析示例
- 动态反应性运动
- 非动态精确运动

如果可以的话，运动员的视觉防护应该从鉴别潜在的有助于人类峰值表现的视觉因素开始，以便这些特定的功能可以被分离和测量。对于不同项目而言，对其成功至关重要的视觉需求会有很大不同。例如，动态和反应性运动（如篮球）和目标射击的静态精准性需求相比有非常不同的视觉需求。本章为任务分析提供了方法，这对于为相应运动、相应位置的运动员提供针对性的视觉防护是十分重要的。

医生对相关体育活动的了解程度为运动员高质量的视觉防护提供了基础。自身也参与体育活动的医生会更加贴切地了解运动员的视觉任务需求。然而，通过与运动员或其他运动专家（如教练）的广泛互动，可以获得关于体育运动视觉任务需求的许多关键见解。这些见解可以通过观察体育运动得到进一步补充，为积累个人经验提供机会。例如，作者第一次和一名双向飞碟射击运动员合作时，由于作者没有这项运动的个人经验，故有必要和运动员进行广泛的交流。交流之后，可以去参观射击场地来观察这项活动以积累个人经验，以便获得对双向飞碟射击视觉任务需求的进一步了解。

许多其他渠道可用于获得相关特定体育活动需求的信息。AOA运动视觉部门以指南的形式提供了对各种运动中涉及的许多视觉因素的详细见解。[1]这些指南是由经验丰富的验光师参与编写的，并且AOA运动视觉部门的会员可在AOA网站（www.aoa.org）浏览，也可以从AOA购买印刷版。一些不常见的娱乐活动信息可以通过在互联网上搜索或查阅体育杂志等书籍来轻松找到。也可以向在体育活动中有丰富的与运动员合作经验的医生进行咨询，这能够为任务分析过程提供更多宝贵的见解。

1　运动或活动中的一般视觉特征

视觉特征由运动或活动中的视觉任务需求构成。一系列的任务亚群被展示出来并被用来发展在运动中涉及的主要特征。

1.1　静态和非静态

静态任务要求视觉信息是静止的，处理的是稳定的图像。具有静态任务需求的体育活动包括射箭、射击运动、高尔夫球、篮球罚球、足球和曲棍球的罚任意球等。运动任务允许运动员基于稳定的视觉信息来微调运动反应。

非静态任务需求是视觉信息在运动中的需求，需要不断处理变化的视觉信息。许多体育活动具有非静态任务需求（框2–1）。例如，在选择进攻路线之前，足球运动员通常没有足够的时间来研究对手的防守运动。

框2-1　非静态视觉需求的运动

棒球	帆船
篮球	滑冰
拳击	双向飞碟和抛靶射击
自行车	滑雪
橄榄球	足球
曲棍球	垒球
武术	冲浪
赛车	水球
持拍运动	排球

1.2　持续需求

比赛的持续时间决定了运动员必须维持视觉表现的时间。一项研究表明，绝大多数运动都必须在2h内完成。[2]因此，许多运动需要超过1h的持续视觉表现（框2-2）。在诸如登山等体育活动中，能够在几小时内维持高水平的视觉信息处理的能力并不仅仅是一种优势，同时也是对生命的保护。

框2-2　有持续需求的运动（持续时间超过1h）及有短时间强需求的运动

有持续需求的运动	有短时间强需求的运动
棒球和垒球	射箭
篮球	棒球和垒球的击打
拳击	短程高速赛车
自行车	体操
橄榄球	速度和花样滑冰
高尔夫球	滑雪（高山和跳台）
曲棍球	射击运动
武术	田径
赛车	
登山	
持拍运动	
帆船	
滑冰	
双向飞碟和抛靶射击	
北欧滑雪	
足球	
水球	
排球	

在一些运动中，整个比赛过程必须持续保持高水平的表现，但整个项目的持续时间较短。这种类型的运动在比赛过程中通常具有较长的休息间隔，例如框2–2中列举的例子。视觉信息处理的需求在这些项目中通常是高强度的，例如高山滑雪，但运动员在比赛期间有大量的休息时间。

1.3 非动态与动态

本书使用动态来描述进行体育活动的运动员。在许多运动中，运动员必须在运动时执行动作（框2–3）。例如，曲棍球运动员要在持续存在视觉障碍的运动中保持平衡，并必须持续地在比赛中执行动作。

在非动态体育活动中，运动员相对平稳。非动态运动包括框2–3中列出的示例。即使在高尔夫球的挥杆期间，运动员也可以分析用于指导每次击球的视觉信息，同时保持相对不动。

框2–3 运动员必须在运动中执行动作的动态运动及运动员相对稳定的非动态运动

动态运动	非动态运动
棒球和垒球	射箭
篮球	高尔夫球
拳击	赛车
橄榄球	射击运动
体操	
曲棍球	
武术	
赛车	
登山	
持拍运动	
滑雪	
滑冰	
足球	
冲浪	
田径	
水球	
排球	

1.4 对比度

微妙差异的判断是运动中常见的视觉任务（框2–4）。对比度可能受到天气引起的光照变化、人造照明、阴影、眩光、运动条件和背景等因素的影响。此外，当物体处于运动中，它们的对比度就会降低。因此快速反应运动往往对敏感度的要求更高。例如，经典的黑白图案的足球在静止时具有高对比度，但是旋转很强烈时，对比度显著降低。但由于球的旋转提供了关于其飞行轨迹的重要线索，因此辨别球旋转模式的能力对于运动员是潜在有益的。滤光器或屈光矫正模式的选择也可能受到运动对比敏感度要求的影响（见第六章）。例如，速降选手必须选择提供最佳传输特性的滤光器，以增强当前光线条件下的相关信息对比度。

微妙对比差异的判断在诸如射箭、射击和一些田径项目等运动中并没有提供优势。

框2-4 有对比度判断需求的运动

棒球	登山	足球
篮球	持拍运动	垒球
自行车	帆船	冲浪
橄榄球	滑冰	水球
高尔夫球	双向飞碟和抛靶射击	排球
曲棍球	射击	
赛车	滑雪	

1.5 目标尺寸

在不同体育活动中，须区分的视觉信息的尺寸可能存在显著差异。例如，曲棍球、冰球的视觉辨别任务要比篮球严格得多。对于每项运动，应评估视觉目标或物体的尺寸与运动中遇到的观察距离之间的相互作用，以确定视觉辨别需求。在视觉辨别水平和对比敏感度需求之间也可能存在显著的相互作用。再次以足球为例，足球的尺寸相对较大，但旋转球轨迹的判断所要求的视觉辨别度要比球的尺寸所要求的视觉辨别度更高。

1.6 边界

许多运动中存在比赛场地的边界。在一些运动中，如乒乓球和台球，赛场相对较小，在比赛中很容易看到界线。而在足球、橄榄球等其他体育运动中，比赛场地太大，无法在比赛中随时看到界线。边界的范围决定了运动员的外周视觉需求，也可能影响屈光矫正模式的选择。

1.7 视觉空间范围

运动员必须通过不断地处理该空间中的视觉信息来尝试控制运动中的许多实体空间。空间可能相对狭窄，如在摔跤中；或者可能会更大，如在帆船比赛中。

1.8 物体/地面颜色、纹理、阴影

对运动中遇到的物体/地面特征的分析可以帮助选择滤光器来提高运动表现。例如，双向飞碟射击运动员和抛靶射击运动员必须在地面（棕色泥土、绿草、棕色草等），任何树叶（树木、灌木丛等）和天空（蓝天、局部多云的天空、多云的天空等）的背景下快速定位橙色目标。对于当前的光线级别和背景，最佳滤光器的选择是竞技性双向飞碟和抛靶射击的重要因素。滤光器通过锐化对比度和增强关键视觉信息在许多运动中提供显著的收益。滤光器还具有通过从后台屏蔽分散视觉“噪音”的潜在优势。滤光器的选择在第六章中有详细的讨论。

1.9 视觉时间

许多运动都有一个既定的动作时间过程，在这个过程中可以分析视觉处理特征。美国职业棒球大联盟的时间进程已被各种背景的研究人员详细检查过了。[3,4]根据球场的风速，击球手在投出棒球与击球之间的时间大约有400ms。由于摆动需要大约150ms才能完成，所以击球手有250ms的时间来处理来自球场的视觉信息并做出适当的反应。这些时间特征在第三章中有更详细的讨论。然而，许多其他运动场合的时间特征以相对可预测的方式呈现。许多持拍运动以及排球的发球，板球、足球和曲棍球的罚任意球，对跑道上栏架的判断，田径项目中对跳高和撑竿跳高度的判断，体操和跳水的腾空判断，还有在双向飞碟和抛靶射击中泥制飞靶的飞行都具有一系列时间特征，这些定义了成功运动表现的视觉处理需求。

在其他运动中，动作的时间进程可能不是那么容易预测的（如滑雪、自行车、拳击、皮划艇、机动车运动、摔跤），因此视觉信息的反应性处理技巧在动作的成功中显得尤为重要。一些运动（如射箭、射击、高尔夫球、台球）基本上不要求反应性视

觉信息处理，这些运动需要适当调整注意力才能取得成功。

1.10　距离的远近

可以通过分析所接收的大部分视觉信息的视距来确定运动员的视力需求。例如，在台球中，距离需要明确关注，并且是可预测的。在其他运动中，比如在曲棍球的比赛过程中，视距很多时候有很大差异。大多数运动都需要有超过3m的视野（有远距离需求的运动，见框2–5）。然而，其他的运动有近距离和中距离的需求。

框2–5　有远距离需求的运动和有短距离需求的运动

远距离需求	近距离需求
射箭	台球
棒球和垒球	拳击
篮球	自行车
自行车	武术
橄榄球	机动车
高尔夫球	射击
曲棍球	摔跤
赛车	
登山	
持拍运动	
帆船	
滑冰	
射击	
滑雪	
足球	
冲浪	
田径	
水球	
排球	

1.11　定向定位

在一些运动中，定向定位的准确性对于成功往往至关重要。定向定位是确定视觉信息的确切方向（如目标、对象、对手、队友、地形）的能力。例如，高尔夫球的推杆能力要求运动员准确地区分击球地形的细微之处，以确定推杆的最佳路径。这在一定程度上就要求运动员能够在考虑地形的坡度和推杆的距离因素之后，正确地判断击球的方向。法恩斯沃思[5]详细论述了高尔夫球这一方面的特征。定向定位能力在一定程度上是运动项目的关键特征，如框2-6中的示例。

框2-6 明显定位定向需求的运动

远距离需求	近距离需求
射箭	台球
棒球和垒球	拳击
篮球	自行车
自行车	武术
橄榄球	机动车运动
高尔夫球	射击运动
曲棍球	摔跤
赛车	
登山	
持拍运动	
帆船	
滑冰	
射击运动	
滑雪	
足球	
冲浪	
田径	
水球	
排球	

1.12 深度辨别与空间定位

定位的另一个方面涉及对竞争对手的距离、目标的位置或目标轨迹的判断。如前面的定向定位示例，高尔夫球运动员必须判断推杆所需的方向，同时确定能够使球穿过特定距离到达洞口的击球反应。因此，与定向定位一样，不同的运动对空间定位能力的要求有所不同。

1.13 注视角度

许多运动需要运动员处理来自非主要视线位置的视觉信息。例如，在排球中，大部分动作都发生在运动员的头顶，需要对眼睛上方的视觉区域进行观察。因此，对于每项运动或每个位置，对相关注视位置的评估可以指导视力评估，特别是关于眼睛对焦的评估。像曲棍球和滑雪这类运动在很多时候需要眼睛向下看来做出判断。在其他运动，如台球、自行车、游泳和排球中，大部分的视觉信息的获取需要眼睛向上看。也有一些运动需要眼睛处于侧向注视位置来做出大量的判断，例如棒球或垒球的击球以及高尔夫球。许多其他体育活动可以同时包括所有位置的注视，如棒球、垒球、篮球、足球、持拍运动以及摔跤。

1.14 身体位置和平衡

精确的身体位置和平衡的保持是良好运动表现的关键特征，并且在体育生物力学中经常被看作关键考虑因素。诸如雪橇的运动中，注意力有助于完成最佳的身体定位和调整。这个技能的发展可以满足运动项目中成功所需要的不同条件，并且可能只需要几毫秒。身体位置的训练和提高以及平衡维持是大多数运动的基本要素，而与其无关的运动（如赛车）的例子很少见。

1.15 压力（认知和心血管）

运动中常见的是压力对表现的影响。体育运动中遇到的大部分压力在本质上都来源于认知，其中运动员必须控制注意力，尽管运动环境中存在很大一部分的潜在分心和压力。竞赛型跳水运动员必须忽视不相关的视觉和听觉信息，以及对他以前的竞争对手的表现的相关认知。这通常是运动心理学家的领域，其目标是协助运动员控制注意力来达到最佳运动表现。许多体育比赛也是将心血管应激的因素加入认知的压力。在越野滑雪比赛中，奥运会选手必须控制呼吸和心率准确地进行射击，这是认知和心血管应激特征的一个例子，必须控制其以达到最佳表现。运动表现的这一普遍特征使许多医生会在压力条件下评估视觉表现技能。

1.16 视觉注意要求（中央、外周与分散注意力）

运动员的视觉注意要求可以主要是中心的（如目标射击），外周的（如在双向飞碟射击中看泥制飞靶的释放），或者除中央和外周注意力之外的分散注意力（如足球中的前锋要在看到球门和守门员的同时注意队友和对手的动作）。周边视觉被认为几乎与每项运动都是相关的，因为它是维持平衡的关键要素。因此，即使主要是中央视觉处理的运动，如射击、射箭、棒球和垒球击球，周边视觉处理也是一个表现因素。然而，在这些类型的运动中，注意力主要集中在中央信息的处理，外部信息的处理不足就可能降低运动表现。本章讨论的大多数体育运动都强调运动员通过平衡中央和周边视觉信息之间的注意力，以获得最佳表现，无论运动表现是以中心的还是外周的视觉为主导。

2 体育与娱乐环境分析

运动参与可能发生在许多不同的环境条件下。这些情况可能会对能见度产生不利影响或对眼部产生危害。应对眼部危害的风险进行评估，并彻底解决眼睛、面部或头部的适当保护问题。最好的护目镜的选择应该考虑到体育运动中遇到的机械力或外部身体应力。第六章详细讨论了能见度的最佳设计。

运动发生在许多类型的自然和人造光照下。当关键的视觉信息被改变的光线干扰时，光线的变化可能会影响运动表现。研究表明，当能见度由于光线减弱而开始下降时，反应时间会随着光线减弱而开始增加。[6-11]眩光对视觉表现的影响是一些运动中的特殊干扰，应该被彻底解决。尽管室外的自然光照条件很少被改变，但可以开发使用特定的滤光器和不同的滤光器密度来确保运动员不受干扰。第六章详细论述了任务分析的这一方面。

使用眼镜或接触镜可能会受到运动中遇到的许多因素的不利影响。在降水和泥土的条件下眼镜会产生能见度问题，特别容易出现汗水、灰尘和镜片雾化的烦恼。这些问题可以通过使用接触镜来减轻，然而，接触镜可能由于温度、高度、风和湿度而受损。第六章详细讨论了这些问题。

3 视觉任务分析示例

有许多方法用于评估对成功的运动表现至关重要的视觉任务。我们已经简要讨论了许多视觉因素，运动可以按照视觉任务需求被分类。下文描述了这种方法的一个例子。然而，对特定运动特定因素的细致检查通常会得到更多有利于视觉方面的信息，从而提升峰值运动表现。

3.1 动态反应性运动

许多运动具有动态视觉特征，需要运动员快速处理以确定最佳的运动反应。这些运动通常需要运动员平衡处理中央和周边信息的注意力，以获得最佳表现，特别是在团队和赛车运动中。动态反应性运动，通常要求运动员平衡中央和周边的视觉注意力，框2-7中列出一些相关运动。

框2-7 动态反应性运动

棒球	皮划艇	垒球
篮球	武术	冲浪
拳击	赛车	游泳
自行车	持拍运动	田径
跳水	滑冰	排球
击剑	双向飞碟和抛靶射击	水球
橄榄球	射击	摔跤
体操	滑雪	
曲棍球	足球	

在许多动态运动中，旋转球的判断是成功的关键因素，如网球、足球和排球。旋转球的判断依赖于视觉分辨能力、动态视力、对比敏感度和眼球运动的功能，这些因素能为处理过程提供最佳视觉信息。因此，应该在参加这些运动的运动员中进行这些视觉技能的相关评估。在竞速运动中，如自行车、皮划艇、机动车（汽车、摩托车）赛车、滑雪和游泳，中央视觉信息往往对于确定最有利的路径或反应时间至关重要，同时，对比度水平在竞技中经常频繁发生变化。但是，竞速运动也要求运动员拥有在比赛时观察对手的周边视觉能力。这些动态反应类型的运动可以归类为其他类型的团队运动，在这些运动中，中央视觉信息通常不如周边信息重要，如篮球、橄榄球（某些位置）、曲棍球和水球等。在这些运动中某些方面的周边视觉信息往往比中央视觉信息更为重要。诸如拳击、武术和摔跤等对抗类运动的表现更多地依赖于对周边视觉信息的反应，而不是中央视觉的分辨率阈值。因此，外围意识和反应因素的评估比视力测量更重要。

深度判断是所列出的所有动态反应运动的关键因素，需要对有助于准确感知深度的相关视觉因素进行评估。此外，在这些运动中，感知速度的评估也是非常有价值的。因为运动员需要快速处理视觉信息以确定最佳的运动反应。根据竞争中通常做出的运动反应的类型，在所有动态反应运动中，眼–手，眼–脚和/或眼–身体测试范例的视觉反应时间都应该明确。此外，视觉的预期符合度可以为棒球、垒球、橄榄球（接球者）、曲棍球、持拍运动、双向飞碟和抛靶射击、足球和排球等项目的运动员的竞技表现评估提供有价值的信息。

示例1：棒球的运动视觉评估

案例记录：包括第四章中列出的补充问题

静态视力：6m处的兰德特氏C型视力表（左眼、右眼、双眼）

动态视力

对比敏感度功能：Vistech（维斯特）测试或视觉向量测试

屈光状态

眼定位：第一眼位覆盖测试和八个第二眼位覆盖测试

深感觉：6m处的霍华德–多尔曼立体视觉（阈值和速度）

调节结构：Haynes（海恩斯）近距离结构测试

动眼能力

认知速度

视觉运动反应时间（眼–手和眼–脚）：Wayne（韦恩）运动视觉测试仪

眼手协调：Wayne运动视觉测试仪

视觉符合预期：Wayne速度轨迹或Bassin（巴辛）预期计时器

3.2 非动态精确运动

非动态精确运动的特点是对中央视觉信息的处理有明确的要求，以协助确定确切的方向和空间定位。诸如射箭、台球、保龄球、高尔夫球和目标射击等运动涉及静止的目标。因此，不需要对变化的视觉信息做出反应。虽然对中央视觉信息的处理提出了较高要求，但是将中央视觉信息与周边视觉信息进行平衡是这些表现中的一个基本方面。

参与非动态精确运动的运动员，其运动视觉评估通常强调静态视力和屈光状态，相关因素有助于精确的深感觉感知、功能的调节、场地依赖性或独立性，以及可视化和图像化。

示例2：高尔夫球的运动视觉评估

案例记录：包括第四章中列出的补充问题

静态视力：6m的兰德特氏C型视力表（左眼、右眼、双眼）

对比敏感度功能：Vistech测试或视觉向量测试

屈光状态

眼定位：第一眼位覆盖测试和头倾斜站立推杆；6m处的第一眼位固定视差和头倾斜站立推杆

深感觉：6m处的霍华德-多尔曼立体视觉（阈值）

调节设备：Haynes近距离设备测试

动眼能力

场地依赖性或独立性：标尺和框架测试

可视化/图像化

参考文献

[1] The AOA Sports Vision Section Guidebook Committee: *Sports vision guidebook: volumes I-V*, St Louis, 1984-2000, American Optometric Association.

[2] Obstfeld H, Pope R, Efron N, et al: Sports vision correction. In Loran DFC,MacEwen CJ, editors: *Sports vision,* Oxford, 1995, Butterworth-Heinemann, p 131.

[3] Bahill AT, Karnavas WJ: The perception of baseball's rising fastball and breaking curveball, *J Exp Psychol Hum Percept Perf 19:*3, 1993.

[4] Adair RK: *The physics of baseball*, New York, 2002, Perennial, pp 29-46.

[5] Farnsworth CL: *See it and sink it: mastering putting through peak visual performance,* New York, 1997, HarperCollins.

[6] Appler DV, Quimby CA: The effect of ambient room illumination upon Wayne Saccadic Fixator

performance, *J Am Optom Assoc 55:*818, 1984.

[7] Campbell FW, Rothwell SE, Perry MJ: Bad light stops play, *Ophthalmol Physiol Optics* 7:165, 1987.

[8] Perry MJ, Campbell FW, Rothwell SE: A physiological phenomenon and its implications for lighting design, *Lighting Res Technology 19:*1, 1987.

[9] Rothwell SE, Campbell FW: The physiological basis for the sensation of gloom: quantitative and qualitative aspects, *Ophthalmol Physiol Optics 7:*161, 1987.

[10]. Beckerman SA, Zost MG: Effect of lighting levels on performance on the Wayne Computerized Saccadic Fixator and Wayne Peripheral Awareness Trainer, *J Behav Optom 5:*155, 1994.

[11] Beckerman S, Fornes AM: Effects of changes in lighting level on performance with the AcuVision 1000, *J Am Optom Assoc 68:*243, 1997.

第三章

运动中的视觉信息处理

本章大纲

运动表现的信息处理模型

感知机制

  视觉分辨率

  深度判断

  眼球运动

  周边视觉

选择机制

效应机制

棒球运动员击球中信息处理模型的应用

  感知机制

  选择机制

  效应机制

视觉防护和视觉信息处理

关于在体育比赛中视觉和视觉信息处理所扮演角色的讨论、推测和研究已经有很长的一段历史了，存在这样一个小的争论：视觉究竟只是在运动中的一个关键因素，还是在运动中几乎执行任何感觉任务时，都处于支配地位的感觉系统？[1-5]与那些非运动员、运动新手以及其他各种运动水平的运动员相比，职业运动员的视觉生理属性已经被广泛地进行了研究。一些人相信文献中的观点，职业运动员比他们的同龄人拥有更优秀的视觉系统，使他们可以看见并且处理临界视觉信息。[5-9]其他人坚称这些文献并不能支持职业运动员的视觉系统生理机能更优秀的观点，但是优秀的职业运动员可以比同龄人更有效地使用可获得的视觉信息。[10-13]尝试解决这些争论的研究结果也都是模棱两可的。因此，允许争论双方都宣称支持他们的主张。

许多因素影响运动表现，如生物力学因素、力量和训练因素、视觉因素以及认知因素等。相关领域的专家们被期望在他们的领域找到该因素重要性的支持结果。但如果只从他们的专业角度来评估运动表现的相关方面，而不考虑整体的进程，单独的因素是很难确定最终的答案的。相关建议表明，与视觉信息的认知过程相比，忽视了视觉信息在认知过程中扮演的角色，优秀的视觉能力并不那么重要。这个论据证明了下面的说法，当高尔夫球运动员尝试击球时，他们看到绿草细节的能力并不是关键，为了选择击球时合适的方向和距离而解释视觉信息的能力才是关键。当一个高尔夫球初学者和一个有着相同视觉能力的高水平高尔夫球运动员相比时，这的确是一个强有力的论据，这两个人可能看见了相同的信息，但是相比初学者，高水平运动员的经验会使得他们可以解释场地的轮廓以及到洞口的距离的信息。然而，当比较有相同能力和经验的两个高尔夫球运动员时，灵敏度相对差的运动员比灵敏度好的运动员在阅读场地轮廓信息时处于劣势。这种视觉劣势存在于任何感知适应性中，由于这种视觉缺陷的存在，尽管对比敏感度较差的高尔夫球运动员有发达的认知适应能力，但在使用对比度信息来判断场地轮廓方面的能力仍有所欠缺。无论视觉信息的认知处理变得多么完善，差的视觉信息都会阻碍高水平运动表现。高水平的运动表现能力既离不开合适的视觉信息，也离不开处理视觉信息的认知能力。从逻辑上来说，视力优秀或者认知能力强都使职业运动员比低水平运动员更有优势。

1 运动表现的信息处理模型

运动表现总体上来说需要运动员处理视觉信息，并且做出合适的运动反应。已经有许多复杂的信息处理模型帮助理解高水平的运动表现过程中的确切属性。传统的高水平运动表现模型最开始是由威尔福德提出来的，[14]后来被其他人进行了改进。[4,11,14–18]在这里提到这个模型是因为它提出了一种很实用的方法来理解运动表现的相关方面。

图3–1的信息处理模型显示，高水平的运动表现是三个中心处理机制的结果：感知机制、选择机制和效应机制。这三个机制被认为是按顺序进行的，然而，必须重视内在和外在反馈以及经验记忆的贡献。

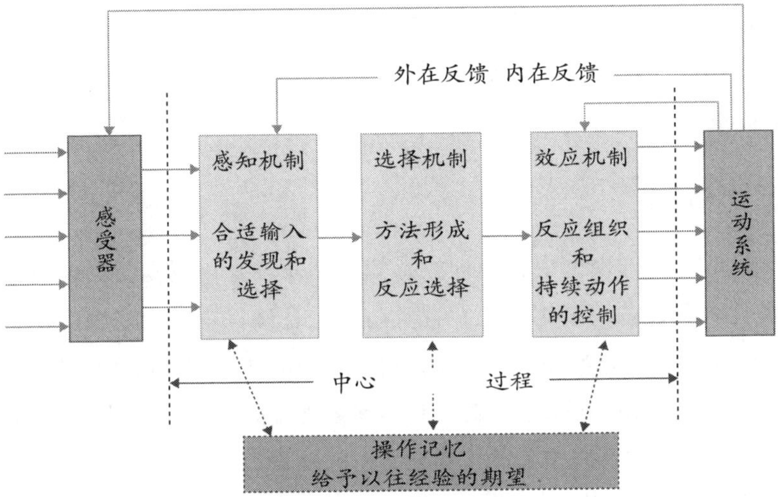

图3–1　一个高水平运动表现的信息处理模型[14]

感知机制从各种各样的感受器（如视觉、前庭、触觉和听觉感受器）收集了数量巨大的信息。感觉信息通道容量限制了那些可以被完全处理的信息的数量，需要选择那些用来执行工作的即刻的相关信息，同时也需要神经学机制把不相关的信息过滤掉。职业运动员的经验和控制注意力的能力被认为是用来指导这些选择和过滤过程的。[14,19]感知机制随后负责以一种获得最佳表现的方法来组织和翻译处理过的信息。

被处理过的视觉信息被传递到选择机制。选择机制的目的是确定应对视觉信息的合适方法，这些视觉信息也包括在一些运动情形中的运动抑制反应。职业运动员的运动知识和过往经历显然在选择高效过程时会产生重要影响。

经选择机制挑选出来的运动反应被传送到效应机制。在正确时间需要产生反应的神经指令被组织起来并且传送到执行动作的大脑。运动反应由效应机制产生并且控制。内部和外部的信息被感知机制和选择机制不断地进行处理，使得当存在合适的转换反应时间的时候，产生运动反应的控制和调节。

这个模型可以很容易并且很实际地帮助理解职业运动员在运动状态下对视觉信息做出回应时的处理过程。有很多该模型与计算机处理的比较，电脑接收信息，以固定的程序处理信息，然后产生有计划的输出结果。尽管受到了计算机类比方法的挑战，该模型也无法清晰地反映其他因素，但是其对于理解运动表现中的处理过程仍然是一个具有全球实用性的方法。计算机类比方法也阐明了实现高水平运动表现既需要硬件又需要软件的重要性。

2 感知机制

在现有的信息处理模型中，处理的感知机制阶段是与视觉防护设备最直接相关的。它是视觉防护设备的基础角色，视觉防护设备确保视觉信息感受器可以正确运行。综合性的视力评估应当评估视觉器官的基本功能并且确定任何可能限制运动表现的因素。视觉防护的第二级水平是对于和运动表现相关的视觉表现能力的评估，然而和运动工作直接相关的可以用来评估视觉能力的视觉表现评估过程的发展一直受到质疑。关于从职业运动员中获取视觉表现能力过程的建议在第四章进行论述。感知阶段的视觉信息处理的四个主要方面已经被确定，它们很大程度上被内外部的反馈以及经验所支持，它们分别是：视觉分辨率、深度判断、眼球运动和周边视觉。

2.1 视觉分辨率

信息处理模型的第一方面是信息的感官接收。如果视觉中包含相关的视觉信息，那么解决微妙细节的能力可能成为感觉处理中的一个因素。一些研究已经发现职业运动员的静态视力比非运动员的要优秀，[20–23]但是也有研究发现二者并没有什么不同。[24]结果的不同很可能是由于所使用的视力测试方法的不同和在评估不同运动时，视觉任务要求的不同。当观察者和测试对象之间的运动被诱导出来，作为动态视力被提出来的时候，解决细节的能力大概比静态测量更具有相关性。大多数研究都尝试确定动态视力和视觉表现之间的关系，然而，研究只比较了职业运动员和非运动员。[25–29]测试动态视力的方法有很大的不同，只有一项研究发现，职业运动员有更好的动态视力。[28]大量的人力和刺激变量会影响动态视力，包括视网膜分辨能力、外周应答、眼球运动能力、靶亮度、角速度、靶曝光时间和影响视觉信息解释的心理功能。除了动态视力，对比敏感度也被推荐在职业运动员中使用，因为职业运动员经常由于环境，必须进行具备非最佳照明的视觉辨别任务。通过对运动员中对比敏感度的比较，得出的共同结论是：职业运动员的对比敏感度较高。[22,23,27,30–37]因此，评估运动员分辨率能力的研究一致表明，尽管运动员仍然可以以非最佳视力形成视觉表象，但是他们应当有更出色的视觉分辨能力。

视觉信息的分辨也需要运动员熟练地调整各种距离的焦点。评估运动员和非运动员调整能力的研究有不同的结果，主要是由于使用的测试方法不同。利用镜头来调节并不能模拟运动中视觉任务的要求，并且使用这种方法进行研究发现，在运动表现上没有差异。[24,38]使用分辨率阈值要求目标在两张图上，用快速交替的固定值表示两个不同距离可以更好地代表运动的适应性任务要求。[22,39]

2.2　深度判断

对距离信息的辨别和空间定位的判断在运动中是经常会遇到的。在职业运动员中用一系列测试程序测试静态立体视觉的研究有不同的结果，一些人发现他们的立体视觉更好，[20,23,31,39–44]另一些人发现没有差异。[24,38,45,46]许多研究之所以没有差异被认为是静态测试的结果，进行动态测试可能可以更好地区别运动相关的视觉能力。[47–55]更好的对线有助于形成更好的深感觉，然而，早期小部分有隐斜的运动员[20,41]在最近研究中没有被证实。[24,37]各种聚散功能的评估方法已经在运动员身上实施，除了其中一个[37]以外，所有的研究都发现运动员比非运动员有更好的表现。[22,24,38,56]聚散反应是一种眼球运动，被用来追踪那些靠近或者远离观察者的物体的轨迹，其中除了对眼球对线不好的补偿系统，深度的聚散信息的直接影响也应当被考虑。此外，评估运动员的双眼能力的研究中一致认为，虽然运动员可以通过使用存在着的丰富单眼线索深度来对远距离做出判断，但他们依然拥有优秀的双眼深度知觉和聚散功能。

2.3　眼球运动

眼球运动功能是信息处理过程中感知机制的另一个方面，它包括追踪眼球运动、眼球跳动和固定稳定性的评估。启动眼球追踪运动以保持对快速移动物体的注视能力可能是运动过程中对重要信息进行视觉处理的一个重要方面。启动精确的眼球扫视运动以将注视从一个位置转移到另一个位置的能力也是许多运动任务的重要方面。运动员在启动眼球追踪运动方面没有表现出更短的潜伏期，[37,46,57]然而如果一个靶轨道是可以预测的，那么也可以获得这些眼球运动的更短的潜伏期。[58–62]然而，已经发现职业运动员的眼球追踪运动的能力比非运动员要强。[24,53,63]在诸如射击等精密运动中，优秀的运动员在有干扰时展现出了更好的保持稳定注视的能力，这是高水平运动表现的一个很重要的方面。[64]与传统眼动测量相比，使用注视和眼睛运动来高效地搜索关键信息可能是更为敏感的专家技能鉴别器。

在特殊运动需求中，高水平运动员和初学者视觉搜索模式的异同已经成为很多研究的焦点。研究范例通常尝试通过观察者区分固定数量的差异来确定信息量，评估注视持续时间的差异来确定收集视觉信息所花费的时间。大多数研究发现，高水平运动员和初学者相比，在特定运动状态下长时间的注视很少，尤其是在凝视行为主体要移动的时候。[65–86]在更开阔的场地进行观察研究，或者使用电子显示器并且不需要受试者进行身体运动的情况下，研究者发现了相反的状况——优秀运动员对动作的外围方面有更多的关注。[87–92]除了视觉搜索模式，目标定位和运动反应的准确性取决于眼球运动的类型和准确度。[73,93]所有的视觉搜索模式的研究都普遍发现，注视通常集中在提供了所查看任务大量信息的特征上。此外，初学者在确定这些信息的位置和在有限的动作时间内处理信息以及以一种更有效的方式分配他们的注视上都更没有经验。不同运动水平的个体视觉搜索方法各有不同，不同的运动水平会影响研究的结果和结论，确定专业、初学者和半专业的方法也会产生影响。这些系统也无法测试中心和周边视觉信息的注意力分布，因此，准确确定注视过程中被处理的视觉信息性质十分困难。如果这样一个最适模式存在的话，目前特定运动任务的最适视觉搜索模式仍难以确定，因为无法客观地展示包含优质信息的特征和用于关注这些高级信息的最有利的注视时间分布。

特定运动状况下，视觉搜索模式的处理看上去好像代表着信息处理模型的不间断循环，在这中央视觉信息被感知机制所处理，选择机制确定下一个合适的眼球运动反应（基于经验），效应机制组织并控制信号传递到眼外肌。在这个过程中，存在相当大数量的感知、运动和认知反馈。像之前所提到的那样，有证据表明，信息处理的所有方面都必须以最佳方式进行，才能达到最高表现水平。

2.4 周边视觉

对于成功的运动表现来说，来自外部视觉区域的信息处理都是有利的因素，无论任务是观察队友和对手，还是保持平衡。研究表明，职业运动员比非运动员有更大的水平和垂直视觉范围，[41-43,94-99]职业运动员在更外部的区域可以更好地形成感知。[24,37,95,96]研究发现，周边视觉的约束会增加眼球运动定位时头部运动的准确性，[100]同时会降低平衡能力。[101]因此，职业运动员的外周感知能力也会较强。

关于视觉分辨率、深度判断、眼球运动和周边视觉的证据支持优秀的视觉信息是高水平运动表现中信息处理模型的外周机制功能的一个重要因素。证据也符合一般的结论，职业运动员应当且代表性地具备更好的视觉能力。然而，结果很清晰地表明，在运动的具体情况下，视觉评估过程对于所需要的视觉任务是十分敏感的，特别是当这些程序被用于预测一个运动员的表现能力时。例如，一项报道职业运动员和初学者视觉能力没有差异的研究使用了一种宽松的测试方法，即使用了50cm+1.00/−1.00 D的反转拍。[102]不仅评估能力的镜头是一视同人的，+1.00 和 −1.00 D的使用也是50cm处的低调节性需求，几乎所有受试者都会有超阈值的表现，这会导致受试者的类别之间没有差异性。如果孤立地考虑特定的视觉能力，而不考虑在信息处理模型中视觉能力的相互作用和其他形式的内外反馈，额外的结果就会产生。

3　选择机制

选择机制在信息处理过程中的重要角色是不可否认的。快速选择与运动情况最相符的反应能力为成功提供了生物力学元素。这个机制需要运动员知道重要信息所在的位置，能够直接注意到那些重要因素，从所有可能的信息中选择最重要的，基于对熟悉状况的经验和记忆以最合适的方式组织和解释信息，以预期的动作计划选择最精确的反应。

在许多运动状态中，这个过程必须在人类能力极限的范围内进行处理。在一些运动状态中，时间因素超过了人类在开始运动反应前处理重要的视觉信息的能力。因此，运动反应在预测最可能发生的情况下启动。例如，在曲棍球的任意球中，球在被击中的100ms之内就可能越过球门线[103]。典型的简单视觉反应时间大约是150～200ms。因此，守门员不能等到球被击中后再对击球的轨迹做出判断。关于运动动作的预测线索的研究已经尝试确定这项能力，这可能会解释平稳有效的反应和尴尬的失误之间的不同。

运动员能够快速处理比赛情况中的视觉信息，并将这些信息构建成有用的范例，以促进决策，这是随着专业知识的提高而获得的一项关键能力。体育研究人员采用了一种用于国际象棋的研究设计，在这种设计中，优秀运动员能够在短暂的接触后回忆出比非优秀运动员更结构化的国际象棋位置。[104–106]然而，当呈现非结构化的国际象棋位置时，优秀运动员们没有表现出更好的回忆能力，这表明他们出色的回忆能力是任务特定经验的结果，而不是异常的记忆能力。当使用数字刺激而不是运动特定刺激评估运动员的识别速度时，也发现了同样的结果。[24,107]相同的结果也在棒球[108,109]、曲棍球[10,110]和橄榄球等许多运动中被发现。[12]将常见的运动情况组织到知识体系中显然是体育专业知识的共同发展。这个知识体系有许多优势，包括在短时间内处理大量信息的能力和加强对于后续信息感知和效应机制产生的可能性。

构建和回忆运动相关感知信息的卓越能力应能提高优秀运动员在较短时间内做出更准确决策或在行动过程中更早做出决策的能力。研究结果好坏参半。专业曲棍球运动员比低水平运动员表现出更好的准确性，但战术决策速度没有更快。[110]对足球[80,91,111]、排球[112]和冰球[113]的研究发现，更快的决策具有同等的准确性。优秀运动员绩效差异的关键在于其能够使用预先的视觉线索预测后续的关键信息，并使用后续的关键信息提高运动表现。

评估运动动作预期关键线索的常见方法是使用影片遮挡：受试者观看一段运动的简短视频，每隔一段时间就会有一段视频被遮挡。这些遮挡需要受试者预测被遮挡的动作结果（如网球将落在哪个地方）。这是一种时间遮挡的形式，提示专业技能如何影响时间间隔信息类型，从而使经验丰富的运动员受益。

还可以使用空间遮挡技术，影片中的关键部分被遮挡（如羽毛球中对手的球拍），以确定哪些特征为运动员提供了最佳信息。包括羽毛球、棒球、板球、轮滑球和冰球、足球、壁球、网球和排球在内的研究都证明了优秀运动员使用重要视觉线索预计运动动作结果的卓越能力。[80,87,89,110,112,114–125]这些研究提供了充足的实验证据证明，运动专项技能的发展会提高确定和使用特定运动视觉线索预判动作结果的能力。对即将到来的动作的预判会使运动员能够有效预测最可能发生的情况，从而减少动作过程中选择匹配刺激反应所需要的时间。

利用重要信息的复杂视觉行为使优秀运动员在专项运动任务中具有减少运动反应时的令人羡慕的优势，并且在信息处理模型中会建立一种前瞻性的反馈机制。运动动作线索的准确预判使运动员可以将注意力直接放在关键动作的正确位置和时间上，因此，会减少运动员对于即将发生的动作的不确定性。有研究表明，注意力的调整是职业运动员运动表现的另一个可识别的方面，它是在特定任务中开发出来的。优秀射击运动员的注意力集中范围较窄，视力分散的影响较小，[64,126]然而排球运动员的注意力范围更广泛。[127]适当调节注意力，经常在多重刺激之间分配注意力，[128]是视觉处理模型选择机制的另一个有价值的方面。

随着运动中专项技术的发展，复杂的知识结构有助于心理意象策略使用的扩大和增强。内心预演是对一个事件构造心理意象的行为，运动员经常在运动的准备阶段使用它。[127-131]研究已经表明，心理意象可能与视觉感知具有相同类型的神经过程，这在运动中有重要意义。[132]运动技能表现的心理意象与身体技能表现共享了认知过程，[133-139]在动作准备和执行过程比较大脑活动也已证明了这一点。[140-143]在意象中相似的肌肉和动作程序被激活，并且专业技能水平影响技能意象过程中的肌肉反应数量。[134,136,144-148]随着运动技能的发展心理意象的使用被扩大和加强，如果预先视觉线索被准确定位和处理的话，就会为后续信息引发感知和效应机制的可能性提供了显著的潜在优势。

高水平运动表现过程中，选择机制是最基本的角色，这是无可争议的。在运动状况中，快速发现和使用关键特征并且通过预判和响应启动将信息快速传递至有效反应策略的能力是“聪明”运动员的特征。

4　效应机制

效应机制负责将感知机制和选择处理的信息转化为适当的运动反应信号。运动反应信号的组织和控制必须十分准确地使在最适运动表现中恰当的生物力学动作序列以最精确的时间出现。手部反应、足部反应、身体反应和平衡调节的协调一致必须在特定运动情形的时间限制下，以有限的精确度进行指导。关于快速动作运动中关键因素时空行为的感知和决策机制的信息应包含运动反应在适当时间和位置发生所必需的重要信息。为了获得成功的表现，运动反应也必须充分可调，以便在运动动作持续时，根据知觉和决策机制的持续输入进行调整。

视觉运动反应时指的是一个视觉刺激开始和对于该刺激的运动反应之间所经过的时间总和。效应机制负责将处理过的信息转化至神经肌肉系统，神经肌肉系统将信息传送到需要做出适当运动反应的肌肉。一个简单反应时（RT）反射的测量代表了处理一个视觉刺激和对该刺激做出简单运动反应所需的最短时间。简单反应时的评估可能是评价效应机制最直接的方法，因为它对感知机制和效应机制的要求都是最低的。一些研究已经发现，在不同运动中职业运动员比非运动员有更快的简单反应时（手眼反应时和眼足反应时），这也成为不同运动等级的一个鉴别方法。[37,43,149–154]

一个需要最少大脑处理的简单刺激反应过程比一个需要视觉信息区分的复杂刺激反应过程有更快的刺激反应时。[155,156]眼手协调和眼足协调是一个长期重复的复杂反应时间函数，在这个函数中，手或脚的同步运动反应必须对不可预测的变化的视觉刺激作出反应。一项研究旨在为运动员提供规范性信息，根据测试范式，使用现有仪器评估眼手协调性，结果喜忧参半。[22,24,107,157–159]眼体协调和手眼协调相类似，运动员必须通过改变整个身体的平衡来对视觉刺激做出同步运动应答。关于运动员这种视觉运动反应技能的信息非常有限。[22]

保持平衡的能力是许多运动中最基本的任务需求。当运动员的动眼系统在追踪、扫视和进行眼球聚散运动时，其经常被要求保持平衡。主观检查方案也为运动员提供了一些规范性数据。[22]一系列的研究发现，视觉在体操运动的动态平衡技能习得过程中扮演了重要的角色。[160–162]

平衡保持能力也会受到运动员的相关场地依赖性和独立性影响，相关场地依赖性和独立性指的是从不相关的刺激背景中辨别相关刺激的信息处理认知方式。这个理论意味着场地依赖性的人在处理信息时更依赖外部线索，而场地独立性的人更多地使用内部线索。[163,164]凯恩[165,166]假设场地独立性选手在“闭锁技能”运动（如跳水、体操、田径）中更有优势，因为当做出运动反应时，他们更倾向于依赖内部物理成分，比如身体方向。[167]场地依赖性选手在“开放技能”运动（如篮球、足球、曲棍球）中更有优势，因为他们在运动中必须对外部的因素（如队友、对手）做出持续的适应。[167]关于使用视觉、前庭觉和其他感觉信息在运动中做出离散和精准的平衡调整还有很多有待发现。

预测物体或刺激物到达指定位置的能力可以通过运动反应来衡量，这称为视觉符合预期。在快速动作运动中，出色的知觉处理与决策处理相结合，可以在做出最合适的运动反应方面形成显著优势。[168–178]大量研究探索了在运动中影响人们执行复杂视觉运动任务的因素。文献包含了大量的信息——从基础的生理和神经机制到使用物理学算法解释人类怎样抓住或者击中球的全局模型。其中，一些研究中的基本信息是在信息处理模型文章的背景下进行的。

成功地击中或者抓住一个靠近的球，运动员必须判断空间的高度信息、向右还是向左位移以及球的距离。除了三维空间的判断，接触的时间必须被精确计算。一些视觉线索可以帮助运动员做出这些判断，包括视网膜图像和视差信息。一些视皮质神经元被调整到双眼视网膜的图像不一致，这提供了关于目标深度位置的信息。[179–181]左右眼视网膜区域对于运动的球的不同反应构成了双眼差异，提供了相应距离的立体知觉。[182–185]此外，有证据表明，双目驱动的对深度运动敏感的皮质神经元系统与深度位置系统是分离的。[181,186–196]

深度运动的感觉也由一个尺寸变化的视网膜图像信息系统激发，这个系统相对独立于变化的视网膜视差系统。[190,197,198]充足的证据表明，人类控制着皮质神经元，它们有选择性地对图像尺寸的改变感觉灵敏，这些“隐约可见的”探测器提供了大量重要的信息来判断时间，即使是在单眼观察的情况下。[199,200]额外的关于接触时的单眼视觉信息也可以从视觉信息的流动形态中获得，[190,201–204]并且这些信息似乎可由尺寸变化的视网膜图像系统所处理。[190]里根和贝弗莉[205]得出了以下结论。

深度感觉运动刺激变化差异和变化尺寸的相对有效性有以下几个不同点：①变化差异随着速度的增长而更有效地增长（幂次方）；②变化差异随着时间的增长而更有效地增长；③变化差异随着目标的线性水平宽度增长而更有效地增长；④变化差异和变化尺寸的相对有效性表现出显著的个体差异（至少80：1）。

假设深度运动系统中的精度可归因于立体运动通道中用于改变大小和改变视差的相对激励机制。单独的立体通道似乎也存在不同的动作方向：一个用于接近头部的运动，一个用于后退物体的运动。[192]

有关视差变化和尺寸变化的视网膜信息足够准确，就可以判断与球的接触时间，然而，它并不提供有关球的实际距离或者速度的准确信息。[206,207]来自聚散度系统内的校准和来自深度运动信息的立体深度感觉提供了有关相对深度的精确信息，但是没有提供精确的距离。[208-211]众所周知，当前庭信号必须与向右移动的头做对抗时，视觉聚散度信息是不稳定的，[212-214]聚散度的变化或者绝对不一致的变化不影响双眼视像融合或几米之外图像深度的运动感知。[211]双眼视觉在接球或者击球时会有优势，[215-217]然而，单眼捕捉能力可以训练到和双眼能力相似的水平。[218]乒乓球击球动作表现中双眼和单眼的比较表明，击球一致性受到单眼观察的影响，而不是准确度或者运动时间。[219]辅助判断相对深度的参考框架已被证明可以提高接球和击球表现，[217，220]聚散度系统显示出快速再校准的能力。[221-223]

因为接触时间可以通过接球时视觉系统的尺寸变化和视差变化确定，李[224]以在接球过程中，球光学轮廓的相对扩大率为基础，用描述接触时计算方法的希腊字母 τ 和 τ -margin属性推导出了一个光学量。许多研究已经证实了在需要时间和空间判断的动作中 τ 可用于指导动作反应。[170,173,175,225-237]进一步的研究发现，将运动物体与拦截点分离的光学间隙收缩率也提供了关于接触时的敏感信息。[171,177,238]

接球动作的实际表现已经表明来自视觉和运动觉系统的大量反馈不断地更新着接触判断时，[239,240]观察者的动作提高了判断水平。[241]对动作获得和动作表现中的视觉和运动觉反馈已经进行了许多研究，去除视觉反馈会很明显地降低动作表现。[242-252]已经建立（和讨论）了详细的模型解释棒球外场手如何选择路径和动作速度来拦截飞行中的球[253-258]或者击中飞行中的球。[206,207,259]对球速的错误判断会导致关于球运动轨迹和速度改变的重大感觉判断错误。[207,254,260]

视觉输入质量是动作表现的一个关键因素，来自视觉感受器的大量反馈提供了关于动作表现调节的连续信息。技能重复和表现经验的价值是不可估量的，因为它们为效应机制提供有效利用感知机制有效信息框架。有天赋的运动员经常性地、始终如一地做出正确反应的能力，会让人觉得这是一种容易的“自然的”能力，这是一种在体育界受人尊崇的描述，[261]从而忽略了长年累月刻苦训练和经验的贡献。[262]

总的来说，丰富的研究信息提供了大量的成功运动表现的案例。高水平运动表现的信息处理模型提供了一个实用的框架，可以把信息纳入具体的任务中。在棒球的击球过程中该模型已经被运用，棒球的击球通常被称作“所有运动中单个最难的动作”。[263,264]

5　棒球运动员击球中信息处理模型的应用

从投手掷球到球接触到球棒平均点的时间范围必须首先被考虑。简便的计算已经表明，以144.84km/h掷出的球接触到球棒大约需要400ms，120.70km/h的曲线球接触到球棒大约需要480ms。[207]鉴于空气动力学，投掷球的类型对于球的轨迹有重要的影响。这在信息处理模型的选择机制部分将会被讨论。投手将获得视觉和感知觉线索来帮助其选择最期望的投掷类型，但是必须分配时间来完成挥棒动作。尽管投手通常在150ms内完成投掷，但是有的投手可以完成得更快。

对于这个应用程序，400ms被用于投手投掷和球棒接触，150ms被用于完成挥棒动作。投手一旦投掷，即开始计时。

5.1　感知机制

感知机制负责组织、处理和解释感觉信息，以促进对投掷的最佳反应。成功的击球手在对手做投掷动作时，会使用有效的视觉搜索模式分析各种投掷类型的线索，[74,88]以减少需要考虑的可能的轨迹。球被投掷的瞬间，击球手开始眼球运动，即注视移至掷球点[74]或投手的肘部。[88]基础生理学表明，视网膜细胞信息必须被编码和组织，这个过程大约需要25ms。这个视觉信息必须被传导至视觉皮质，这大约需要20ms。视觉皮质必须处理视觉信息来形成图像，因为有大量的记忆可以获得，这个过程大约需要30ms。因此，包含击球的视觉信息大约需要75ms来处理，这时球大约运动了总距离的五分之一。视觉信息可以被连续加工处理，25ms的传导延迟需要击球手保持眼球运动。[265]

被接收到的视觉信息有多好？之前的研究已经证明棒球运动员具有出色的视觉分辨能力、聚散敏感度和动态视力。[20,23,26,29,31]虽然提高棒球的接缝水平已经被证明可以改善击球的曲线，但是这项运动需要视觉系统使用传统球的细微线索。[266]一些棒球运动员的立体视觉测量结果被认为是优秀的，[23,52,53]女子垒球运动员的视野大小也是这样。[99]优势眼和优势手在击球时的相互作用已经有了相当多的详细观察。虽然结果有些矛盾，但是大量证据表明优势眼和击球表现之间没有联系。[267–275]

因为只用眼球运动追踪投掷的球是不可能的，因此，投手必须使用复杂的眼球追踪和扫视组合来追踪球的轨迹。[57,74,276]一篇关于眼球追踪和扫视质量的研究发现，那些动作表现更好的运动员有更好的击球平均水平。[63]在追踪球的过程中，预先的扫视是很常见的，在这个过程中，眼球运动远远落后于球，扫视开始于眼可以截获球的轨迹的位置。[57,277]眼跳抑制机制阻止击球者在眼跳运动期间和之后约20ms内的观察。[278,279]因此，快速的眼球追踪系统在追踪球时有很大优势。在头部运动中，前庭系统在一定程度上用来稳定眼的位置，眼球聚散运动并不出现在轨迹追踪中。[57]

当球将到来时视觉系统提供的预测信息有多精确呢？由深感觉运动中变化尺寸和视差变化提供的视网膜图像信息使人拥有了在2～10ms内判断接触时（τ）的能力。[173,231]对于小于1.5° 的物体（3.05m之外的棒球），皮层神经元对于变化尺寸的特性非常敏感，即使只有0.02° 也可以察觉。[199]这种能力在释放时远高于视觉阈值，使得击球手可以将接触时准确估计在±9ms之内。击球手必须在7～9ms之内[207,265,280]判断接触时以确保以球棒中心击中速度为144.84km/h的来球，然而，其他研究以及板球的研究表明，准确性可能比±9ms还要高。[206]

视觉系统在提供来球位置信息方面有多好呢？击球手需要在1.91cm的范围内判断球的垂直高度，需要在7.62cm内判断球相对于其身体的内外位置。[281]击球手可以根据视网膜速度信息结合球的距离判断球的垂直速度。投球的速度范围在人类准确判断反应时5%的能力范围内。[282,283]因为击球手只能预估投球的速度，而视觉系统不能提供超过一个相对距离的判断，[208–211]因此，对球位置的判断有较多不确定性。这也许可以解释为什么击球手通常判断来球时间比判断来球位置要准确。

5.2 选择机制

因为挥棒后，大约需要花费150ms球才能开始接触球棒，因此必须在球投出之后的250ms选择挥棒的位置和时机。如果球已经被眼球运动所追踪，那么击球手可以根据持续的信息流所提供的信息来做出适当的反应。击球手也可能获得投手性格习惯、比赛的即时情况、投掷数量、之前经验储存等方面的信息。这些额外的信息，以及投球时获得的投掷动作信息，为预测最可能的投掷情况提供了可能性。

许多模型试图解释在棒球运动员击球等情况下认知是如何发生的，[284]但是最少需要50ms来选择合适的反应并且将它传送到效应机制来开始动作。这意味着投手大约有200ms的时间来处理视觉信息并且做出准确的选择，更多的时间是多余的，而且在这个投球速度的球场上是不可能存在的。这个时间并不比测量出的人类简单反应时（大约150ms）要长，[285]并且比希克[286]提出的对复杂选择条件的反应时要短得多。由于棒球接缝和质地产生的立体力学，击球手有许多关于时间空间不确定性的事情要解决，并且需要非常快地解决。许多投掷类型可以致使击球手错误判断球的速度和轨迹。[206,207,258,287–289]遮挡研究表明，投手投球初期为经验丰富的击球手提供了充足的信息来对不同投掷类型做出准确判断。[284]

投手的技术可以使击球手达到人类生理极限。以速度为152.89km/h投出的球大约比以速度为144.84km/h投出的球早到达25ms，并且高7.62cm。考虑到人类判断速度的能力较差，对投球速度的错误判断将会影响对球接触时和高度位置的判断。25ms需要通过视觉信息处理模型其他方面来减少。25ms最可能在选择机制中减少，因为感知机制是做出时刻判断的关键，选择机制需要的时间也相对固定。

5.3　效应机制

从投球那一刻起的225ms内，挥棒的起始肌肉必须开始反应。最先启动的肌群是下肢后群肌肉。虽然启动反应大约需要25ms，但是这个动作不会让击球手挥棒。[265]剩余的挥棒机制大约需要150ms，但是进一步的视觉处理可以提供调整的视觉反馈。挥棒之后的最初50ms，球棒的运动速度大约是它最终速度的30%，挥棒可以被持续的视觉信息反馈而大幅度调整（或核实）。[265]挥棒后100ms，球棒的运动速度大约是它最终速度的75%，并且由于肌肉的时间因素速度不会被改变。[265]一些人可以更快速地挥棒，这可能使他们可以将更多的时间用于视觉信息处理和做出选择。然而，研究没有发现简单动作反应时与击球技能[290]之间的关联，也没有发现与板球击打动作的不同。[291]

6　视觉防护和视觉信息处理

许多视觉表现评估和增强的训练项目试图评估和改善视觉信息处理的全过程。大多数的视觉增强训练项目尝试通过改善必需视觉技能来影响感知机制。视觉增强训练项目的基础目标是当同时触发感知机制和效应机制时，运动员在短时间内可以集中处理更多的视觉信息，最终提高选择机制的速度和有效性。这可以通过视觉注意力反馈程序和心理意象鼓励的方法来提高。虽然许多关于视觉增强训练和运动表现的问题依然存在，但是可以有这样的结论：改善视觉技能结合调节注意力和使用心理意象的能力对于视觉处理全过程会有有益的影响，这是合乎逻辑的。

第四章讨论运动员视觉能力的评估，第八章讨论使用这一章提出的视觉处理模型框架来发展视觉增强训练项目。许多专业人员也影响了运动员的视觉信息处理和动作反应。比如，具有生物力学优势的运动技能和最佳的心态直接影响效应机制和选择机制，对于感知机制也有积极的影响。运动员在运动表现的所有方面都潜在地收获了巨大的益处。

参考文献

[1] Colavita FV: Human sensory dominance, *Percept Psychophys* 16:409, 1974.

[2] Lee DN, Lishman JR: Visual proprioceptive control of stance, *J Hum Mov Stud* 1:87, 1975.

[3] Posner MI, Nissen MJ, Klein RM: Vision dominance: an information processing account of its origins and significance, *Psychol Rev 83:*157, 1976.

[4] Abernethy B, Kipper V, Mackinnon LT: *The biophysical foundations of human movement,* Champaign, IL, 1997, Human Kinetics.

[5] Ciuffreda KJ,Wang B: Vision training and sports. In Hung GK, Pallis JM, editors: *Biomedical engineering principles in sports*, New York, 2004, Kluwer Academic/Plenum Publishers, pp 407-433.

[6] Stine CD, Arterburn MR, Stern NS: Vision and sports: a review of the literature, *J Am Optom Assoc 53:*627, 1982.

[7] Hitzeman SA, Beckerman SA:What the literature says about sports vision, *Optom Clin 3:*145, 1993.

[8] Gregg JR: *Vision and sports: an introduction,* Stoneham, MA, 1987, Butterworth, pp 17-32.

[9] Hazel CA: The efficacy of sports vision practice and its role in clinical optometry, *Clin Exp Optom 78:*98, 1995.

[10] Starkes JL, Deakin J: Perception in sport: a cognitive approach to skilled performance. In Straub WF, Williams JM, editors: *Cognitive sport psychology,* Lansing, NY, 1984, Sport Science Association, pp 115-128.

[11] Abernethy B: Enhancing sports performance through clinical and experimental optometry, *Clin Exp Optom 69:*189, 1986.

[12] Garland DJ, Barry JR: Sports expertise: the cognitive advantage, *Percept Mot Skills 70:*1299, 1990.

[13] Abernethy B,Wann J, Parks S: Training perceptual-motor skills for sport. In Elliott B, editor: *Training in sport: applying sport science,* New York, 1998, John Wiley & Sons, pp 1-68.

[14] Welford AT: The measurement of sensory-motor performance: survey and reappraisal of twelve years progress, *Ergonomics 3:*189, 1960.

[15] Whiting HTA: *Acquiring ball skill: a psychological interpretation,* London, 1969, Bell.

[16] Martenink RG: *Information processing in motor skills,* New York, 1976, Holt, Rhinehart and Winston.

[17] Stelmach GE: Information-processing framework for understanding motor behavior. In Kelso JAS, editor: *Human motor behavior: an introduction,* Hillsdale, NJ, 1982, Lawrence Erlbaum, pp 63-91.

[18] Abernethy B, Russel DG: Skill in tennis: considerations for talent identification and skill development, *Austr J Sport Sci 3:*3, 1983.

[19] Pashler HE: *The psychology of attention,* Cambridge, MA, 1997, MIT Press.

[20] Winograd S: The relationship of timing and vision to baseball performance, *Res Q Am Assoc Health Phys Educ 13:*481, 1942.

[21] Fremion AS, DeMyer WE, Helveston EM, et al: Binocular and monocular visual function in world class tennis players, *Bin Vis 1:*147, 1986.

[22] Coffey B, Reichow AW: Optometric evaluation of the elite athlete, *Probl Optom 2:*32, 1980.

[23] Laby DM, Rosenbaum AL, Kirschen DG, et al: The visual function of professional baseball players, *Am J Ophthamol 122:*476, 1996.

[24] Christenson GN,Winkelstein AM: Visual skills of athletes versus nonathletes: development of a sports vision testing battery, *J Am Optom Assoc 59:*666, 1988.

[25] Bailey IL, Sheedy JE, Fleming DP, et al: Dynamic visual acuity: rotational measurement [abstract], *Invest Ophthalmol Vis Sci 29(suppl):*78, 1988.

[26] Rouse MW, DeLand P, Christian R, et al: A comparison study of dynamic visual acuity between athletes and nonathletes, *J Am Optom Assoc 59:*946, 1988.

[27] Coffey B, Reichow AW: Athletes vs nonathletes: static visual acuity, contrast sensitivity, dynamic visual acuity [abstract], *Invest Ophthalmol Vis Sci 30(suppl):*517, 1989.

[28] Long G, Rourk D: Training effects on the resolution of moving targets—dynamic visual acuity, *Hum Fact 31:*443, 1989.

[29] Ishigaki H, Miyao M: Differences in dynamic visual acuity between athletes and nonathletes, *Percept Mot Skills 77:*835, 1993.

[30] Melcher MH, Lund DR: Sports vision and the high school student athlete, *J Am Optom Assoc* 63:466, 1992.

[31] Hoffman LG, Polan G, Powell J: The relationship of contrast sensitivity functions to sports vision, *J Am Optom Assoc 55:*747, 1984.

[32] Reichow AW, Coffey B: A comparison of contrast sensitivity in elite athletes vs normal population [abstract], *Am J Optom Physiol Optics 63:*82P, 1986.

[33] Kluka DA, Love PA, Allen S: Contrast sensitivity functions of selected collegiate female athletes, *Sports Vis 5:*18, 1989.

[34] Kluka D, Love P: Contrast sensitivity in International Special Olympics, National Invitational Volleyball Championships, and recreational volleyball players, *Palaestra J 8:*11, 1992.

[35] Schneider HG, Kluka DA, Love PA: Contrast sensitivity and sighting dominance in selected professional and collegiate football players, *J Optom Vis Dev 23:*23, 1992.

[36] Love PA, Kluka DA: Contrast sensitivity function in elite women and men softball players, *Int J Sports Vis 1:*25, 1993.

[37] Kluka DA, Love PA, Sanet R, et al: Contrast sensitivity function profiling: by sport and sport ability level, *Int J Sports Vis 2:*5, 1995.

[38] Hughes PK, Blundell NL,Walters JM: Visual and psychomotor performance of elite, intermediate and novice table tennis competitors, *Clin Exp Optom 76:*51, 1993.

[39] Coffey B, Reichow AW: Athletes vs nonathletes: 6m vergence ranges, accommodative-vergence facility, and 6m speed of stereopsis [abstract], *Optom Vis Sci 67(suppl):*81, 1990.

[40] Banister H, Blackburn JM: An eye factor affecting proficiency at ball games, *Br J Psychol 21:*382, 1931,

[41] Montebello RA: *The role of stereoscopic vision in some aspects of baseball playing ability* [thesis], 1953, Ohio State University College of Optometry.

[42] Graybiel A, Jokl E, Trapp C: Russian studies of vision in relation to physical activity and sports, *Res Q Am Assoc Health Phys Educ 26:*480, 1955.

[43] Olsen EA: Relationship between psychological capacities and success in college athletics, *Res Q Am Assoc Health Phys Educ 27:*79, 1956.

[44] Ridini LM: Relationship between psychological functions tests and selected sport skills of boys in junior high, *Res Q Am Assoc Health Phys Educ 39:*674, 1968.

[45] Clark B,Warren N: Depth perception and interpupillary distance as factors in proficiency in ball games, *Am J Psych 47:*485, 1935.

[46] Deshaies P, Pargman D: Selected visual abilities of college football players, *Percept Mot Skills 43:*904, 1976.

[47] Weissman S: Sex differences in dynamic stereoacuity, Proceedings of the 80th Annual Convention, *American Psychological Association 7:*81, 1972.

[48] Weissman S, Slonim P: Effects of knowledge of results on dynamic stereo acuity in males and females, *Percept Mot Skills 36:*964, 1973.

[49] Slonim PS, Weissman S, Galzer E, et al: Effects of training on dynamic stereo acuity performance by males and females, *Percept Mot Skills 40:*359, 1975.

[50] Solomon H, Zinn W: An introduction to dynamic sports vision, *Optom Monthly 74:*569, 1983.

[51] Zinn WJ, Solomon H: A comparison of static and dynamic stereoacuity, *J Am Optom Assoc* 56:712, 1985.

[52] Soloman H, Zinn HJ, Vacroux R: Dynamic stereoacuity: a test for hitting a baseball? *J Am Optom Assoc 59:*522, 1988.

[53] Hofeldt AJ, Hoefle FB: Stereophotometric testing for Pulfrich's phenomenon in professional baseball players, *Percept Mot Skills 77:*407, 1993.

[54] Laby DM, Kirschen DG: Dynamic stereoacuity: preliminary results and normative data for a test for the quantitative measurement of motion in depth, *Bin Vis Eye Muscle Surgery Q 10:*191, 1995.

[55] Hofeldt AJ, Hoefle FB, Bonafede B: Baseball hitting, binocular vision, and the Pulfrich

phenomenon, *Arch Ophthalmol 114:*1490, 1996.

[56] Falkowitz C, Mendel H: The role of visual skills in batting averages, *Optom Weekly 68:*33, 1977.

[57] Bahill AT, LaRitz T:Why can't batters keep their eyes on the ball? *Am Sci 72:*249, 1984.

[58] Whittaker SG, Eaholtz G: Learning patterns of eye motion for foveal pursuit, *Invest Opthalmol Vis Sci 23:*393, 1982.

[59] McHugh DE, Bahill AT: Learning to track predictable target waveforms without a time delay, *Invest Ophthalmol Vis Sci 26:*932, 1985.

[60] Carnahan H, Hall C, Lee TD: Delayed visual feedback while learning to track a moving target, *Res Q Exer Sport 67:*416, 1996.

[61] Adolphe RM, Vickers JN, Laplante G: The effects of training visual attention on gaze behavior and accuracy: a pilot project, *Int J Sports Vis 4:*29, 1997.

[62] Elmurr P, Cornell E, Heard R: Saccadic eye movements (part 2): the effects of practice on saccadic reaction time, *Int J Sports Vis 4:*13, 1997.

[63] Trachtman JN: The relationship between ocular motilities and batting average in little leaguers, *Am J Optom Arch Am Acad Optom 50:*914, 1973.

[64] DiRusso F, Pitzalis S, Spinelli D: Fixation stability and saccadic latency in elite shooters, *Vis Res 43:*1837, 2003.

[65] Mourand RR, Rockwell TH: Strategies of visual search by novice and experienced drivers, *Hum Fact 14:*225, 1972.

[66] Bard C, Fleury ML: Analysis of visual search activity during sport problems situations, *J Hum Mov Studies 3:*214, 1976.

[67] Bard C, Fleury M, Carriere L, et al: Analysis of gymnastic judges' visual search, *Res Q Exer Sci 51:*267, 1980.

[68] Tyldesly DA, Bootsma RJ, Bomhoff GT: Skill level and eye movement patterns in a sports oriented reaction time task. In Rieder H, Mechling H, Reischle K, editors: *Motor learning and motor behaviour: contribution to learning in sports*, Cologne, Germany, 1982, Hoffmann, pp 290-296.

[69] Ripoll H, Papin J, Guezennec J, et al: Analysis of visual scanning patterns of pistol performers, *J Sport Sci 3:*93, 1985.

[70] Coulibaly Z, Ripoll H: Analysis of visual scanning patterns of volleyball players in problem solving tasks, In Unestaehl LE, editor: *Contemporary sports psychology proceedings from the VI World Congress in Sport Psychology,* Orebro, VEJE Publishing, 1986, pp 104.

[71] Goulet C, Fleury M, Bard C, et al: Analysis of advance visual indices in receiving a tennis serve. *Can J Sport Sci 13:*79,1988.

[72] Petrakis E: Visual observation patterns of tennis teachers, *Res Q Exer Sport 57:*254, 1986.

[73] Ripoll H, Bard C, Paillard J: Stabilization of the head and eyes on target as a factor in successful basketball shooting, *Hum Mov Sci 5:*47, 1986.

[74] Shank MD,Haywood KM: Eye movements while viewing a baseball pitch, *Percept Mot Skills 64:*1191, 1987.

[75] Ripoll H: Uncertainty and visual strategies in table tennis, *Percept Mot Skills 68:*507, 1989.

[76] Abrams R, Meyer DE, Kornblum S: Eye-hand coordination: oculomotor control in rapid aimed limb movements, *J Exp Psych Hum Percept Perform 16:*248, 1990.

[77] Vickers JN: Gaze control in putting, *Perception 21:*117, 1992.

[78] Helsen W, Pauwels JM: A cognitive approach to visual search in sport. In Brogan D, Gale A, Carr K, editors: *Visual search 2,* London, 1993, Taylor Francis, pp 379-388.

[79] McMorris T, Copeman R, Corcoran D, et al: Anticipation of soccer goalkeepers facing penalty kicks. In Reilly T, Clarys J, Stibbe A, editors: *Science and football II ,* London, 1993, E&FN Spon, pp 250-254.

[80] Williams AM, Burwitz L: Advance cue utilisation in soccer. In Reilly T, Clarys J, Stibbe A, editors: *Science and football II ,* London, 1993, E&FN Spon, pp 239-244.

[81] Vickers JN: Control of visual attention during the basketball free throw, *Am J Sports Med 24:*S93, 1996.

[82] Vickers JN: Visual control when aiming at a far target, *J Exp Psych Hum Percept Perform 22:*342, 1996.

[83] Vickers JN,Adolphe RM: Gaze behavior during a ball tracking and aiming skill, *Int J Sports Vis 4:*18, 1997.

[84] Singer RN,Williams AM, Frehlich SG, et al: New frontiers in visual search: an exploratory study in

live tennis situations, *Res Q Exer Sport 69:*290, 1998.

[85] Kato T, Fukuda T: Visual search strategies of baseball batters: eye movements during the preparatory phase of batting, *Percept Mot Skills 380:*94,2002.

[86] Moreno FJ, Reina R, Luis V, et al: Visual search strategies in experienced and inexperienced gymnastic coaches, *Percept Mot Skills 95:*901, 2002.

[87] Abernethy B, Russell DG: Expert-novice differences in an applied selective attention task, *J Sport Psych 9:*326, 1987.

[88] Goulet C, Bard M, Fleury M: Expertise differences in preparing to returns a tennis serve: a visual information processing approach, *J Sport Psychol 11:*382, 1989.

[89] Abernethy B: Expertise, visual search, and information pick-up in squash, *Perception 19:*63, 1990.

[90] Ripoll H, Kerlirzin Y, Stein JF, et al: Analysis of information processing, decision making, and visual strategies in complex problem solving sport situations, *Hum Mov Sci 14:*325, 1995.

[91] Williams AM, Davids K, Burwitz L, et al: Visual search strategies in experienced and inexperienced soccer players, *Res Q Exer Sport 65:*127, 1994.

[92] Williams AM, Davids K: Anxiety, expertise and visual search strategies in karate, *J Sport Exer Psych 21:*362, 1999.

[93] Honda H: Spatial localization in saccade and pursuit eye movement conditions: a comparison of perceptual and motor measures, *Percept Psychophysics 38:*41, 1985.

[94] Hobson R, Henderson MT: A preliminary study of the visual field in athletics, *Proc Iowa Acad Sci 48:*331, 1941.

[95] Johnson WG: *Peripheral perception of athletes and non-athletes, and the effect of practice* [thesis], 1952, University of Illinois.

[96] Buchellew WF: *Peripheral perception and reaction time of athletes and non-athletes* [thesis], 1954, University of Illinois.

[97] Stroup F: Relationship between measurements of field of motion perception and basketball ability in college men, *Res Q Am Assoc Health Phys Educ 28:*72, 1957.

[98] Williams JM, Thirer J: Vertical and horizontal peripheral vision in male and female athletes and nonathletes, *Res Q Am Assoc Health Phys Educ 46:*200, 1976.

[99] Berg WP, Killian SM: Size of the visual field in collegiate fast-pitch softball players and nonathletes, *Percept Mot Skills 81:*1307, 1995.

[100] Semmelow J: Identification of peripheral visual images in a laterally restricted gaze field, *Percept Mot Skills 70:*175, 1990.

[101] Loopeker K, Rowley B: *The effects of reduced ski goggle field and tint on stability and balance* [thesis], Forest Gove, OR, 2002, Pacific University.

[102] Tyldesley DA: Motion prediction and movement control in fast ball games. In Cockerill IM, MacGilivary WW, editors: *Vision in sport,* Cheltenham, England, 1981, Stanley Thomas, pp 91-115.

[103] de Groot AD: Perception and memory versus thought: some old ideas and recent findings. In Kleinmuntz B, editor: *Problem solving: research, method and theory,* New York, 1966,Wiley, pp 19-50.

[104] Chase WG, Simon HA: Perception in chess, *Cog Psychol 4:*55, 1973.

[105] Chase WG, Simon HA: The mind's eye in chess. In Chase WG, editor: *Visual information processing,* New York, 1973, Academic Press, pp 404-427.

[106] Allard F, Graham S, Paarsalu ME: Perception in sport: basketball, *J Sport Psychol 2:*14, 1980.

[107] Milne DC, Lewis RV: Sports vision screening of varsity athletes, *Sports Vis 1:*8, 1993.

[108] Allard F, Burnett N: Skill in sport, *Can J Psychol 39:*294, 1985.

[109] Starkes JL: Skill in field hockey: the nature of the cognitive advantage, *J Sport Psychol 9:*146, 1987.

[110] Helsen W, Pauwels JM: The use of a simulator in the evaluation and training of tactical skills in football. In Reilly T, Lees A, Davids K, et al, editors: *Science and football,* London, 1987, E&FN Spon, pp 493-497.

[111] Allard F, Starkes JL: Perception in sport: volleyball, *J Sport Psychol 2:*22, 1980.

[112] Thiffault C: *Tachistoscopic training and its effect upon perceptual speed of ice hockey players* [thesis], 1974, University of Southern California, Los Angeles, CA.

[113] Jones CM, Miles TR: Use of advanced cues in predicting the flight of a lawn tennis ball, *J Hum Mov Studies 4:*231, 1978.

[114] Salmela JH, Fiorito P: Visual cues in ice-hockey goal tending, *Can J App Sport Sci 4:*56, 1979.

[115] Isaacs LD, Finch AE: Anticipatory timing of beginning and intermediate tennis players, *Percept*

*Mot Skills 57:*451, 1983.

[116] Abernethy B, Russell DG: Advanced cue utilisation by skilled cricket batsmen, *Austr J Sci Med Sport 16:*2, 1984.

[117] McLeod P: Visual reaction time and high-speed ball games, *Perception 16:*49, 1987.

[118] Milgram P: A spectacle-mounted liquid crystal tachistoscope, *Behav Res Meth Instr Computers 19:*449, 1987.

[119] Abernethy B: Visual search in sport and ergonomics: its relationship to selective attention and performer expertise, *Hum Perf 1:*205, 1988.

[120] Abernethy B: The effects of age and expertise upon perceptual skill development in a racquet sport, *Res Q Exerc Sport 59:*210, 1988.

[121] Wright DL, Pleasants F, Gomez-Meza M: Use of advanced visual cue sources in volleyball, *J Sport Excerc Psychol 12:*406, 1990.

[122] Houlston DR, Lowes R: Anticipatory cue utilisation processes amongst expert and non-expert wicketkeepers in cricket, *Int J Sport Psychol 24:*59, 1993.

[123] Starkes JL: A new technology and field test of advance cue usage in volleyball, *Res Q Excerc Sport 66:*162, 1995.

[124] Paull G, Glencross D: Expert perception and decision making in baseball, *Int J Sport Psychol 28:*35, 1997.

[125] Tremayne P, Barry RJ: Elite pistol shooters: physiological patterning of best vs worst shots, *Int J Psychophysiol 41:*19, 2001.

[126] Pesce-Anzender C, Bosel R: Modulation of the spatial extent of the attentional focus in high-level volleyball players, *Eur J Cog Psychol 10:*247, 1995.

[127] Mahoney M, Avener J: Psychology of the elite athlete: an exploratory study, *Cog Ther Res 1:*135, 1997.

[128] Bjurwell C: Perceptual-motor behavior in sport: the double reaction, *Percept Mot Skills 72:*137, 1991.

[129] Meyers AW, Cooke CJ, Cullen J, et al: Psychological aspects of athletic competitors: a replication across sports, *Cog Ther Res 3:*361, 1979.

[130] Greenspan MJ, Feltz DL: Psychological interventions with athletes in competitive situations: a review, *Sport Psychol 3:*219, 1989.

[131] Davis H: Cognitive style and nonsport imagery in elite ice hockey performance, *Percept Mot Skills 71:*795, 1990.

[132] Finke RA: Mental imagery and the visual system, *Sci Am 254:*88, 1986.

[133] MacKay DG: The problem of rehearsal or mental practice, *J Mot Behav 13:*274, 1981.

[134] Hale BD: The effects of internal and external imagery on muscular and ocular concomitants, *J Sports Psych 4:*374, 1982.

[135] Feltz DL, Landers DM: The effects of mental practice on motor skill learning and performance: a meta-analysis, *J Sports Psych 5:*25, 1983.

[136] Kohl RM, Roenker DL: Mechanism involvement during skill imagery, *J Mot Behav 15:*179, 1983.

[137] Feltz DL, Landers DM, Becker BJ: *A revised meta-analysis of the mental practice literature on motor skill learning,* Washington, DC, 1988, National Academy Press.

[138] Requin J: Neural basis of movement representations. In Requin J, Stelmach GE, editors: *Tutorials in motor neurosciences,* Dordrecht, The Netherlands, 1991, Kluwer, pp 333-345.

[139] Jeannerod M: The representing brain: neural correlates of motor intention and imagery, *Brain Behav Sci 17:*187, 1994.

[140] Roland PE, Larsen B, Lassen NA, et al: Supplementary motor area and other cortical areas in organization of voluntary movement in man, *J Neurophysiol 43:*118, 1980.

[141] Decety J, Ingvar DH: Brain structures participating in mental stimulation of motor behavior: a neuropsychological interpretation, *Acta Psychologica 73:*13, 1990.

[142] Decety J, Kawashima R, Gulyas B, et al: Preparation for reaching: a PET study of the participating structures in the human brain, *NeuroReport 3:*761-764, 1992.

[143] Decety J: Do imagined and executed actions share the same neural substrate? *Cog Brain Res 3:*87, 1993.

[144] Jacobson E: Electrophysiology of mental activities, *Am J Psychol 44:*676, 1932.

[145] Ulich E: Some experiments on the function of mental training in the acquisition of motor skills, *Ergonomics 10:*411, 1967.

[146] McGuigan FJ: Covert oral behavior during the silent performance of language tasks, *Psychol Bull 74:*309, 1970.

[147] Harris DV, Robinson WJ: The effects of skill level on EMG activity during internal and external imagery, *J Sport Psych 8:*105, 1986.

[148] Decety J,Michel F: Comparative analysis of actual and mental movements times in two graphic tasks, *Brain Cog 11:*87, 1989.

[149] Knapp BN: Simple reaction times of selected top-class sportsmen and research students,*Res Q 32:*409, 1961.

[150] Whiting HTA, Sanderson FH: Dynamic visual acuity and performance in a catching task, *J Mot Behav 6:*87, 1974.

[151] Blundell NL: Critical visual-perceptual attributes of championship level tennis players. In Howell ML, Wilson BD, editors: *Kinesiological sciences: Proceedings of the* VII *Commonwealth and International Conference on Sport, Physical Education, Recreation and Dance,* Brisbane, Australia, 1984, University of Queensland, pp 51-59.

[152] Kioumourtzoglou E, Kourtessis T, Michalopoulou M, et al: Differences in several perceptual abilities between experts and novices in basketball, volleyball, and water-polo, *Percept Mot Skills 86:*899, 1998.

[153] Harbin G, Durst L,Harbin D: Evaluation of oculomotor response in relationship to sports performance, *Med Sci Sports Exerc 21:*258, 1989.

[154] Montes-Mico R, Bueno I, Candel J, et al: Eye-hand and eye-foot visual reaction times of young soccer players, *Optometry 71:*775, 2000.

[155] Henry M: Stimulus complexity, movement, age, and sex in relation to reaction latency and speed in limb movements, *Res Q Sports Med 32:*353, 1961.

[156] Keele S: Motor control. In Boff K, Kaufman L, Thomas J, editors: *Handbook of perception and human performance*, New York, 1986, John Wiley & Sons, pp 30-60.

[157] Sherman A: A method for evaluating eye-hand coordination and visual reaction time in athletes, *J Am Optom Assoc 54:*801, 1983.

[158] Mitchell JA, Nicholson DW, Maples WC: Standardization of the Wayne Saccadic Fixator, *J Behav*

*Optom 1:*199, 1990.

[159] Vogel GL, Hale RE: Initial norms using the Wayne Saccadic Fixator for eye-hand coordination and visual reaction times, *J Behav Optom 1:*206, 1990.

[160] Robertson S, Collins J, Elliott D, et al: The influence of skill and intermittent vision on dynamic balance, *J Mot Behav 26:*333, 1994.

[161] Robertson S, Elliott D: The influence of skill in gymnastics and vision on dynamic balance, *Int J Sport Psych 27:*361, 1996.

[162] Robertson S, Elliott D: Specificity of learning and dynamic balance, *Res Q Exerc Sport 67:*69, 1996.

[163] Witkin HA, Dyk RB, Paterson HF, et al: *Psychological differentiation,* New York, 1982,Wiley.

[164] Witkin HA, Lewis HB, Hertzman M, et al: *Personality through perception,* Westport, CT, 1972, Greenwood.

[165] Knapp B: *Skill in sport,* London, 1964, Routledge & Kegan Paul.

[166] Jones MG: Perceptual studies: perceptual characteristics and athletic performance. In Whiting HTA, editor: *Sports psychology,* London, 1972, Kimpton, pp 96-115.

[167] Kane JE: Personality, body concept and performance. In Kane JE, editor: *Psychological aspects of physical education and sport,* London, 1972,Western Printing Services, pp 91-127.

[168] Sharp RH,Whiting HTA: Information processing and eye-movement behavior in a ball catching skill, *J Human Mov Studies 1:*124, 1975.

[169] Franks IM, Weicker D, Robertson DGE: The kinematics, movement phasing and timing of a skilled action in response to varying conditions of uncertainty, *Hum Movement Sci 4:*91, 1985.

[170] Bootsma RJ, van Wieringen PCW: Visual control of an attacking forehand drive. In Meijer OG, Roth K, editors: *Complex movement behavior: the motor-action controversy*, Amsterdam, 1988, North-Holland, pp 189-199.

[171] Bootsma RJ: *The timing of rapid interceptive actions: perception-action coupling in the control and acquisition of skill*, Amsterdam, 1988, Free University Press.

[172] Bootsma RJ: Accuracy of perceptual processes subserving different perception-action systems, *Q J Exp Psychol 41A:*489, 1989.

[173] Bootsma RJ, van Wieringen PCW: Timing an attacking forehand drive in table tennis, *J Exp Psychol Hum Percept Perform 16:*21, 1990.

[174] Bootsma RJ: Predictive information and the control of action, *Int J Sport Psychol 22:*271, 1991.

[175] Savelsbergh GJP, Whiting HTA, Bootsma RJ: "Grasping" tau, *J Exp Psychol Hum Percept Perform 17:*315, 1991.

[176] Bootsma RJ, Peper CE: Predictive visual information sources for the regulation of action with special emphasis on catching and hitting. In Proteau L, Elliott D, editors: *Vision and motor control,* Amsterdam, 1992, North-Holland, pp 285-314.

[177] Bootsma RJ, Oudejans RRD: Visual information about time-to-collision between two objects, *J Exp Psychol Hum Percept Perform 19:*1041, 1993.

[178] Siegel D: Response velocity, range of movement, and timing accuracy, *Percept Mot Skills 79:*216, 1994.

[179] Barlow H, Blakemore CB, Pettigrew JD: The neural mechanism of binocular depth perception, *J Physiol 193:*327, 1967.

[180] Pettigrew JD, Nikara T, Bishop PO: Binocular interaction on single units in cat striate cortex: simultaneous stimulation by single moving slit with receptive fields in correspondence, *Expl Brain Res 6:*391, 1968.

[181] Cyander M, Regan D: Neurons in cat parastriate cortex sensitive to the direction of motion in three-dimensional space, *J Physiol 274:*549, 1978.

[182] Wheatstone C: Contributions to the physiology of vision. Part the first. On some remarkable and hitherto unobserved, phenomena of binocular vision, *Phil Trans R Soc London 128:*371, 1838.

[183] Ogle KN: The optical space sense. In Davson H, editor: *The eye,* vol 4,New York, 1962, Academic Press.

[184] Julesz B: *Foundations of cyclopean perception*, Chicago, 1971, University of Chicago Press.

[185] Regan D, editor: *Binocular vision,* London, 1991,Macmillan.

[186] Beverley KI, Regan D: Evidence for the existence of neural mechanisms selectively sensitive to the direction of motion in space, *J Physiol 235:*17, 1973.

[187] Richards W, Regan D: A stereo field map with implications for disparity processing, *Invest*

*Ophthalmol Vis Sci 12:*904, 1973.

[188] Beverly KI, Regan D: The relation between discrimination and sensitivity in the perception of motion in depth, *J Physiol 249:*387, 1975.

[189] Regan D, Beverley KI, Cyander M: *Stereoscopic subsystems for position in depth and for motion in depth,* Proc Royal Soc London Series B, *204:*485, 1979.

[190] Regan D, Beverly KI, Cyander M: The visual perception of motion in depth, *Sci Am 241:*136, 1979.

[191] Poggio GF, Talbot WH: Mechanisms of static and dynamic stereopsis in foveal cortex of rhesus monkey, *J Physiol 315:*469, 1981.

[192] Cyander M, Regan D: Neurons in cat visual cortex tuned to the direction of motion in depth: effect of positional disparity, *Vis Res 22:*967, 1982.

[193] Regan D, Cyander M: Neurons in cat visual cortex tuned to the direction of motion in depth: effect of stimulus speed, *Inves Ophthalmol Vis Sci 22:*535, 1982.

[194] Regan D, Erkelens CJ, Collewijn H: Visual field defects for vergence eye movements and for stereomotion perception, *Invest Ophthalmol Vis Sci 27:*806, 1986.

[195] Hong X, Regan D: Visual field defects for unidirectional and oscillatory motion in depth, *Vis Res 29:*809, 1989.

[196] Spileers W, Orban GA, Gulyan B, et al: Selectivity of cat area 18 neurons for direction and speed in depth, *J Neurophysiol 63:*936, 1990.

[197] Regan D, Beverley KI: Illusory motion in depth: aftereffect of adaptation to changing size, *Vis Res 18:*209, 1978.

[198] Beverley KI, Regan D: Separable aftereffects of changing-size and motion-in-depth: different neural mechanisms? *Vis Res 19:*727, 1979.

[199] Regan D, Beverley KI: Looming detectors in the human visual pathway, *Vis Res 18:*415, 1978.

[200] Regan D, Cyander M: Neurons in area 18 cat visual cortex selectively sensitive to changing size: non-linear interactions between responses to two edges, *Vis Res 19:*699, 1979.

[201] Gibson JJ: *The perception of the visual world,* Boston, 1950, Houghton Mifflin.

[202] Gordon DA: Static and dynamic fields in human space perception, *J Opt Soc Am 55:*1296, 1965.

[203] Koenderink JJ, van Doorn AJ: Local structure of movement parallax of the plane, *J Opt Soc Am 66:*717, 1976.

[204] Regan D, Beverley KI: Visually-guided locomotion: psychophysical evidence for a neural mechanism sensitive to flow patterns, *Science 205:*311, 1979.

[205] Regan D, Beverley KI: Binocular and monocular stimuli for motion in depth: changing-disparity and changing-size feed the same motion-in-depth stage, *Vis Res 19:*1331, 1979.

[206] Regan D: Visual judgments and misjudgments in cricket, and the art of flight, *Perception 21:*91, 1992.

[207] Bahill AT, Karnavas WJ: The perception of baseball's rising fastball and breaking curveball, *J Exp Psychol Hum Percept Perform 19:*3, 1993.

[208] Gogel WC: Convergence as a cue to absolute distance, *J Psychol 52:*287, 1961.

[209] Foley JM, Richards W: Effects of voluntary eye movement and convergence on the binocular appreciation of depth, *Percept Psychophys 11:*423, 1972.

[210] von Hofsten C: The role of convergence in visual space perception, *Vis Res 16:*193, 1976.

[211] Regan D, Erkelens CJ, Collewijn H: Necessary conditions for the perception of motion in depth, *Inves Ophthalmol Vis Sci 27:*584, 1986.

[212] Steinman RM, Collewijn H: Binocular retinal image motion during active head rotation, *Vis Res 20:*415, 1980.

[213] Steinman RM, Cushman WB,Martins AJ: The precision of gaze: a review, *Hum Neurobiol 1:*97, 1982.

[214] Steinman RM, Levinson JZ, Collewijn H, et al: Vision in the presence of known natural retinal image motion, *J Opt Soc Am 2:*226, 1985.

[215] McLeod P, McLaughlin C, Nimmo-Smith I: Information encapsulation and automaticity: evidence from the visual control of finely timed actions. In *Attention and performance XI,* Hillsdale, NJ, 1985, Erlbaum, pp 391-400.

[216] Judge SJ, Bradford CM: Adaptation to telestereoscopic viewing measured by one-handed ball-catching performance, *Perception 17:*783, 1988.

[217] von Hofsten C, Rosengren K, Pick HL, et al: The role of binocular information in ball catching, *J*

*Mot Behav 24:*329, 1992.

[218] Savelsbergh GJP, Whiting HTA: The acquisition of catching under monocular and binocular conditions, *J Mot Behav 24:*320, 1992.

[219] Graydon J, Bawden M, Holder T, et al: The effects of binocular and monocular vision on a table tennis striking task under conditions of spatio-temporal uncertainty, *Int J Sports Vis 3:*35, 1996.

[220] Rosengren K, Pick HL, von Hofsten C: Role of visual information in ball catching, *J Mot Behav 20:*150, 1988.

[221] von Hofsten C: Recalibration of the convergence system, *Perception 8:*37, 1979.

[222] Redding GM, Rader SD, Lucas DR: Cognitive load and prism adaptation, *J Mot Behav 24:*238, 1992.

[223] Redding GM, Wallace B: Effects of pointing rate and availability of visual feedback on visual and proprioceptive components of prism adaptation, *J Mot Behav 24:*226, 1992.

[224] Lee DN: A theory of visual control of braking based on information about time-to-collision, *Perception 5:*437, 1976.

[225] Lee DN, Young DS: Visual timing in interceptive actions. In Ingle DJ, Jeannerod M, Lee DN, editors: *Brain mechanisms and spatial vision,* Dordrecht, The Netherlands, 1985,Martinus Nijhoff, pp 1-30.

[226] Lee DN: Visuo-motor coordination in space-time. In Stelmach G, Requin J, editors: *Tutorials in motor behavior,* Amsterdam, 1980, North-Holland, pp 281-293.

[227] Lee DN, Reddish PE: Plummeting gannets: a paradigm of ecological optics, *Nature 293:*293, 1981.

[228] Todd JT: Visual information about moving objects, *J Exp Psychol Hum Percept Perform 7:*795, 1981.

[229] Lee DN, Lishman JR, Thomson JA: Visual regulation of gait in long jumping, *J Exp Psychol Hum Percept Perform 8:*448, 1982.

[230] Wagner H: Flow-field variables triggering landing in flies, *Nature 297:*147, 1982.

[231] Lee DN, Young DS, Reddish PE, et al: Visual timing in hitting an accelerating ball, *Q J Exp Psychol 35A:*333, 1983.

[232] Warren WH, Young DS, Lee DN: Visual control of step length during running over irregular terrain, *J Exp Psychol Hum Percept Perform 12:*259, 1986.

[233] Laurent M, Dinh Phung R, Ripoll H:What visual information is used by riders in jumping, *Hum Mov Sci 8:*481, 1989.

[234] Stoffregen TA, Riccio GE: Responses to optical looming in the retinal center and periphery, *Ecol Psychol 2:*251, 1990.

[235] Van der Horst ARA: *A time-based analysis of road user behaviour in normal and critical encounters,* Soest, The Netherlands, 1990, Practicum Drukkerij.

[236] Laurent M: Visual cues and processes involved in goal-directed locomotion. In Patla AE, editor: *Adaptability of human gait: implications for the control of locomotion*, Amsterdam, 1991, North-Holland, pp 99-123.

[237] Lee DN, Young DS, Rewt D: How do somersaulters land on their feet? *J Exp Psychol Hum Percept Perform 18:*1195, 1993.

[238] Tresilian JR: Perceptual information for the timing of interceptive action, *Perception 19:*223, 1990.

[239] Diggles VA, Grabiner MD, Garhammer J: Skill level and efficacy of effector visual feedback in ball catching, *Percept Mot Skills 64:*987, 1987.

[240] Peper L, Bootsma RJ,Mestre DR, et al: Catching balls: how to get the hand to the right place at the right time, *J Exp Psychol Hum Percept Perform 20:*591, 1994.

[241] Oudejans RRD, Michaels CF, Bakker FC, et al: The relevance of action in perceiving affordances: perception of catchableness of fly balls, *J Exp Psychol Hum Percept Perform 22:*879, 1996.

[242] Cicciarella CF: Effects of loss of visual feedback in performance of two swimming strokes, *Percept Mot Skills 55:*735, 1982.

[243] Mount J: Effectiveness of visual vs kinesthetic instruction for learning a gross motor skill, *Percept Mot Skills 65:*715, 1987.

[244] Williams JG: Visual demonstration and movement production: effects of motoric mediation during observation of a model, *Percept Mot Skills 65:*825, 1987.

[245] Miller G, Gabbard C: Effects of visual aids on acquisition of selected tennis skills, *Percept Mot*

*Skills 67:*603, 1988.

[246] Sewell LP, Reeve TG, Day RA: Effect of concurrent visual feedback on acquisition of a weightlifting skill, *Percept Mot Skills 67:*715, 1988.

[247] Williams JG: Effects of kinetically enhanced video-modeling on improvement of form in a gymnastic skill, *Percept Mot Skills 69:*473, 1989.

[248] Smith TL, Eason RL: Effects of verbal and visual cues on performance of a complex ballistic task, *Percept Mot Skills 70:*1163, 1990.

[249] Bennett S, Davids K: The manipulation of vision during the powerlift squat: exploring the boundaries of the specificity of learning hypothesis, *Res Q Exerc Sport 66:*210, 1995.

[250] Carnahan H, Hall C, Lee TD: Delayed visual feedback while learning to track a moving target, *Res Q Exerc Sport 67:*416, 1996.

[251] Magill RA, Schoenfelder-Zohdi B: A visual model and knowledge of performance as sources of information for learning a rhythmic gymnastics skill, *Int J Sport Psych 27:*7, 1996.

[252] Layton C, Avenell L: Differences in kata performance time and distance from a marker for experienced shotokan karateka under normal sighted and blindfolded conditions, *Percept Mot Skills 95:*47, 2002.

[253] Dienes Z,McLeod P: How to catch a cricket ball, *Perception 22:*1427, 1993.

[254] McBeath MK, Shaffer DM, Kaiser MK: How baseball outfielders determine where to run to catch fly balls, *Science 268:*569, 1995.

[255] Letters, *Science 268:*1681, 1995.

[256] Technical comments on catching fly balls, *Science 273:*256, 1995.

[257] McLeod P, Dienes Z: Do fielders know where to go to catch the ball or only how to get there? *J Exp Psychol Hum Percept Perform 22:*531, 1996.

[258] Adair RK: Running, fielding, and throwing. In *The physics of baseball*, New York, 2002, Perennial, pp 145-162.

[259] Sim M, Shaw RE, Turvey MT: Intrinsic and required dynamics of a simple bat-ball skill, *J Exp Psychol Hum Percept Perform 23:*101, 1997.

[260] Gyulai E: Perceptual inequality between two physically equal constant velocities, *Percept Mot*

*Skills 71:*235, 1990.

[261] Malamud B: *The natural,* New York, 1952, Noonday Press.

[262] Ciborowski T: "Headiness" or "intelligence" for baseball in the collegiate athlete, *Percept Mot Skills 81:*795, 1995.

[263] Kindel S: The hardest single act in all of sports, *Forbes 132:*180, 1983.

[264] Williams T, Underwood J: *The science of hitting,* New York, 1986, Simon-Schuster.

[265] Adair RK: The swing of the bat. In *The physics of baseball,* New York, 2002, Perennial, pp 29-46.

[266] Osborne K, Rudrud E, Zezoney F: Improved curveball hitting through the enhancement of visual cues, *J Appl Behav Analys 23:*371, 1990.

[267] Adams GL: Effect of eye dominance in baseball batting, *Res Q Am Assoc Health Phys Educ 36:*3, 1965.

[268] Falkowitz C,Mendel H: The role of visual skills in batting averages, *Optom Weekly 68:*33, 1977.

[269] Tieg D: *Major league baseball research project,* Ridgefield, CT, 1980, Institute for Sports Vision, pp 1-9.

[270] Portal JM, Romano PE: Patterns of eye-hand dominance in baseball players, *N Engl J Med 319:*655, 1988.

[271] Dunham P: Coincidence-anticipation performance of adolescent baseball players and nonplayers, *Percept Mot Skills 68:*1151, 1989.

[272] Milne C, Buckolz E, Cardenas M: Relationship of eye dominance and batting performance in baseball players, *Int J Sports Vis 2:*17, 1995.

[273] Classe JG, Daum KM, Semes LP, et al: Association between eye and hand dominance and hitting, fielding and pitching skill among players of the Southern Baseball League, *J Am Optometric Assoc 67:*81, 1996.

[274] Goss DA: The relationship of eye dominance and baseball batting: a critical literature review, *J Behav Optom 9:*87, 1998.

[275] Laby DM, Kirschen DG, Rosenbaum AL, et al: The effect of ocular dominance on the performance of professional baseball players, *Ophthalmol 105:*864, 1998.

[276] Hubbard WA, Seng CN: Visual movements of batters, *Res Q Am Assoc Health Phys Educ 25:*42, 1954.

[277] Ripoll H, Fleurance P:What does keeping one's eye on the ball mean? *Ergonomics 31:*1647, 1988.

[278] Stark L, Michael JA, Zuber BL: Saccadic suppression: a product of the saccadic anticipatory signal. In Evans CR, Mulholland TB, editors: *Attention in neurophysiology: an international conference,* London, 1969, Butterworth, pp 281-303.

[279] Matin E: Saccadic suppressions and the dual mechanism theory of direction constancy,*Vis Res 22:*335, 1982.

[280] Messier SP, Owen MG: Bat dynamics of female fast pitch softball batters, *Res Q Exerc Sport 55:*141, 1984.

[281]. Adair RK: Properties of bats. In *The physics of baseball,* New York, 2002, Perennial, pp 112-144.

[282] McKee SP: A local mechanism for differential velocity discrimination, *Vis Res 21:*491, 1981.

[283] Orban GA, De Wolf J,Maes H: Factors influencing velocity coding in the human visual system, *Vis Res 24:*33, 1984.

[284] Paull G, Glencross D: Expert perception and decision making in baseball, *Int J Sport Psych 28:*35, 1997.

[285] Glencross DJ, Cibich BJ: A decision analysis of games skills, *Austr J Sports Med 9:*72, 1977.

[286] Hick WE: On the rate of gain of information, *Q J Exp Psychol 4:*11, 1952.

[287] Watts RG, Sawyer E: Aerodynamics of a knuckleball, *Am J Physics 43:*960, 1975.

[288] McBeath MK: The rising fastball, baseball's impossible pitch, *Perception 19:*545, 1990.

[289] Adair RK: Pitching. In *The physics of baseball,* New York, 2002, Perennial, pp 47-78.

[290]. Classe JG, Semes LP, Daum KM, et al: Association between visual reaction time and batting, fielding, and earned run averages among players of the Southern Baseball League, *J Am Optom Assoc 68:*43, 1997.

[291]291. McLeod P: Visual reaction time and high-speed ball games, *Perception 16:*49, 1997.

第四章

视觉表现评估

本章大纲

- 病历
- 静态视力
- 动态视力
- 对比敏感度
- 屈光状态
- 眼、手或足的优先性
- 眼定位
- 深感觉
- 聚散度功能
- 调节功能
- 眼球运动能力
- 认知速度
- 运动反应时
- 视觉–运动反应时
- 眼–手协调
- 眼–身体协调
- 视觉符合预期
- 视觉和平衡
- 场地依赖性和独立性
- 外周意识
- 可视化和图像化
- 眼部健康状况
- 制订一个运动视觉评估方案

关于视觉能力和运动表现之间关系的探索，历史漫长且丰富。许多研究者和临床医生试图发现与成功的运动表现相关的视觉能力，并尝试不断改进评估这些视觉能力的方法。一篇1982年的文献综述中提到，运动员比非运动员拥有更好的视觉能力，且顶尖运动员从视觉能力中的获益比低水平运动员多，作者通过大量证据来支持其观点。[1]1993年，大量的文献综述同意上述观点，并提示对视觉能力和运动能力的关系的研究是在特定的运动中进行的。[2]作者进一步表明，如尺寸、速度、灵敏度、心理状态、经验水平和教练的影响等因素会扰乱仅凭视觉能力评估去预测运动表现的能力。这些提示是被认可的，不过有小部分顶尖运动员在一些视觉能力方面表现得较差。

在全球范围内，许多学科都在探索视觉能力在成功的运动表现中起作用的所有因素。每个学科都试图通过分离和测量特定功能来确定有助于达到人类峰值运动表现的因素，大多数运动视觉评估都尝试了同样的方法。[3-5]运动视觉从业者必须确定对成功的运动表现至关重要的视觉任务所必需的视觉能力，并以最适当、准确和可重复的方式评估这些能力的水平。第二章和第三章提供了任务分析过程的方法，该过程对于为每项运动和位置提供合适的评估至关重要。本章提供了每个评估区域的循证描述以及每个评估区域的相对价值。

1　病历

病历可以成为任何患者就诊的最重要的部分，成功的医生往往可以使病历的内在潜力最大化。每个患者都应该被问及体育活动，因为对于寻求视觉防护的人来说，与娱乐性视觉表现相关的视觉问题通常是不常见的原因。提供涵盖患者所有活动领域的视觉防护服务是发现并了解患者需求的一个绝佳方法。

体育和娱乐活动的视觉任务需求的应用知识使医生能够提出相关的问题并且能更好地理解运动员的回答。第二章和第三章的信息可以帮助医生制订相关问题列表，以解决在各种运动中运动员的具体视觉需求。美国眼科学会运动视觉部门的指南手册提供了许多体育运动中所包含的视觉因素。[6]一些不常见的娱乐活动的信息也比较容易找到，可以通过互联网搜索或许多体育期刊和书籍查阅。

运动员进行全面视觉检查的病历应从病史的基本要素开始，包括主要视力问题、次要视力问题、个人和家庭眼病史以及个人和家庭病史。应特别关注运动员模糊、复视或眼部不适等症状。运动员描述视物困难的情况比想象中更加常见。[7]在开始进行检查之前，患者填写的预检查列表是一个非常有效的工具，可以帮助患者做好心理准备和明确医生需要深究的区域。[8]预检查也是一种教育患者的方法，可以让患者了解与眼睛有关的运动表现问题的影响。运动视觉病历预检查模板的例子可以在附录A中找到。

视觉矫正和眼睛保护是研究运动员病史的关键要素，包括视觉矫正史。如果运动员在运动中戴眼镜，眼科医生有义务决定眼镜框架和镜片的类型，并警告运动员关于使用对阻力产生有一定影响的眼镜材料所带来的损伤风险。[9]同样，医生应评估运动期间护目镜的适用性。医生应专门探查在运动或娱乐性活动中的任何眼部损伤，并且明确损伤造成的长期影响。了解如何评估和管理所有损伤，并可以帮助运动员决定其是否需要额外的健康程序。还应探索接触镜的屈光矫正来确定镜片对运动特定视觉需求的有效性。屈光手术的结果对运动员是重要的，尤其是对视力有特别要求的运动员。第六章讨论了在体育运动中，视力矫正和视力保护的相关应用，并且在附录A的病历预检查模板中有一些问题样本。

在运动参与过程中，对环境状况的评估有助于决定运动员最优的视觉矫正和保护方案。医生应该询问运动员遇到的任何眼部相关损害，包括灰尘和身体潜在异物。湿度、风速、温度、海拔、汗水、降水和环境变化等因素会对视觉矫正的类型产生深远影响。在确定最理想的视觉处方时，一些额外的环境问题应该被考虑到，包括照明光线、眩光及可变目标反差等。

一些补充性的问题可以得到关于运动员运动视觉能力的信息，具体问题如下[3,4,7,11–13]：

- 你是否认为视觉降低了你的运动表现？
- 在比赛或竞赛期间，你是否注意到你的表现有不一致性？
- 是在竞赛的早期还是晚期注意到不一致性的？
- 注意到不一致性是比赛中的关键情况吗？
- 注意到不一致性是在上午的比赛还是晚上的比赛？
- 你在运动中经历过注意力不集中的情况吗？
- 你的眼睛在追踪一个移动的物体时是否有困难（例如球或冰球）？
- 你判断球的旋转时是否有困难？
- 你是否注意到有深感觉方面的困难？
- 你是否在了解球或运动员位置时有困难？
- 你是否注意到运动期间自己的周边视力下降？
- 在接触明亮的灯光后，你是否注意到眼球对灯光的敏感或存在视力恢复困难的情况？

• 你的运动能力是否提高得很少，即使有专门的眼球训练和运动训练？

• 在比赛期间，在同样的时刻，你的错误是否会重复出现？

• 你是否使用了可视化和图像化的技术？

这些问题自然地引导临床医生对运动员所表现出来的与症状相关的特定运动表现细节进行深究。病历调查中的其他领域包括运动员的目标和动机，都可以用来确定潜在的、容易接受的各种干预因素。病历的最终目标是提高对视力低下的怀疑指数，这也许会影响最佳表现。有效的病历可以帮助医生选择合适的视觉能力评估过程，并且确保视觉问题不会最大化地影响运动表现。

2　静态视力

静态视力是在一定距离看不移动目标的能力。[5]测量静态视力是在6m处或在模拟距离处观看视力表等，是运动员视觉评估的标准部分。[3-5,13-36]运动员的单眼和双眼的静态视力可以通过基斯顿电子双目镜、标准斯内伦氏图表、Bailey-Lovie logMAR图表、兰德特氏C型视力表来测量。作者更喜欢通过Bailey-Lovie logMAR图表和标准斯内伦氏图表在6m距离处来测量单眼和双眼的静态视力。

应使用用于运动参与的习惯矫正来评估运动员。有趣的是，据报道，有很大比例的运动员有未矫正的屈光错误；这些运动员或在运动中不戴矫正眼镜，或矫正不足。[7,37]要使用最好的光学矫正方法来测量静态视力，以评估在矫正过程中产生的任何视力的变化。第六章讨论了在运动参与中使用或改变视力矫正的建议。

静态视力的测量是视觉评估的一个基本元素，因为视力退化会对视觉能力的其他方面产生有害影响。视力下降已经被证明对动态视力、[38]深感觉[39,40]和调节的准确性有不利影响。[41]一些研究已经发现运动员比非运动员有更好的静态视力，[3,28,42-44]但有些研究发现两者没有区别。[27]尽管一些运动员视力不足，但他们有高水平的表现。[14-16,18,43-45]虽然预期的视力水平依赖于各种运动情况的视觉任务需求，但至少20/15（6/4.5）的静态视力（右眼、左眼、双眼）已经被推荐作为运动员的理想标准。[3]

3　动态视力

运动中的许多视觉要求需要对移动的信息加以区分，如判断速度和网球发球的轨迹。传统的静态视力的测量不能完全达到某些类型运动中的视觉要求，特别是对快速移动的物体做出判断。大量的早期研究调查了运动中分辨视觉目标的生理学因素，提到了动态视力。[38,46–67]路德维和米勒[48,50–53]首次使用术语“DVA”（即动态视力），它被定义为在观察者和测试对象之间存在相对运动时，分析细节的能力。[68]

刺激因素中许多变量会影响动态视力，包括目标亮度、角速度以及目标的曝光时间。[38,46–67]可以影响动态视力的人的因素包括，视网膜的分辨能力、外周意识、眼球运动能力和影响视觉信息处理的心理功能。[38,46–67,69,70]从研究中已经得到了一些关于动态视力的结论：①与静态视力相比，如果动态视力下降，那么随着目标速度的增加，视力会变得更差。②静态视力与动态视力的相关性随着目标速度的增加而降低。③随着年龄的增长，老年人的视力逐渐下降，动态视力下降比静态视力下降得更加明显。④总体来说，男性在动态视力任务上的表现比女性的表现要好。[59,61,62,71]

某种理论引起了对动态视力的研究：在许多活动中，识别移动的物体（或者人在运动，物体是静止的）是人类能力的重要方面。[62]这个概念适用于运动的情景和驾驶等日常任务。[55,58,59,62]已有人试图确定动态视力与视觉任务表现的关系；然而，需要进一步的研究才能将动态视力的临床测量与视觉任务表现联系起来。[19–23,44,48,50–53,55,58,62,71–76]

尽管有大量的研究使用了动态视力参数，动态视力也广泛地应用于日常活动，但是可用来评估这种能力的资源是有限的。动态视力被广泛地推荐用于运动员视觉功能评估。[3–6,13,19–23,26,27,30–33,35,36,42,44,69,77–82]动态视力临床测量的显著变化包括目标的类型、目标的大小、刺激运动（或物体运动）的方向以及刺激的时间。测量参数的可变性导致了对运动员规范性表现的几种不同建议，以及运动员与非运动员的不同表现特征。[3,5,13,31–33,37,79–81,83–86]当前使用的几种动态视力测量系统，大多是使用可预测的旋转装置（图4–1）。旋转装置来自Wayne工程和JW工程以及一些其他零售商。NeuroCom的视觉包是一个系统，测试受试者在主动移动头部时保持视力和稳定注视的能力（图4–2）。[87]在建立初步规范性数据的研究中，该系统有望成为一种有效的诊断工具，并证明了可接受的重测信度。[88,89]

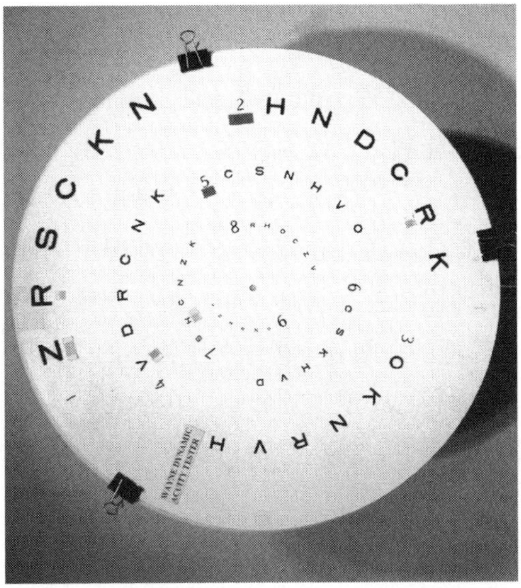

图4-1　Wayne自动旋转器和视力表，用于测量动态视力

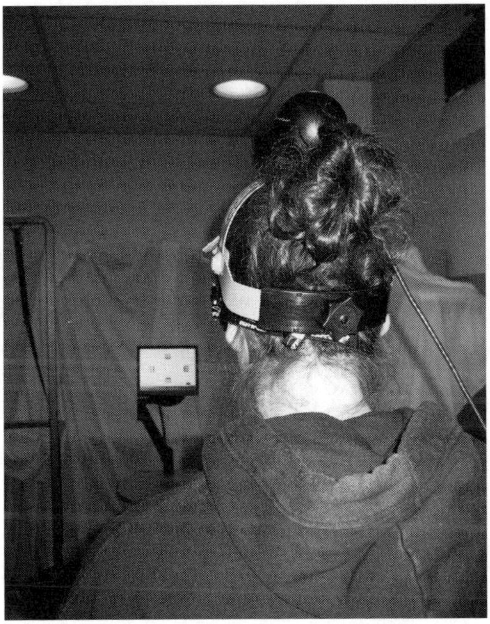

图4-2　用NearoCom视觉包评估动态视力

4 对比敏感度

对比敏感度反映视觉系统处理不同光照条件下物体及其背景信息的能力。[68] 推荐运动员进行对比敏感度功能测试，因为许多运动涉及由于环境变化而在照明不佳的条件下进行视觉识别的任务。[2,3,5] 斯内伦型视力测量也许对许多运动固有的精细视觉任务区别不敏感，因为视觉任务通常在高对比度的情况下完成。思考一下，以白色、多云的天空作为背景，当球以白色为主时，如判断一个棒球的飞行轨迹，对比度会下降。金斯伯格[90,91]建议，较低的空间频率提供关于物体的空间定位信息，较高的空间频率最初受到照明不良、移动和视距增加的影响。在运动中，运动员必须处理来自运动物体的视觉信息（如棒球间距），在高空间频率下，对比敏感度评价可以提供重要的诊断信息。

一些研究使用不同空间频率的光栅对比运动员的对比敏感度。[3,31,42,92–100] 这些研究的一般结果表明，在所有空间频率下运动员对比敏感度升高，对比敏感度在有氧运动中可能会有积极的作用。[101] 如果接触镜不是最理想的，即使视力可以接受，佩戴接触镜的人的对比敏感度也可能会下降。[102–105] 因此，对比敏感度测量是评估佩戴接触镜运动员运动参与过程的重要组成部分。

许多系统都可以用于测试对比敏感度。大多数都采用空间频率和对比度水平可变的光栅模式；然而，固定图表和计算机生成的不同对比度的符号也可使用。对比敏感度的测量通常包括在不同的空间频率下对比敏感度阈值的测量，并将产生的对比敏感度结果绘制在图表上。[106] 用于测量运动员对比敏感度的主要方式是Vistech对比测试和向量视觉对比敏感度测试。选择这些测试的主要原因是测试的速度和测试的简便性。[3–5,13,31,33,42,94–103,105] Vistech对比测试是外部照明，需要用光去校准，而向量视觉对比敏感度测试是内部照明和自我校准（图4–3）。尽管有其他研究证明了Vistech对比测试系统的充足信度和可重复性，但仍有报道描述了Vistech对比测试系统的信度和可重复性的主要问题。[107–110]

图4-3　CVS-1000E对比敏感度图

无论选择何种对比敏感度测试系统，通常建议对运动员进行评估，并且用双眼执行适当的习惯性运动矫正。[3-6,13,30,31,33,42,78,80,82] 如果在运动中使用接触镜，或单眼静态视力存在超过一行的差异，则应进行单眼对比敏感度测试。还应使用最佳光学矫正方法来测量对比敏感度，以评估该矫正方法所产生的对比敏感度的任何变化，以及在运动参与期间使用的任何性能的眼镜（如滑雪护目镜）。[111] 鼓励医生在自然光照下对滤光器性能进行评估，因为室外光照比人工照明更加强烈。关于在运动参与期间的视力矫正或接触镜的用法或改变的建议，见第六章。

5　屈光状态

屈光状态的评估是运动员视觉评估的一个基本要素。有趣的是，它作为视觉评估的一个如此基本的要素，很少会直接在其他的关于运动员评估过程的文献中被讨论。很多数据涉及视力水平，这对未矫正的屈光异常有明显的影响，但运动员的屈光状态很少出现。[7, 11, 15–17, 26, 28, 30, 33, 36, 112]因此，关于有显著的未矫正的屈光异常的运动员所占比例的信息是有限的。[7,113]

仅有少数文献涉及进行视力矫正（眼镜或接触镜）的运动员的占比。[7,15,17,26]贝克曼和海茨曼[7]在青奥会上发现，大约有20%的运动员进行了视力矫正，28%的运动员通过习惯性运动矫正视力低于20/25（6/7.5）。他们发现，35%的右眼大于未矫正的球面屈光误差的±0.75 D，64%的右眼大于未矫正的散光的–0.75D。贝克曼和海茨曼发现的屈光错误和视觉症状的发生率与一般人群相似，消除了运动员的屈光错误和视力问题发生率较低的看法。相比之下，那些明显高于平均视力的运动员在角膜成像图上表现出高阶像差的角膜分离。[114]

作者建议使用标准化程序检查来评估运动员的屈光状态，并在第六章中提出建议。散瞳的检查需要由医生自行决定，通常是基于对运动员潜在远视的关注。值得注意的是，大多数年轻运动员也是学生，因此影响学习成绩的视力情况也应该被解决。

6 眼、手或足的优先性

乔瓦尼·巴蒂斯塔·德拉·波尔塔在1593年首次发现了视觉优势的现象，[115]并且有趣的是，视觉优势和运动表现之间的关系总是积极的。优势被定义为在执行各种任务时，身体中的任何双边结构中的一个在执行各种任务时的任何生理卓越性、优先性或偏好。[116]许多研究已经在尝试确定评估眼部优势的最佳方法，[117–135]但是视觉偏好的测试是最常被使用的。

许多研究已经调查了手和足的优先性与眼优先性的关系。[120,121,128,134,136–140]眼优势与手和足的优势经常是不一致的，它们这种不一致的情况成为交叉优势。杜克–埃德[137]表明，33%右利手的人是左眼优势，50%左利手的人是右眼优势，并且估计20%～40%的人是交叉的眼–手优势。眼–手优势交叉转换的报道纠结于在观察过程中选择何种测试方式以确定眼优势，同时还纠结于中心优势的问题，也就是双眼均没有与观察目标处于一条直线上（也被称为双眼的问题）。[31,135,141–143]

许多理论已经提出了在运动表现中眼–手交叉优势的优点和缺点。[28,112,116,135,141–161]科伦和波拉克的发现进一步验证了这些推测[133]，他们发现优势眼处理信息的速度大约比非优势眼的快14ms。磁共振成像技术研究进一步证明，优势眼的初级视觉皮层激活面积较大。[162]优势眼对棒球运动员击球的影响受到了相当大的关注。虽然研究的结果有些矛盾，但是有很大一部分证据证明惯用眼的模式与击球表现没有相关性。[116,141,142,147,149,151,159,160]在少数几个“瞄准”运动中眼优势是重要的，如射击运动。[145,146,148,150,152,153,155,157]这些运动的同侧优势对获得成功所需的技能有利。[157]

虽然眼优先性在运动表现中所扮演的角色不明确，但眼、手和足的优先性评估已经是运动视觉评估的一部分了。[4,6,13,28–31,33,112,151] 眼优先性的评估对于运动员来说是重要的，推荐使用光圈或指点模式的瞄准测试。优先性可以被限定为强、部分、无或混合。[112,142,143]

7 眼定位

视网膜成像差引起的双眼精确定位提供了大量关于物体位置的重要信息。[163] 准确的深度判断对于成功是必要的，6块眼外肌使每只眼睛对准目标，支配其的神经数量提供了判断深度的必要信息，并且在逻辑上具有运动表现的关键特征。研究表明，改变隐斜的数量会导致眼外肌张力的变化，从而感知距离的改变。[164–168] 如果改变发生在相对内隐斜方向，则感知距离会增加；如果改变发生在外隐斜方向，则感知距离会缩短。与非运动员相比，运动员通常被认为有更好的眼定位能力，尤其是远距离观察时；然而对比运动员和非运动员的研究，结论尚未确定。[27,32,43,169] 早期研究表明，运动员中患有隐斜的数量很低，[43,169] 但是近期研究没有明确这个结论。[27,32] 由于隐斜的改变会产生感知距离的改变，与隐斜的数量相比，转向姿势的稳定性可能是空间定位的一个更重要的因素。

眼定位的测量是运动视觉评估的常见方面，然而，测试该功能的方法具有很强的可变性。[4–6, 11, 13–16, 20, 21, 25, 27, 29, 30, 32, 33, 170]尽管电子双目镜、马多克斯杆、Brock绳、vonGraefe隐斜测量法都被推荐了，但覆盖测试仍然是眼定位测试的标准。固定视差的评估对于需要精确空间位置的运动更有意义，因为进行评估时没有单独分离双眼并且可能评估到眼定位的稳定性和准确性。[30,170–172] AO矢量图或其他类似的方法可以评估距离固定视差特征。无论选择什么方法，除了主要注视位置的测量，还应在相关的注视位置测量特定的运动。眼凝视和头的位置已经被证明对固定视差和隐斜有影响。[173–175]科菲等人[176]发现双眼视觉定位的不稳定性与高尔夫球挥杆定位的误差相关。因此，测量应在与运动需求相关的固定距离进行。大多数运动需要运动员凝视物体或在一个相对远的距离去判断相对深度来决定相关表现。因此，远距离定位应该被评估。而当一个相关运动需要被呈现时应进行近距离定位评估。

8 深感觉

深感觉与视觉表现有相当大的关系。惠特斯通[177]第一个通过诱导视网膜成像差异来描述并演示了深度的错觉。心理物理机制和立体视觉参数已经得到了广泛的关注。早期的研究主要是静态立体视觉，[178–180]后期的研究是探索运动中的深感觉（动态立体视觉）。[181–202]第三章对这些因素进行了深入的讨论。

深感觉和运动表现之间有逻辑相关性，因为许多视觉任务需要判断空间位置。一些研究通过对个人在一些特定任务仅仅使用单眼的表现的研究，证明了双眼视力可以提高相关运动表现。[200,201,203–209]然而，研究中对比运动人群的静态立体视觉的测试结果是混合的。[21,27,31,32,37,42–45,163,169,210–215]研究结果的差异可能是所使用的测试方法的差异导致的，测试方法包括电子双目镜、霍华德–多尔曼仪器、真实空间距离判断和向量绘制图。还有人认为，许多研究缺乏相关性是由于测试的静态特性，而动态立体视觉的测试可能会产生不同的表现，并更好地区分运动相关视觉能力。[216–224]

深感觉评估是运动视觉评估的一个基本元素。[1,3–6,11,13–16,20,21,24–36,37,42–44,77,78,80,170]作者建议，立体视觉评估应该在3m 距离处或者更远处进行，并且应当包括立体速度的评估。测量真实深感觉的过程是优先选择的，而不是测量模拟深感觉，例如霍华德–多尔曼仪器（图4–4）。动态立体视觉评估过程是可取的，然而，目前没有可用的商业化的手段去测试这个方法的信度和效度。

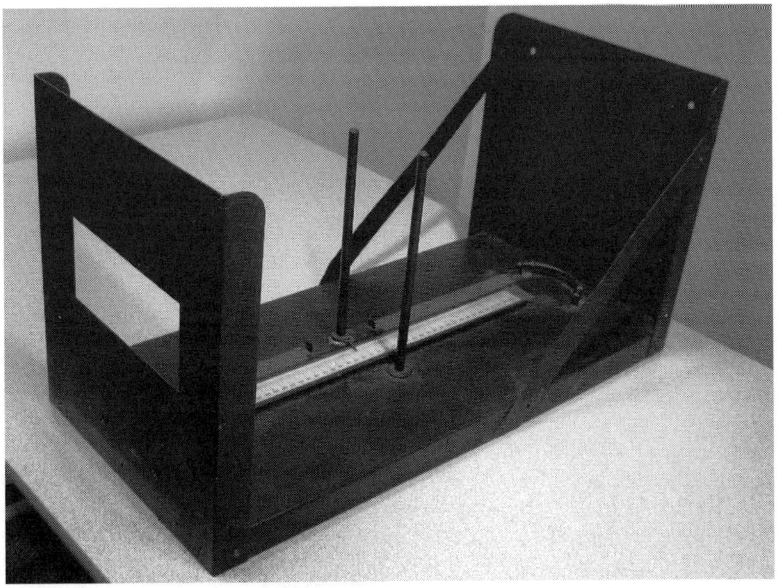

图4–4　自制的评估真实深感觉的霍华德–多尔曼仪器

9　聚散度功能

运动员经常被推荐进行聚散度子系统功能的评估。[3–6,11,13,26,27,29–33,36] 其基本前提是聚散度功能中的力量和灵活性为运动员提供了更好的视觉信息稳定性，尤其是在运动员必须应对过度疲劳和心理压力时。聚散度功能中信息的稳定性和空间判断的一致性之间的相关性已经被假设过。[3]

仅仅有两个研究报道了运动员聚散度范围的测试。科菲和赖肖[3] 报道说，在6m距离处发现运动员的聚散度范围与公共标准相比更加狭窄，讨论后推测，狭窄的聚散度范围可能与精确的空间判断能力有关。休斯等人[32] 发现，乒乓球运动员中的精英、中等能力者和初学者在6m距离处的聚散度范围没有显著性差异。当运动员在6m处有隐斜时，在6m距离处对聚散度范围的测量也许仅仅对运动代偿能力的评估有价值。

NPC（集合近点）的评估作为运动员的视觉因素已经被研究。克里斯坦森和温克尔斯坦[27] 发现在NPC测试中，运动员比非运动员有更好的表现，即使测试不是直接针对在大多数运动中发生的视觉任务进行模拟。该理论认为，NPC测试是一个动态过程，同时需要眼球运动技能和聚散度功能。因此，这样评估比单一的评估聚散度功能更加具有全面性。法尔科维茨和孟德尔[149]发现，在棒球运动中，击球较好的运动员比击球较差的运动员有更好的NPC测试结果。然而其他研究发现，在不同水平的运动员中NPC测试结果不存在显著性差异。[32]

作者建议对聚散度结构进行评估，因为许多运动的视觉需求涉及快速调整聚散度的能力。[3]两种方法已经被用来测试运动员的聚散度结构：用棱镜改变固定距离上的聚散度需求[27,32,33]；在两个不同距离上使用量表，让受试者注视迅速交替的两个量表。[3]克里斯坦森和温克尔斯坦[27]等人发现，在使用8$^{\Delta}$基数输出和4$^{\Delta}$基数输入的聚散度结构的测试中，运动员比非运动员表现得更好。休斯等人[32]在使用10$^{\Delta}$基数输出和4$^{\Delta}$基数输入的测试中，在乒乓球不同等级运动员（精英、中等能力者和初学者）的表现中并未发现显著性差异。科菲和赖肖[225,226]建议使用Haynes 距离岩石测试（图4–5），从理论上来说，它更加贴近现实中聚散度结构的调节。[3]当引入棱镜时，聚散度系统必须校准眼部以恢复图像融合；然而，调节系统必须保持聚焦在目标平面附近。这种调整和会聚的分离是评估近期工作中有视觉疲劳的人的相关聚散度功能的标准方法，[227]但是这通常不是运动的视觉任务需求的因素。因此，建议使用由近到远交替的固定程序来评估运动员的聚散度结构。如Haynes距离岩石测试的表现结果受到视力、调节技术和眼球运动技术（注视和扫视等眼的运动）的限制，并且不会显示抑制倾向。

图4–5 Haynes距离岩石测试

10　调节功能

建议经常对运动员进行调节子系统功能的评估。[3-6, 10, 11, 13, 25-27, 29-34, 36, 77, 78, 82] 根本前提是力量和灵活性为运动员聚焦能力提供更好的视觉信息稳定性，尤其是当运动员必须应对视觉疲劳和心理压力时。在快速聚焦和快速行动的运动中，需要的视觉判断和快速聚焦之间的相关性已经被假设。

最早报道运动员调节功能的研究显示，在100名受过良好训练的运动员中发现了正常的调节振幅，这是俄罗斯一系列研究中的一部分。[169] 尽管调节振幅通常是评估调节功能的过程，但是近距离清除字符的任务不能重现运动中典型的视觉任务要求。调节反应延时约为0.6s，这被认为是许多快速反应性运动中的一个因素。[40]

最近，许多研究已经评估了调节组织来更加接近现实地模拟许多运动中的视觉需求，这些运动涉及在不同距离下快速调节聚焦的能力。有两种方法用来测试运动员的调节组织：在固定的距离，通过镜片改变调节需求；[27,32] 在固定的距离，快速转换两个示图。[3] 两个研究都使用了镜片（在近距离和远距离）去评估调节组织，通过对比受试者的表现，发现运动员与非运动员之间不存在显著性差异。[27,32] 研究中使用了Haynes距离岩石测试为高水平运动员提供了标准数据，因此，没有将他们的表现和非运动员的表现进行对比。[3] 当引入晶状体时，调节系统必须调整睫状肌，以恢复图像清晰度。然而，聚散度系统必须与目标平面保持一致以防止复视。调节功能和聚散度的分离是近距离评估近期工作中有视觉疲劳者的双眼相对调节组织的标准方法，[227]但是它通常不是运动视觉任务的需求。因此，建议使用由近到远的注视过程来评估运动员的调节组织。Haynes距离岩石测试等的表现结果受视力、聚散度技术、眼球运动技能（注视和扫视等眼球运动）的限制，并且不会显示抑制倾向。

11　眼球运动能力

最常听到教练说的一句话是，“保持你的眼睛在球（冰球、对手、目标等）上”。保持对快速运动物体的注视能力通常是对在运动中的重要信息进行视觉处理的关键。快速、准确地将注视从一个位置转移到另一个位置的能力也是许多运动任务的基本方面。在非动态运动中，如精确瞄准射击，保持稳定注视的能力是成功表现的重要方面。因此，对眼球运动能力的评估可包括眼追踪运动、眼球扫视运动和注视的稳定性。[228-230] 眼球运动能力的另一个方面是眼搜查运动，然而针对这个功能的评估在临床评估中十分困难。

评估眼球运动能力的一个重要依据是视觉任务所要求的眼运动启动的生理时间。跟踪性眼球运动启动的平均延时是125ms，而扫视性眼球运动启动的平均延时是200ms。[231] 研究没有表明运动员的跟踪性眼球运动或扫视性眼球运动的延时更短。[28,32,232] 然而，如果目标的运动轨迹可以被预测，跟踪性或扫视性眼球运动延时就可以被看到。[233-237] 一个球类运动的研究通过将运动员与非运动员的反应进行对比，发现运动员对主动定位误差的反应更快。[238] 主动定位误差是在扫视性运动启动后，扫视目标在相同方向上位置的变化所引起的定位。这些结果展现了先天技能和通过经验进行动作学习以及通过眼球运动调节注意力的问题。跟踪性眼球运动可以追踪速度高达40° /s的目标（如果目标轨迹可被预测，则速度可以更快），并且扫视性眼球运动可以跟随1000° /s的目标。[231] 研究通过对比运动员与非运动员的跟踪性眼球运动的速度发现了不同的结果。[232,239]

采用临床评估程序对跟踪性和扫视性眼球运动的质量进行的研究表明，运动员有更好的眼球运动能力。[27,149,240] 两项研究表明，眼球运动的质量与击球表现相关，然而评估眼球运动的主观性使这两项研究的信度和效度受到质疑。[149,240] 一项研究在3m距离处通过King-Devick测试（该测试被设计用来在40cm距离处进行扫视性眼球运动的临床评估）客观地评估了扫视性注视眼球运动的质量。尽管结果表明运动员的表现优于非运动员，[27] 但是这个测试不能控制视觉-言语引起的差异。

眼球运动能力的评估是运动视觉评估中的一个重要方面。[4,6,13,25,27,29,30,32,35,36,77,78,80] 对于临床实践，使用观察法对跟踪性和扫视性眼球运动能力的主观评估[241] 也许是一个可接受的筛选过程，但是它可能对评价运动员眼球运动能力的水平不敏感。King-Devick测试不适用于对扫视功能的客观评估，因为该测试设计有缺陷，该缺陷可通过发展性眼球运动测试消除。[242] 发展性眼球运动测试是King-Devick 测试良好的替代，但它仅能在模拟阅读模式中评估扫视性眼球运动能力，因此，它可能对运动中视觉任务所要求的眼球运动能力的诊断不敏感。

开发评估运动视觉任务所需要的重要的眼球运动能力的临床实践程序是必要的。

内视装置也许提供了测量跟踪性眼球运动最大速度的潜能。[87]基于运动特定视觉信息处理的视觉搜索模式评估的应用，也许为区别眼球运动表现的细微差异提供了最佳方式。然而，这一领域常常在临床实践中被忽视。[243,244]眼球运动的记录系统，可以观察到眼球位置，这是十分可取的，然而这些系统对于大多数临床实践者来说是昂贵的。黑兹尔和约翰逊[245]描述了一种评价运动员潜力的仪器，该仪器可以用既简单又便宜的方法制造。

12　认知速度

快速处理视觉信息的能力已经被认为是在快速运动中取得成功的重要因素。运动员必须相对快速地分析可得到的时间和空间信息，以做出准确的反应。处理速度可以通过心理生理测量，被称为检查时间（IT）。[246,247]较短的刺激持续时间准确决定较短的检查时间，而不是较长的检查时间。使用视速仪评估认知的速度和广度已经被用于研究很多年了。[213,248]

检查时间测量已经被证明具有许多身体能力的发展模式特征，并且有很高的测试信度，与认知能力的测量息息相关。[249,250]诱发电位研究结果表明，检查时间也许是评价信息从感觉记录到短时记忆的转换速度的一项指标。[251]检查时间也许是评估运动员认知速度的一种有效且可靠的方法。[252]

几项研究已经探究了运动员的认知速度。几乎所有的研究都发现，有经验的运动员相比没有经验的其他受试者可以更快地评估信息，研究的体育项目包括板球、排球、网球和“快速击球”类项目。[252-256]麦克劳德[257]通过暂停专业板球运动员传球的各个阶段录像来分析，没有发现更快的处理速度，但是由于样本量小和没有统计学分析，这项研究饱受争议。此外，这项研究仅仅评估了球在空中飞行运动中多个重要方面中的一个。[252]

其他研究通过评估对一系列数字的记忆能力来研究认知的速度和广度，这些数字是在1/50 s的时间内以快速目测的方式呈现的，研究结果在运动员和非运动员之间不存在差异。[27,33]然而，另一项研究发现，即使在模拟竞赛情况中加入了干扰因素，在认知广度和认知速度上运动员与非运动员之间存在显著性差异。[31]研究结果存在这些差异，一般的结论是使用数值刺激可能会混淆对运动员认知速度的评估；使用更接近运动情况下处理的视觉信息的目标参数，可以更好地区分与运动成绩相关的检查时间。[3,27] 例如，用投球时棒球投手的照片，可以更好地评估棒球运动员识别投球类型的速度。在运动员视觉评估中，常常推荐使用视速仪来测试视觉处理的速度。[2, 6, 11, 25, 31, 35, 78]

13 运动反应时

运动反应时也被称为动作反馈时间，被定义为完成简单的、预先设定的运动所需要的实际时间。[3] 视觉–运动反应时（RT）是处理刺激所需要的时间和完成运动反应所需要的时间的总和。动作反应时是对神经肌肉处理视觉–动作反应时中反射部分所需要的时间，与视觉–动作反应时中视觉处理部分分离。

关于测量运动反应时的文章很少。一项研究使用Wayne 运动视觉测试仪（图4–6）来测量视觉–运动反应时中的运动部分，并发现了运动员比非运动员用时更短。[27] 另一项研究呈现了使用不同设备的优秀运动员的标准信息。[3] Wayne Engineering and Lafayette Instruments 公司提供了测量运动反应时的设备，一些人建议将眼–手和眼–足反应时作为运动员视觉评估的一部分。[3,4,27,30]

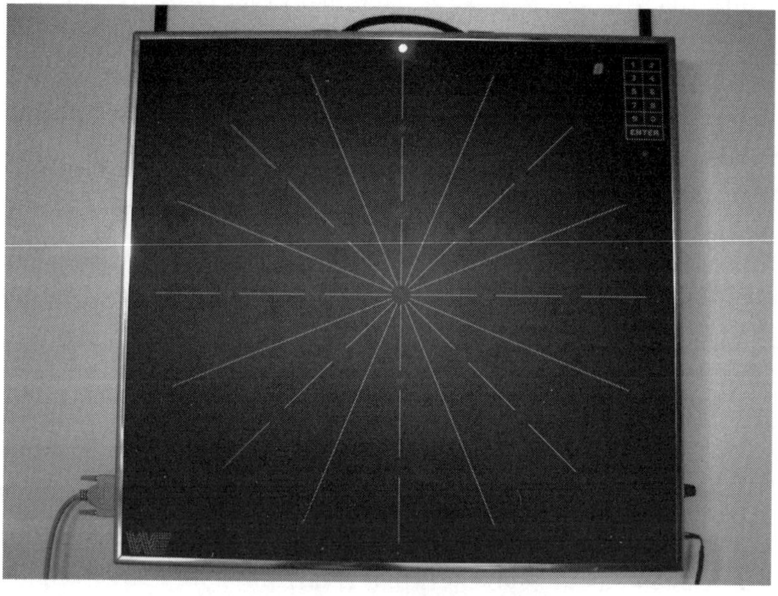

图4–6 Wayne运动视觉测试仪

14 视觉–运动反应时

视觉–运动反应时是指从接受刺激到对刺激做出反应所经历的时间，包括视觉–运动反应时的全部，即包括视网膜细胞检测刺激所需的时间，视网膜细胞传送信息到视觉皮层所需的时间，以及神经肌肉系统将信息传递到需要刺激的肌肉以做出适当的运动所需的时间。运动反应时的神经生理学过程已在第三章充分讨论。许多运动情形需要运动员对视觉信息有特定的运动反应，因此，视觉和神经肌肉处理的速度被许多人认为是运动员的有价值的特性。[3,5,7,31,32,215,258–262]

简单视觉–运动反应时反射的测量表示处理视觉刺激，并对该刺激完成简单的运动反应所需的最少时间。一些研究发现，在各种运动中，运动员比非运动员有更快的视觉–运动反应时（包括手–眼和眼–手运动反应时），或者将其作为专业水平的鉴别指标。[32,73,162,215,262–266]然而其他一些研究没有发现这种相关性。[31,260,261]视觉–运动反应时受到以下因素的影响，包括智力下降[249,250,267]、寒冷[268]、疲劳[269,270]、训练[271]和防护眼镜对周围视线的限制。[272,273]此外，性别差异也被进行了研究，结果表明，男性比女性的平均时间更短。[3]

Wayne运动视觉测试仪、视觉选择反应时间测试仪和反应时多功能测试仪（MOART）是测量视觉–运动反应时的商用设备；此外，建议将眼–手协调和眼–足协调的评估作为运动员视觉评估的一部分。[3–5,27,30–32,78]

15 眼–手协调

眼–手协调是手对视觉刺激做出同步反应的能力。许多运动要求运动员通过手部运动反应来迅速改变视觉信息，如棒球、网球、曲棍球和足球运动。这种技能是一个长期重复的复杂反应能力。简单的刺激处理过程需要最少的大脑处理，比复杂刺激或反应过程（需要区别视觉信息）有更快的视觉–运动反应时。[274,275]

一些研究已经为评估运动员眼–手协调的仪器提供了标准信息。[3,27,33,276–278]用于评估眼–手协调的仪器通常是一个安装在墙上的二维面板，上面有一排灯光。运动员必须用一只手尽可能快地按下在仪器上随机点亮的按钮，然后另一个按钮会在仪器上的随机位置点亮，并且在固定的时间周期重复视觉–运动反应时反射。仪器上有两种主要模式测试：视觉前瞻时间，即一个设定时间的自定步调模式，一个灯保持点亮，直到按下按钮，然后下一个光源随机点亮；视觉-运动反应时的视觉部分，即仪器有节奏地呈现刺激，每盏灯保持一个预设的时间（通常为0.75s），无论是否按下按钮，都会自动切换到另一个灯。一项研究发现青年运动员比非运动员具有更好的视觉前瞻时间；[279] 然而，另一项研究发现在成年运动员和非运动员之间没有差异。[27] 周围房间的光照条件影响Wayne运动视觉测试和 AcuVision 1000仪器的结果（不再有商业用途）；当房间内的光照下降时，仪器测量结果会明显提高。[280–282] 当感知疲劳时，眼–手协调的表现维持稳定。[283] 在高水平乒乓球运动员击球时，人为地降低深感觉已经被证明会损害眼–手协调的精度。[284] 据报告，性别差异最有可能与视觉反应时间的差异有关，男性平均比女性更快。[3,285]

Wayne运动视觉测试仪、手眼协调训练器、动态视力2000和反应时多功能测试仪是被用来测试眼–手协调的仪器，建议将眼–手协调的测量作为运动员视觉评估的一部分。[3–6, 27, 30, 33–36, 77, 78, 80]

16 眼–身体协调

眼–身体协调是身体对视觉刺激做出同步反应的能力。它的测试过程与眼–手协调测试过程相似，不同点是需要站立在一个有小支点的平板上（图4–7）。运动员必须在板上建立平衡，然后改变身体平衡的中心，来应对墙壁上的灯光刺激。刺激光线在面板的顶部、底部、左侧和右侧随机交替，运动员必须分别向前、向后、向左或向右移动中心，来按下刺激光线开关，熄灭刺激光线。对眼–身体协调能力的评估主要涉及在预设时间内，任务的表现和正确身体反应的数量。

仅有一项研究评估了运动员这项能力，并为优秀运动员提供了标准数据。[3] 根据报告，性别差异最有可能与视觉–运动反应时视觉部分的差异有关，男性平均得分高于女性。[3] 没有任何一个研究对比了运动员与非运动员在这项能力上的表现。Wayne运动视觉测试仪是常用的测量眼–身体协调的商业仪器，建议尽管将眼–身体协调的测量作为运动员视觉评估的一部分。[3–6,34,35,78] Wayne电子平衡板测试程序有一个重要的有效性问题，因为不正确的反应不会产生代偿，因而运动员可以迅速地随机移动平衡板并且得分很高。新版本的程序正在尝试解决错误反应的问题。

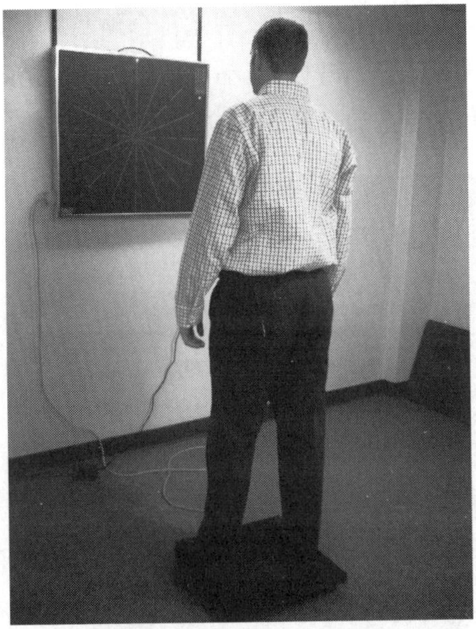

图4-7　Wayne电子平衡板

17　视觉符合预期

视觉符合预期是预测物体或刺激物达到指定位置的能力，通常用运动反应来测量。视觉符合预期有助于抓住或击中运动中靠近的球。快速活动运动中关键的时空预测视觉信息为决定和执行最合适的动作反应提供明显的优势。[76,286,289]

Bassin预期计时器是在任务模拟实际预期任务的假设下，用于评估实验室实验中视觉符合预期的仪器。[297,299,305] Bassin预期计时器由LED（发光二极管）的轨道组成，它们可以组成不同长度的跑道（图4-8）。在快速连续的情况下，LED持续地向前照亮跑道，以1～500mph（1mph=1.61km/h）的速度进行刺激光线的表观运动。该任务要求运动员预测目标光源何时被点亮（LED沿z轴方向依次点亮），并做出与目标光源一致的运动反应。研究者可以校准刺激光线的速度，以模拟运动员运动中遇到的动作速度，实际上是模拟运动员经历的刺激参数（如击球时的棒球球场）。研究结果表明，时间精度随着速度的增加和运动反应范围的减小而提高，[297]选择的终止光源和跑道长度影响视觉符合预期的精度。[302,305] 研究表明，视觉符合预期是不受视力影响，[76]但是受到深感觉运动方向的很大影响。[298] 在网球运动员中发现的优越的视觉符合预期被怀疑受到更好的动态视力技能和特定运动经验的影响。[290]

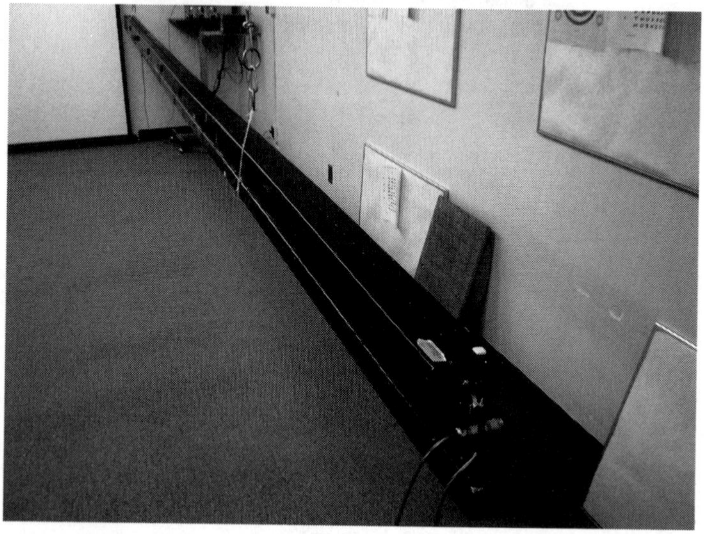

图4-8　吊在天花板上的Bassin预期计时器（高度由遥控开关控制）

Bassin预期计时器和Wayne速度轨迹是常用的测量视觉符合预期的商业仪器；视觉符合预期不常被建议作为运动员视觉评估的一部分。[4] 该程序常常用来进行视力训练和视觉聚焦的增强。

18　视觉和平衡

在处理复杂、快速活动视觉信息过程中，保持平衡是许多动态运动的任务需求。在眼球进行跟踪性或扫视性运动时，运动员经常需要保持平衡。科菲和赖肖[3] 开发了视觉和平衡测试，系统地评估了竞赛运动员许多类型的视觉和平衡需求。该程序涉及多个不同任务的表现，主要要求是站立或移动到地板上的平衡轨道上。在每项任务中，维持平衡的等级是主观评定的，并且作为表现水平的衡量指标。仅有一项研究调查了科菲和赖肖提出的视觉和平衡能力，并且研究的目的是为优秀运动员提供标准数据。[3] 该研究评估了视觉对体育运动中动态平衡的作用，并指出视觉在技能学习中的重要作用。[306–308] 平衡能力常不被推荐为视觉评估的一部分。[4,20] 参与评估的视觉能力似乎与之相关，然而，测试的信度和效度是一个重要的问题。

19 场地依赖性和场地独立性

场地依赖性和场地独立性是指处理信息的认知方式，以区分无关刺激背景和相关刺激背景。这一理论表明，场地依赖性的人在处理信息过程中更多依赖外部线索，而场地独立性的人更多依赖内部线索。[309,310] 凯恩认为，场地依赖性在具备“开放能力”[311,312] 的团队运动（如篮球、足球、曲棍球）中是一个优势，因为运动员需要不断地调整外部因素（如队友、对手）。[313] 在具备“封闭能力”[311,312] 的运动（如跳水，体操和田径）中的运动员更多依赖内部身体因素，例如身体定位。[313]

许多研究得出结论，场地独立性的个体往往具有更高的运动技术水平和更好的运动技能学习能力。[314–326] 场地独立性已经被确定与足球预防损伤相关，[327]并且运动训练可以在某些测试中使场地独立性提高。[328,329] 然而，一些研究发现了可疑的或相反的结果；结果的差异被认为是在研究中大量使用不同测试导致的。[324] 受试者对纸笔任务（如嵌入式图形测试和组隐藏数字测试）的反应结果与需要处理视觉和前庭觉信息的测试过程产生的结果不同（如标尺和框架测试）。标尺和框架测试（图4–9）似乎是一个评估在对抗环境中运动员视觉或本体感觉刺激相对优势的更可靠的方法。在这种测试模式下，参与“封闭能力”运动的运动员相比参与“开放能力”运动的运动员更具有场地独立性，并且高水平运动员比低水平运动员场地独立性更好。[324,326] 标尺和框架测试不是眼科护理人员例行使用或推荐的。

图4-9 标尺和框架测试

20 外周意识

视野是注视时可以看到的外部世界的范围。[330] 在许多运动中，尤其是团队运动，对外周视野信息的处理是成功的一个重要因素。影响周围视力评估的因素包括视野范围、视野敏感度、对周围环境的视觉反应速度，以及周围刺激的空间定位的准确性。

早期研究是对比运动员和非运动员的视野范围。结果表明，运动员比非运动员有更大的水平和垂直视野范围，[169,213,215,331,333] 并且，运动员在更多的外周位置上有更好的识别模式。[27,32,332,333] 一项研究发现，大学校队和大三足球队的视野范围没有差异，因此，这可能不是鉴别能力水平的一个敏感指标。[337]一些研究发现，训练可以增大视野范围[169,338–340]；然而，近年来，由于早期研究中视野测量技术的差异、样本量的缺乏，以及对照组的缺少，这些发现受到了挑战。[341] 近期一些研究评估了同步光学能力：评估同时处理在两个不同地点发生的视觉信息的能力。例如，在网球运动中，判断脚误需要底线裁判在发球运动员球拍触球前判断发球运动员的脚是否越过底线。这可能是一个相关的运动测试范式，运动员必须同时处理周边和中心信息，以获得最佳表现。研究结果表明，没有听力支持，注意力的分化是困难的，[342] 但是这项能力是可训练的。[343]身体活动不会改善周围知觉的表现，但它可以提高中心知觉的表现。[344]因此，在常规视觉检查中，运动员很少被发现存在视野缺陷，但是作为以健康为目的的普通运动参与者视觉检查的一部分，视野测试应该被操作。

运动视觉训练师最近尝试使用Wayne外周意识训练器（PAT）来评估外周反应速度。外周意识训练器有一个中间模块，它包括一个中心固定光源，8个LED从中延伸出来（图4–10）。运动员持有一个操纵杆，注意力集中，并在感知到外围视觉时，将操纵杆沿LED方向移动。这个系统可评估外周反应速度，但不准确，因为它并未以可控方式观察注视的情况。房间的光照水平影响Wayne 外周意识训练器的测试结果；随着房间光照下降，测试结果会显著提高。[281] 一些关于外周意识训练器的标准数据已发表，[3,281]但是，尽管建议将周边视觉评估作为运动视觉评估的一部分，但其仍需进一步发展，以更接近运动的视觉任务需求。[3–6,10,11,13,15,16,21,27,29–33,35,36,77,78,80,345]

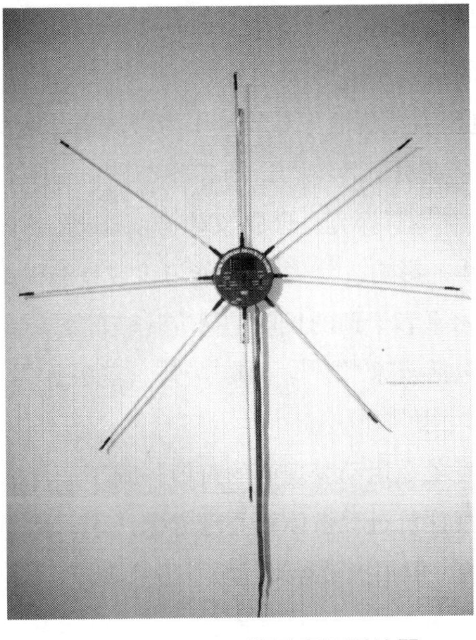

图4–10　Wayne外周意识训练器

21 可视化或图像化

可视化或图像化，是构建一个与物体或事件实际相似的心理意象的行为。研究表明心理图像化可能与视觉感知的神经过程相似，这对于体育活动有重大意义。[346] 一些研究评估了视觉成像和运动成像之间的差异，并表明它们反映的是心理成像的不同方面。[347–350] 优秀运动员在准备活动阶段反复展现了成像策略。[351–354]

许多研究表明，运动能力的心理成像和运动能力的实际表现有相同的认知过程。[355–361] 运动成像的神经影像学研究显示了大脑运动准备和运动表现时区域的激活情况。[347,362–364] 使用肌电记录的研究表明，运动活动的心理成像产生与身体动作模式相对应的低水平运动效应；类似的肌肉和运动过程也被激活。[356,358,365–369] 运动成像也显示了相应的对视觉空间信息的关注。[370] 专业技能水平影响成像中肌肉激活的数量，有较高专业技能的人产生更多的肌电活动。[368] 任务难度和专业技能水平对心理成像所需时间的影响大于对身体表现的影响。[369,371–374] 专业技能水平较低的运动员需要更多的时间来形成身体表现的心理成像。

苏因[372–379] 首次描述了将心理成像和放松作为影响运动表现的心理干预的方法。心理成像的使用已经成为运动员、教练、运动心理专家和一些运动视觉专家观察实际运动表现的重要方面。[353,359,380–383] 探究心理成像对实际运动的影响的研究相对较少，更多的研究是关于对技能习得的影响。[353,384] 在技能习得或技能提高方面的研究结果相互矛盾，尽管运动员的技能水平和干预的长度是研究比较的混杂变量。[357,385] 视觉–运动任务的运动已经被研究，包括篮球[386–388]、网球[389,390]、空手道[391–394]、游泳[395]、体操[396]、壁球[397]、射箭[384]和高尔夫球[398–400]。

虽然可视化和心理意象在运动表现中的价值得到了广泛的关注，但没有对个体能力的客观评价。许多主观评价过程被体育心理学家使用；然而，用这些或其他程序来评估视觉技能是被推荐的，但很少被运动视觉从业者使用。[5,6,36,77,345,401–403]

22 眼部健康状况

全面的眼部健康评估是运动视觉评价的一个必要部分。[3–5,13,15,16,38] 一个全面的评估通常包括对外部附属结构的评估，通过生物显微镜观察的眼前部分、瞳孔反应、眼内压、瞳孔放大后的眼后部，以及每只眼睛的视野。如果可能，应充分记录任何异常，拍照，并详细解释异常结果对运动员的影响。应充分消除任何异常对运动参与的潜在风险，并讨论保护运动员的适当建议。第六章和第七章详细讨论了这些问题。

23 制订一个运动视觉评估方案

绝大多数运动视觉不会包括本章节描述的所有方面。医生的任务是确定那些似乎对运动员能成功完成所需的视觉任务至关重要的因素，以及有利于整体表现的因素。本章的内容表明：与成功的运动表现相关的视觉技能还没有被确定；与关键视觉技能最相关的评估程序还有待确定；与关键能力最相关的评估过程尚未确定。然而，在评估运动员的关键和有利的视觉能力时，应尽可能使用最佳的可行的方案。尚未确定是否为关键或有利于表现的能力不需要评估。医生获得各种体育运动的经验后，可以制订具体的运动评估方案，以便随后对参与这些运动的运动员进行评价。根据研究结果和临床医生自身的经验，可根据需要修改所使用的评估方法和程序。

应总结评估结果，并建议通过表现概况来突出运动员较强或较弱的方面。

参考文献

[1] Stine CD, Arterburn MR, Stern NS: Vision and sports: a review of the literature, *J Am Optom Assoc 53:*627, 1982.

[2] Hitzeman SA, Beckerman SA:What the literature says about sports vision, *Optom Clin 3:*145, 1993.

[3] Coffey B, Reichow AW: Optometric evaluation of the elite athlete, *Probl Optom 2:*32, 1990.

[4] Berman AM: Clinical evaluation of the athlete, *Optom Clin 3:*1, 1993.

[5] Gardner JJ, Sherman A:Vision requirements in sport. In Loran DFC,MacEwen CJ, editors: *Sports vision*, Oxford, 1995, Butterworth-Heinemann.

[6] The AOA Sports Vision Section Guidebook Committee: *Sports vision guidebook: volumes I-V*, St Louis, 1984-2000, American Optometric Association.

[7] Beckerman SA, Hitzeman S: The ocular and visual characteristics of an athletic population, *Optometry 72:*498, 2001.

[8] Ettinger ER: *Professional communications in eye care*, Boston, 1994, Butterworth-Heinemann.

[9] Classe JG: Sports related ocular trauma: a preventable epidemic, *J Am Optom Assoc 67:*96, 1996.

[10] Etting GL: An optometrist's vision of sports, *Calif Optom 3:*25, 1977.

[11] Getz DJ: Vision and sports, *J Am Optom Assoc 49:*385, 1978.

[12] Gregg JR: *Vision and sports: an introduction*, Stoneham, MA, 1987, Butterworth Publishers, pp 103-104.

[13] Berman AM: Sports vision for the primary care practitioner, *Eye Quest Magazine 4:*46, 1994.

[14] Tussing L: The effect of football and basketball on vision, *Res Q Am Assoc Health Phys Educ 11:*16, 1940.

[15] Martin WF: A research study on athletes' vision, *Contacto 7:*5, 1963.

[16] Bauscher WA: Vision and the athlete, *Optom Weekly 59:*21, 1968.

[17] Garner AI:What a practitioner should know about an athlete's vision, *Contacto 20:*24, 1976.

[18] Garner AI: An overlooked problem: athletes' visual needs, *Phys Sportsmed 5:*75, 1977.

[19] Beals RP,Mayyasi AM, Templeton AE, et al: The relationship between basketball shooting performance and certain visual attributes, *Am J Optom Arch Am Acad Optom 48:*585, 1971.

[20] Pitts DG: The role of vision in sports and recreational activities, *South J Optom 16:*11, 1974.

[21] Runninger J: Vision requirements of competitive sports, *South J Optom 17:*13, 1975.

[22] Morris GS, Kreighbaum E: Dynamic visual acuity of varsity women volleyball and basketball players, *Res Q Am Assoc Health Phys Educ 48:*480, 1977.

[23] White VW: Visual acuity versus visual skill in athletic performance, *Calif Optom 3:*22, 1977.

[24] Erenstone R,Miller NP, Silagy ZS: Optometry at the 1980 Winter Olympics, *J Am Optom Assoc 52:*647, 1981.

[25] Harris PA, Blum DS: AOA Sports Vision Section screening of basketball officials, *J Am Optom Assoc 55:*130, 1984.

[26] Gregg JR: *Vision and sports: an introduction*, Stoneham, MA, 1987, Butterworth Publishers, pp 61-72.

[27] Christenson GN,Winkelstein AM: Visual skills of athletes versus nonathletes: development of a sports vision testing battery, *J Am Optom Assoc 59:*666, 1988.

[28] Fremion AS, DeMyer WE, Helveston EM, et al: Binocular and monocular visual function in world class tennis players, *Bin Vis 1:*147, 1986.

[29] Wachs H: Sports vision, *Behav Optom 3:*215, 1991.

[30] Sports vision gets gold at the Barcelona Olympics, *Calif Optom 18:*6, 1992.

[31] Melcher MH, Lund DR: Sports vision and the high school student athlete, *J Am Optom Assoc 63:*466, 1992.

[32] Hughes PK, Blundell NL,Walters JM: Visual and psychomotor performance of elite, intermediate and novice table tennis competitors, *Clin Exp Optom 76:*51, 1993.

[33] Milne DC, Lewis RV: Sports vision screening of varsity athletes, *Sports Vis 1:*8, 1993.

[34] Goldsmid MA: Visual fitness and performance in tennis athletes, *Eye Quest Magazine* p 38, 1994.

[35] Berman AM: Sports performance vision testing, *Optom Today 4:*28, 1996.

[36] Wilson TA, Falkel J: *Sports vision training for better performance*, Champaign, IL, 2004,Human Kinetics, pp 1-13.

[37] Jendrusch G, Bornemann R, Froschauer M, et al: Visual performance profile of top skiers. In International Society for Ski Trauma and Safety, editors: *14th International symposium on ski trauma & skiing safety*, August 5-10, 2001, Queenstown, New Zealand, p 78.

[38] Elkin EH: *The effect of target velocity, exposure time and anticipatory tracking time on dynamic visual acuity* [dissertation], Medford, MA, 1961, Tufts University.

[39] Berry RN: Quantitative relations among vernier, real depth and stereoscopic depth acuities, *J Exp Psychol 38:*708, 1948.

[40] Coffey B, Reichow AW, Johnson T, et al: Visual performance differences among professional, amateur, and senior amateur golfers. In Cochran AJ, editor: *Science and golf* II, London, 1994, E&FN Spon.

[41] Moses RA: Accommodation. In Moses RA, Hart WM, editors: *Adler's physiology of the eye: clinical application*, St Louis, 1987, CV Mosby.

[42] Laby DM, Rosenbaum AL, Kirschen DG, et al: The visual function of professional baseball players, *Am J Ophthalmol 122:*476, 1996.

[43] Winograd S: The relationship of timing and vision to baseball performance, *Res Q Am Assoc Health*

*Phys Educ 13:*481, 1942.

[44] Jendrusch G, Kaczmarek L, Lange P, et al: Visual requirements and visual performance profile in soccer, *Med Sci Sports Exerc 38:*446, 2006.

[45] Banister H, Blackburn JM: An eye factor affecting proficiency at ball games, *Br J Psychol 21:*382, 1931.

[46] Blackburn RH: Perception of movement, *Am J Optom 14:*365, 1937.

[47] Graham CH, Cook C: Visual acuity as a function of intensity and exposure time, *Am J Psychol 49:*654, 1937.

[48] Ludvigh EJ: The gradient of retinal illumination and its practical significance, *Am J Ophthalmol 20:*260, 1937.

[49] Langmuir I: The speed of the deer fly, *Science 87:*233, 1938.

[50] Ludvigh E: Extrafoveal visual acuity as measured with Snellen test-letters, *Am J Ophthalmol 24:*303, 1941.

[51] Ludvigh E: Visibility of the deer fly in flight, *Science 105:*176, 1947.

[52] Ludvigh E: The visibility of moving objects, *Science 108:*63, 1948.

[53] Ludvigh EJ: Visual acuity while one is viewing a moving object, *Arch Ophthalmol 42:*14, 1949.

[54] Westheimer G: Eye movement responses to a horizontally moving visual stimulus, *AMA Arch Ophthalmol 52:*932, 1954.

[55] Hulbert SF, Burg A, Knoll HA, et al: A preliminary study of dynamic visual acuity and its effects in motorist's vision, *J Am Optom Assoc 29:*359, 1958.

[56] Ludvigh EJ, Miller JW: Study of visual acuity during the ocular pursuit of moving test objects. Ⅰ. Introduction, *J Opt Soc Am 48:*799, 1958.

[57] Miller JW: Study of visual acuity during the ocular pursuit of moving test objects. Ⅱ. Effects of direction of movement, relative movement, and illumination, *J Opt Soc Am 48:*803, 1958.

[58] Burg A, Hulbert SF: Dynamic visual acuity and other measures of vision, *Percept Mot Skills 9:*334, 1959.

[59] Burg A,Hulbert S: Dynamic visual acuity as related to age, sex and static acuity, *J Appl Psych 45:*111, 1961.

[60] Miller JW, Ludvigh E: The effect of relative motion on visual acuity, *Service Ophthalmol 7:*83, 1962.

[61] Weissman S, Freeburne CM: Relationship between static and dynamic visual acuity, *J Exp Psychol 69:*141, 1965.

[62] Burg A: Visual acuity as measured by dynamic and static tests: a comparative evaluation, *J Appl Psychol 50:*460, 1966.

[63] Kirshner AJ: Dynamic acuity: a quantitative measure of eye movements, *J Am Optom Assoc 38:*460, 1967.

[64] Barmack NH: Dynamic visual acuity as an index of eye movement control, *Vision Res 10:*1377, 1970.

[65] Brown B: Resolution thresholds for moving targets at the fovea and in the peripheral retina, *Vision Res 12:*293, 1972.

[66] Brown B: Dynamic visual acuity, eye movements and peripheral acuity for moving targets, *Vision Res 12:*305, 1972.

[67] Brown B: The effect of target contrast variation on dynamic visual acuity and eye movement, *Vision Res 12:*1213, 1972.

[68] Cline D, Hoffstetter HW, Griffin JR: *Dictionary of visual science*, ed 3, Radnor, PA, 1980, Chilton.

[69] Hoffman LG, Rouse M, Ryan JB: Dynamic visual acuity: a review, *J Am Optom Assoc 52:*883, 1981.

[70] Westheimer G: Eye movement responses to a horizontally moving visual stimulus, *AMA Arch Ophthalmol 52:*932, 1954.

[71] Jendrusch G,Wenzel V, Heck H: The significance of dynamic visual acuity as a performance-influencing parameter in tennis [abstract], *Int J Sports Med 19:*46, 1998.

[72] Dippner R, The relation between basketball ability and visual acuity in the unicorn, *Am J Optom Arch Am Acad Optom 50:*656, 1973.

[73] Whiting HTA, Sanderson FH: Dynamic visual acuity and performance in a catching task, *J Mot Behav 6:*87, 1974.

[74] Sanderson FH,Whiting HTA: Dynamic visual acuity, a factor in catching performance, *J Motor*

*Behav 10:*7, 1978.

[75] Starks JL: Skill in field hockey: the nature of the cognitive advantage, *J Sport Psychol 9:*146, 1987.

[76] Millslagle D: Coincidence anticipation and dynamic visual acuity in young adolescents, *Percept Mot Skills 99:*1147, 2004.

[77] Seiderman A, Schneider S: *The athletic eye: improved sports performance through visual training*, New York, 1983, Hearst Books.

[78] Reichow AW, Stern NS: Athlete and optometrist: performance oriented, *OEP Curriculum* Ⅱ *59:*35, 1986.

[79] Rouse MW, DeLand P, Christian R, et al: A comparison study of dynamic visual acuity between athletes and nonathletes, *J Am Optom Assoc 59:*946, 1988.

[80] Sherman A: Sports vision testing and enhancement: implications for winter sports, In Casey M, Foster C, Hixson E, editors: *Winter sports medicine*, Philadelphia, 1990, FA Davis, pp 78-84.

[81] Ishigaki H, Miyao M: Differences in dynamic visual acuity between athletes and nonathletes, *Percept Mot Skills 77:*835, 1993.

[82] Teig D: Three sports vision skills every patient needs, *Contact Lens Spectrum 28:*19, 1993.

[83] Long GM, Penn DL: Dynamic visual acuity: normative functions and practical applications, *Bull Psychonomic Soc 25:*253, 1987.

[84] Long GM, Garvey PM: The effects of target wavelength on dynamic visual acuity under photopic and scotopic viewing, *Hum Fact 30:*3, 1988.

[85] Coffey B, Reichow AW: Athletes vs non-athletes: static visual acuity, contrast sensitivity, dynamic visual acuity, [abstract], *Invest Ophthalmol Vision Sci 30:*517, 1989.

[86] Long GM, Riggs C: Training effects on dynamic visual acuity with free head viewing, *Perception 20:*363, 1991.

[87] NeuroCom International, Inc. Balance Manager products, http://www.onbalance.com/neurocom/products/inVision.aspx.

[88] Coffey B, Richards L, Olmschenk S, et al: Preliminary normative data for a new device to measure dynamic visual acuity [abstract], *Optom Vis Sci* [suppl]:127, 2004.

[89] Coffey B, Buchholz J,Miller K, et al. Test–re-test reliability for a new device to measure dynamic

visual acuity [abstract], *Optom Vis Sci 82:*e-abstract 055184, 2005.

[90] Ginsburg AP: *Visual information processing based on spatial filters constrained by biological data*, Springfield, VA, 1978, National Technical Information Service, pp 97-98.

[91] Ginsburg AP: *Specifying relevant spatial information for image evaluation and display design: an explanation of how we see certain objects*. Proceedings of the SID, *21:*219, 1980.

[92] Ginsburg AP: Contrast sensitivity: relating visual capability to performance, *USAF Medical Service Digest 34:*15-19, 1983.

[93] Hoffman LG, Polan G, Powell J: The relationship of contrast sensitivity functions to sports vision, *J Am Optom Assoc 55:*747, 1984.

[94] Kluka DA, Love PA, Allen S: Contrast sensitivity functions of selected collegiate female athletes, *Sports Vision 5:*18, 1989.

[95] Kluka D, Love P: Contrast sensitivity in International Special Olympics, Women's Invitational Volleyball Championships, and recreational volleyball players, *Palaestra 8:*11, 1992.

[96] Schneider HG, Kluka DA, Love PA: Contrast sensitivity in selected professional and collegiate football players, *J Optom Vis Dev 23(4):*23, 1992.

[97] Schellart NA: Contrast sensitivity of air-breathing nonprofessional scuba divers at a depth of 40 meters, *Percept Mot Skills 75:*275, 1992.

[98] Love PA, Kluka DA: Contrast sensitivity function in elite women and men softball players, *Int J Sports Vision 1:*25, 1993.

[99] Kluka DA, Love PA, Sanet R, et al: Contrast sensitivity function profiling: by sport and sport ability level, *Int J Sports Vision 2:*5, 1995.

[100] Kluka DA, Love PA, Covington K, et al: Performance profiles of the intercollegiate softball player and what they mean for the coach, *Sports Vision 16:*22, 2000.

[101] Jendrusch G,Wittmann J, Herber F, et al: Strain-induced changes in visual efficiency as exemplified by contrast sensitivity [abstract], *Int J Sports Med 19:*46, 1998.

[102] Grey CP: Changes in contrast sensitivity when wearing low, medium and high water content soft lenses, *J Br Contact Lens Assoc 9:*21, 1986.

[103] Nowozyckyj A, Carney LG, Efron N: Effect of hydrogel lens wear on contrast sensitivity, *Am J*

*Optom Physiol Opt 65:*263, 1988.

[104] Oxenberg LD, Carney LG: Visual performance with aspheric rigid contact lenses, *Optom Vision Sci 66:*818, 1989.

[105] Kluka DA, Love PA: The effects of daily-wear contact lenses on contrast sensitivity in selected professional and collegiate female tennis players, *J Am Optom Assoc 64:*182, 1993.

[106] Ginsburg AP, Evans DW, Cannon MW, et al: Large sample norms for contrast sensitivity, *Am J Optom Physiol Opt 61:*80, 1984.

[107] Corwin TR, Richman JE: Three clinical tests of the spatial contrast sensitivity function: a comparison, *Am J Optom Physiol Opt 63:*413, 1986.

[108] Kennedy RS, Dunlap WP: Assessment of the Vistech contrast sensitivity test for repeated-measures applications, *Optom Vision Sci 67:*248, 1990.

[109] Brown B, Yap MKH: Variability in repeated contrast sensitivity measures: implications for the individual patient, *Clin Exp Optom 74:*151, 1991.

[110] Reeves BC, Wood JM, Hill AR: Vistech VCTS 6500 charts—within- and between-session reliability, *Optom Vision Sci 68:*728, 1991.

[111] Tomlinson A, Mann G: An analysis of visual performance with soft contact lens and spectacle correction, *Ophthalmol Physiol Opt 5:*53, 1985.

[112] Griffiths G: Eye dominance in sport: a comparative study, *Optom Today 15:*34, 2003.

[113] Murphy HL: Sports and vision, *Optom Monthly 72:*20, 1981.

[114] Lingelbach B, Dennhoven P, Jendrusch G, et al: *Shape of the cornea and visual acuity of athletes* [poster], ACSM Meeting, Denver, CO, June 2006.

[115] Porta GB: *De refractione,* 1593.

[116] Classe JG, Daum KM, Semes LP, et al: Association between eye and hand dominance and hitting, fielding and pitching skill among players of the Southern Baseball League, *J Am Optometric Assoc 67:*81, 1996.

[117] Coons JC, Mathias RJ: Eye and hand preference tendencies, *J Genet Psychol 35:*629, 1928.

[118] Miles WR: Ocular dominance demonstrated by unconscious sighting, *J Exp Psychol 12:*113, 1929.

[119] Miles WR: Ocular dominance in human adults, *J Gen Psychol 3:*412, 1930.

[120] Cuff NB: A study of eyedness and handedness, *J Exp Psychol 14:*164, 1930.

[121] Eyre MB, Schmeeckle MM: A study of handedness, eyedness, and footedness, *Child Develop 4:*73, 1933.

[122] Washburn MF, Faison C, Scott R: A comparison between the Miles A-B-C method and retinal rivalry as tests of eye dominance, *Am J Psychol 46:*633, 1934.

[123] Buxton CE, Crosland HR: The concept of "eye preference", *Am J Psychol 49:*458, 1937.

[124] Jasper HH, Raney ET: The phi test of lateral dominance, *Am J Psychol 49:*450, 1937.

[125] Williams LL: A test to determine the dominant eye, *Optom Weekly 33:*33, 1942.

[126] Crider B: A battery of tests for the dominant eye, *J Gen Psychol 31:*179, 1944.

[127] Walls GL: A theory of ocular dominance, *AMA Arch Ophthalmol 45:*387, 1951.

[128] Crovitz HF, Zener K: A group-test for assessing hand- and eye-dominance, *Am J Psychol 75:*271, 1962.

[129] Gronwall DMA, Sampson H: Ocular dominance: a test of two hypotheses, *Br J Psychol 62:*175, 1971.

[130] Coren S, Kaplan CP: Patterns of ocular dominance, *Am J Optom Arch Am Acad Optom 50:*283, 1973.

[131] Porac C, Coren S: The dominant eye, *Psychol Bull 83:*880, 1976.

[132] Metalis SA, Niemiec AJ: Assessment of eye dominance through response time, *Percept Mot Skills 59:*539, 1984.

[133] Coren S, Porac C: Monocular asymmetries in visual latency as a function of sighting dominance, *Am J Optom Physiol Opt 59:*987, 1982.

[134] Brown ER, Taylor P: Handedness, footedness, and eyedness, *Percept Mot Skills 66:*183, 1988.

[135] Laby DM, Rosenbaum AL, Kirschen D: Ocular dominance, central, etc. and baseball, *Bi Vis Strabismus Q 13:*165, 1988.

[136] Woo TL, Pearson K: Dextrality and sinistrality of hand and eye, *Biometrika 19:*165, 1927.

[137] Duke-Elder WS: *Textbook of ophthalmology,* vol 1, St Louis, 1938, CV Mosby, pp 1056-1058.

[138] Berner GE, Berner DE: Relation of ocular dominance, handedness, and the controlling eye in binocular vision, *AMA Arch Ophthalmol 50:*603, 1953.

[139] Porac C, Coren S: Is eye dominance a part of generalized laterality? *Percep Mot Skills 40:*763, 1975.

[140] Rymar K, Kameyama T, Niwa S-I, et al: Hand and eye preference patterns in elementary and junior high school students, *Cortex 20:*441, 1984.

[141] Portal JM, Romano PE: Patterns of eye-hand dominance in baseball players, *N Engl J Med 319:*655, 1988.

[142] Laby DM, Kirschen DG, Rosenbaum AL, et al: The effect of ocular dominance on the performance of professional baseball players, *Ophthalmology 105:*864, 1998.

[143] Portal JM, Romano PE: Ocular sighting dominance: a review and a study of athletic proficiency and eye-hand dominance in a collegiate baseball team, *Bi Vis Strabismus Q 13:*125, 1998.

[144] Stull RB: Study of hand and eye dominance and coordination of basketball players, *J Am Optom Assoc 31:*203, 1960.

[145] Shapiro IL,Kropp L:Hand and eye dominancy in target shooting—part 1, *J Am Optom Assoc 35:*761, 1964.

[146] Shapiro IL, Kropp L: Hand and eye dominancy in target shooting—part 2, *J Am Optom Assoc 35:*863, 1964.

[147] Adams GL: Effect of eye dominance in baseball batting, *Res Q Am Assoc Health Phys Educ 36:*3, 1965.

[148] Gregg JR: Your eyes for shooting, *Optom Weekly 58:*37, 1967.

[149] Falkowitz C,Mendel H: The role of visual skills in batting averages, *Optom Weekly 68:*33, 1977.

[150] Gregg JR: How to prescribe for hunters and marksmen, *J Am Optom Assoc 51:*675, 1980.

[151] Tieg D: *Major league baseball research project*, Ridgefield, CT, 1980, Institute for Sports Vision, pp 1-9.

[152] Gregg JR: Target the sharpshooters in your practice, *Optom Man 22:*65, 1986.

[153] Gregg JR: *Vision and sports: an introduction*, Stoneham, MA, 1987, Butterworth Publishers, pp 148-154.

[154] Dunham P: Coincidence-anticipation performance of adolescent baseball players and nonplayers, *Percept Mot Skills 68:*1151, 1989

[155] Noll JE: Vision considerations in shooting sports, *N Engl J Optom 42:*6, 1990.

[156] Steinberg GM, Frehlich SG, Tennant LK: Dextrality and eye position in putting performance, *Percept Mot Skills 80:*635, 1995.

[157] Jones LF, Classe JG, Hester M, et al: Association between eye dominance and training for rifle marksmanship: a pilot study, *J Am Optom Assoc 67:*73, 1996.

[158] Robinson S, Jacobsen S, Heintz B: Crossed hand-eye dominance: prevalence in normal and athletic populations, *J Optom Vis Dev 28:*235, 1997.

[159] Milne C, Buckolz E, Cardenas M: Relationship of eye dominance and batting performance in baseball players, *Int J Sports Vis 2:*17, 1995.

[160] Goss DA: The relationship of eye dominance and baseball batting: a critical literature review, *J Behav Optom 9:*87, 1998.

[161] Shick J: Relationship between depth perception and hand-eye dominance and free-throw shooting in college women, *Percept Mot Skills 33:*539, 1971.

[162] Rombouts SA, Barkhof F, Sprenger M, et al: The functional basis of ocular dominance: functional MRI findings, *Neurosci Lett 221:*1, 1996.

[163] Schor CM, Flom MC: The relative value of stereopsis as a function of viewing distance, *Am J Optom Arch Am Acad Optom 46:*805, 1969.

[164] Ebenholtz SM, Wolfson DM: Perceptual aftereffects of sustained convergence, *Percept Psychophysics 17:*485, 1975.

[165] Paap KR, Ebenholtz SM: Perceptual consequences of potentiation in the extraocular muscles: an alternative explanation for adaptation to wedge prisms, *J Exp Psych Human Percept Perform 2:*457, 1976.

[166] Paap KR, Ebenholtz SM: Concomitant direction and distance aftereffects of sustained convergence: a muscle potentiation explanation for eye-specific adaptation, *Percept Psychophysics 21:*307, 1977.

[167] Ebenholtz SM, Fisher SK: Distance adaptation depends upon the plasticity in the oculomotor control system, *Percept Psychophysics 31:*551, 1982.

[168] Shebilske WL, Karmiohl CM, Profit DR: Induced esophoric shifts in eye convergence and illusory

distance in reduced and structured viewing conditions, *J Exp Psych Human Percept Perform 9:*270, 1983.

[169] Graybiel A, Jokl E, Trapp C: Russian studies of vision in relation to physical activity and sports, *Res Q Am Assoc Health Phys Educ 26:*480, 1955.

[170] Pickwell D: Binocular vision in sport, *Optom Today 26:*240, 1986.

[171] Schor CM, Ciuffreda KJ: Vergence eye movements, London, 1983, Butterworth.

[172] Sheedy JE: Actual measurement of fixation disparity and its use in diagnosis and treatment, *J Am Optom Assoc 51:*1079, 1980.

[173] Stuart JA, Burian HM: Changes in horizontal heterophoria with elevation and depression of gaze, *Am J Ophthalmol 53:*274, 1962.

[174] McKee MC, Young DA, Kohl P, et al: Effect of head and eye positions on fixation disparities, phorias, and ductions at near, *Am J Optom Physiol Opt 64:*909, 1987.

[175] Coffey B, Reichow AW, Colburn PB, et al: Influence of ocular gaze and head position on 4 m heterophoria and fixation disparity, *Optom Vision Sci 68:*893, 1991.

[176] Coffey B, Mathison T, Viker M, et al: Visual alignment considerations in golf putting consistency. In Cochran AJ, editor: *Science and golf: Proceedings of the First World Scientific Congress of Golf*, London, 1990, E&FN Spon, pp 76-80.

[177] Wheatstone C: Contributions to the physiology of vision. Part the first. On some remarkable and hitherto unobserved, phenomena of binocular vision, *Phil Trans R Soc London 128:*371, 1838.

[178] Hubel DH,Wiesel TN: Receptive fields of single neurones in the cat's striate cortex, *J Physiol 148:*574, 1959.

[179] Nikara T, Bishop PO, Pettigrew JD: Analysis of retinal correspondence by studying receptive fields of binocular single units in cat striate cortex, *Exp Brain Res 6:*353, 1968.

[180] Bishop PO, Henry GH, Smith CJ: Binocular interaction fields of single units in the cat striate cortex, *J Physiol 216:*39, 1971.

[181] Regan D, Beverly KI: Electrophysiological evidence for existence of neurones sensitive to direction of depth movement, *Nature 246:*504, 1973.

[182] Richards W, Regan D: A stereo field map with implications for disparity processing, *Invest*

*Ophthalmol Vision Sci 12:*904, 1973.

[183] Pettigrew JD: Binocular neurones which signal change of disparity in area 18 of cat visual cortex, *Nat New Biol 241:*123, 1973.

[184] Zeki SM: Cells responding to changing image size and disparity in the cortex of the rhesus monkey, *J Physiol 242:*827, 1974.

[185] Beverly KI, Regan D: The relation between discrimination and sensitivity in the perception of motion in depth, *J Physiol 249:*387, 1975.

[186] Cynader M, Regan D: Neurones in cat parastriate cortex sensitive to the direction of motion in three-dimensional space, *J Physiol 274:*549, 1978.

[187] Regan D, Beverley KI: Binocular and monocular stimuli for motion in depth: changing-disparity and changing-size feed the same motion-in-depth stage, *Vision Res 19:*1331, 1979.

[188] Regan D, Beverley K, Cynader M: The visual perception of motion in depth, *Sci Am 241:*136, 1979.

[189] Cynader M, Regan D: Neurons in cat visual cortex tuned to the direction of motion in depth: effects of positional disparity, *Vision Res 22:*967, 1982.

[190] Toyama K, Kozasa T: Responses of Clare-Bishop neurones to three dimensional movement of light stimulus, *Vision Res 22:*571, 1982.

[191] Schor CM, Wood IC, Ogawa J: Spatial tuning of static and dynamic local stereopsis, *Vision Res 24:*573, 1984.

[192] Regan D, Erkelens CJ, Collewijn H: Necessary conditions for the perception of motion in depth, *Invest Ophthalmol Vision Sci 27:*584, 1986.

[193] Regan D: Visual processing of four kinds of relative motion, *Vision Res 26:*127, 1986.

[194] Regan D, Regan MP: Objective evidence for phase-independent spatial frequency analysis in the human visual pathway, *Vision Res 28:*187, 1988.

[195] Hong X, Regan D: Visual field defects for unidirectional and oscillatory motion in depth, *Vision Res 29:*809, 1989.

[196] Rouse MW, Tittle JS, Braunstein ML: Stereoscopic depth perception by static stereo-deficient observers in dynamic displays with constant and changing disparity, *Optom Vision Sci 66:*355, 1989.

[197] Regan D: The Charles F. Prentice award lecture *1990:* specific tests and specific blindnesses: keys, locks and parallel processing, *Optom Vision Sci 68:*489, 1991.

[198] Nemire K: Automated system for ball launching, visual occlusion, and data acquisition in a ball hitting task, *Behav Res Methods 23:*36, 1991.

[199] Regan D: Visual judgments and misjudgments in cricket, and the art of flight, *Perception 21:*91, 1992.

[200] Savelsbergh GJP, Whiting HTA: The acquisition of catching under monocular and binocular conditions, *J Mot Behav 24:*320, 1992.

[201] von Hofsten C, Rosengren K, Pick HL, et al: The role of binocular information in ball catching, *J Mot Behav 24:*329, 1992.

[202] Graydon J, Bawden M, Holder T, et al: The effects of binocular and monocular vision on a table tennis striking task under conditions of spatial-temporal uncertainty, *Int J Sports Vis 3:*35, 1996.

[203] Sheedy JE, Bailey IL, Buri M, et al: Binocular vs monocular task performance, *Am J Optom Physiol Opt 63:*839, 1986.

[204] Poffenberger AT: Reaction time to retinal stimulation with special reference to the time lost in conduction through nerve centers, *Arch Psychol New York 23:*1, 1912.

[205] Ueno T: Reaction time as a measure of temporal summation at suprathreshold levels, *Vision Res 17:*227, 1977.

[206] Blake R, Martens W, DiGianfilippo A: Reaction time as a measure of binocular interaction in human vision, *Invest Ophthalmol Vision Sci 19:*930, 1980.

[207] Harwerth RS, Smith EL, Levi DM: Suprathreshold binocular interactions for grating patterns, *Percept Psychophys 27:*43, 1980.

[208] Jones RK, Lee DN:Why two eyes are better than one: the two views of binocular vision, *J Exp Psychol (Hum Percept) 7:*30, 1981.

[209] Woodman W, Young M, Kelly K, et al: Effects of monocular occlusion on neural and motor response times of two dimensional stimuli, *Optom Vision Sci 67:*169, 1990.

[210] Clark B, Warren N: Depth perception and interpupillary distance as factors in proficiency in ball games, *Am J Psych 47:*485, 1935

[211] Dickinson J: *The relationship of depth perception to goal shooting in basketball* [dissertation], 1953, Ames, Iowa, Iowa State University.

[212] Montebello RA: *The role of stereoscopic vision in some aspects of baseball playing ability* [thesis], 1953, Columbus, Ohio, Ohio State University College of Optometry.

[213] Olsen EA: Relationship between psychological capacities and success in college athletics, *Res Q Am Assoc Health Phys Educ 27:*79, 1956.

[214] Deshaies P, Pargman D: Selected visual abilities of college football players, *Percept Mot Skills 43:*904, 1976.

[215] Ridini LM: Relationship between psychological functions tests and selected sport skills of boys in junior high, *Res Q Am Assoc Health Phys Educ 39:*674, 1968.

[216] Weissman S: Sex differences in dynamic stereoacuity, *Proceedings of the 80th Annual Convention, American Psychological Association 7:*81, 1972.

[217] Weissman S, Slonim P: Effects of knowledge of results on dynamic stereo acuity in males and females, *Percept Mot Skills 36:*964, 1973.

[218] Slonim PS, Weissman S, Galzer E, et al: Effects of training on dynamic stereo acuity performance by males and females, *Percept Mot Skills 40:*359, 1975.

[219] Solomon H, Zinn W: An introduction to dynamic sports vision, *Optom Monthly 74:*569, 1983.

[220] Zinn WJ, Solomon H: A comparison of static and dynamic stereoacuity, *J Am Optom Assoc 56:*712, 1985.

[221] Soloman H, Zinn HJ,Vacroux R: Dynamic stereoacuity: a test for hitting a baseball? *J Am Optom Assoc 59:*522, 1988.

[222] Hofeldt AJ, Hoefle FB: Stereophotometric testing for Pulfrich's phenomenon in professional baseball players, *Percept Mot Skills 77:*407, 1993.

[223] Laby DM, Kirschen DG: Dynamic stereoacuity: preliminary results and normative data for a test for the quantitative measurement of motion in depth, *Bi Vis Eye Muscle Surg Q 10:*191, 1995.

[224] Hofeldt AJ, Hoefle FB, Bonafede B: Baseball hitting, binocular vision, and the Pulfrich phenomenon, *Arch Ophthalmol 114:*1490, 1996.

[225] Haynes HM: The distance rock test: a preliminary report, *J Am Optom Assoc 50:*707, 1979.

[226] Haynes HM,McWilliams LG: Effects of training on near-far response time as measured by the distance rock test, *J Am Optom Assoc 50:*715, 1979.

[227] Garzia RP, Nicholson S: A study of binocular accommodative and vergence facility and predictive analysis of global stereopsis, *J Behav Optom 2:*3, 1991.

[228] Griffin JR, Grisham JD: *Binocular anomalies: diagnosis and vision therapy*, Amsterdam, 2002, Butterworth-Heinemann, pp 22-39.

[229] Scheiman M, Wick B: *Clinical management of binocular vision: heterophoric, accommodative, and eye movement disorders*, Philadelphia, 2002, Lippincott Williams & Wilkins, pp 26-33.

[230] Maples WC: Oculomotor dysfunctions: classification of saccadic and pursuit deficiencies. In Press LJ, editor: *Applied concepts in vision therapy,* St Louis, 1997, Mosby, pp 120-136.

[231] Feldon SE, Burde RA: The oculomotor system. In Moses RA, Hart WM, editors: *Adler's physiology of the eye: clinical application*, St Louis, 1987, CV Mosby, p 142.

[232] Bahill AT, LaRitz T:Why can't batters keep their eyes on the ball? *Am Sci 72:*249, 1984.

[233] Whittaker SG, Eaholtz G: Learning patterns of eye motion for foveal pursuit, *Invest Ophthalmol Vision Sci 23:*393, 1982.

[234] McHugh DE, Bahill AT: Learning to track predictable target waveforms without a time delay, *Invest Ophthalmol Vision Sci 26:*932, 1985.

[235] Carnahan H, Hall C, Lee TD: Delayed visual feedback while learning to track a moving target, *Res Q Exerc Sport 67:*416, 1996.

[236] Adolphe RM, Vickers JN, Laplante G: The effects of training visual attention on gaze behavior and accuracy: a pilot project, *Int J Sports Vis 4:*29, 1997.

[237] Elmurr P, Cornell E, Heard R: Saccadic eye movements (part 2): the effects of practice on saccadic reaction time, *Int J Sports Vis 4:*13, 1997.

[238] Babu RJ, Lillakas L, Irving EL: Dynamics of saccadic adaptation: differences between athletes and nonathletes, *Optom Vision Sci 82:*1060, 2005.

[239] Brown S, Couper T: Visual and ocular motility performance of one hundred cricketers, *Aust Orthoptic J 70:*175, 1990.

[240] Trachtman JN: The relationship between ocular motilities and batting average in little leaguers,

*Am J Optom Arch Am Acad Optom 50:*914, 1973.

[241] Maples WC: *Oculomotor test manual*, Santa Ana, CA, 1995, Optometric Extension Program Foundation.

[242] Garzia RP, Richman JE, Nicholson SB, et al: A new visual-verbal saccade test: the Developmental Eye Movement test (DEM), *J Am Optom Assoc 61:*124, 1990.

[243] Abernethy B: Enhancing sports performance through clinical and experimental optometry, *Clin Exp Optom 69:*189, 1986.

[244] Nagano T, Kato T, Fukuta T: Visual search strategies of soccer players in one-on-one defensive situations on the field, *Percept Mot Skills 99:*968, 2004.

[245] Hazel CA, Johnston AW: Recording eye movements using coaxial cameras—applications for visual ergonomics and reading studies, *Optom Vision Sci 72:*679, 1995.

[246] Vickers D,Nettlebeck T,Willson RJ: Perceptual indices of performance: the measurement of "inspection time" and "noise" in the visual system, *Perception 1:*263, 1972.

[247] Vickers D, Smith PL: The rationale for the inspection time index, *Pers Individ Dif 7:*609, 1986.

[248] Dumler MJ: A study of factors related to gains in the reading rate of college students trained with the tachistoscope and accelerator, *J Ed Res 52:*27, 1958.

[249] Brand CR, Dreary IJ: Intelligence and "inspection time." In Eysenck HJ, editor: *A model for intelligence*, New York, 1982, Springer, pp 133-148.

[250] Nettlebeck T: Inspection time and intelligence. In Vernon PA, editor: *Speed of information processing and intelligence,* Norwood, NJ, 1987, Ablex, pp 295-346.

[251] Zhang Y, Caryl PG, Deary IJ: Evoked potential correlates of inspection time, *Pers Individ Dif 10:*379, 1989.

[252] Dreary IJ,Mitchell H: Inspection time and high-speed ball games, *Perception 18:*789, 1989.

[253] Isaacs LD, Finch AE: Anticipatory timing of beginning and intermediate tennis players, *Percept Mot Skills 57:*451, 1983.

[254] Nettleton B: Flexibility of attention and elite athletes' performance in "fast ball games," *Percept Mot Skills 63:*991, 1986.

[255] Goulet, C, Bard M, Fleury M: Expertise differences in preparing to returns a tennis serve: a visual

information processing approach, *J Sport Psychol 11:*382, 1989.

[256] Wright DL, Pleasants F, Gomez-Meza M: Use of advanced visual cue sources in volleyball, *J Sport Exerc Psychol 12:*406, 1990.

[257] McLeod P: Visual reaction time and high-speed ball games, *Perception 16:*49, 1987.

[258] Fullerton HS: Eye, ear, brain and muscle tests on 'Babe' Ruth, *W Optom World 13:*160, 1925.

[259] Slater-Hammel AT, Stumpner RL: Batting reaction-time, *Res Q Am Assoc Health Phys Educ 21:*353, 1950.

[260] Sanderson FH, Holton JN: Relationships between perceptual motor abilities and cricket batting, *Percept Mot Skills 51:*138, 1980.

[261] Classe JG, Semes LP, Daum KM, et al: Association between visual reaction time and batting, fielding, and earned run averages among players of the Southern Baseball League, *J Am Optom Assoc 68:*43, 1997.

[262] Montes-Mico R, Bueno I, Candel J, et al: Eye-hand and eye-foot visual reaction times of young soccer players, *Optometry 71:*775, 2000.

[263] Knapp BN: Simple reaction times of selected top-class sportsmen and research students, *Res Q 32:*409, 1961.

[264] Blundell NL: Critical visual-perceptual attributes of championship level tennis players, In Howell ML, Wilson BD, editors: *Kinesiological sciences.* Proceedings of the *VII* Commonwealth and International Conference on Sport, Physical Education, Recreation and Dance, Brisbane, 1984, University of Queensland, pp 51-59.

[265] Kioumourtzoglou E, Kourtessis T, Michalopoulou M, et al: Differences in several perceptual abilities between experts and novices in basketball, volleyball, and water-polo, *Percept Mot Skills 86:*899, 1998.

[266] Harbin G, Durst L, Harbin D: Evaluation of oculomotor response in relationship to sports performance, *Med Sci Sports Exerc 21:*258, 1989.

[267] Taimela S: Factors affecting reaction-time testing and the interpretation of results, *Percept Mot Skills 73:*1195, 1991.

[268] Currier DP, Nelson RM: Changes in motor conduction velocity induced by exercise and diathermy,

*Phys Ther 49:*146, 1969.

[269] Hancock S, McNaughton L: Effects of fatigue on ability to process visual information by experienced orienteers, *Percept Mot Skills 62:*491, 1986.

[270] Hascelik Z, Basgore O, Turner K: The effects of physical training on physical fitness tests and auditory and visual reaction times of volleyball players, *J Sports Med Phys Fit 29:*234, 1989.

[271] Baer AD, Gersten JW, Robertson BM, et al: Effects of various exercise programs on isometric tension, endurance and reaction time in the human, *Arch Phys Med Rehabil 36:*495, 1955.

[272] Gallaway M, Aimino J, Scheiman M: The effect of protective sports eyewear on peripheral visual field and a peripheral visual performance task, *J Am Optom Assoc 57:*304, 1986.

[273] Dawson ML, Zabik RM: Effect of protective eyewear on reaction time in the horizontal field of vision, *Percept Mot Skills 67:*155, 1988.

[274] Henry M: Stimulus complexity, movement, age, and sex in relation to reaction latency and speed in limb movements, *Res Q Sports Med 32:*353, 1961.

[275] Keele S: Motor control. In Boff K, Kaufman L, Thomas J, editors: *Handbook of perception and human performance*, New York, 1986, John Wiley & Sons, pp 30-60.

[276] Sherman A: A method for evaluating eye-hand coordination and visual reaction time in athletes, *J Am Optom Assoc 54:*801, 1983.

[277] Mitchell JA, Nicholson DW, Maples WC: Standardization of the Wayne Saccadic Fixator, *J Behav Optom 1:*199, 1990.

[278] Vogel GL, Hale RE: Initial norms using the Wayne Saccadic Fixator for eye-hand coordination andvisual reaction times, *J Behav Optom 1:*206, 1990.

[279] Vogel GL, Hale RE: Does participation in organized athletics increase a child's scoring ability on the Wayne Saccadic Fixator? *J Behav Optom 3:*66, 1992.

[280] Appler DV, Quimby CA: The effect of ambient room illumination upon Wayne Saccadic Fixator performance, *J Am Optom Assoc 55:*818, 1984.

[281] Beckerman SA, Zost MG: Effect of lighting levels on performance on the Wayne Computerized Saccadic Fixator and Wayne Peripheral Awareness Trainer, *J Behav Optom 5:*155, 1994.

[282] Beckerman S, Fornes AM: Effects of changes in lighting level on performance with the AcuVision

1000, *J Am Optom Assoc 68:*243, 1997.

[283] Bayly MF, Clark KJ, Perrin DH: The effects of perceived fatigue on visual reaction time, *Int J Sports Vis 3:*18, 1996.

[284] Mollenberg O, Jendrusch G, Heck H: Table tennis specific eye-hand (bat) coordination and visual depth perception. In Mester J, King G, Struder H, et al, editors: *Perspectives and profiles*, Sixth Annual Congress of the European College of Sports Science, 15th Congress of the German Society of Sport Science, Cologne, July 2001, p 1249.

[285] Klavora P, Esposito JG: Sex differences in performance on three novel continuous response tasks, *Percept Mot Skills 95:*49, 2002.

[286] Sharp RH,Whiting HTA: Information processing and eye-movement behavior in a ball catching skill, *J Hum Mov Studies 1:*124, 1975.

[287] Franks IM, Weicker D, Robertson DGE: The kinematics, movement phasing and timing of a skilled action in response to varying conditions of uncertainty, *Hum Mov Sci 4:*91, 1985.

[288] Bootsma RJ, van Wieringen PCW: Visual control of an attacking forehand drive. In Meijer OG, Roth K, editors: *Complex movement behavior: the motor-action controversy*, Amsterdam, 1988, North-Holland, pp 189-199.

[289] Bootsma RJ: *The timing of rapid interceptive actions: perception-action coupling in the control and acquisition of skill*, Amsterdam, 1988, Free University Press.

[290] Jendrusch G, Tidow G, de Marees H: Precise determination of the contact point in tennis, *Int J Sports Med 5:*365, 1988.

[291] Bootsma RJ: Accuracy of perceptual processes subserving different perception-action systems, *Q J Exp Psychol 41A:*489, 1989.

[292] Bootsma RJ, van Wieringen PCW: Timing an attacking forehand drive in table tennis, *J Exp Psychol Hum Percept Perform 16:*21, 1990.

[293] Bootsma RJ: Predictive information and the control of action, *Int J Sport Psychol 22:*271, 1991.

[294] Savelsbergh GJP, Whiting HTA, Bootsma RJ: "Grasping" tau, *J Exp Psychol Hum Percept Perform 17:*315, 1991.

[295] Bootsma RJ, Peper CE: Predictive visual information sources for the regulation of action with

special emphasis on catching and hitting. In Proteau L, Elliott D, editors: *Vision and motor control*, Amsterdam, 1992, North-Holland, pp 285-314.

[296] Bootsma RJ, Oudejans RRD: Visual information about time-to-collision between two objects, *J Exp Psychol Hum Percept Perform 19:*1041, 1993.

[297] Siegel D: Response velocity, range of movement, and timing accuracy, *Percept Mot Skills 79:*216, 1994.

[298] Gray R, Regan DM: Unconfounding the direction of motion in depth, time to passage and rotation rate on an approaching object, *Vision Res 46:*2388, 2006.

[299] Shea CH, Krampitz JB, Northam CC: Information processing in coincidence timing tasks: a developmental perspective, *J Hum Mov Studies 8:*73, 1982.

[300] Lee DN, Young DS, Reddish PE, et al: Visual timing in hitting an accelerating ball, *Q J Exp Psychol 35A:*333, 1983.

[301] Petrakis E: Sex differences and specificity of anticipation of coincidence, *Percept Mot Skills 61:*1135, 1985.

[302] Payne VG: The effects of stimulus runway length on coincidence-anticipation timing performance, *J Hum Mov Studies 12:*289, 1986.

[303] Magill RA: *Motor learning: concepts and applications*, ed 4,Madison, WI, 1993, Brown & Benchmark.

[304] Molstad SM, Kluka DA, Love PA, et al: Timing of coincidence anticipation by NCAA Division I softball athletes, *Percept Mot Skills 79:*1491, 1994.

[305] Hart MA, Reeve TG: A preliminary comparison of stimulus presentation methods with the Bassin anticipation timing task, *Percept Mot Skills 85:*344, 1997.

[306] Robertson S, Collins J, Elliott D, et al: The influence of skill and intermittent vision on dynamic balance, *J Mot Behav 26:*333, 1994.

[307] Robertson S, Elliott D: The influence of skill in gymnastics and vision on dynamic balance, *Int J Sport Psych 27:*361, 1996.

[308] Robertson S, Elliott D: Specificity of learning and dynamic balance, *Res Q Exerc Sport 67:*69, 1996.

[309] Witkin HA, Dyk RB, Paterson HF, et al: *Psychological differentiation*, New York, 1962,Wiley.

[310] Witkin HA, Lewis HB, Hertzman M, et al: *Personality through perception*, Westport, CT, 1972, Greenwood.

[311] Knapp B: *Skill in sport*, London, 1964, Routledge & Kegan Paul.

[312] Jones MG: Perceptual studies: perceptual characteristics and athletic performance. In Whiting HTA, editor: *Sports psychology*, London, 1972, Kimpton, pp 96-115.

[313] Kane JE: Personality, body concept and performance. In Kane JE, editor: *Psychological aspects of physical education and sport*, London, 1972,Western Printing Services, pp 91-127.

[314] Young HH: A test of Witkin's field-independence hypothesis, *J Abnorm Soc Psych 59:*188, 1959.

[315] Elliott R, McMichael RE: Effects of specific training on frame dependence, *Percept Mot Skills 17:*363, 1963.

[316] Gallahue DL: The relationship between perceptual and motor abilities, *Res Q 39:*948, 1968.

[317] Gruenfeld L, Arbuthnot H: Field independence as conceptual framework for prediction of variability in ratings of others, *Percept Mot Skills 28:*31, 1969.

[318] Meek F, Skubie V: Spatial perception of highly skilled and poorly skilled females, *Percept Mot Skills 33:*1309, 1971.

[319] Svinicki JG, Bundgaard CJ, Schwensohn CH, et al: Physical activity and visual field-dependency, *Percept Mot Skills 39:*1237, 1974.

[320] Pargman D, Bender P, Deshaies P: Correlation between visual disembedding and basketball shooting by male and female varsity college athletes, *Percept Mot Skills 41:*539, 1975.

[321] Rotella RJ, Bunker LK: Field dependence and reaction time in senior tennis players (65 and over), v*Percept Mot Skills 46:*585, 1978.

[322] Docherty D, Boyd DG: Relationship of disembedding ability to performance in volleyball, tennis, and badminton, *Percept Mot Skills 54:*1219, 1982.

[323] Raviv S, Nabel N: Field dependence-independence and concentration as psychological characteristics of basketball players, *Percept Mot Skills 66:*831, 1988.

[324] Raviv S, Nabel N: Relationship between two different measurements of field-dependence and athletic performance of adolescents, *Percept Mot Skills 70:*75, 1990.

[325] Terelak J: Field dependence/independence and eye-hands-legs coordination, *Percept Mot Skills 71:*947, 1990.

[326] Liu WH: Review of recent Chinese research on field dependence-independence in high-level athletes, *Percept Mot Skills 83:*1187, 1996.

[327] Pargman D:Visual disembedding and injury in college football players, *Percept Mot Skills 42:*762, 1976.

[328] Gill NT,Herdtner TJ, Lough L: Perceptual and socioeconomic variables, instruction in body-orientation, and predicted academic success in young children, *Percept Mot Skills 26:*1175, 1968.

[329] Leithwood KA, Fowler W: Complex motor learning in four-year-olds, *Child Dev 42:*781, 1971.

[330] Ruch TC: Binocular vision and central visual pathways. In Fulton JA, editor: *A textbook of physiology*, Philadelphia, 1949, Saunders, p 471.

[331] Hobson R, Henderson MT: A preliminary study of the visual field in athletics, *Proc Iowa Acad Sci*

[332]*48:*331, 1941.

[333] Johnson WG: *Peripheral perception of athletes and non-athletes, and the effect of practice* [thesis], 1952, University of Illinois. Buchellew WF: *Peripheral perception and reaction time of athletes and non-athletes* [thesis], 1954, University of Illinois.

[334] Stroup F: Relationship between measurements of field of motion perception and basketball ability in college men, *Res Q Am Assoc Health Phys Educ 28:*72, 1957.

[335] Williams JM, Thirer J: Vertical and horizontal peripheral vision in male and female athletes and non-athletes, *Res Q Am Assoc Health Phys Educ 46:*200, 1976.

[336] Berg WP, Killian SM: Size of the visual field in collegiate fast-pitch softball players and nonathletes, *Percept Motor Skills 81:*1307, 1995.

[337] Deshaies P, Pargman D: Selected visual abilities of college football players, *Percept Motor Skills 43:*904, 1976.

[338] Blundell NL: The contribution of vision to the learning and performance of sports skills. Part 2: the effects of exercise, altitude and visual training, *Aust J Sci Med Sport 17:*3, 1985.

[339] Fleury M, Bard C: Fatigue metabolique et performancede taches visuelles, *Can J Sport Sci 15:*43, 1990.

[340] Koskela PU: The effect of jogging on visual field indices, *Acta Ophthalmologica 68:*91-93, 1990.

[341] Wood JM, Woods RL, Jack MP: Exercise does not increase visual field sensitivity, *Optom Vision Sci 71:*682, 1994.

[342] Grall V, Lessing T, Jendrusch G, et al: Synchronoptical ability of differentiation—exemplified by the foot fault in tennis, *Int J Sports Med 19:*S45, 1998.

[343] Grall V, Pfennig H, Jendrusch G, et al: Trainability of synchronoptical identification ability, *Int J Sports Med 19:*S45, 1998.

[344] Opdenacker K, Jendrusch G,Heck H: Effect of physical activity on the performance of perceptual tasks in central and peripheral vision. In Mester J, King G, Struder H, et al, editors: *Perspectives and profiles*, Sixth Annual Congress of the European College of Sports Science, 15th Congress of the German Society of Sport Science, Cologne, July 2001, p 827.

[345] Martin WF: *An insight to sports: featuring trapshooting and golf*, Seattle, 1984, SportsVision.

[346] Finke RA: Mental imagery and the visual system, *Sci Am 254:*88, 1986.

[347] Roland PE, Larsen B, Lassen NA, et al: Supplementary motor area and other cortical areas in organization of voluntary movement in man, *J Neurophysiol 43:*118, 1980.

[348] Roland PE, Friberg L: Localization of cortical areas activated by thinking, *J Neurophysiol 53:*1219, 1985.

[349] Deutsch G, Bourbon WT, Papanicolaou AC, et al: Visuospatial tasks compared via activation of regional cerebral blood flow, *Neuropsychologia 26:*445, 1988.

[350] Naito E: Controllability of motor imagery and transformation of visual imagery, *Percept Motor Skills 78:*479, 1994.

[351] Mahoney M,Avener J: Psychology of the elite athlete: an exploratory study, *Cognit Ther Res 1:*135, 1977.

[352] Meyers AW, Cooke CJ, Cullen J, et al: Psychological aspects of athletic competitors: a replication across sports, *Cognit Ther Res 3:*361, 1979.

[353] Greenspan MJ, Feltz DL: Psychological interventions with athletes in competitive situations: a review, *Sport Psychologist 3:*219, 1989.

[354] Davis H: Cognitive style and nonsport imagery in elite ice hockey performance, *Percept Motor*

*Skills 71:*795, 1990.

[355] MacKay DG: The problem of rehearsal or mental practice, *J Motor Behav 13:*274, 1981.

[356] Hale BD: The effects of internal and external imagery on muscular and ocular concomitants, *J Sports Psych 4:*374, 1982.

[357] Feltz DL, Landers DM: The effects of mental practice on motor skill learning and performance: a meta-analysis, *J Sports Psych 5:*25, 1983.

[358] Kohl RM, Roenker DL: Mechanism involvement during skill imagery, *J Motor Behav 15:*179, 1983.

[359] Feltz DL, Landers DM, Becker BJ: *A revised meta-analysis of the mental practice literature on motor skill learning,*Washington, DC, 1988, National Academy Press.

[360] Requin J: Neural basis of movement representations. In Requin J, Stelmach GE, editors: *Tutorials in motor neurosciences*, Dordrecht, The Netherlands, 1991, Kluwer, pp 333-345.

[361] Jeannerod M: The representing brain: neural correlates of motor intention and imagery, *Brain Behav Sci 17:*187, 1994.

[362] Decety J, Ingvar DH, Brain structures participating in mental stimulation of motor behavior: a neuropsychological interpretation, *Acta Psychologica 73:*13, 1990.

[363] Decety J, Kawashima R, Gulyas B, et al: Preparation for reaching: A PET study of the participating structures in the human brain, *NeuroReport 3*:761, 1992.

[364] Decety J: Do imagined and executed actions share the same neural substrate? *Cognit Brain Res 3:*87, 1996.

[365] Jacobson E: Electrophysiology of mental activities, *Am J Psychol 44:*676, 1932.

[366] Ulich E: Some experiments on the function of mental training in the acquisition of motor skills, *Ergonomics 10:*411, 1967.

[367] McGuigan FJ: Covert oral behavior during the silent performance of language tasks, *Psychol Bull 74:*309, 1970.

[368] Harris DV, Robinson WJ: The effects of skill level on EMG activity during internal and external imagery, *J Sport Psych 8:*105, 1986.

[369] Decety J,Michel F: Comparative analysis of actual and mental movements times in two graphic

tasks, *Brain Cognit 11:*87, 1989.

[370] de'Sperati C, Deubel H: Mental extrapolation of motion modulates responsiveness to visual stimuli, *Vision Res 16:*2593, 2006.

[371] Decety J, Jeannerod M, Preblanc C: The timing of mentally represented actions, *Behav Brain Res 34:*35, 1989.

[372] Decety J: Motor information may be important for updating the cognitive processes involved in mental imagery of movement, *Eur Bull Cognit Psychol 4:*415, 1991.

[373] Decety J, Jeannerod M: Fitts' law in mentally simulated movements, *Behav Brain Res 72:*127, 1996.

[374] Reed CL: Chronometric comparisons of imagery to action: visualizing versus physically performing springboard dives, *Mem Cognit 30:*1169, 2002.

[375] Suin R: Removing emotional obstacles to learning and performance by visuo-motor behavior rehearsal, *Behav Ther 3:*308, 1972.

[376] Suin R: Behavior rehearsal training for ski racers, *Behav Ther 3:*519, 1972.

[377] Suin R: Visual motor behavior rehearsal: the basic technique, *Scand J Behav Ther 13:*131, 1984.

[378] Suin R: Imagery rehearsal applications to performance enhancement, *Behav Ther 8:*155, 1985.

[379] Suin R: *Seven steps to peak performance: the mental training manual for athletes*, Toronto, 1986, Huber.

[380] Sherman A: Overview of research information regarding vision and sports, *J Am Optom Assoc 51:*661, 1980.

[381] Hall C, Buckoltz E, Fishburne G: Imagery and acquisition of motor skills, *Mem Cognit 7:*19, 1992.

[382] Driskell JE,Copper C,Moran A: Does mental practice enhance performance? *J Appl Psychol 79:*481, 1992.

[383] Salmon J, Hall C, Haslam I: The use of imagery by soccer players, *J Appl Sports Psychol 6:*116, 1994.

[384] Zervas Y, Kakkos V:Visuomotor behavior rehearsal in archery shooting performance, *Percept Mot Skills 73:*1183, 1991.

[385] Corbin CB: Mental practice. In Morgan WP, editor: *Ergonomic aids and muscular performance*, New York, 1972, Academic Press, pp 93-118.

[386] Richardson A: *Mental imagery*, New York, 1969, Springer.

[387] Hall E, Erffmeyer SE: The effect of visuo-motor behavior rehearsal with videotaped modeling on free throw accuracy of intercollegiate female basketball players, *J Sport Psychol 5:*343, 1983.

[388] Gray SW, Fernandez S: Effects of visuo-motor behavior rehearsal with videotaped modeling on basketball performance, *Psychol J Human Behav 26*:41, 1989.

[389] Noel RC: The effect of visuo-motor behavior rehearsal on tennis performance, *J Sport Psychol 2:*221, 1980.

[390] Weinberg RS, Gould D, Jackson A, et al: Influence on cognitive strategies on tennis serves of high and low ability, *Percept Mot Skills 50:*663, 1980.

[391] Weinberg RS, Seabourne TG, Jackson A: Effects of visuo-motor behavior rehearsal, relaxation, and imagery on karate performance, *J Sport Psychol 3:*228, 1981.

[392] Weinberg RS, Seabourne TG, Jackson A: Effects of visuo-motor behavior rehearsal on state-trait anxiety and performance: is practice important? *J Sport Behav 5:*209, 1982.

[393] Seabourne TG, Weinberg R, Jackson A, et al: Effect of individualized practice and training of visuo-motor behavior rehearsal in enhancing karate performance, *J Sport Behav 7:*58, 1984.

[394] Seabourne TG, Weinberg R, Jackson A: Effect of individualized, nonindividualized and package intervention strategies on karate performance, *J Sport Psychol 7:*40, 1985.

[395] Yamamoto K, Inomata K: Effects of mental rehearsal with past and whole demonstration models on acquisition of backstroke swimming skills, *Percept Mot Skills 54:*1067, 1982.

[396] Lee AB, Hewitt J: Using visual imagery in a floatation tank to improve gymnastic performance and reduce physical symptoms, *Int J Sport Psychol 18:*223, 1987.

[397] Gray SW: Effect of visuomotor rehearsal with videotaped modeling on racquetball performance of beginning players, *Percept Mot Skills 70:*379, 1990.

[398] Meacci WG, Price EE: Acquisition and retention of golf putting skill through the relaxation, visualization and body rehearsal intervention, *Res Q Exer Sport 56:*176, 1985.

[399] Meacci WG, Pastore DL: Golf: making short putts, *Strategies 5:*13, 1992.

[400] Meacci WG, Pastore DL: Effects of occluded vision and imagery on putting golf balls, *Percept Mot Skills 80:*179, 1995.

[401] Kavner RS: *Total vision*, New York, 1978, A&V Publishers.

[402] Kubistant T: The uses of visualization in sports medicine, *Sportsmed Dig 4:*5, 1982.

[403] Silva JM,Weinberg RS: *Psychological foundation of sport*, Champaign, IL, 1984, Human Kinetics.

第五章

运动视觉筛查和报告策略

本章大纲

- 制订运动视觉筛查方案
- 进行运动视觉筛查
  - 记录表
  - 设备清单
  - 筛查规范和工作人员培训
  - 筛查流程
- 撰写运动视觉筛查和评价的报告

运动视觉从业者有很多机会为运动队进行视觉筛查服务。在北美洲，大多数学院和大学的专业、甲组的运动队都有视觉筛查程序，并且也有很多验光师或者眼科专家作为视觉顾问。[1]许多体育项目各个级别的比赛都要为运动员进行视觉筛查，但是更多的人无法获得这项服务。一项关于专业运动员、大学院校的运动队和验光师的研究表明，运动员的视觉防护服务需求远远未被满足。[1]

许多关于运动员视力筛查结果的报告已经发表。[2–15]没有任何研究使用单一标准化的运动视觉筛查量表，并且期刊文章在讨论运动员的视觉筛查时，很少会具体说明一整套有详细规程和规范数据的评估程序。[3,11,15–22]一般来说，为一个队伍或运动项目确定运动视觉筛查程序取决于时间、地点、视觉任务的要求和从程序中所获取信息的价值。筛查程序应该是一连串高效率、高收获的测试，这些测试可以确定视觉问题对最佳竞技状态的影响，并可以在简单概括视觉能力评估的基础上，对运动员进行比较。

运动视觉筛查结果应该报告给队伍中相关人员和运动员。有许多方法可以用来传递这个信息，结果沟通和管理建议的能力可以有效鉴别报告人员是否是一名“专家”。如果目标是使人遵守建议，那么沟通技巧就非常重要。

1 制订运动视觉筛查方案

大多数视觉筛查是在运动视觉从业者的办公室之外进行的。由于时间和地点的限制，对每个运动员进行全面的运动视觉评估通常是不可能的。由于空间的可利用性、灯光控制、电力的可用性以及设备的可移动性，筛查的地点可能会限制一些评估工具的使用。筛查的可行性取决于筛查的时间是否能满足一定数量的运动员。运动视觉从业者必须考虑对可用人员进行筛选，并确定如何使运动员最大效率地完成筛查程序。

在考虑时间和地点因素之前，从业者必须确定有助于运动员达到最佳运动表现的视觉因素，以便在筛查中将这些特定因素独立进行测量。在不同的运动项目或角色中，对运动成功起至关重要作用的视觉需求会有很大差异。第二章提供了分析过程任务的方法，这对于为运动员提供适当的视觉防护至关重要。评估程序中，与关键视觉技能最相关的评估应被仔细鉴别和考虑。接下来，依据时间和地点的限制，将理想的程序列表中的程序删减到合适的数量。通常选择那些最适合评估对运动表现至关重要的视觉能力的程序。

除了为运动视觉筛查选择评估程序，还必须查明运动员的病史。时间的限制会影响这一部分的筛查，通常可以使用问卷调查形式以提高效率。为了进行全面的视觉检查，调查问卷应包括全面视力检查病史的一些基本要素：主要问题，次要视觉问题，以及个人视力和既往病史。视力矫正和视力保护是运动员病史问卷调查中的重要因素。第四章列出了关于运动员在运动过程中，运动视觉能力的补充问题，这些问题可以在问卷中列出。筛查时，将问卷中引出的症状和筛查中评估的视觉能力联系起来是非常有利的。应与运动员一起完成病史调查问卷并进行审核，如果时间允许的话，应获得完整的随访信息。

决定是否在筛查中加入评定眼部健康的程序是困难的。在时间和地点限制下，执行眼部健康的必要评估程序具有挑战性。随着新的眼部成像技术的出现，收集与运动员眼部健康相关的资料成为可能。然而，这些新技术应结合全面的眼部健康评估使用，而不是独立使用。因为一份不完整的眼部健康评估具有误导性，不建议将其作为运动视觉筛查的一部分。提供给运动队的报告材料应该包含一份陈述筛查局限性和日常综合视觉防护建议的法律声明（视觉筛查表范例见附录B）。

从业者获得的各种运动队和运动项目的工作经验，可以用于开发特定运动的筛查，以便在后续的筛查中使用。根据需要，从业者可以在进一步的研究结果和自己的工作经验的基础上，修改评估的项目和程序。

2　进行运动视觉筛查

运动视觉筛查的成功与否，前期准备十分重要。收集运动员数据的记录表、需带到筛查现场的设备和用品清单、每个程序的评估规程、对协助收集数据的助理人员的培训，以及通过筛选确定的运动员名单都是必需的元素。

2.1　记录表

筛查的记录表应该在某种程度上提高筛查的效率。每一项评估程序的记录方法应该尽可能缩短记录每位运动员数据结果所需要的时间。由于在运动队中，经常会相互比较运动员的视觉能力，筛查表也应便于转移到将要使用的比较设备中。理想情况下，运动员的数据将直接输入计算机的电子表格，以便在筛查结束时进行评估。从而无需使用纸质表格。如果要将一份运动视觉筛查表副本提供给队伍成员或运动员，则其设计需能清楚表明结果和建议，并具有专业的外观。

2.2　设备清单

对于在场外的筛查，选择的仪器应该是便携或易于运输的。选择适宜在筛查现场使用的设备。例如，Wayne运动视觉测试仪通常需要在现场装配（图5-1、图5-2）。光照是需要准备的一个要素。任何设备以及设备的任何一部分所需要的备件都应该记录在携带物品清单里，如额外的灯泡、电池、延长线以及插座等。行政用品通常也需要记录，包括带夹子的写字板、笔、订书机、胶带、卷尺、名牌。应提前对所有设备的功能进行检查，所有电池都应在使用前充好电。

图5–1 Wayne运动视觉测试仪立在自制便携架上

图5–2 AOA为参加业余运动联盟青少年奥运会的运动员进行运动视觉筛查（Wayne运动视觉测试仪立在自制便携架上）

2.3　筛查规范和工作人员培训

应在每一个筛查程序中建立严格的评估规范。如果目标是比较队员的视觉能力表现，那么所有队员必须接收到相同的指令和反馈。评估过程中，在每个程序之前对运动员的指示要尽可能规范化，从而减少指令变化对表现的影响。在筛查过程中，指令或者评估规范的修改可能是很容易的。然而，任何修改都会减弱通过筛查比较运动员表现的能力。避免修改评定评估规范的最好方法是，在进行筛查之前，掌握筛查程序并微调评估规范。对自愿当“运动员”的人进行测试性的筛查是一个可以找到需要调整的问题的好方法，并且通过这种试验也可以估计出每个运动员完成筛查所需要的时间。

参与筛查的工作人员必须经过全面的培训，并按照规范执行程序。如果工作人员掌握了规范，筛查工作实行起来将会更加高效。规范应该包含激发运动员展示欲及胜负欲的方法。例如，在筛查手–眼协调的程序中，将队伍中的最高分张贴在旁边的设备上，以此激励每一个运动员。除了在特定的程序中使用最高分数激励以外，每个运动员在筛查过程中，应该获得对其表现的最小反馈。对于每一个筛查过程，应该告知运动员他做得很好，并稍后告知其筛查结果。需要注意的是，在任何情况下，都不能告知运动员，他在筛查过程中有任何部分表现失败或者其视觉表现低于正常值。视觉表现的结果沟通是高度敏感的，应以便于管理的方式进行。因此，筛查结果通常保留在给队伍成员和运动员的报告之中。

应告知运动员每个筛查程序所评估的运动视觉能力的性质。应该将运动的具体任务要求与视觉能力的相关性告知运动员，以此鼓励运动员。在每个过程中，运动员被鼓励得越好，对其能力的测量就越精确。需对参与筛查的工作人员进行培训，以便在对运动员的筛查过程中获得额外的运动员病史信息。

2.4　筛查流程

应该提前确定好运动员如何完成筛查流程。常见的流程是安排一些实施具体评估程序的站点，运动员依次通过，进行筛查。理想情况下，运动员在每个站点完成筛查的时间是一致的，从而不会在某些站点发生阻塞的现象。有时，筛查中有一个程序需要有更多的时间来进行，但这种情况并不常见。

应该重视筛查顺序的重要性，因为对于运动员来说，如果某个站点有严重的阻塞情况，他们会很容易想改变筛查顺序。然而，一般来说，每个运动员应该以相同的筛查顺序进行筛查，以方便工作人员比较每个运动员的表现。例如，如果一位运动员是在筛查开始时进行视觉运动速度评估，而另一位运动员是在筛查结束时进行视觉运动速度评估，结果可能因为筛查顺序不同而受到影响。

设立站点的方法是有效的，因为工作人员已经掌握了特定站点（图5–3、图5–4）的规程。然而，如果有一组运动视觉从业者参与筛查，每位从业者可以带领运动员通过筛查的每个站点。进行所有的筛查程序后，从业者可能会对每个运动员的表现和问题有更深入的了解，他从所有筛查程序中获得的额外的深入的了解可以转化成对该运动员更为有效的建议。

图5–3　AOA运动视觉部门为参加业余运动联盟青少年奥运会的运动员进行运动视觉筛查（眼–手反应时间测试站点）

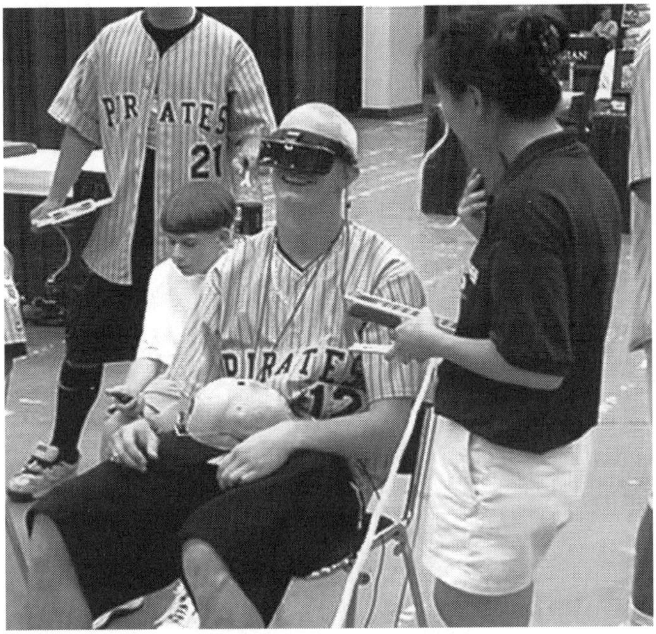

图5-4　AOA运动视觉部门为参加业余运动联盟青少年奥运会的运动员进行运动视觉筛查（远距离立体视力测试站点）

无论选择哪一种筛查方法，每个运动员都应该尽快完成筛查。对于每个队员来说，整个队伍的时间是很宝贵的。应该避免在筛查过程中，给人留下浪费队伍时间的印象。建议在筛选前与队员会面，讨论队伍可能的调度方案。通过与队伍其他训练活动的协调，调整筛查中的运动员的合理数量。了解队伍的需要和创造性地寻找互利的解决方案是深受队员赞赏的。

筛查前的会议也提供了预览将要使用的筛查场地的极好机会。预览可为筛查站点的平面图设计和制订最有效的筛查流程提供有效信息。队员应该完成运动视觉筛查，因为这将获得有用的第一手的视觉能力评估经验。如果队员有可用于讨论的第一手的视觉能力评估经验，从业者与队员讨论筛查结果时会更为有效。

当进行运动视觉筛查时，要额外考虑是否有增加补充测试的必要。运动员的视觉问题可能会在进一步的筛查测试中被检测出来。例如，在眼对齐测试中有的运动员可能会出现斜视，从业者可能需要收集该运动员斜视的更多信息。从业者需要决定哪些额外的测试要在现场进行并且要带来必要的测试设备。相反地，在筛查过程中，当视觉问题被确定时，从业者可以简单选择任何运动员进行后续的防护工作。

3 撰写运动视觉筛查和评价的报告

运动视觉筛查或运动视觉评价的结果报告对于任何运动视觉项目的成功起至关重要的作用。该报告应及时传达给全体队员或个别运动员，如在筛查或评估结束的两周内。记住，有关人员需要知道以下五个问题[22]：

- 需要做什么？
- 需要什么时候做？
- 谁应该执行建议？
- 需要在哪里做？
- 为什么需要做？

有很多方法可以用来建立一个视觉评估报告表，但并没有任何一个方法是优越的。[23] 当报告运动视觉评估结果时，建议使用视觉能力表现简况来展示运动员所表现出的相关的强项和弱项。由于同组的数据可以直接用于比较，因此，当对队伍进行评估时，写表现简况会更为容易。当对单独一名运动员进行个体评估时，从业者必须使用现有的有效数据或者将这名运动员的表现与之前评估的其他运动员进行比较（个别运动员的运动视觉评估报告见附录C）。

许多计算机程序为队伍中个别运动员视觉能力表现的比较提供了简单的方法。当出现数值结果后，将每个运动员的数据输入电子表格中，从而计算出每个筛查程序中表现的平均值和标准差。大多数数据表格程序有许多统计计算的功能。从业者必须评估每个表现的平均值和标准差，以此确定这些数据对比较和建议有参考价值。例如，如果一名运动员展示了异常的视力水平并且20/20（6/6）比平均表现水平低不止一个标准差，那么应该给这位“只”达到20/20视力的运动员什么建议呢？队伍的数据也可以与现有的有效数据进行比较，以此确定数据的有效性。

有许多可能的方法可以为运动员呈现视觉表现简况，而且所呈现出来的应该是易于向阅读对象说明的情况。一个简单的条形图可以有效地展示相对的优势和弱点。

从每个运动员的简况来看，他们每个能力的平均表现应该是显而易见的，说明相关表现的基准范围也应该是显而易见的。在适当的时候，可以在条形图的垂直轴上划分1～5的刻度，在每个程序中，“3.00”总是代表队伍表现的平均值（见附录D）。每个程序表现的标准差在图上表现为每个整数梯级。具体而言，平均值表示为y轴上的“3.00”，平均值以上一个标准差或者以下一个标准差分别表示为“4.00”或“2.00”。

在从1.00～5.00的范围内，将个别运动员的视觉能力表现的统计学分析与团队数据或标准数据进行比较时，可以使用两种简单的统计方法。如果数值越高，表明表现越好。例如，眼–手协调能力的得分，可以使用以下的计算方法：

[（运动员得分–平均得分）/标准差]+3

因此，如果一名运动员在眼–手协调测试中得了85分，队伍的表现平均分是79分，当标准差是5分时，他的表现简况等级为4.20，如下所示：

$$[(85-79)/5]+3=4.20$$

在很多视觉能力程序中，数值越低则表明表现越好，如视力。对此种情况的统计分析以同样的方式进行，但是用平均得分减去运动员得分，如下所示：

[（平均得分—运动员得分）/标准差]+3

因此，如果一名运动员在双眼静态视力测试中得分为20/25，她所在队伍的表现的平均值是20/15，当标准差是7分时，她的表现简况等级为1.57，如下所示：

$$[(15-25)/7]+3=1.57$$

大多数电子表格程序都可以生成电子数据图表。每个视觉能力的表现简况等级都包含在条形图中，并且要标记X轴的坐标，使之与视觉能力的描述关键点所匹配。描述关键点是对评估的每项能力及其相关的运动表现的简短总结。描述关键点对于成功说明表现简况中每个因素的相关性至关重要，并且描述关键点的语言需要依照惯例微调，以此来加强这项重要工具的效果。

统计分析的结果以图表形式呈现每个运动员表现简况，并对被评估的每个视觉能力的运动表现性能进行解释说明。可以生成额外的图表，以对比队伍中每个成员在任何一个评估程序中的表现。例如，教练可能希望看到一个队伍在视觉运动反应时间表现的相对排名。为了保护运动员的隐私，在这种类型的图表中，每个运动员都被指定一个号码。运动员对应的号码是很关键的，其与有关医疗保密的解释文件要提供给合适的队伍成员。

在运动视觉筛查中，应该对每个运动员的表现进行简短的叙述。可以以段落的形式或者是项目列表的形式进行叙述。叙述应该总结在运动员身上发现的任何问题，以及筛查时表现的相关优势和劣势。应该清晰说明进一步的视觉防护建议以及解释该防护的潜在益处。关于健康评估的免责声明应包括在对运动员的叙述中。叙述运动员简况的范例见附录D。

与队伍成员一起开会回顾报告是非常有价值的。许多争议和问题可以在这个时候适当地提出来。如果有可能的话，合适的队伍成员或其他有关的团体在场时，与每位运动员进行简短的讨论是对结果和建议进行有效沟通的最好机会。这些讨论的一个基本方面就是如何利用已获得的信息去提高运动员以及队伍的运动表现。如前所述，当描述运动员的视觉表现时，不能使用“失败”一词。选择更积极的词语会最大限度减少任何对运动员信心的负面影响。例如，描述视觉表现是如何限制运动表现的潜在峰值时。[15]与队伍成员在一起的时间也是回顾接触镜替换、眼睛保护以及眼外伤处理的合适时机。

运动视觉评估是运动视觉防护的常见方面，成功通常取决于从业者借此机会使其固有潜力最大化的能力。为队伍筛查进行合适的准备以及及时有效地沟通筛查结果可以为与队伍或组织形成良好关系打下基础。成功通常取决于从业者与队伍或者组织的关系有多深厚，而不是取决于获得了多少单独的机会。

参考文献

[1] Zieman BS, Reichow AW, Coffey B, et al: Optometric trends in sports vision: knowledge, utilization, and practitioner role expansion potential, *J Am Optom Assoc 64*:490, 1993.

[2] Martin WF: A research study on athletes' vision, *Contacto 7:*5, 1963.

[3] Bauscher WA: Vision and the athlete, *Optom Weekly 59:*21, 1968.

[4] Garner AI:What a practitioner should know about an athlete's vision, *Contacto 20:*24, 1976.

[5] Garner AI: An overlooked problem: athletes' visual needs, *Phys Sportsmed 5:*75, 1977.

[6] Erenstone R, Miller NP, Silagy ZS: Optometry at the 1980 Winter Olympics, *J Am Optom Assoc 52:*647, 1981.

[7] Harris PA, Blum DS: AOA Sports Vision Section screening of basketball officials, *J Am Optom Assoc 55:*130, 1984.

[8] Sports vision gets gold at the Barcelona Olympics, *Calif Optom 18:*6, 1992.

[9] Milne DC, Lewis RV: Sports vision screening of varsity athletes, *Sports Vision 1:*8, 1993.

[10] Goldsmid MA: Visual fitness and performance in tennis athletes, *Eye Quest Magazine* p 38, 1994.

[11] Berman AM: Sports performance vision testing, *Optom Today 4:*28, 1996.

[12] Laby DM, Rosenbaum AL, Kirschen DG, et al: The visual function of professional baseball players, *Am J Ophthalmol 122:*476, 1996.

[13] Beckerman SA, Hitzeman S: The ocular and visual characteristics of an athletic population, *Optometry 72:*498, 2001.

[14] Wilson TA, Falkel J: *Sports vision training for better performance*, Champaign, IL, 2004,Human Kinetics, pp 1-13.

[15] Reichow AW, Stern NS: Guidelines for screening and testing the athlete's visual system—part I, *OEP Curriculum II 59:*243, 1987.

[16] Jones DE, Gillilan RW: Optometric services for the athletic department, *J Am Optom Assoc 44:*1060, 1973.

[17] Screening athletes: how important is sports vision care? *Rev Optom 114:*14, 1977.

[18] Farnsworth CL: How to serve sports vision patients, *Rev Optom 121:*64, 1984.

[19] Berman AM: Starting a sports vision practice, *Optom Management 25*:30, 1990.

[20] Schwartz CA: Sports screening for success, *Optom Econ 4*:12, 1994.

[21] Wilson TA: Sports vision: getting into the game, *Optom Management 32*:20s, 1997.

[22] Hubbs L: Take it from the pros part I: 10 steps for attracting sports-minded patients, *Optom Management 35*:116, 2000.

[23] Ettinger ER: *Professional communications in eye care*, Boston, 1994, Butterworth-Heinemann.

第六章

运动员的运动处方

本章大纲

- 屈光代偿
- 无保护作用的运动眼镜
  - 镜片疗法的选择
- 护目镜
  - 持拍运动
  - 冰球
  - 长曲棍球
  - 棒球
  - 彩弹射击
  - 高山滑雪
  - 游泳和水上运动
  - 足球
  - 其他运动项目
  - 护目镜的相关问题
  - 功能性单眼运动员
  - 关于护目镜的临床法律问题
- 处方滤光器和高性能的太阳镜
  - 中性灰的色调
  - 黄色—褐色范围的色调
  - 绿色范围的色调
  - 红色范围的色调
  - 蓝色范围的色调
  - 紫色范围的色调
  - 偏振滤光器
  - 光致变色滤光器
  - 镜片涂层
- 接触镜
  - 关于有特殊性能接触镜的思考
  - 按性能设计的彩色接触镜
  - 接触镜推荐
  - 硬质镜片推荐
  - 软质镜片推荐
  - 不同接触镜的视觉表现
  - 接触镜和水上运动
  - 角膜矫正术（角膜重塑）
  - 运动员接触镜的问题
- 屈光手术
  - 切开术
  - 激光消融术
  - 角膜环

眼科医生处在一个独特的位置，他向运动员介绍视觉矫正和眼科产品的用途及提供专业的参考意见。医生应考虑到运动项目的性质（接触性还是非接触性运动）和运动员是否会受天气及光学环境的影响。因此，医生必须考虑和分析环境因素：

- 存在的眼科危险因素；
- 对保护眼、面部和头部免受撞击的需求度；
- 对保护运动员免受太阳照射的需求度；
- 对能见度的保护问题；
- 有关阳光环境的问题（变化性和耀眼程度）；
- 人工光线的问题（颜色识别能力和刺眼问题）；
- 可能影响视觉产品效果的温度；
- 湿度，尤其是低湿环境对接触镜的影响；
- 纬度可能影响接触镜的氧气传送；
- 灰尘和其他异物；
- 汗液、大雾、眼科产品的沉淀物；
- 产品对多变环境的适应能力。

考虑这些环境因素可以辅助眼科医生在各选项中区分利弊。由于每个运动员都有各自的特点，这会影响眼科医生的推荐。而性别、年龄、参与度、运动的组合、产品使用历史都是选择产品时需要考虑的。有些运动员想用一种产品满足所有视觉表现的需求，还有些运动员为各种具体的用途寻找不同的产品。有效的患者咨询应该从相近的病史问诊开始，这样可以明确其特点和具体需求。许多患者喜欢收集大量信息后再选择眼科产品。因此，全面的病史问诊以及对患者的教育和建议会提高眼科医生在对方心中的价值。

1　屈光代偿

屈光误差在运动员和一般人群中发生率相似（大概20%），证明运动员并不会有更低的屈光误差和视觉问题。[1]接受视觉矫正的运动员需要接受评估，来明确这些矫正方法是否可以让这些运动员在应对具体的视觉要求时有最理想的表现。对于运动员特点的分析可以帮助其明确具体的视觉要求，严谨的折射分析可以用于确定运动中最佳的视觉代偿。举例来说，对于一名近视的棒球运动员来说，一个–0.25D的镜片可能会帮助其提高在黄昏时段的运动表现。这个运动处方是针对运动员的，对一般大众并没有针对性。其他运动，如台球，应该考虑到具体视距的问题，尤其是远视的运动员。眼科医生应给运动员患者一些关于眼镜、接触镜以及屈光手术的优缺点的建议。运动员应该能够接受大量信息后做出满足他的个人需求的最佳选择。如果选择了眼镜，医生应给予运动员关于镜片特点、镜框设计、着色特征、防护系数的建议。接触镜可以将存在于其他视觉矫正器中的问题最小化，尤其是不佳的光学环境、变形、缺乏安全性和镜框的舒适度。[2–4]屈光手术的潜在优势是手术后运动员不再需要眼科器具的辅助，但是需要考虑到手术的安全性和未达到最佳效果的情况。对于一些运动员来说，角膜矫正术是一种可选择的眼科手术方法。

对于大约80%不需要视觉矫正的运动员，其中一些运动员可能会受益于针对转向运动的调整折射运动处方。为了明确调整折射的运动处方可能带来的好处，眼科医生应考虑到运动员的裸眼视力、运动视觉需求以及为了达到清晰度运动员需做出的努力。例如，裸眼视力为20/25（6/7）的高尔夫球运动员佩戴–0.25DS矫正器时，他判断地势走形的能力提高，并且更容易找到球，这些都表明他可能更偏向于这个状态。近视的程度不重要，但缺少补救办法可能会对运动员的运动表现产生不良影响。同样，一个未调整的远视者戴上矫正器打网球时，可能会发现眼部紧张感消失了。

指导方针可以帮助从业者明确何时介入视觉代偿治疗[5]（表6–1）。任何近视–0.25D或者更多的患者应该被告知折射代偿可能带来的好处。散光对视觉分辨率的影响与近视相似，尤其是异常散光和斜散光。折射代偿应在散光–0.5D或者更多时介入，尽管正常散光在临床测量中不会有太多改善。少部分远视即使没有矫正也是可以被接受的，但远视+1.00D或更多可能需要运动员做更多努力来达到及维持一定的清晰度。少部分两眼屈光不等的患者，尤其是屈光不正程度较低的患者，不需要一直进行外部调整。两眼屈光不等0.5D或者更多会对深度觉造成不利影响，有些运动员对其非常敏感。另外，径向屈光不等对运动员的影响应看作不对称散光。对于眼科医生来说这很有用，它可以引发一场讨论，即关于调整折射处方的益处的讨论。由运动员最终决定是否要接受这个运动处方来尝试改变。

表6-1　运动员视觉折射代偿的指导方针

折射情况	考虑处方的时机
近视	−0.25D或更多
远视	+1.00D或更多
散光	0.50D或更多*
两眼屈光不等	0.50D或更多

*异常散光和斜散光比正常散光更有害，要考虑不对称散光的径向影响。

例如，在网球与高尔夫球运动中，近视也不影响运动员的运动表现，毕竟，近视的清晰度可以让选手在比赛中看清积分卡和认清自己的球就足够了。一个附加的近视镜片的运动处方可以对高尔夫球选手定位球和调整挥杆力学时产生影响。解决方法是在与视角相反的视向的镜片低处进行小部分改动。例如，补偿右利手高尔夫球运动员向右视物的部分（短时镜头）。[6] 在比赛得分及日常的近视处方中，接触镜可能是更好的选择（如半眼）。或者，渐进过渡区短，近用区窄的渐进性多焦镜也可减少外周形变的影响。飞行员和船员可能需要两部分设计，近部加镜片满足他们向上或向下看，读取指令的需求，顶部配置小部分镜片，在下方配置正常镜片是解决近视的典型方法。台球运动员在比赛中经常使用单眼、中短距离的眼镜，由于台球运动员打球时视物姿势不同，一定要十分谨慎处理光学中心的问题，从而减少引起的棱镜效应。潜水员可能需要多焦点接触镜或与面罩固定在一起或作为插入连接而不与面具连接，这样潜水员可以看到仪器和水下设备。在这些情况下，由于佩戴面罩而增加镜片与眼睛的距离，要对眼镜做出调整。在反应性运动中，远视运动员看近物时，在反应时间方面眼镜镜片比接触镜效果更好。[7]有几家公司生产在运动中使用的、设计标准更高的渐进多焦镜。

射击运动员的远视问题是最大的挑战。猎枪运动员不会因为位置不精准受到很大的影响，因为这个任务不需要将视线与目标很精确地连成一线。[8] 对于远视的运动员来说，看步枪的前准星（中间距离）和后准星（刚超过视线平面）的清晰度不如远视之前高，且双焦、三焦和多焦镜片也不能提供一个有效的解决方法。一些射击运动员对于轻微过度的距离矫正很满意，因为它虽让准星和目标都有一点模糊但都在可接受范围内。[9] 在这种情况下，也推荐使用望远镜瞄准，它保证了清晰度和准确性，又没有对看近距离位置提出要求。[8]瞄准镜也可用于箭术，但是，这些会聚透镜会增加放大率但不会在视觉上提高对目标的准确性，因为它同时存在折光模糊的问题。[10]如果射击运动员佩戴了眼镜，镜片材料就应该能保护运动员，并且眼镜要满足良视距从而减少后坐力的影响。[8,9]对于台球运动员，镜片的光学中心要根据运动员的打球姿势准确定位，并给予最佳折射处方来减少棱镜效应。

远视对手枪射手的影响尤其大，因为手枪较短，所以前、后准星必须非常精确地在一条直线上。再次强调，前准星与眼睛之间为中等距离，并且准星与目标之间的位置不同也使射击手在瞄准一个目标时，另一个目标更模糊。远视的手枪射手会受图像清晰度不够的影响，所以他们总是想找方法来保证看远处和近处时同样清晰。在远视的早期阶段，可以在黑色电工胶带上打一个小孔，然后贴在镜片上，让瞄准的眼睛和小孔呈一条直线，这样来提高看近处和远处的准确性。[8]随着手枪射手远视的加重，这个针孔已经不能满足瞄准的需求了，所以佩戴双焦镜片。双焦镜片上部的镜片可以保证看远距离目标的清晰度，下部的镜片可以保证看准星的清晰度。在摆出射击姿势时，看远处和看近处之间会伴随1mm的头部上下运动的动作调整，眼科医生应该精确地测量这个姿势（通过有孔的胶带来辅助，刺激这个姿势的发生），从而给出一个满足特殊目的的射击眼镜处方。[8]执行器或FT40部分的射击不会在视线由远变近的时候产生纵向画面的颤动。下滑式镜片的设计能保证看远处和近处物体的清晰度，[8,9]但是对瞄准的影响比较大。

2　无保护作用的运动眼镜

无护目镜矫正方法只建议用于非接触性运动。由于在运动中接触比较少（如排球），不存在类似被球伤到眼部的风险。大多数运动中，接触镜和合适的护目镜比佩戴式眼镜更常用。因为在很多运动中都可能受伤，但佩戴式眼镜无法保证佩戴者可以免受这些冲击的伤害。

ANSI（美国国家标准学会）已经制定了一套眼科镜片防冲击力的产业标准。佩戴式眼镜的标准在ANSI的Z80.1标准中详细说明，[11]工业安全眼镜的标准在ANSI的Z87.1标准中详细说明。[12]聚碳酸酯，高级氨基甲酸乙酯聚合物（PPG工厂、匹兹堡、宾夕法尼亚大学）或NXT（欧洲、帕尔马、意大利）镜片材料比传统镜片和CR-39镜片更能降低衰减特性造成的影响。[6,13-17]但是，时装镜框的构造不能承受许多运动项目中所产生的力。非处方太阳镜和时装眼镜的ANSI Z80.1标准，以及针对运动护目镜的标准，会在本章的后面进行讨论。

处方眼镜不是普遍推荐用于运动的，除了佩戴式眼镜缺少对眼睛的保护作用外，还要考虑到镜片造成的视觉偏差的影响以及镜框造成的视野受限。七种单色其中的四种，赛德尔像差和镜片的偏差会让光学图像从镜片非中心的部分穿过；径向像散或斜散光，镜片曲度，横向色差和变形造成的功率误差都可以缩小通过镜片的视野范围。[15,18]视野范围的减少会对运动员产生不利影响。例如，一个右利手的高尔夫球运动员在击球时是通过他的镜片的左边视野视物，因为这些像差，图像可能会在屈光上有很大改变。更强的屈光处方也会使运动员通过镜片光学中心看物体时受到棱镜效应的影响更大，并且棱镜效应的影响随着视角的增大而增加，且更接近于普伦提西定律。[15,19]因此，镜片设计和光学中心的测量是为运动员制作光学眼镜矫正器时最重要的因素。相比无覆盖镜头，有覆盖镜头可以降低或减少一些偏差和视野问题。但是，这些设计更常用于太阳镜而不是普通眼镜。

对于非接触性运动以及不需要高水平表现的业余运动员来说，眼镜镜片是很好的选择。很多参与高尔夫球、网球、跑步、自行车、钓鱼、剑术和射击运动的人在有眼镜矫正的情况下会有令人满意的表现。应该给这些运动员开一个耐强力冲击的镜片材料的处方，以及提供一些关于戴眼镜的损伤风险的建议。这些运动员也可能更喜欢用接触镜来帮助他们提高运动表现。例如，排除视野范围内四个方向的偏差和扩大视野范围。很多射手和弓箭手更喜欢眼镜镜片而不是接触镜，因为眼镜镜片可以稳定地保持清晰的视觉。因为在大多数需要瞄准的运动中，外周视觉不是一个至关重要的因素，增大视野并不会有明显好处。另外，接触镜在眼睛上的移动会让很多射手和弓箭手在长时间注视时（不眨眼）产生视觉波动。射手和弓箭手并不会特别受镜片与眼睛光学中心的偏差的影响，然而，使用更强的透镜处方时，其光学中心的位置可能需要与眼睛瞄准时的一致。运动员应该带着比赛器械，不要装弹药，去眼科医生的办公室进行测量。眼科医生也可以去运动员训练基地测量，从而激发运动员对运动视觉仪器的兴趣。

2.1 镜片疗法的选择

在镜片治疗方法中，有许多镜片可供选择。大多数运动员会被镜片表面的反射所干扰，镜片背面的反射也会让运动员分心。例如，高尔夫球运动员如果看到在他的后面有一棵树，上面的树叶在风中摇曳，这容易导致运动员击球失误。在镜片治疗的选择中，防反光涂层是很重要的，而且技术的提高也使多层防反光涂层在镜片疗法中的表现有所提高。[15]运动员应该知道，如果眼镜清理不得当或者在不用的时候没有放进保护盒里，防反光涂层是很容易被划出痕迹的，并且涂层也会让灰尘和污点更明显。如果开出聚碳酸酯镜片处方，镜片制作者通常会在其表面添加防磨损层，这是因为聚碳酸酯是一种软材料，容易受到刮擦。

镜片雾化和镜片沉淀是需要眼镜随时适应环境条件的佩戴者应该考虑的另外两个问题。当镜片温度比周围空气的露点低时，沉淀会出现在镜片上。[15]雨、雾和其他环境的潮湿因素也会使镜面出现水滴，并在很大程度上缩小运动员佩戴眼镜的视野。防雾涂层使镜片表面更能适应湿润环境，这样水分会在镜面上形成薄薄的一层而不是聚拢成几滴。[15] 这些涂层也能在潮湿环境中，使泥浆的水更快地离开镜片表面。但是，防雾涂层会影响防反光涂层的效果。

镜片的涂层降低了镜片的抗冲击性，因为涂层改变了镜片表面的张力。聚碳酸酯和Trivex镜片材料覆盖防反光涂层减少了尖锐物品的贯穿阻力，尤其是中心厚度减少的镜片。[17,20]

3 护目镜

在许多运动中，运动员有很大的眼部损伤风险。运动中的一些因素包括球类或者快速移动的物体，球拍、球棒或身体接触等对运动员眼部都有很大的潜在风险。[21]美国防盲协会根据美国消费者产品安全委员会报道的数据（表6–2）预估，在美国，每年有40,000例眼部损伤事件发生在运动中。[22]这个数量只是运动相关眼部损伤发生率的一小部分，因为这些损伤只包含了医院急诊部门的录入数据及其接诊范围内的病例。[23]更准确的数量是医院急诊部门报道的2.5倍，即在美国每年有大约100,000例运动相关眼部损伤。[22]许多在运动中发生的损伤都是可以通过合适的眼部保护来避免的。眼科医生应该教育患者警惕工作中可能遇到的损伤，并提供一些建议来帮助他们选择保护眼睛的器具，指导患者在运动或娱乐活动中选择正确的保护眼睛的眼科服务。

表6-2　运动和娱乐活动中眼部损伤报道以及预估值

运动项目	伤害率	伤害率估计
球类运动	N=20	
棒球	N=108	3,137
篮球	N=212	6,114
格斗类运动	N=12	
橄榄球	N=72	1,768
高尔夫球	N=212	
曲棍球	N=17	
持拍运动	N=60	
足球	N=53	1,822
水上/水中运动	N=54	2,076
合计	N=820	14,917

来源：美国消费品安全委员会，2004。

如以前讨论过的，佩戴式眼镜或职业性安全眼镜的防冲击力作用比较小，不能保护佩戴者免受运动中可能存在的伤害。聚碳酸酯、Trivex或NXT镜片材料在这方面有很大提高。[13-17]但是，时装眼镜的框架结构不能承受运动中受力。同理，运动员不能使用接触镜，质地较硬的接触镜会使运动员的角膜在受到钝挫伤时遭到更严重的损害。[24]许多制造商设计眼镜和眼科设备来保护运动员在运动中的安全，并且，为了确保参加特定运动项目的运动员的安全，产品的性能标准也不断提高。[25,26]

ASTM（美国材料测试学会）是非政府组织，制定了许多运动中眼部和头部保护作用表现标准（如F803），包括篮球、棒球、持拍运动、曲棍球和女子长曲棍球。F803的WK4175修订项目考虑到曲棍球和女子曲棍球项目中球和球杆冲击力的不同。眼部保护需要做球棒渗透测试，并且球的密度也应该考虑在标准内。在足球运动中的眼部保护项目（WK1237）最近被归为F803委员会管理。

ASTM表现标准是分别针对不同运动项目制定的，用运动中可能会遇到的力来确定合适的测试参数。通常，把护目镜放到标准的人头模型上，将球、冰球棒、手指或手肘按设定的速度从不同的方向打向眼镜。比如，为持拍运动设计的眼镜必须要能在壁球或者其他球类以90mph的速度从不同角度出现的时候，保护眼睛不受到伤害。更多关于方法的标准和评估可以登录ASTM网站了解。尽管一些运动项目的眼镜设计得并不完善，但也可以找到相关的ASTM标准，包括年轻棒球击球员和棒球跑垒员（F910）头盔上向前的保护措施，冰球（F513）、彩弹射击（F1776）和滑雪运动（F659）的眼镜及盾牌。所有护目镜也经过标准D1003的测试，这个标准包括特定光的穿透性、视角、透明材料的光散射特性的评估。

几个小组确定设备来保证各类运动达到ASTM标准。加拿大标准协会确认了一些符合加拿大的标准的持拍运动。防护眼镜认证委员会确认护目镜符合ASTM的F803标准。曲棍球设备认证委员会确认头盔和面罩可以在运动中使用。棒球和橄榄球的头盔，橄榄球和男子曲棍球面部保护措施，美国国家标准操作委员会也给予了认可。运动员应该用有这些认证机构标志的设备来保障安全（图6-1）。ASTM标准已经被证实在防止运动中眼部损伤有极大作用，并且没有关于佩戴合适护目镜的运动员眼部发生重大损伤的报道。

(A)

PECC ™

防护眼镜认证委员会通过的认证标志

(B)

HOCKEY EQUIPMENT HECC CERTIFICATION COUNCIL

曲棍球设备认证委员会

(C) Canadian Standards Association

(D) MANUFACTURER CERTIFIES MEETS NOCSAE® STANDARD

加拿大标准协会　　美国国家运动器材标准运营委员会

图6–1 一些认证机构的标志

为了帮助运动员选择运动时眼部保护措施，美国外科医疗学会和美国儿科学会发布了一项关于特定运动项目的眼部保护推荐的联合政策声明（表6–3）。[27]很多出版物也提供了一些运动中眼部保护的建议。[21,28–46]两种基本型号的护目镜的设计如下：像平常戴的眼镜的防护镜（图6–2）和镶嵌在头盔的防护盾牌上的保护（图6–3）。运动护目镜必须要正确、合适，才能给予运动员运动时充分的安全。如果一个年轻运动员的面部五官太小以至于无法佩戴任何可用的运动护目镜，应该将重心厚度为3mm的聚碳酸酯镜片放在符合ANSI Z87.1标准的儿童镜框中，这是设计师针对这个问题最好的解决方法，尽管它并不能完全承受很多运动中运动员可能受到的力。[21]

表6–3 一些运动眼部保护措施*

项目	最低的眼部保护	评价
棒球/垒球（年轻的击球手和跑垒员）	ASTM F910	固定于头盔的面部保护
棒球/垒球（外野手）	ASTM F803棒球部分	ASTM特定年龄区间
篮球	ASTM F803篮球部分	ASTM特定年龄区间

续表

项目	最低的眼部保护	评价
自行车	头盔和街头服/时尚眼镜	
拳击	运动中不允许使用	功能性单眼运动员视物不清
击剑	颈围的保护	
曲棍球（女子）	ASTM F803女子曲棍球部分守门员全面部面罩	保护女子曲棍球和长曲棍球传球过程
橄榄球	聚碳酸酯眼罩固定于头盔铁丝网面罩上	
全接触性武术	运动中不允许使用	功能性单眼运动员视物不清
冰球	头盔的面部保护ASTM F513标准 ASTM F1587守门员部分	HECC或CSA认证全面部面罩
长曲棍球（男子）	头盔上固定面具	
长曲棍球（女子）	ASTM F803女子长曲棍球部分	应该选择戴头盔
彩弹射击	ASTM F1776彩弹射击部分	
持拍运动（羽毛球、网球、板网球、壁球、短柄墙球）	ASTM F803这些运动的部分	
足球	ASTM F803这些运动的部分	
街头曲棍球	ASTM 513头盔的面罩部分	必须经过HECC或CSA认证过
田径	聚碳酸酯镜片和普通眼镜/时装眼镜+	
水球、游泳	聚碳酸酯镜片的泳镜	
摔跤	没有标准规范	可制作有护目镜的服装

*：美国儿科学会董事会和美国外科医疗学会理事会，于1995年2月发出联合政策声明。美国儿科学会董事会于2003年10月，美国外科医疗学会理事会于2003年11月修订和批准。

+：标枪和铁饼虽然损伤风险小，但有确定潜在损伤因素。但是，好的场地管理人员可以把这个本来就极低的损伤风险降为可以忽略不计。

图6-2　护目镜风格的运动眼睛保护器

（A）可活动部分为硬质材料；（B）可活动框架部分为绑带

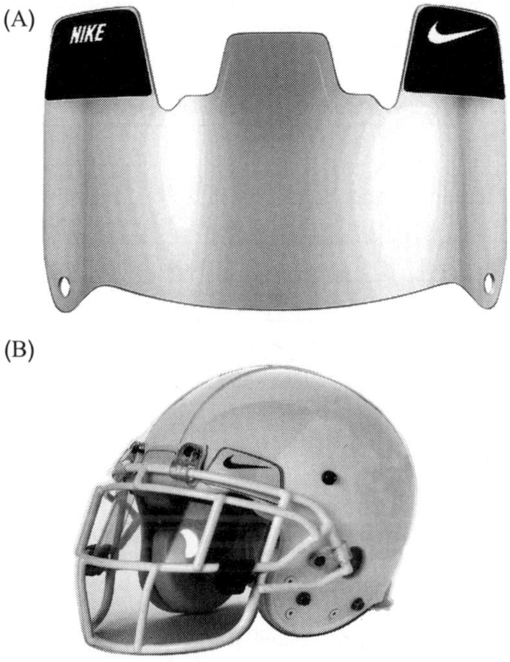

图6-3　Nike防护眼罩

眼部保护可以避免很多运动中的眼部损伤。这一章主要讲眼部保护被广泛应用的运动项目。

3.1 持拍运动

很大一部分与运动有关的眼部损伤是由于持拍运动导致的。[25,47–52]持拍运动包括羽毛球、壁球和网球；CSA和ASTM的F803标准是用来为持拍运动提供保护。击打球或羽毛球的力是很大的，并且它们可以以极快的速度运行（表6–4）。如以前提到的，为持拍类项目设计的眼镜必须要能在壁球运动时，保护眼睛或者球拍以90mph的速度从不同角度出现的时候，眼睛不受到伤害，包括侧面。眼镜铰链是潜在的薄弱环节，也要测试这个部分来保证受力的安全性。

表6–4 某些持拍运动中球或羽毛球的预估速度

运动	击球类型/记录	速度
羽毛球	扣杀球速	162mph*
短柄墙球	发球	~110mph
	接球	~70mph
壁球	最高纪录	151~170mph
乒乓球	扣杀最高纪录	~70mph
网球	男子发球最高纪录	153mph*
	女子发球最高纪录	127mph*

*: Folkand C: Guinness World Records 2006. New York, 2005, Bantam.

尽管很多持拍运动的球要比平均眼眶大，但是压力会让球沿着轨道继续行进。[25]第一款护目镜是为了手球比赛设计的，包括用没有镜片的、覆盖橡胶的金属丝镜框来保护眼眶（图6–4）。这种开放的眼部保护随后被用于壁球和网球。研究表明，球可以穿透缺少保护作用的镜片，给眼部造成严重损伤。[53–58]没有镜片的眼部保护器具是给球一个力使球在轨道内滚过，实际会增加眼部组织损伤的风险。[56,58]另外，没有镜片的眼部保护器具只能提供有限的保护，所以不建议使用。

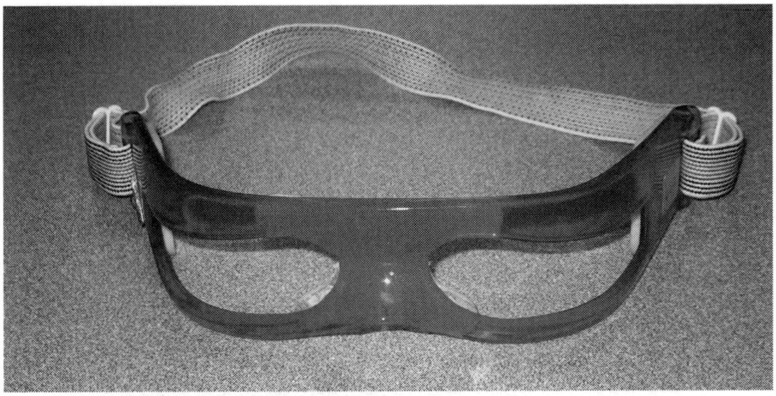

图6-4 先前用于持拍运动的无镜片眼部防护

许多人提倡将护目镜用于壁球运动和短柄墙球运动并促进关于日常眼镜的无效保护作用的教育普及。[52–69]玻璃镜片的眼镜或者CR-39镜片如果在冲撞中粉碎，可能会给运动员增加在持拍运动中眼部受到严重损伤的风险。[48,54,59,62,70,71]大部分手球、短柄墙球和壁球的组织允许在比赛期间使用合适的护目镜，并且许多运动俱乐部都要求在俱乐部比赛期间使用眼球保护器具。

3.2 冰球

在冰球运动中，眼部损伤最普遍是由球杆造成的，其次是由冰球或对手造成的。[25,47,72–79]除了美国曲棍球联盟外的所有等级比赛都可以使用面具，这也使眼部损伤的发生率明显降低。[80–84]没有关于佩戴全面部面罩后眼部受伤的报道，但是，有佩戴半面部面罩时发生重大外伤事件。[84]在一次事件后，美国曲棍球联盟不允许使用面部防护面具。每个赛季都会发生一些损伤事件反映这个决定对眼部造成的负面影响。ASTM（F513和F1587）和CSA（CAN3-Z262.2-M78）已经通过很多关于冰球的面部防护设计：守门员全面部面具和针对其他位置球员的全面部面具或半面部面具（图6-5）。因为要提高眼部安全性，所以全面部面罩也推荐。ASTM F803的标准被推荐用于冰球运动员的眼球保护。

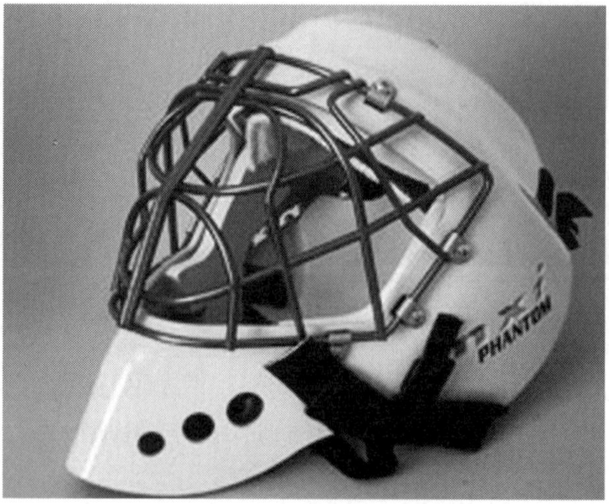

图6–5 冰球面部和眼部防护

3.3 长曲棍球

在长曲棍球运动中，球杆给眼部带来的损伤风险与冰球运动相似，而球是一个很重要的危险因素。男子长曲棍球允许对头部和面部进行保护，从而减少眼部损伤的风险。女子曲棍球直到最近才允许使用面部保护措施，并且眼部损伤的发生率和严重程度导致很多人倡议必须使用眼部保护措施。[25,85–90] ASTM F803标准推荐将保护措施应用于女子长曲棍球之中，并且钢丝的保护面罩比较受运动员喜爱（图6–6）。在ASTM测试中，女子长曲棍球以45mph的速度射向眼镜，来确定力的有效衰减。正如之前提到的，对反映球和球杆在运动中的撞击问题的F803标准的修订最近引起了讨论。

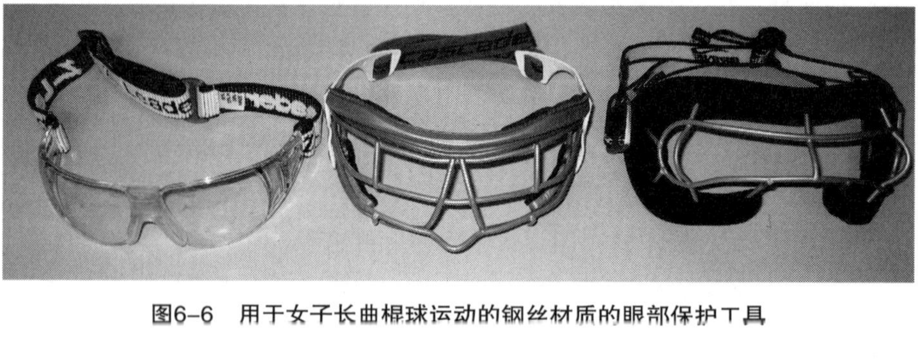

图6–6 用于女子长曲棍球运动的钢丝材质的眼部保护工具

3.4 棒球

在美国，棒球运动中眼部损伤发生率很高，据报道，棒球运动已经成为美国儿童眼部损伤的主要因素。[25,52,91–94] 损伤风险包括在投球、击球时被球棒或被棒球打到。观众也会被击出的球或者错误的投掷伤到。球的硬度与潜在头部损伤风险相关，但是并没有对眼部损伤造成很大的影响；球的硬度越大，头部或脑部损伤的概率越高。[95] ASTM F910标准的设计是为了给青少年棒球比赛中的棒球击球手和跑垒员提供保护。被批准的面部保护工具有很好的保护作用并且被运动员和其家长接受。[96] 报道称，很大一部分年轻棒球运动员有视觉障碍（40%）和不适症状（23%），12%的运动员在戴面部防护工具的时候打得更差了，但是81%的运动员认为带着面部防护工具打球是可以接受的。[96]

3.5 彩弹射击

当没有采取合适的防护措施时，彩弹枪的战争游戏存在极大的眼部损伤风险。[97–105] 彩弹射击时产生了足够的能量可以导致严重的眼部损伤，因此ASTM F1776标准建立了关于眼部防护措施的说明（图6–7）。没有关于佩戴符合ASTM F1776标准的眼镜后发生眼部损伤的报道，尽管眼部损伤可能发生于佩戴宽松、不贴合的眼镜时，[101]ASTM标准没有涉及其他射击运动；但是，ASTM F803标准普遍推荐使用“战斗护目镜”，[41] 并且推荐有侧面防护的聚碳酸酯镜片用来避免射击的冲击力。[106]

图6–7　彩弹射击运动的眼部和面部保护工具

3.6 高山滑雪

相比于越野赛跑和滑降项目，在高山滑雪项目中，眼部受伤的风险相对较低。树枝可能导致运动员受伤，滑雪杖的尖部也可能给运动员带来重大损伤。[107] ASTM F569标准是为防止滑雪杖撞击造成镜片破损而设计的。由于紫外线（UV）辐射强度在高处显著升高，并且雪会反射85%的紫外线辐射，所以当运动员没有戴合适的紫外线滤光器时，其患光性角膜炎的风险更高。[108]尽管接触镜是折射率补偿的最好方法，但是许多防护镜的设计可以满足运动员不带接触镜的要求。

3.7 游泳和水上运动

游泳和水上运动都不存在很大的眼部损伤风险。一项关于眼部患病率的研究表明，使用护目镜至少五年的游泳运动员和非游泳运动员之间没有明显差异。[109]但是泳镜的弹力环会导致泳镜弹回，从而给佩戴者造成严重的眼部损伤。[25]许多泳镜是可以买到的，而且很多按运动处方设计的泳镜也可以买到。[110,111]大部分游泳运动员和跳水运动员使用护目镜或者面罩，这样就不需要对已经习惯的运动处方进行调整，来代偿折射率的不同造成的影响。[41]一些护目镜设计了通风口，从而在一些高强度水上运动如划水、冲浪、帆板运动和耐力游泳等项目中，减少镜片雾化现象。[111]各种各样的内置了眼镜或矫正镜片的跳水面具都可以买到。但是，由于眼镜和镜片的距离增加，要对眼镜处方进行调整。水球项目存在手指损伤、手肘损伤等风险，也存在对没有采取保护措施的眼部造成钝伤的风险。水球运动员的泳镜应该用聚碳酸酯的镜片来避免镜片破裂，尤其是对守门员来说，他们面临因球导致面部损伤的风险更高。

3.8 足球

足球运动中，大部分运动员的眼部损伤是足球引起的。[50,52,112–117]虽然足球比眼眶大了很多，但是因球被踢出去后速度很快，碰到眼睛后可能导致眼眶变形并深入眼眶。[116,117]先前提到的，足球中的眼部保护项目（WK1237）是F803下面的一个组织参与的。大部分职业医生建议，在持拍运动中使用符合ASTM F803标准的有安全带的足球防护眼镜。

3.9　其他运动项目

尽管还没有针对其他运动及娱乐活动的标准，但是对眼部进行保护也是可取的。除了定制的防护镜外，在壁球项目中，符合ASTM标准的壁球的护目镜（F803）是运动员最好的保护方式。

3.10　护目镜的相关问题

一些普遍的问题导致运动员不愿意使用护目镜，如眼镜不舒服、佩戴眼镜的适应期、镜片雾化、视野差（尤其是视野缩小）、外观难看以及运动员对此不以为然的态度。不习惯戴眼镜的运动员更难适应眼镜。如果戴一段时间眼镜可以很快适应（如持续戴几小时眼镜），并且这应该在运动之外进行，来减少运动员在适应过程中的紧张心理。这种眼镜适应训练也应该帮助运动员适应可能由于镜框造成的外周视野的减小。

早期研究表明，配戴运动防护眼镜会限制周围的视野。[118–120]有12.5%的使用短柄墙球护目镜的人能察觉视野缩小[118]，并且视野缩小可能会影响视觉反应时间（尤其是扁平镜片眼镜）。[120]一项关于几种护目镜的研究发现，所有眼镜在一定程度上都会限制视野，但是限制不会影响运动员对外周环境的反应。[119]一些近期的研究并没有发现配戴运动保护眼镜会缩小视觉范围，[121,122]相反，一项关于曲棍球面罩和运动护目镜的对比研究发现了会限制视野，但是不会对视觉准确性、对比敏感度、色觉或黄斑阈值有影响。是否佩戴护目镜取决于外周视觉受限以及视力损失之间的平衡。

潮湿环境中的高强度运动，可能会出现眼镜雾化的问题。所有达标的护目镜的镜片都有一层防雾涂层，额外的防雾涂层是用于满足有另外需求的人。运动员应在不进行剧烈运动时摘下眼镜，从而避免升高的体温使镜片有一层薄雾。[59]

许多运动员会考虑护目镜的外观问题。护目镜并不是很吸引运动员，好在护目镜的外观已经改进得更时尚，所以在许多运动中都有很高的接受度。但仍有一些运动员有大男子主义，这会妨碍他们使用合适的眼部保护措施。

壁球是一项眼部损伤风险很高的运动，并且已经引起了很多研究者的关注，研究要明确与在运动中较低的护目镜使用率等相关的问题。许多运动员认为运动处方中普通眼镜就可以提供充分的保护，[65–67]并且无镜片眼部防护一直作为防护用具出售。[61]那些在壁球运动中不佩戴护目镜的人，他们对风险缺乏认识，认为护目镜不是必要的。[66,67,124]也有人错误认为相关经验和专业知识可以减少在壁球运动中眼部受伤的风险[124]；实际上，长时间打球和在高水平比赛中很快的速度会增加受伤风险。[62,125]一些壁球运动员担心视物不良或舒适度差[45]，研究表明，关于损伤风险和预防的教育有助于提高护目镜使用率（尤其是以前的眼部损伤增加了眼镜的使用）。[61,64,66–68,123,124,126–128]

3.11 功能性单眼运动员

一些运动员的一只眼睛有一定程度的功能丧失，即功能性单眼运动员。最佳矫正视力精确度比20/40（6/12）少，经常用来确定视觉功能的丢失，因为这个损伤水平开始影响学术、职业和驾驶车辆的表现。一项关于单眼摘除的儿童的研究发现，这名儿童在运动中可以很好地适应护目镜，并且避免了另一只眼睛的持续损伤。[35]在功能性单眼的运动员中，主要是较好的眼睛存在严重损伤的风险。弱视的存在会使儿童失明的风险增加150%以上（1.75/1000相比于0.11/1000），并且外伤（包括运动损伤）造成的失明占50%以上。[129]

单眼运动员应该使用能满足参加所有运动活动的相关标准的护目镜。[33]同样地，这些运动员应该在不用运动时佩戴精心制作的眼镜框架和内含聚碳酸酯镜片或Trivex镜片的眼镜。应该劝阻功能性单眼运动员参加有严重眼部损伤风险且无有效眼部保护措施的运动，例如拳击、摔跤和武术。[33,129]

有过眼部创伤或有过眼部手术的运动员眼部组织比较弱，他们应该了解运动中眼部损伤的风险。在运动中和娱乐活动中的眼部保护措施与功能性单眼运动员的眼部保护措施相似。[21]尤其是做过放射状角膜切开术的运动员更应该得到充分的指导，因为这个手术破坏了角膜的完整性。[25]

3.12 关于护目镜的临床法律问题

眼科医生需要给患者提供适当的眼部损伤风险的咨询建议和预防措施，并对所有处方或推荐的眼科材料负法律责任。法律会追究眼科医生的疏忽问题，镜片或框架的产品质量问题。[130–133]如果没有提供合适的咨询意见，平光护目镜和平光太阳镜可能是医生潜在责任的来源。也需要对佩戴接触镜的患者提供关于运动中和娱乐活动中的适当增加眼部保护的建议。[134]

好的患者咨询是以了解患者全面的病史开始的，以明确他的特定需求和个人风险预测。如果没有试图引出这些信息，那么对于患者运动的不了解，可能会让医生受到法律的惩罚。任何眼镜的推荐都要在全面了解患者怎样使用眼镜后才做出。

尤其困扰医生的是因工作失误造成的索赔。关于在运动和娱乐活动中眼镜的推荐问题通常是由于没有选择合适的镜片材料，没有给出镜片可能破裂的警告（尤其是不能抵抗冲击性的材料），或者在给患者眼镜之前没有检查和确认眼镜。[130,132]行业标准在确定法律责任时起到很重要的作用，并且希望医生理解和遵从这些标准。正如以前提到的，与玻璃或CR-39材料相比，聚碳酸酯和Trivex镜片材料提高了镜片抗冲击力，因此这些材料显然是推荐的选择。[13-17]对于镜片材料的选择应该在给患者的处方中明确说明，如果患者拒绝使用推荐的镜片材料，这个事实应该被明确记录在患者病历中，并警告患者另一种材料的抗冲击力会降低。在说明镜片抗冲击性时，不应该使用防碎的、打不破的这一类词语，因为即使是聚碳酸酯的材料在承受足够的力时也会碎。[130]如果医生提供配眼镜的服务，检查和配镜的辅助人员应该接受正确的行业标准的教育，提前检查镜片来确定其抗冲击性没有因为表面处理或边缘不齐而下降。[130]

眼科医生也有义务来询问患者的镜架在运动或者娱乐活动中是否合适。镜架应该符合任何现行的ASTM性能标准，并且医生和配镜人员一定要了解眼镜的正确用途和所有责任问题。例如，在持拍运动中推荐使用无镜片护目镜会使医生遭到投诉。[131,135]如果一个患者选择一个保护作用不佳的镜框，这个事实应该记录在患者的病历中，并且应该告知患者镜片和镜架的抗冲击性都会降低（因为镜架不能充分保护镜片，使它在受到力的时候将力传回镜架而不是眼睛）。

4　选择滤光器和高性能的太阳镜

参与户外运动和娱乐活动的运动员需要可以防太阳辐射的眼镜。在阳光充足的晴天，照射范围从1,000到10,000 foot-lamberts（1 foot-lamberts=3.426cd/m^2），视网膜吸收充足的光源，降低了对比敏锐度。[136]深色太阳镜在光感饱和后可以帮助视网膜恢复对比敏感度和暗环境的接受程度。[137]太阳镜普遍被大家接受的原因包括可以避免日照过强造成眼部损伤，减少眼部疲劳，且不需要因为日光刺眼总是眯着眼睛。选择合适的滤光器可以减少眩光和提高对比度，还会提高识别关键细节的能力和深度知觉能力。

紫外线辐射对眼部的影响与照射持续时间和辐射波长有关。[138]各种眼部问题与UV-B波段的长期照射有关，包括翼状胬肉、结膜黄斑、白内障和角膜病变。[139,141]防UV设备可以降低病人患白内障、光性角膜炎、角膜灼伤、前葡萄膜炎和视网膜病变的风险。[159,140]美国视力测定学会推荐使用可以防99%～100%的近紫外线辐射和远紫外线辐射的太阳镜。[142]

蓝光在欧洲太阳镜标准中定义为波长为380～500nm的光，对蓝光危害的研究表明，短波长可见光可能会造成有害的视网膜改变，尤其是视网膜病变。[143,144]可见光谱中对视网膜最有害的波长是在440nm左右。[141]

电磁波频谱中可见光的部分在380～760nm（图6-8）。人的眼睛可以看到整个色谱，因为组成彩色光谱的波长不一样。眼睛看人工深度（或加深的深度）是由于当单色光聚焦在视网膜上时产生了自然的色差。因为不同的波长，不同的颜色将会经过不同焦点眼介质产生折射。较短波长（蓝色光谱）和较长波长（红色光谱）的焦距大概相差2.3D。[145]这种色差会导致图像模糊。色差被认为是矫正较好的眼睛中最明显的畸变，[145,146]并且可以减少可见光的短波长（蓝光）部分的传输，通过减少色差来提高视网膜成像质量。[147]

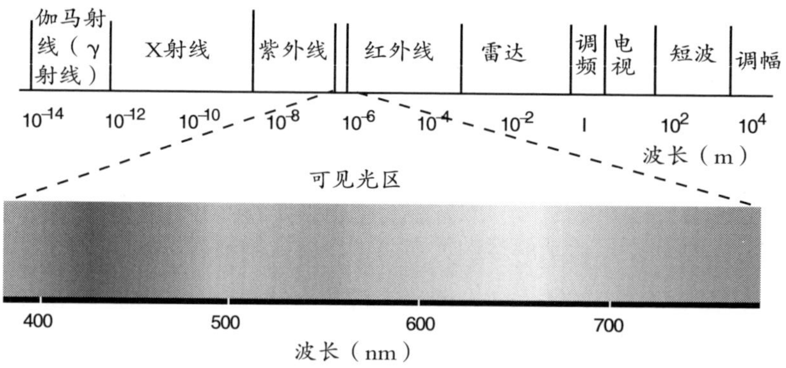

图6-8 电磁波谱

可见光会导致眩光，这可能会给运动员对看清影响成功的关键细节带来极大干扰。例如，来自太阳的直接眩光在天空中很明显，因为这会影响高吊球的可见度。当阳光照到一些表面，如水、雪、人行道和沙地上时，反射的光对运动员来说非常麻烦。这些表面反射的是水平偏振光，可以产生大量的眩光，尤其是水的描线还会不停地波动。垂直的偏振滤光器可以有效消除周围环境的水平偏振光。

对于那些必须在黄昏光线变化的时段比赛的人，明亮的阳光照射阻碍了初期对黑暗的适应。[138,148–150]最后一个阶段的暗适应被提高，而且每天的阳光照射时间延长会降低视觉的准确性和对比敏感度。[148,149,151]过多地暴露在可见光下可能导致红视症，据报道，当个体在太阳光下待了数小时后进入室内会产生“红色的视野”。[152]对太阳镜合理的使用可以减少明亮的阳光对暗适应过程的影响，并且帮助运动员顺利转换到人工光线的环境中。另外，太阳镜片的传输级别应该定期根据变化的阳光环境进行调整（如不同的云层）。运动员可能会从不同太阳镜产品或一种产品的可替换镜片或变色镜片中受益。双向飞碟射手对光线变化非常敏感，通常拥有包含几种过滤颜色和几种颜色密度的眼镜（图6–9）。

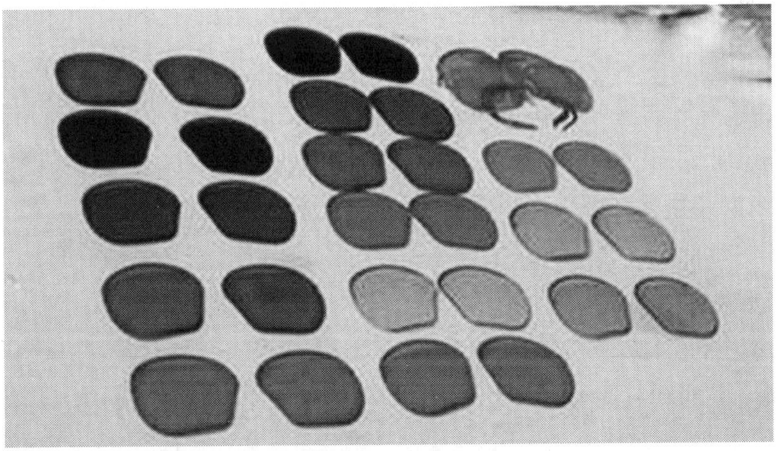

图6–9　射击运动员镜片的选择

太阳镜有很大的市场，运动型太阳眼镜的增长速度是令人惊叹的。为了更好地适应运动需求，镜框设计有了重大创新，并且针对运动的镜片着色的趋势也在上升。许多制造商在研究和设计方面投入重金来开发光传输的特性，据称这个特性有针对某些运动需求加强运动表现的功能。随着镜框和镜片技术继续推动个性化和特定运动表现的进步，这一领域有望持续创新。要区分对运动表现的提高是夸张的宣传还是有可靠的证据，这是很难的，色彩的表现也在很大程度上受个体差异的影响。每个滤光器的穿透特性也是随着使用的颜色、颜色的多少和使用的镜片材料的不同而变化。[137,144,153] 光谱传输曲线常常是生产商的专利，并且受到专利法的保护。在本书中普通的滤光器推荐是一个参考。

4.1 中性灰的色调

中性灰色可以大致均衡地吸收所有可见光谱的波长，因此色彩的本质就被保留下来。这些滤光器很受在运动中对颜色很敏感和不喜欢周围环境任何细微变化的运动员的喜爱。中性灰很受高尔夫球员、滑雪运动员和参与登山运动的人的喜爱。

4.2 黄色—褐色范围的色调

通过滤镜的处理过程，一些可见光中短波长颜色（蓝色）传送过程中的减弱，降低了在长的红光波长和中间部分的绿色的自然色差。自然色差的降低可以提高图像清晰度，并且黄光波长的选择性透射将可见的信息集中在可见光谱最敏感的部分。因此，黄色区域的色调可以过滤由短波长的光产生的眩光，同时传输峰值可见光信息，以减少色彩误差。关于黄色调的视觉准确性和对比敏感度的研究并不是一直很成功。[137] 黄色滤光器可以提高运动员的深度感觉、轮廓识别和反应时间。[154–166] 当然，许多研究是在远低于自然光线的强度（cd/m^2）下的人工光线环境进行的，这个因素可能会掩盖增强效果。

许多运动员喜欢黄色区域色调范围的对比度的提高，尤其是在光线较弱的环境下，像暮光（黎明和黄昏）、大雾天气、厚重的云层。早期研究发现，物体在大雾天气黄色光线下可见度更高。[167,168] 值得注意的是，室外低光环境的光仍然比室内人工光线强烈。常见反应是滤光器变亮和锐化细节，同时加强细微的对比特征，但是这个影响可能使对光线很敏感的运动员感到不舒服，因为滤光器导致色差的减少很可能会提高对比判断。黄色和棕色很受射击和雪上运动的运动员的欢迎，并且可以帮助运动员在大雾天气或光线不足环境中有更好的表现。[169]

登山运动员在全白色环境中使用黄色调来加强对环境因素的对比。[170]大雾天气和全白的环境会产生甘兹菲尔德效应，并且减少色差可以加强低对比度图像的能见度。黄色调用于在光线较暗的环境中驾驶、划船或飞行运动，但是滤光器会扭曲色彩感知并且会导致信号灯识别问题。黄色范围色调可能在一些目标物必须在蓝色或广阔天空的背景下定位和追踪的运动中有帮助，比如网球、棒球和足球。研究表明黄色调可以提高对低对比度轮廓的感知和对低对比度目标有更快的反应时间。[154,155]

4.3　绿色范围的色调

可见光谱的绿色部分的信息是用绿色调选择性传输。这让绿色的信息得到加强，并且其他颜色相对减弱。绿色调更常用于高尔夫球、网球和林地射击。对高尔夫球运动来说，绿色调可以帮助运动员看清草地轮廓，并且这个颜色可以帮助猎手加强棕色的动物和绿色草叶的对比度。在网球运动中使用绿色调来加强黄色网球和蓝色天空的对比，这个色调可以有效地将球在绿色的背景中（常见的场地表面的颜色和场地周围的防风墙颜色）显示出来。[171]

4.4　红色范围的色调

红色调的射击是为了选择性传送在可见光谱远端的红色信息。这些滤光器在双向射击中被广泛使用，因为橙红色运动飞靶可以加强与棕色土地、草地、树叶或蓝天的对比度。红色范围滤光器也可以吸收短波长光线，但因色差导致图像质量变差。这些色彩在图像清晰度是决定性因素的运动中广受欢迎，尤其是在阴天或有雾的环境中。滑雪者喜欢红色调或比较柔和的光线环境，并且报道称，红色护目镜有提高对比度判断和增加深度信息的作用。

4.5　蓝色范围的色调

蓝色调对大多数运动都没有实质性帮助。短波长可见光的选择性传输不能降低眩光或加强对比度。实际上，大多数运动员表示在室外使用蓝色调眼镜时对比敏感度降低。有些有特殊性能的太阳眼镜使用蓝色调镜片，但是这个外观是镜片表面的金属涂层或者彩色图层造成的。

4.6 紫色范围的色调

紫色是单色紫中的特别存在，因为它是红色和蓝色的组合。Nike的高尔夫球太阳镜有紫色的眼镜来加强Nike的高尔夫球上荧光剂的可见度（图6-10）。

图6-10 Nike 高尔夫球色调眼镜

4.7 偏振滤光器

以前提到，偏振滤光器在减少水平表面反射眩光的影响上起很好的作用，尤其是在水、雪、人行道和沙地环境中。偏振滤光器有灰色、棕色和变色镜片的选择。运动员可以根据自己的运动需求选择最合适的镜片。许多有特殊性能的运动太阳眼镜有偏振滤光器，这有利于钓鱼、水上运动、跳水和自行车活动。尽管偏振滤光器得到广泛认可，但它们会删除一些运动中的重要细节。在滑降时来自积雪表面的反射眩光量是相当多的，但关于表面轮廓的精确细节也可以被滤光器掩盖。但是一项研究显示，偏振滤光器相比非偏振滤光器来说，没有统计学上的显著优缺点。[172]

4.8 光致变色滤光器

光致变色镜片改变了传送特征，这是对光线或紫外线的改变做出的反应。[173]光致变色镜片刚开始用于玻璃镜片，这不适合用于很多运动。光致变色镜片现在可以用在CR-39和聚碳酸酯镜片材料中，这极大提高了与一些运动的适用性。大部分光致变色镜片有灰色或棕色以使强烈的阳光变暗，现在也能找到有偏振滤光器的光致变色镜片。光致变色镜片是非接触性运动业余运动员和想要能够随环境变化而改变的太阳镜的运动员的最佳选择。许多参加高尔夫球、网球、跑步、骑行和钓鱼活动的人在通过光致变色镜片矫正后的运动表现令人满意。对专业运动员来说，选择该眼镜的视觉表现并不如佩戴有特殊性能的太阳镜的表现好。

4.9 镜片涂层

高档太阳镜片通常有涂层来帮助实现更高的视觉表现。大多数制造商将高度真空技术应用于多层涂层中。这些真空沉积涂层设计用来减少反射，降低紫外线和红外线的传输，选择性传输部分可见光（尤其是减少短波长光的传输），减少镜片雾化现象，提高抗划伤性。[174]镜片涂层的确切性质，涂层的顺序和涂层的层数都会被申请为专利，由制造商持有。

金属涂层用来在镜片前制造一种镜面从而有效反射入射光。金属涂层的使用显著，降低了进入眼睛的光线量；这些涂层还对太阳照射强度很高的运动有较好影响，如雪上运动、水上运动、沙滩排球、跑步和骑行。

将ANSI Z80.3标准和平光护目镜的紫外线衰减标准（非处方）应用于太阳镜。[175,176]运动员应该咨询关于聚碳酸酯镜片的高级太阳镜与玻璃镜片或CR-39镜片的高级太阳镜，哪一个可以提供更合适的保护。太阳镜可以避免UV-A和UV-B辐射，尽管制造商对透光率做出了过高的评价。[177]镜片的透过率曲线可以帮助确定紫外线保护水平。任何聚碳酸酯镜片都会比没有涂层的玻璃镜片或CR-39镜片有更好的保护作用。

太阳镜设计引起的棱镜效应是可能被运动员注意到的另一个因素。导致棱镜效应的因素包括镜片前面和后面的曲线过于陡峭，镜片的倾斜度、镜片厚度和制造异常。优质运动眼镜在前方或侧方看的时候有大量棱镜。[178]眼镜设计导致的棱镜效应可能会影响运动员判断深度和位置的能力。例如，由于镜片的水平棱镜效应，图像会在旁边成像，但是如果棱镜效应向水平方向反方向成像，人所感知到的物体大小、距离都会发生改变。[179]图像的侧移、大小或距离的改变可能在运动中导致严重的错误，如高尔夫球的推杆。大多数眼科医生会担心太阳镜产生的光学失真现象。

根据脸型设计的太阳镜（覆盖式）比传统的设计能提高对眼部表面组织的覆盖率和提供更广阔的视野。提高的覆盖率可以防止光线从镜框周围直射皮肤从而增加防紫外线的功能，并且能保护眼睛不受风和灰尘的影响。通过覆盖式眼镜提供增大的视野常常会被这种设计的棱镜效应抵消。几家眼镜制造商已经使用创新的光学设计来减少棱镜的影响，尤其是在镜片的外围。结果是覆盖式镜片增大了“甜密点”视觉区域范围，减少了棱镜的扭曲效应。Nike和Oakley眼镜设计是在向前看的方向和30° 侧向方向上引起的棱镜效应最少。[178]值得注意的是，覆盖式处方眼镜可能需要处方权来对覆盖式眼镜的缺点进行代偿调整。[180]

当太阳镜用于运动时，太阳镜必须要非常合适。镜框需要紧贴脸部来避免镜片与眼睛的距离过大和镜架成为视觉范围的障碍物的问题。但是，太贴合的设计会减少风的流通，导致镜片雾化。许多运动镜框设计通过镜框和眼镜的镜梁来提高通风性，减少镜面雾化的现象（图6-11）。眼镜框也应该安全地保持在头部以使眼镜在运动中始终不会移动。许多制造商使用橡胶或硅树脂将镜框轻柔地固定于鼻梁和耳朵周围。镜框可以调整，从而保证眼镜与皮肤接触的部分的舒适性以及眼睛和镜片的光学中心在向前看的姿势下保持一条直线。一些运动镜框用可调节或可更换的眼镜袋和眼镜梁来给运动员提供最好的佩戴舒适度。女性运动员的特殊需求也被太阳镜行业满足，从而产生出更合适的运动专用的镜框。[181]眼镜设计显然需要在外观美学上让运动员喜爱，这样才会使用它们！

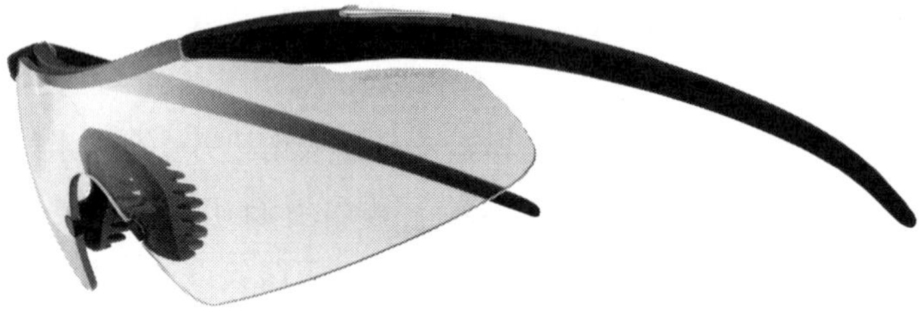

图6-11　用强调通风和眼镜鼻梁的设计来防止镜片雾化

5　接触镜

对运动员来说，在塑料镜片出现后，接触镜在折射代偿方面的价值更容易被认识到。[182-186]接触镜的出现为很多年轻运动员在比赛时提供了更好的屈光状态。高水平运动员对于这些为特定运动目的制造的接触镜的评价很高。[187,188]眼镜矫正的很多缺点也因为接触镜的使用而减少，尤其是在眼镜可能会限制运动员的接触性运动中。眼科医生的可用选择增加了，从定制的巩膜（触觉）透镜和聚甲基丙烯酸甲酯镜片的有限使用到现代具有刚性和透气性的有机玻璃镜片以及水凝胶（软性）镜片可供选择。当然，接触镜已经变成大多数运动中屈光代偿的首选。

5.1　关于有特殊性能接触镜的思考

视野像差、视野限制、视觉扭曲、光学畸变、镜框舒适度、镜框稳定性、表面反射、镜片雾化，以及镜片处方描述的问题都可以通过将光学中心移到眼角膜上而很大程度地避免。当运动员通过镜片的光学中心视物时，大多数镜片都会引起棱镜效应，然而使用接触镜则会减少棱镜效应的发生。普通镜片的框架会对视野造成一定妨碍，包括镜片反射和雾化导致视物能力下降，但是接触镜完全没有这种缺点。接触镜大约可以将外周视觉范围提高15%。[189]运动员也经常反映眼镜镜架的舒适度差的问题，镜架是否准确贴合也在很大程度上受镜腿的影响。接触镜是高强度动态运动的很好选择，因为不会出现镜框移位的问题，而且镜片也不会起雾。动态运动包括棒球、篮球、橄榄球、体操、曲棍球、持拍运动、滑雪运动、滑冰运动、足球、冲浪运动和排球。尽管接触镜的舒适度问题确实很难解决，但它没有眼镜框，避免了许多问题。这些优点的结合对大多数运动员来说，选择可以解决屈光不足的接触镜更有利。

接触镜矫正的主要目的是在多种运动环境下都能保持稳定的、高质量的视觉图像。较高的视觉准确性在运动表现里是一个重要因素，使用接触镜进行视觉准确性的测量是评定标准的一部分。斯内伦视力表可能对很多运动中的细微视觉辨别不是十分敏感，因为敏锐度任务只在高对比度条件下进行。推荐运动员进行对比敏感度功能测量，因为很多运动存在由于环境的多变，而要在不理想光线中进行视觉辨别的任务（见第四章）。即使视觉准确性是可以接受的，但对比敏感度也可能因为佩戴者的镜片不合适而降低。[190–193]因此，对比敏感度测量是在运动中对使用接触镜的运动员进行评估的必要部分。

球面屈光不正是接触镜最容易弥补的问题，然而散光是很难被纠正的。如果精确的视觉准确度不能通过球面镜片实现，应该考虑使用复曲面透镜或RGP镜片。角膜散光和透镜散光的结合会导致明显的散光，这个结合最终会影响对视觉代偿的镜片的选择。许多水凝胶和RGP材料可以为运动员提供最好的性能。

需要瞄准的体育项目是需要长时间注视来准确瞄准目标。如前所述，相比接触镜很多射手和弓箭手更喜欢眼镜，因为眼镜镜片可以实现视觉清晰度的稳定性。镜片脱水和表面不规则可能导致运动员眨眼次数过多或流泪。[2]接触镜在眼睛上的移动可能会在长时间凝视（不眨眼）的过程中有不需要的视觉波动，而长时间凝视又是射手和弓箭手需要的能力。佩戴接触镜进行活动会降低对比敏感度。[194]

在许多运动包括快速扫视运动中，运动员快速得到精确的视觉信息。眼球运动中，镜片的移动量与接触镜的视觉稳定性有关。一些在运动中更常用的接触镜，可以减少镜片移动对视觉表现的影响。需要准确测量透镜中心来保证最优的光学性能，除了在主要视线下的测量外，在特定运动的相关视线位置上评估镜片中心也很重要。因为许多运动需要运动员在非主要的注视方向上获取信息，接触镜在这个注视方向的视觉表现是评估的重要因素。例如，在骑行中，很多视觉信息在向上目视位置得到。因此，骑行运动员的接触镜性能应该在向上看的位置进行评估，并选择合适镜片材料进行额外保护来解决风和碎片带来的影响。

运动员参与运动的时间可能会直接影响接触镜的选择。对体育活动分析确定，大多数比赛在2小时内完成，[3]即使加上到运动场的时间，运动员也可以指定一个针对运动的镜片来避免使用不同特性的眼镜导致的潜在的生理结果。[2,111,195,196]特定运动接触镜仅仅在运动时佩戴，其余时间仍使用常用眼镜。一些耐力运动必须为了延长使用而选择一种镜片模式。

在高纬度登山项目，长距离航行或长距离赛车运动中，运动员在很长的时间内经历极端环境。接触镜应该在整个过程中提供很好的视觉表现同时保护眼部健康。比如，在高纬度登山运动中，镜片需要提供良好的氧气传输和视觉表现。在极度寒冷的气候下，镜片的摘除和佩戴是不现实的，并且护理液可能会冻住。攀登珠穆朗玛峰时佩戴接触镜已经试验成功，并且保证了其在低温、大雪环境下不发生镜片雾化或在寒冷环境中破碎的现象。[196-200]为了使在高纬度环境下氧气传送水平达到最高，一定要使用有更高含水量的凝胶镜片（如70%水分），高含水量镜片即使在高海拔山上的寒冷环境、干燥气候中，镜片脱水也会比平常更快。这些镜片的表现应该在耐力活动之前、一段时间浸水后进行评估。

接触镜佩戴者必须应对环境因素对镜片性能的影响。对运动员来说，湿度、碎片、风和紫外线照射问题可能需要在确定最佳接触镜时被标注出来。像以前提到的，低含水量的镜片在低湿度气候下表现更好。更大、更厚的镜片对避免后续脱水有良好的作用。低湿度气候包括沙漠环境、高山环境和人工室内环境。这些镜片推荐应用于有风或气流打在脸上的运动中。风会加速镜片干燥，所以运动员需要提前咨询包括眨眼行为的影响和眼镜或护目镜的好处。对于灰尘和碎片问题，软质地的镜片更合适，因为相对于硬质地镜片，软质地镜片不会将碎片卡在镜片下。额外的保护措施也应用于存在大量紫外线辐射的活动中。一些软质地镜片有吸收紫外线来减少对眼部组织危害的优点。可吸收紫外线的接触镜只能对镜片覆盖的眼部组织提供保护，因此，它们与高品质太阳镜结合可以发挥最大的保护作用。吸收紫外线的接触镜可能也会在一定程度上对患有翼状胬肉或已经做过翼状胬肉手术治疗的人提供保护。照射在角膜上的光是从眼前侧外周到鼻缘进行汇聚的，这也是翼状胬肉最常出现的位置。[201]

许多运动员有干眼症。许多因素会参与或加速病理生理情况恶化，这也涉及干眼症的发展。[202]对运动员来说，紫外线照射和脱水状态（如湿度低、大风天气、空气流通）的累积效应也对干眼症的发展有影响。另外，比赛的压力和过度眨眼行为导致的交感神经反应，会在未来引起干眼症的发生。佩戴接触镜的运动员相比那些不戴接触镜的运动员来说，更易出现干眼症的症状。一些药剂被用于治疗干眼症，[202]并且运动员应该积极接受治疗，这样才能不影响运动表现。几种接触镜材料和镜片护理产品可以减少佩戴接触镜对干眼症的影响，并且这些选择应该及时提供给出现干眼症状的患者。除药物治疗之外，运动员应该接受关于眼部卫生、正确的眨眼动作、滴眼液对接触镜的潜在好处以及合适的饮食和体液消耗的补充等相关教育。

5.2　按性能设计的彩色接触镜

染色是为了加强在某些运动中使用接触镜后的运动表现。通过将色彩从眼镜平面移到角膜平面，染色镜片与接触镜优势互补。前全垒打冠军马克·麦格威尔认为，戴琥珀色接触镜可以提高周边视觉、减少强光，同时可以提供一个清晰明快的视觉环境。[203]

医生开出的染色镜片处方在医务系统内可以买到，并且一些生产商开始研发特定运动的颜色。Suntact为了冲浪运动员制造了绿色的镜片。[204]该产品的制造商称这个产品也能用到其他运动中，比如棒球和高尔夫球，这个公司也已经宣布着色接触镜的生产线将重新恢复使用。[205] Prosoft的水鸭蓝色镜片是根据Bolle的太阳镜染色工艺制作的，可以为网球运动员提供更好的视觉表现。[206]但是，没有研究确认Suntact或Prosoft对运动有好的效果，并且有一项研究表明Prosoft着色可能使人看不到网球。[171]

运动视觉接触镜技术开始使用灰色涂层，有20%可见光透射，这个设计可以减少强光和亮光。[207]染色的持续发展过程是镜片从灰色变成黄色，最终变成琥珀色和灰绿色，Nike MAXSIGHT软性接触镜使用了这个颜色。[208]染色滤过了可见光中短波长的光，可以让500nm以上波长的光透过，加强了某些主观和客观的视觉信息来提高对比认知。[208]琥珀色镜片已经用于动态反应运动，它使球或其他移动的物体在环境中快速凸显出来。灰绿色镜片用来加强环境的相关细节。例如，高尔夫球场的草或皮艇运动、冲浪运动、帆板运动或冲浪风筝运动中水的表面。初步调查结果显示，Nike MAXSIGHT镜片比染色眼镜或染色接触镜在对比度辨别、视觉复原速度和主观的视觉表现方面更有优势。[209,210]

5.3 接触镜推荐

有很多接触镜材料和设计的选项可供医生选择。对于所有可以买到的镜片的审查超出本章范围。在一般的镜片推荐讨论中指导医生通常把注意力放在镜片的某些特点上。像先前提到的，选择最佳镜片的第一步是确定运动特定需求和运动员特定需求。

最重要的决定是确定用于运动的最佳镜片类别。决策取决于硬质接触镜和软质接触镜的性能对比，巩膜镜片或联合镜片设计的结合也可能考虑其中，并且硬质镜片在视觉准确性方面有优势，尤其是对于角膜性散光的运动员。但是，对于大多数运动员，软质镜片的优势远大于硬质镜片的优势。在接触运动和水上运动中，RGP镜片有相当大的移位风险，也更容易受到镜片下碎片的影响，在光线不足的环境下产生耀眼的症状，并且需要相当长的时间来适应镜片所带来的不适。这些可能对运动员来说是最消极的因素，尤其是对只需要在运动中使用镜片的运动员。

软质镜片是针对大多数硬质镜片缺点的解决方法，因为软质镜片拥有较好的视觉清晰度与较小的移位风险。巩膜镜片在接触镜发展早期就用于接触性运动。但是，镜片必须由为数不多的供应商中的某一个来订做，并且镜片佩戴不能超过几个小时。由于这些因素，现在很少提到这种镜片。硬质镜片和水凝胶镜片的结合镜片已经生产，它不仅保证RGP和镜片的清晰度，同时又具有软质镜片的舒适度。适合

SoftPerm镜片的运动员也可以使用这种镜片，尤其是那些角膜性散光严重或圆锥形角膜的运动员。一些医生发现“背负”姿势对运动员来说比SoftPerm镜片有更好的运动表现。背负式设计是一种安装于RGP镜片之下的软质镜片，软质镜片是氧气传送较好的镜片，比如矽水凝胶镜片。

直径更大的硬质镜片和软质镜片频繁被推荐给运动员使用，以补偿运动中遇到的一些环境挑战。[2,3,195,196,211,212]更大直径的镜片在RGP镜片中很有用，可以提高表面的贴合度，增大视区来减少眩光的症状，或减少眼球转动时的镜头滞后。[2,211]直径更大的软质镜片被推荐使用，可以使身体有极大的活动幅度时，提高稳定性和附着力，在极端视物姿势和接下来的眼球转动时，加强视觉表现，防止空气流动和低湿度导致的脱水。[3]大直径软质镜片也被推荐用于水上运动以减少镜片丢失的可能性。[212]

5.4　硬质镜片推荐

RGP镜片的基本符合度可以修改，从而在眼球转动和身体运动中更加稳定。通常，改动包括更大的直径（加大视区来适应瞳孔），弧度较大的镜片可以更紧密贴合眼睛，更大的外周弧度可以提高对眼睛的贴合度。镜片贴服设计，也叫Korb镜片，提供更好的镜片位置以及镜片上部的稳定。[2]应该选择在眨眼时仅有微小弯曲的镜片，在低湿度或空气流动较快的环境中保持较好湿度的材料。湿度不合适的镜片可能需要彻底清洗或换掉。外周曲线可以通过较大修改来避免由于镜片太紧而流泪过多或水肿。[2]正如先前提到的，镜片位置的评估应该根据运动中相应视物位置进行。

5.5　软质镜片推荐

水凝胶镜片最需要考虑的是材料组成、水分的含量、直径和镜片厚度。通常来说，含水量越高的水凝胶镜片脱水也会比低到中等含水量的镜片高。因此，中等含水量镜片或矽水凝胶镜片应该用来帮助有脱水问题的运动员保存镜片的水分。[195]高含水量镜片材料应该在需要佩戴较长时间镜片的情况下使用，这时氧气交换是一个重要因素。需要稳定性和保水性时，推荐选择更大直径的镜片。[213–215]

软质镜片贴合眼睛的最终目的是保持镜片位置的稳定和视觉表现的稳定。用于运动的镜片应该比传统合适的眼镜更好。镜片应该在眨眼后移动很小并在极端视物姿势下保持良好的中心位置。对运动员来说，镜片材料应容易操作，这样在较差环境下也可以轻松戴上或摘下。

为运动员设计的特殊镜片的替代品是日抛型镜片。一次性镜片的出现为很多想要接触镜的优势但又不想费心思打理它的运动员提供了一个绝佳选择。这些镜片对在周末运动的人或业余潜水员来说，不仅非常方便，而且可以提供矫正作用。这也是那些想在比赛前保持镜片干净，并且在比赛期间任何时候摘下戴上都不麻烦的优秀运动员的最佳选择。但是，需要注意的是，为避免运动员的过度使用，应该和运动员及时沟通说明重复使用或戴着它们过夜的潜在危险。

5.6 不同接触镜的视觉表现

一定要细致评估镜片的合适程度和运动员眼部健康情况。任何关于合适程度或眼部健康的问题的发生都应该积极采取措施进行处理。镜片视觉准确度的测评应该和动态视觉准确性评估一样。像以前提到的，对比敏感度测量对于接触镜是非常重要的，这样才能保证最佳性能。第一次拿到屈光处方的运动员，应该测量镜片对眼位的影响以确定是否存在对空间定位的不良影响。如果可以，应该强烈建议将新处方的适应阶段放在竞赛之前。

5.7 接触镜和水上运动

对水上运动项目的运动员来说，拥有良好的视野是很重要的。随着接触镜的发展，很多关于这种形式的视觉矫正研究也随之开展。早期文章探讨了没有面罩的触觉镜头和虹膜镜头的使用。[216–220]但是，大部分眼科医生更注重使用接触镜和面罩或护目镜的结合来进行视觉矫正。接触镜在减少镜片雾化和减少外周视觉限制方面比面罩或护目镜有更大优势。[221–224]水上运动中佩戴接触镜的主要问题是镜片丢失和感染。

镜片丢失是很多水上运动员的顾虑。硬质镜片的丢失风险比软质镜片大很多。很多研究显示，当水凝胶镜片暴露在低张力水中时，会附着在角膜上，比如淡水或泳池水。[221,225–232]镜片附着紧密度随着水的盐分降低而增加。理论上，镜片附着性是根据角膜前泪液膜与水环境的渗透压梯度和在低盐分水中水凝胶镜片的增加直径而设计出来的。镜片附着力和较大的直径是很多水上运动中软质镜片丢失率低的重要因素。[222,223,226,229,230,232–235]报道称，虽然海水的盐分很高，但是海上运动中软质镜片丢失率低。[222,235]大直径镜片的使用能有效减少这种环境下镜片的丢失。运动员应该在下水之前泼一些水在眼睛上，这样可以有助于软质眼镜附着于角膜上。应该在水中活动结束后至少30min后移除软质镜片，这样可以减少镜片对角膜上皮的附着性。[227]盐水也会进入眼睛来缩短恢复正常眼睛运动的时间并且避免角膜剥蚀。[224,227,229,230]硬质镜片通常不会在水中贴附角膜，[229]所以，镜片丢失的风险很大，除非有一个可以充分将镜片保持在相应位置上的盖子。运动员应该理解在水上运动中镜片丢失的风险，并且要提前咨询关于如何预防镜片丢失的问题。预防行为包括水花溅起时斜视和使用护目镜或面具。眼部有过多水分应该通过快速眨眼去掉，而不是揉眼睛。[224]

佩戴接触镜导致眼部感染或组织损伤的风险是另一个需要考虑的因素。尽管有良好的卫生设备，但是公共泳池还是会有很多细菌从而有感染的潜在风险。[236]潜在的角膜炎具有破坏性，棘阿米巴角膜炎是尤其需要注意的。因此，运动员应该在水上活动后马上摘掉接触镜，并且彻底清理或扔掉一次性镜片。[224,230]当角膜上皮的完整性受损后，感染的风险会提高。[237]硬质镜片很有可能破坏角膜上皮的完整性，戴呼吸器潜水可能会在镜片下形成气泡，这可能导致角膜水肿。[221,234,237]有机玻璃镜片和一些RGP镜片在减压过程中会限制二氧化氮和二氧化碳气体交换。对游泳运动员来说，水凝胶镜片能防止角膜厚度变化，斑点痕迹和不使用镜片的运动员的角膜浅层糜烂，[226,230]尽管护目镜的使用也可以防止这个问题。同水平运动员必须在不戴护目镜的情况下进行比赛，所以水凝胶镜适用于所有游泳运动员，以避免长时间在使用氯气消毒的泳池中可能导致的角膜损伤。

参加水上项目的运动员应该用大直径镜片，大直径镜片会减少镜片丢失的风险和提高视觉稳定性。[212,215,222,233]尽管并没有记载角膜或结膜反应的明显差异，[230]但是水凝胶镜片材料可能会对水中镜片的附着能力产生影响。[231]角膜完整性受损或镜片护理依从性差的人禁止佩戴镜片。

5.8　角膜矫正术（角膜重塑）

角膜矫正术是一项通过特殊设计的硬质镜片来暂时减轻近视和散光的手术。首次由耶森于1962年报道，[238]随着透气镜片的出现以及镜片设计的革新，角膜矫正的方法在20世纪80年代和90年代被彻底改革。最近，角膜矫正术用硬质镜片使中心角膜曲度变平以减轻近视并提高视觉准确度。[239–245] 倒置集合镜片设计有独特的后部镜片结构，这可以在短时间内减轻近视程度。角膜对角膜矫正术的反应趋向在36岁之后效果变差，年龄越大效果越差（36岁之后）。[246] 镜片在睡觉时不摘，在刚睡醒时摘下，研究表明，在仅仅一夜的颠倒的佩戴时间，角膜马上会变平并且出现了眼泪的化学环境变化。[247–250] 佩戴镜片过夜导致的角膜变化，这会在白天保持数个小时并且使不戴矫正镜片时视力清晰。反转几何镜片的治疗效果一般可以达到7 ~ 40天。[251–254]

最近，很多反转几何镜片设计已经作为用于过夜角膜矫正术的方法在出售。但是，每种设计的方法又有不同。计算机辅助角膜镜的使用是一个控制手术效果的有效方法，并且可以通过做出相应调整来达到更理想的结果。角膜矫正术对角膜的影响，其确切性质尚不清楚。有研究表明，中心角膜上皮变薄的同时，角膜中周会增厚。[246,252,254–258] 一些证据表明，角膜前表面也会因为佩戴反几何镜片而变平。[258] 对于保持角膜完整性来说，手术相对安全，并且如果停止佩戴眼镜，矫正效果是可逆的。[242,246,256,259,260] 一些关于手术对儿童的长期安全性的考虑仍然存在[261]。人们也担忧角膜矫正术的患者患细菌性角膜炎的概率，但其发生率是否高于一般接触镜佩戴者尚不清楚。[263,265] 这个问题更加体现了患者选择和接下来的护理工作对手术成功的重要性。[244,265]

角膜矫正术为近视在−0.75D ~ −4.00D的运动员提供针对传统屈光矫正的合理选择。[240] 这也对低于1.50D规则散光有潜在好处。[240 对于运动员来说，潜在缺点是手术后产生的高阶像差和球面像差。[266,267] 高阶像差的提高会导致低对比度，视觉准确性降低，并且这种降低会随着瞳孔的增大而加剧。[267] 但是，角膜矫正术对运动员来说一直是一个有吸引力的选择，尤其是年轻的没做屈光手术的近视运动员。

5.9 运动员接触镜的问题

对在运动中佩戴接触镜的运动员应该给予特别考虑。主要关注的是在运动过程中，尤其是在竞赛中镜片的替换问题。至少要有一副备用眼镜能马上提供给运动员，并且应该能获得简单的处理方案以解决镜片问题。团队人员（如教练和伤害防护员）应该意识到对运动员镜片的需求，并且供应人员应该对佩戴、移除镜片和解决问题都非常熟练。眼科医生可以为这种情况提供很好的咨询建议。

运动员应该全面咨询关于接触镜的护理问题，包括更换时间、清洗方案、常见问题和后续管理。应该尽一切努力来接受接触镜的依从性。运动员的家人和供应人员应该帮助运动员保持较好的依从性。大多数接触镜佩戴者在护理推荐中至少有一部分不是完全服从，运动员也没有例外。大多数依从性问题出现的原因是在触碰镜片之前没有洗手和没有在推荐的时间间隔换眼镜，不服从医嘱会增加眼部潜在危险。

运动员在运动中喜欢使用接触镜而不是使用眼镜。但是，眼科医生必须给那些参加眼部损伤高风险运动并需要护目镜的运动员提出建议。接触镜对眼部组织几乎没有保护作用，佩戴合适的护目镜对于避免眼部严重损伤是非常重要的。

6　屈光手术

屈光手术可以提供“完美”视觉且不需要使用眼镜或接触镜。一些受关注的运动员被报道通过屈光手术得到有效治疗并且表示其运动表现也因此加强。与角膜矫正术相似，屈光手术的适应症有适量的近视或散光。大量近视和散光可以通过现代手术进行矫正，并且轻度远视可能也会被有效管理。而且与角膜矫正术相似，屈光手术改变了角膜曲度来达到屈光正常或接近屈光正常的效果。与角膜矫正术不同的是，屈光手术失效的可能性比较小，接受手术的人一般是21岁以上，并且有持续屈光错误的成年人。所有运动员必须在进行任何屈光手术前被提醒以保证手术成功。

主要手术方式包括角膜表面的切口、角膜移植或激光消融术。有很多不同的程序存在，一些被广泛接受和认可，另外一些则很少被使用。在美国是可以做屈光手术的，包括激光放射状角膜切开术、散光角膜切开术、角膜缘松解切口、光性屈光性角膜切削术、激光原位角膜磨镶术、激光上皮下角膜磨镶术、角膜环、激光角膜热成形术、传导性角膜成形术、人工晶状体植入术、透明晶状体摘除术，以及巩膜扩张术。[268]

6.1　角膜切开术

激光状角膜切开术是角膜切开术中最常用来减少近视屈光错误的手术。方法包括在角膜中周作放射性切开来使中心视觉区域变平（经常是直径3.0～4.5mm）。对于散光角膜切开术来说，弧形切口应用于视网膜赤道部，并且激光状角膜切开术和散光角膜切开术可以结合治疗复合型近视。在激光技术改革之前，激光状角膜切开术和散光角膜切开术是屈光手术中非常受欢迎的方法。切开术的使用在光性屈光性角膜切削术和激光原位角膜磨镶术出现后大量减少。激光状角膜切开术和散光角膜切开术的主要视觉缺点是外周伤口的强光，以及白天波动的视觉。尤其对运动员来说，切口可能会在眼球钝挫伤时增加角膜严重损伤的风险。角膜在激光状角膜切开术和散光角膜切开术手术后会变薄，并且钝挫伤的力量可能导致角膜切开处的眼球破裂。[25,269,271] 与激光消融术相比，激光状角膜切开术的积极影响是中心角膜没被直接改变，所以保护了中心视觉区域。

6.2 激光消融术

激光原位角膜磨镶术是屈光错误范围在–8.00 ~ +3.00D最常见的屈光手术；光性屈光性角膜切削术和激光上皮下角膜磨镶术也被经常使用。[268] 许多外科医生用波前像差引导的激光原位角膜磨镶术手术常规来减少低阶像差或高阶像差。[272–274] 在激光原位角膜磨镶术手术中，微型角膜刀被用来在角膜组织上创造出扁平的平面。在受激准分子激光器消融暴露的角膜基质床上，创造特定的消融区。激光上皮下角膜磨镶术需要同样的手术流程，除了角膜扁平是通过激光达到的。光性屈光性角膜切削术是激光原位角膜磨镶术和激光上皮下角膜磨镶术的初期形式。光性屈光性角膜切削术通过消融激光移除非常薄的一层角膜前表面组织来改变中心角膜的曲度，导致一定程度上皮下组织沉积，引发有害症状。激光消融术影响中心角膜并且有角膜损伤或角膜瘢痕形成的风险。

激光屈光手术后的普遍症状包括眩光、光晕和其他夜视障碍。如果运动员瞳孔直径很大，那么这些症状可能在日光环境下出现。干眼症是激光原位角膜磨镶术术后最常见的并发症。[275–282] 干眼症产生的原因很可能与眼睛表面完整性和泪腺功能有关。在干眼症情况下,眼睛表面的损坏可能会继续影响眼泪的产生，干眼症和泪液减少循环往复。[282,283] 高阶像差和慢性干眼组织改变可能是大多数激光原位角膜磨镶术术后视觉症状的原因。运动员应该了解在激光原位角膜磨镶术手术后外周视觉范围敏感性可能降低。[284] 尽管有文章提及激光原位角膜磨镶术手术后运动表现有提高趋势，一项关于专业棒球运动员击球表现的分析并没有显示统计学上或实际表现上的明显不同。[285]

激光消融术不会像切开术那样损伤角膜的完整性。激光上皮下角膜磨镶术后，眼球钝挫伤导致眼球破裂的风险与正常眼睛相同。主要风险是角膜瓣对位不良，这个更可能在术后几天内发生。长期的曲线变平会造成的创伤尚不确定，但是，一些征象表明与运动相关眼部损伤可能导致瓣移位。[286,287]光性屈光性角膜切削术没有显示角膜完整性减弱和瓣移位的风险。

6.3　角膜环

在美国，经过研究得到如下结论：可以通过移植角膜基质环段以矫正轻微近视。[288，289]手术将有机玻璃环部分移植到角膜来改变角膜曲度。不像激光消融术，基质环段部分（ICRS）不会直接干扰中央角膜，并且不会让角膜扁平。这种是可逆的手术并且基质环段可以在不完全成功的情况下进行移植。[290]据了解，运动员在术后受外伤的影响相对较少，但是基质的治疗概况不能表示角膜脆性增大。[271]

所有考虑屈光手术的运动员应该接受潜在的视觉和眼睛影响，以及眼部创伤后提高的潜在风险，并增加相应的全面咨询。所有做过屈光手术的运动员都应该在运动中谨慎使用合适的护目镜。

眼科医生有各种资源来帮助运动员达到对其的运动追求来说的最佳视觉，但必须要根据运动员个人的特性、运动要求和运动环境来给出建议。眼科医生应该对需要视觉矫正的运动员提供眼部矫正、太阳镜和滤光器的选择建议，以及护目镜、接触镜和屈光手术的优势和劣势咨询。所有参加户外运动项目的运动员应该接受关于保护眼部组织的太阳镜的相关建议，并且如果运动员参加需要暴露在有很大眼部损伤风险的环境中时，应该鼓励其使用合适的保护眼镜。眼科医生有责任矫正和保护运动员视力并且提供可以加强其运动表现的选择。

参考文献

[1] Beckerman SA, Hitzeman S: The ocular and visual characteristics of an athletic population, *Optometry 72:*498, 2001.

[2] Spinell MR: Contact lenses for athletes, *Optom Clin 3:*57, 1993.

[3] Efron N: Sports vision correction with contact lenses. In Loran DFC, MacEwen CJ, editors: *Sports vision*, Oxford, 1995, Butterworth-Heinemann, pp 127-147.

[4] Zieman B, Reichow A, Coffey B: Optometric trends in sports vision: knowledge, utilization, and practitioner role expansion potential, *J Am Optom Assoc 64*:490, 1993.

[5] Obstfeld H, Pope R: Sports vision correction with spectacles. In Loran DFC, MacEwen CJ, editors: *Sports vision*, Oxford, 1995, Butterworth-Heinemann.

[6] Brown B, Collins MJ, Bowman KJ: Reaction times in a complex task by presbyopic observers with spectacle and contact lens corrections, *Clin Exp Optom 71:*94, 1988.

[7] Runninger J: Rx for sports, *Optom Management 15*:55, 1979.

[8] Breedlove HW: Prescribing for marksmen and hunters, *Optom Clin* 3:77, 1993.

[9] Gregg JR: Prescribing for the sports nut, *Optom Management 10:*19, 1974.

[10] Long WF, Haywood KM: The optical characteristics of aiming scopes in archery, *J Am Optom Assoc 61:*777, 1990.

[11] American National Standards Institute: *Ophthalmics: prescription ophthalmic lenses—recommendations*, New York, 2005, American National Standards Institute.

[12] American National Standards Institute: *Occupational and educational personal eye and face protection devices*, New York, 2003, American National Standards Institute.

[13] Davis JK: Perspectives on impact resistance and polycarbonate lenses. In Vinger P, editor: *Prevention of ocular sports injuries*, Boston, 1981, Little, Brown, pp 215-218.

[14] Stern NS: The effects of racquetball impact on spectacles and lenses, *Optom Monthly 73:*343, 1982.

[15] Stephens GL, Davis JK: Spectacle lenses. In Duane TD, Jaeger EA, editors: *Clinical ophthalmology*, Philadelphia, 1994, Harper & Row.

[16] Vinger PF: Eye safety testing and standards, *Ophthalmol Clin N Am 12:*345, 1999.

[17] Chou BR, Hovis JK: Effect of multiple antireflective coatings on impact resistance of Hoya Phoenix spectacle lenses, *Clin Exp Optom 89:*86, 2006.

[18] Fry GA: *Geometrical optics*, Philadelphia, 1969, Chilton, p 177.

[19] Fannin TE, Grosvenor T: *Clinical optics,* Boston, 1987, Butterworth-Heinemann.

[20] Chou BR,Gupta A,Hovis JK: The effect of multiple antireflective coatings and center thickness on resistance of polycarbonate spectacle lenses to penetration by pointed missiles, *Optom Vis Sci 82:*964, 2005.

[21] Vinger PF: A practical guide for sports eye protection, *Physician Sportsmed 28:*49, 2000.

[22] Prevent Blindness America: *Sports eye safety*, www.preventblindness.org/safety/sportspage1.html. Accessed June 2, 2005.

[23] US Consumer Product Safety Commission: *National Electronic Injury Surveillance System (NEISS) online*, www.cpsc.gov/library/neiss.html Accessed June 15, 2006.

[24] Easterbrook M: Eye protectors for sport. In Loran DFC, MacEwen CJ, editors: *Sports vision*, Oxford, 1995, Butterworth-Heinemann.

[25] Vinger PF: The eye and sports medicine. In Duane TD, Jaeger EA, editors: *Clinical ophthalmology*, Philadelphia, 1994, Harper & Row.

[26] Vinger PF, Parver L, Alfaro DV 3d, et al: Shatter resistance of spectacle lenses, *JAMA 277:*142, 1997.

[27] Protective eyewear for young athletes. A joint statement of the American Academy of Pediatrics and the American Academy of Ophthalmology, *Ophthalmology 103:*1325, 1996.

[28] Protective eyewear for young athletes, *Ophthalmology 111:*600, 2004.

[29] Gregg JR: Sighting in on sports, *Optom Management 15:*86, 1979.

[30] Kleinstein RN: Preventing eye injuries in athletes, *Optom Monthly 70:*168, 1979.

[31] Vinger PF: Sports-related eye injury: a preventable problem, *Survey Ophthalmol 25:*47, 1980.

[32] Vinger PF, Easterbrook M,Hirschfelder D: Sports eye injuries: a model for prevention, *JAMA250:*3322, 1983.

[33] Vinger PF: The one-eyed athlete [editorial], *Phys Sportsmed 15:*48, 1987.

[34] Knuttgen HG: Eye injuries and eye protection in sports: a position statement from the International Federation of Sports Medicine, *Int J Sports Med 9:*474, 1988.

[35] Drack A, Kutschke PJ, Stair S, et al: Compliance with safety glasses wear in monocular children, *J Pediatr Ophthalmol Strabismus 30:*249, 1993.

[36] Kirman S, Kirman G, Kirman B, et al: Make your dispensary special, *Optom Management 28*:37, 1993.

[37] Vinger PF: Prescribing for contact sports, *Optom Clin 3:*129, 1993.

[38] Jeffers JB: Concepts of eye protection, *Ophthalmol Clin N Am 12:*407, 1999.

[39] Monica ML: Sports and eye safety: patient awareness prevents injuries and builds the practice, *Refract Eyecare Ophthalmol 3:* 1999.

[40] Vinger PF: Injury prevention: where do we go from here? *J Am Optom Assoc 70:*87, 1999.

[41] Woods TA: Protective eyewear, *Ophthalmol Clin N Am 12:*381, 1999.

[42] Vinger PF,Woods TA: Prescription safety eyewear: impact studies of lens and frame failure, *Optometry 71:*91, 2000.

[43] Halstead DP: Performance testing updates in head, face and eye protection, *J Athl Train 36:*322, 2001.

[44] Rodriguez JO, Lavina AM, Agarwal A: Prevention and treatment of common eye injuries in sports, *Am Fam Physician 67:*1481, 2003.

[45] Protective eyewear for young athletes, *Ophthalmology 111:*600, 2004.

[46] Sinclair SA, Smith GA, Xiang H: Eyeglasses-related injuries treated in US emergency departments in 2002-2003, *Ophthalmic Epidemiol 13:*23, 2006.

[47] Diamond GR, Quinn GE, Pashby TJ, et al: Ophthalmologic injuries, *Prim Care 11:*161, 1984.

[48] Easterbrook M: Ocular injuries in racquet sports, *Int Ophthalmol Clin 28:*232, 1988.

[49] Jones NP: One year of severe eye injuries in sport, *Eye 2:*484, 1988.

[50] Jones NP: Eye injury in sport, *Sports Med 7:*163, 1989.

[51] Jones NP: Eye injuries in sport. In Loran DFC, MacEwen CJ, editors: *Sports vision*, Oxford, 1995, Butterworth-Heinemann.

[52] Orlando RG, Doty JH: Ocular sports trauma: a private practice study, *J Am Optom Assoc 67:*77, 1996.

[53] Bishop PJ, Kozey J, Caldwell GC: Performance of eye protectors for squash and racquetball, *Physician Sportsmed 10:*63, 1982.

[54] Easterbrook M: Eye injuries in squash and racquetball: an update, *Physician Sportsmed 10:*47, 1982.

[55] Pashby TJ, Bishop PJ, Easterbrook M: Eye injuries in Canadian racquet sports, *Can Fam Physician 28:*967, 1982.

[56] Feigelman MJ, Sugar J, Jednock N, et al: Assessment of ocular protection for racquetball, *JAMA 250:*3305, 1983.

[57] Clemett RS, McKenzie KD, Glogau TH, et al: Eye protectors for squash players, *Aust N Z J Ophthalmol 15:*151, 1987.

[58] Easterbrook M. Eye protection in racket sports: an update, *Physician Sportsmed 15:*180, 1987.

[59] Easterbrook M: Prevention of eye injuries in racquet sports, *Ophthalmol Clin N Am 12:*367, 1999.

[60] US Squash: *Protective eyewear policy*, www.us-squash.org/ussra/protectiveeyewear.html. Accessed May 1, 2007.

[61] David DB, Shah P,Whittaker C, et al: Ocular protection in squash clubs: time for a change? *Eye 9:*575, 1995.

[62] Easterbrook M: Eye injuries in squash: a preventable disease, *Can Med Assoc J 118:*298, 1978.

[63] Easterbrook M: Eye protection in racquet sports, *Clin Sports Med 7:*253, 1988.

[64] Eime R,McCarty C, Finch CF, et al: Unprotected eyes in squash: not seeing the risk of injury, *J Sci Med Sport 8:*92, 2005.

[65] Eime R, Finch C, Owen N, et al: Do squash players accurately report use of appropriate protective eyewear? *J Sci Med Sports 8:*352, 2005.

[66] Eime RM, Finch CF, Sherman CA, et al: Are squash players protecting their eyes? *Inj Prev 8:*239, 2002.

[67] Finch C, Vear P:What do adult squash players think about protective eyewear? *Br J Sports Med 32:*155, 1998.

[68] Genovese MT, Lenzo NP, Lim RK, et al: Eye injuries among pennant squash players and their attitudes towards protective eyewear, *Med J Aust 153:*655, 1990.

[69] Leyland B: Eye protection for squash players, *Aust J Optom 55:*225, 1972.

[70] Ingram DV, Lewkonia I: Ocular hazards of playing squash rackets, *Br J Ophthalmol 57:*434, 1973.

[71] North IM: Ocular hazards of squash, *Med J Aust 1:*165, 1973.

[72] Stuart MJ, Smith AM,Malo-Ortiguera SA, et al: A comparison of facial protection and the incidence of head, neck, and facial injuries in junior A hockey players: a function of individual playing time, *Am J Sports Med 30:*39, 2002.

[73] Pashby TJ, Pashby RC, Chisholm LD, et al: Eye injuries on Canadian hockey, *Can Med Assoc J 113:*663, 1975.

[74] Vinger PF: Ocular injuries in hockey, *Arch Ophthalmol 94:*74, 1976.

[75] Pashby TJ: Eye injuries in Canadian hockey. Phase *II*, *Can Med Assoc J 117:*677, 1977.

[76] Pashby TJ: Eye injuries in Canadian amateur hockey, *Am J Sports Med 7:*254, 1979.

[77] Pashby TJ: Eye injuries in Canadian hockey. Phase *III*, *Can Med Assoc J 121:*643, 1979.

[78] Pashby TJ: Ocular injuries in hockey, *Int Ophthalmol Clin 28:*228, 1988.

[79] Benson B, Meeuwisse W: Ice hockey injuries. In Maffulli N, Caine DJ, editors: Epidemiology of pediatric sports injuries: team sports, *Med Sport Sci*, *49:*86, 2005.

[80] Antaki S, Labelle P, Dunas J: Retinal detachment following ice hockey injury, *Can Med Assoc J 117:*245, 1977.

[81] Horns RC: Blinding hockey injuries, *Minn Med 60:*255, 1977.

[82] Pashby TJ: Summary of eye injuries in Canadian sports, *Can J Ophthalmol 25:*284, 1990.

[83] Pashby RC, Pashby TJ: Ocular injuries. In Torg JS,Welsh P, Shephard R, editors: *Current therapy in sports medicine*, St Louis, 1990,Mosby–Year Book, p 241.

[84] Devenyi RG, Pashby RC, Pashby J: The hockey eye safety program, *Ophthalmol Clin N Am 12:*359, 1999.

[85] Lapidus CS, Nelson LB, Jeffers JB, et al: Eye injuries in lacrosse: women need their vision less than men? *J Trauma 32:*555, 1992.

[86] Livingston LA, Forbes SL: Eye injuries in women's lacrosse: strict rule enforcement and mandatory eyewear required, *J Trauma 40:*144, 1996.

[87] Webster DA, Bayliss GV, Spadaro JA: Head and face injuries in scholastic women's lacrosse with and without eyewear, *Med Sci Sports Exerc 31:*938, 1999.

[88] O'Grady C: Safety in the women's game, *Lacrosse Magazine 26*:73, 2002.

[89] Waicus KM, Smith BW: Eye injuries in women's lacrosse players, *Clin J Sport Med 12:*24, 2002.

[90] Mantz SO, Nibbelink G: Injuries in intercollegiate women's lacrosse, *Am J Sports Med 32:*608, 2004.

[91] Vinger PF: The incidence of eye injuries in sports. In Vinger PF, editor: *Ocular sports injuries*, Boston, 1981, Little, Brown, pp 21-46.

[92] Strahlman E, Elman M, Daub E, et al: Causes of pediatric eye injuries: a population-based study, *Arch Ophthalmol 108:*603, 1990.

[93] Napier SM, Baker, RS, Sanford DG, et al: Eye injuries in athletics and recreation, *Surv Ophthalmol 41:*229, 1996.

[94] Witherspoon CD, Kuhn F,Morris R, et al: Epidemiology of general and sports eye injuries, *Ophthalmol Clin N Am 12:*333, 1999.

[95] Vinger PF: Baseball hardness as a risk factor for eye injuries, *Arch Ophthalmol 117:*354, 1999.

[96] Danis RP, Hu K, Bell M: Acceptability of baseball face guards and reduction of oculofacial injury in receptive youth league players, *Inj Prev 6:*232, 2000.

[97] Easterbrook M, Pashby TJ: Eye injuries associated with war games, *Can Med Assoc J 133:*415, 1985.

[98] Randall KA:War games: a new sport that can cause eye casualties, *Sightsaving 54:*2, 1985.

[99] Ryan EH, Lissner G: Eye injuries during "war games," *Arch Ophthalmol 104:*1435, 1986.

[100] Tardif D, Little J,Mercier M, et al: Ocular trauma in war games, *Physician Sportsmed 14:*90, 1986.

[101] Martin PL, Magolian JJ: Eye injury during "war games" despite the use of goggles, *Arch Ophthalmol 105:*321, 1987.

[102] Easterbrook M, Pashby TJ: Ocular injuries and war games, *Int Ophthalmol Clin 28:*222, 1988.

[103] Wellington DP, Johnstone MA, Hopkins RJ: Bull's-eye corneal lesion resulting from war game injury, *Arch Ophthalmol 107:*1727, 1989.

[104] Hargrave S, Weakley D, Wilson C: Complications of ocular paintball injuries in children, *J Pediatr Ophthalmol Strabismus 37:*338, 2000.

[105] Fineman MS: Ocular paintball injuries, *Curr Opin Ophthalmol 12:*186, 2001.

[106] Varr WF, Cook RA: Shotgun eye injuries: ocular risk and eye protection efficacy, *Ophthalmology 99:*867, 1992.

[107] Eichler J: Eye accidents due to ski pole injuries [in German], *Dtsch Gesundheitsw 375:*375, 1972.

[108] Classe JG: Prescribing for noncontact sports, *Optom Clin 3:*111, 1993.

[109] Dyer B, Masci D, Sakkas D, et al: Ocular protection for competitive swimmers, *Clin Exp Optom 3:*74, 1989.

[110] Morgan E: In the swim, *Eyecare Bus 14*:82, 2000.

[111] Legerton JA: Prescribing for water sports, *Optom Clin 3:*91, 1993.

[112] Larrison WI, Hersh PS, Kunzweiler T, et al: Sports-related ocular trauma, *Ophthalmology 97:*1265, 1990.

[113] Burke MJ, Sanitato JJ, Vinger PF, et al: Soccerball-induced eye injuries, *JAMA 249:*2682, 1983.

[114] Horn EP, McDonald HR, Johnson RN, et al: Soccer ball-related retinal injuries: a report of 13 cases, *Retina 20:*604, 2000.

[115] Capao-Filipe JA, Fernandes VL, Barros H, et al: Soccer-related ocular injuries, *Arch Ophthalmol 121:*687, 2003.

[116] Capao-Filipe JA: Soccer (football) ocular injuries: an important eye health problem, *Br J Ophthalmol 88:*159, 2004.

[117] Vinger PF, Capao-Filipe JA: The mechanism and prevention of soccer eye injuries, *Br J Ophthalmol 88:*167, 2004.

[118] Yee CT, Drescher RJ: The effect of racquetball goggles on peripheral vision and distortion, *Optom Monthly 75:*220, 1984.

[119] Gallaway M, Aimino J, Scheiman M: The effect of sports eyewear on peripheral visual field and a peripheral visual performance task, *J Am Optom Assoc 57:*304, 1986.

[120] Dawson ML Zabik RM: Effect of protective eyewear on reaction time in the horizontal field of vision, *Percept Mot Skills 67:*115, 1988.

[121] Wingert TA, Long WF,Martin WG:Hockey faceguards and visual field scotomas, *Can J Optom 54:*143, 1992.

[122] Miller BA,Miller SJ: Visual fields with protective eyewear, *J Orthop Sports Phys Ther 18:*470, 1993.

[123] Ing E, Ing T, Ing S: The effect of a hockey visor and sports goggles on visual function, *Can J Ophthalmol 37:*161, 2002.

[124] Eime RM, Finch CF: Have the attitudes of Australian squash players towards protective eyewear changed over the past decade? *Br J Sports Med 36:*442, 2002.

[125] Eime R, Finch C, Owen N, et al: Knowledge, beliefs and attitudes of squash venue operators relating to use of protective eyewear, *Inj Control Saf Promot 11:*47, 2004.

[126] Loran D: Eye injuries in squash, *Optician 204*:18, 1992.

[127] Eime R, Owen N, Finch C: Protective eyewear promotion: applying principles of behaviour change in the design of a squash injury prevention programme, *Sports Med 34:*629, 2004.

[128] Eime R, Finch C,Wolfe R, et al: The effectiveness of a squash eyewear promotion strategy, *Br J Sports Med 39:*681, 2005.

[129] Tommila V, Tarkkanan A: Incidence of loss of vision in the healthy eye in amblyopia, *Br J Ophthalmol 65:*575, 1981. a. Keates RH: Preventing eye injuries in sports: some questions and answers, *Phys Sportsmed 16:*122, 1988.

[130] Classe JG, Scholles J: Liability for ophthalmic materials, *J Am Optom Assoc 57:*470, 1986.

[131] Classe JG: Legal aspects of prescribing for athletes and sportsmen, *J Am Optom Assoc 58:*674, 1987.

[132] Classe JG: Legal aspects of sports vision, *Optom Clin 3:*27, 1993.

[133] Classe JG: Sports related ocular trauma: a preventable epidemic, *J Am Optom Assoc 67:*66, 1996.

[134] Miller PJ: Sports vision—are you legally prepared? *Contact Lens Forum 15:*11, 1990.

[135] Classe JG, Gold AR, Harris MG: A review of five recent cases of significance for optometrists, *J Am Optom Assoc 59:*964, 1988.

[136] Michaels D: *Visual optics and refraction: a clinical approach*, ed 3, St Louis, 1985,Mosby, pp 12-13.

[137] Clark BAJ: Color in sunglass lenses, *Am J Optom Arch Am Acad Optom 46:*825, 1969.

[138] Sliney DH: Ocular injury due to light toxicity, *Int Ophthalmol Clin 28:*246, 1988.

[139] West SK, Duncan DD, Muñoz B, et al: Sunlight exposure and risk of lens opacities in a population based study, *JAMA 280:*714, 1999.

[140] Pitts DG: The ocular effects of ultraviolet radiation, *Am J Optom Physiol Optics 55:*19, 1978.

[141] Pitts D, Kleinstein R: *Environmental vision,* Boston, 1993, Butterworth-Heinemann, pp 164-177, 306.

[142] *Ocular ultraviolet radiation hazards and sunlight: a cooperative initiative of National Society to Prevent Blindness (Prevent Blindness America), the American Academy of Ophthalmology, and the American Optometric Association. A position statement*, 1993. Available at: http://www.aoa.org/Documents/ocularultra-violet.pdf.

[143] Ham WT, Mueller HA, Sliney DH: Retinal sensitivity to damage from short wavelength light, *Nature 260:*153, 1976.

[144] European Committee for Standardization: *Personal eye protection—sunglasses and sunglare filters for general use*, Brussels, 1997, European Standards 6 EN 1836.

[145] Thibos LN, Bradley A, Zhang X: Effect of ocular chromatic aberration on monocular visual acuity, *Optom Vis Sci 68*:599, 1991.

[146] Bradley A: Glen A Fry Award Lecture *1991:* Perceptual manifestations of imperfect optics in the human eye: attempts to correct for chromatic aberration, *Optom Vis Sci 69*:515-521, 1992.

[147] Chou BR, Cullen AP: Spectral characteristics of sports and occupational tinted lenses, *Can J Optom 47:*77, 1985.

[148] Clark B, Johnson ML, Dreher RE: The effect of sunlight on dark adaptation,*Am J Ophthalmol 29:*828, 1946.

[149] Hecht S,Hendley CD, Ross S, et al: The effect of exposure to sunlight on night vision, *Am J Ophthalmol 31:*1573, 1948.

[150] Bergmanson J, Sheldon T, Cullen A: A sting in the rays, *Optician 212:*17, 1996.

[151] Kinney JAS:Night vision sensitivity during prolonged restriction from sunlight, *J Appl Psychol 47*:828, 1963.

[152] Hart WM: Visual adaptation. In Moses RA, Hart WM, editors: *Adler's physiology of the eye. Clinical application*, St Louis, 1987,Mosby–Year Book, p 413.

[153] Borgwardt B, Fishman GA, Meullen DV: Spectral transmission characteristics of tinted lenses, *Arch Ophthalmol 99:*293, 1981.

[154] Kinney JS, Schlichting CL, Neri D, et al: *Various measures of the effectiveness of yellow goggles: Naval Submarine Medical Research Laboratory, report no. 941*, Groton, CT, 1980, Naval Submarine Medical Research Laboratory.

[155] Kinney JS, Schlichting CL, Neri DF, et al: Reaction time to spatial frequencies using yellow and luminance-matched neutral goggles, *Am J Optom Physiol Optics 60:*132, 1983.

[156] Kinney JAS, Luria SM, Schlichting CL, et al: The perception of depth contours with yellow goggles, *Perception 12:*363, 1983.

[157] Kelly SA, Goldberg SE, Banton TA: Effect of yellow-tinted lenses on contrast sensitivity, *Am J Optom Physiol Optics 61:*657, 1984.

[158] Yap M: The effect of a yellow filter on contrast sensitivity, *Ophthalmol Physiol Opt 4:*227, 1984.

[159] Corth R: The perception of depth contours with yellow goggles—an alternative explanation, *Perception 14:*377, 1985.

[160] Kinney JAS: The perception of depth contours with yellow goggles—comments on letter by Richard Corth, *Perception 14:*378, 1985.

[161] Kelly SA: Effect of yellow-tinted lenses on brightness, *J Opt Soc Am A7:*1905,1990.

[162] Zigman S:Vision enhancement using a short wavelength light-absorbing filter, *Optom Vis Sci 67:*100, 1990.

[163] Rieger G: Improvement of contrast sensitivity with yellow filter glasses, *Can J Ophthalmol 27:*137, 1992.

[164] Zigman S: Light filters to improve vision, *Optom Vis Sci 69:*325, 1992.

[165] Rabin J,Wiley R: Differences in apparent contrast in yellow and white light, *Ophthalmol Physiol Opt 16:*68, 1996.

[166] Lee JE, Stein JJ, Prevor MB, et al: Effect of variable tinted spectacle lenses on visual performance in controlled subjects, *CLAO J 28:*80, 2002.

[167] Luckiesh M: *Color and its applications*, New York, 1915, Van Nostrand, pp 116-160.

[168] Luckiesh M, Moss FK: *The science of seeing*, New York, 1937, Van Nostrand, pp 400-453.

[169] Jendrusch G, Senner V, Schaff P, et al: Vision—an essential factor for safety in skiing: visual acuity, stereoscopic depth perception, effect of colored lenses. In Johnson RJ, editor: *Skiing trauma and safety,* vol 12,West Conshohocken, PA, 1999, American Society for Testing and Materials, pp 23-34.

[170] Ross J: Sunglasses: skiers must emphasize substance over style, *Optom Management 26:*52, 1991.

[171] Marmor MF: Double fault! Ocular hazards of a tennis sunglass, *Arch Ophthalmol 119:*1064, 2001.

[172] Reichow AW, Citek K, Erickson GE, et al: The effect of polarized lenses on golf putting performance [abstract], *Optom Vis Sci 79*:239, 2002.

[173] Stephens GL, Davis JK: Ophthalmic lens tints and coatings. In: Duane TD, Jaeger EA, editors: *Clinical Ophthalmology.* Philadelphia, 1994, Harper & Row, pp 11-13.

[174] Woods TA: Ophthalmic lenses for athletes and sportsmen, *Optom Clin 3:*33, 1993.

[175] American National Standards Institute. ANSI Z80.3-2001, Ophthalmics—Non-prescription sunglasses and fashion eyewear requirements. New York, 1986, American National Standards Institute.

[176] Davis JK: The sunglass standard and its rationale, *Optom Vis Sci 67:*414, 1990.

[177] Dain SJ, Hoskin AK: Ultraviolet protection in spectacle and sunglass lenses: claims vs performance, *Clin Exp Optom 76:*136, 1993.

[178] Cooper SC, Smith JA, Katz M, et al: Nonprescription tinted eyewear optical accuracy study, *Optometry 72:*510, 2001.

[179] Scheiman M, Wick B: *Clinical management of binocular vision: heterophoric, accommodative, and eye movement disorders*, Philadelphia, 2002, Lippincott Williams & Wilkins, pp 130-131.

[180] Stephens GL: Sports eyewear takes off, *Optom Econ 4*:10, 1994.

[181] Morgan E: The women's movement, *Eyecare Business* April:42-47, 2001.

[182] Player HS: An investigation on the use and satisfaction of contact lenses in sports. *J Am Optom Assoc 30*:33-36, 1958.

[183] Yarwood RA: The use on contact lenses in all kinds of sports, *J Am Optom Assoc 31:*633, 1960.

[184] Levey EM: The sports wearer of contact lenses—a new approach, *Am J Optom Arch Am Acad Optom 42:*21, 1965.

[185] Jessen GN: Baseball and contact lenses—possible solution to the problem, *Am J Optom Arch Am Acad Optom 43:*320, 1966.

[186] Firestone LE: Contact lens use for sports, *J Am Optom Assoc 42:*279, 1971.

[187] Tym A: Contact lenses for tennis players, *Optom Weekly 61:*41, 1970.

[188] Berry R: Contact lenses for contact sports, *Optom Management 11:*16, 1975.

[189] Benjamin WL: Visual optics of contact lenses. In Bennett ES, Weissman BA, editors: *Clinical contact lens practice*, Philadelphia, 1991, JB Lippincott.

[190] Grey CP: Changes in contrast sensitivity when wearing low, medium and high water content soft lenses, *J Br Contact Lens Assoc 9:*21, 1986.

[191] Nowozyckyj A, Carney LG, Efron N: Effect of hydrogel lens wear on contrast sensitivity, *Am J Optom Physiol Opt 65:*263, 1988.

[192] Oxenberg LD, Carney LG:Visual performance with aspheric rigid contact lenses, *Optom Vis Sci 66:*818, 1989.

[193] Kluka DA, Love PA: The effects of daily-wear contact lenses on contrast sensitivity in selected professional and collegiate female tennis players, *J Am Optom Assoc 64:*182, 1993.

[194] Ridder WH, Tomlinson A: Blink-induced temporal variations in contrast sensitivity, *Int Contact Lens Clin 18:*231, 1991.

[195] Gardner JJ: Doctor's playbook: the X's and O's of fitting athletes, *Rev Optom 138*:73, 2001.

[196] Bennett ES: Athletics. In: Bennett ES,Weismann BA, editors: *Clinical contact lens practice,* Philadelphia, 1991, Lippincott.

[197] Kolstad A, Opsahl R: Cold injury to corneal epithelium: a cause of blurred vision in cross country skiers, *Acta Ophthalmol 47*:656, 1969.

[198] Clarke C: Contact lenses at high altitude: experience on Everest south-west face 1975, *Br J Ophthalmol 60*:479, 1976.

[199] Socks JF: Contact lenses in extreme cold environments: responses of rabbit corneas, *Am J Optom Physiol Optics 59*:297, 1982.

[200] Socks JF: Use of contact lenses for cold weather activities. Results of a survey, *Int Contact Lens Clin 10*:82, 1983.

[201] Maloof AJ, Ho A, Coroneo MT: Influence of corneal shape on limbal light focusing, *Invest Ophthalmol Vis Sci 35*:2592, 1994.

[202] Gilbard JP: The scientific context and basis of the pharmacologic management of dry eyes, *Ophthalmol Clin North Am 18*:475, 2005.

[203] Kopp JD: Eye on the ball: an interview with Dr. C. Stephen Johnson and Mark McGwire, *J Am Optom Assoc 70*:79, 1999.

[204] Petersen WL: Contact lenses and surfing: the need to ensure safety in the sport has prompted some interesting studies, *Contact Lens Spectrum 159*:59, 1989.

[205] *Coming soon: Suntacts*, http://www.eyecolor.stores.yahoo.net/suntacts.html, accessed July 15, 2006.

[206] *When the ball stands out your play stands out*, http://www.aclens.com/prosoft_info.asp, accessed July 15, 2006.

[207] *Sportsight GP,* http://www.rgpcontactlenses.com/sportsight-gp.htm, accessed July 15, 2006.

[208] Nike MAXSIGHT sport-tinted contact lenses (polymacon), http://www.bausch.com/en_US/ecp/visioncare/ product/softcontacts/nike_maxsight_ecp.aspx, accessed July 15, 2006.

[209] Citek K, Reichow AW: Visual performance comparisons of performance-tinted soft contact lenses and tinted spectacles [abstract], *Optom Vis Sci 81(Suppl)*:84, 2004.

[210] Erickson GB, Horn FC, Barney T: Contrast discrimination with Nike MAXSIGHT contact lenses in natural light [abstract], *Optom Vis Sci* E-abstract 060057, 2006.

[211] Bennett ES: Rigid gas permeable contact lenses for athletes, *NASV Sports Vision Newsletter 5:*30, 1989.

[212] Legerton JA: Prescribing for water sports, *Optom Clin 3*:91, 1993.

[213] Efron N: *Contact lenses A-Z.* Oxford, 2002, Butterworth-Heinemann, pp 174-177.

[214] Katz HD, Malin AH: A new lens for sports proves an excellent troubleshooter, *Contact Lens Spectrum 5:*27, 1990.

[215] Legerton JA: Large dynamic lenses for dynamic water sports, *Sportsvision 6*:12, 1990.

[216] Nagel C,Monical JB: The design and development of a contact lens for underwater seeing,*Am J Optom Arch Am Acad Optom 31*:468, 1954.

[217] Grant AH: SCAL: skindivers contact air lens, *Opt J Rev Optom 55*:17, 1963.

[218] Faust KJ, Beckman EL: Evaluation of a swimmer's contact air-water lens system,*Mil Med 131:*779, 1966.

[219] Bayshore CA: Underwater contact lenses, *Contacto 12*:6, 1968.

[220] Hurlock R, Malin AH: Case report: underwater contact lens correction, *Am J Optom Arch Am Acad Optom 50*:653, 1973.

[221] Hoelting C, Egan DJ, Bennett ES: The use of contact lenses in swimming and scuba diving, *Can J Optom 46*:12, 1984.

[222] Shoji PJ, Yamane SJ: Surfing with soft lenses, *Contact Lens Forum 10*:15, 1985.

[223] Cotter J: Soft contact lens testing on fresh water scuba divers, *Contact Intraocul Lens Med J 7*:324, 1981.

[224] Josephson JE, Caffery BE: Contact lens considerations in surface and subsurface aqueous environments, *Optom Vis Sci 68*:2, 1991.

[225] Mandell RB: Sticking of gel contact lenses, *Int Contact Lens Clin 2*:28, 1975.

[226] Solomon J: Swimming with soft lenses, *South J Optom 19*:13, 1977.

[227] Stein HA, Slatt BJ: Swimming with soft contact lenses, *Contact Intraocul Lens Med J 3*:24, 1977.

[228] Solomon J: Hydrophilic lenses for swimming, *Contact Intraocul Lens Med J 4*:93, 1978.

[229] Lovsund P, Nilsson SEG, Oberg PA: The use of contact lenses in wet or damp environments, *Acta Ophthalmol (Kbh) 58*:794, 1980.

[230] Soni PS, Pence NA, DeLeon C, et al: Feasibility of extended wear lens use in chlorinated swimming pools, *Am J Optom Physiol Optics 63*:171, 1986.

[231] Diefenbach CB, Soni PS, Gillespie BJ, et al: Extended wear contact lens movement under swimming pool conditions, *Am J Optom Physiol Optics 65*:710, 1988.

[232] Galkin KA, Semes L: Risk of loss of Soflens during water skiing, *J Am Optom Assoc 54*:267, 1983.

[233] Banks LD, Edwards GL: To swim or not to swim, *Contact Lens Spectrum 6*:46, 1987.

[234] Bennett QM: The use of contact lenses for diving (sport and commercial), *Contact Lens J 16*:171, 1988.

[235] Peterson WL: Contact lenses and surfing, *Contact Lens Spectrum 8*:59, 1989.

[236] Vesaluoma M, Kalso S, Jokipii L, et al: Microbiological quality in Finnish public swimming pools and whirlpools with special reference to free living amoebae: a risk factor for contact lens wearers? *Br J Ophthalmol 79*:178, 1995.

[237] Simon DR, Bradley ME: Corneal edema in divers wearing hard contact lenses, *Am J Ophthalmol 85*:462, 1978.

[238] Jessen G: Orthofocus techniques, *Contacto 6*:200, 1962.

[239] Lui W-O, Edwards MH, Cho P: Contact lenses in myopia reduction—from orthofocus to accelerated Orthokeratology, *Contact Lens Ant Eye 23*:68, 2000.

[240] Caroline PJ: Contemporary orthokeratology, *Contact Lens Ant Eye 24*:41, 2001.

[241] Barr JT, Rah MJ, Jackson JM, et al: Orthokeratology and corneal refractive therapy: a review and recent findings, *Eye Contact Lens 29*:S49, 2003.

[242] Walline JJ, Rah MJ, Jones LA: The Children's Overnight Orthokeratology Investigation (COOKI) pilot study, *Optom Vis Sci 81*:407, 2004.

[243] Sorbara L, Fonn D, Simpson T, et al: Reduction of myopia from corneal refractive therapy, *Optom Vis Sci 82*:512, 2005.

[244] Walline JJ, Holden BA, Bullimore MA, et al: The current state of corneal reshaping, *Eye Contact Lens 31*:209, 2005.

[245] Swarbrick HA: Orthokeratology review and update, *Clin Exp Optom 89*:124, 2006.

[246] Jayakumar J, Swarbrick HA: The effect of age on short-term Orthokeratology, *Optom Vis Sci 82*:505, 2003.

[247] Sorbara L, Kort R, Lu F, et al: Overnight refractive and keratometric effects of corneal refractive therapy, *Optom Vis Sci 79(suppl)*:127, 2002.

[248] Sridharan R, Swarbrick H: Corneal response to short-term orthokeratology lens wear, *Optom Vis Sci 80*:200, 2003.

[249] Wang J, Fonn D, Simpson TL, et al: Topographical thickness of the epithelium and total cornea

after overnight wear of reverse-geometry rigid contact lenses for myopia reduction, *Invest Ophthalmol Vis Sci 44*:4742, 2003.

[250] Choy CKM, Cho P, Benzie IFF, et al: Effect of one overnight wear of orthokeratology lenses on tear composition, *Optom Vis Sci 81*:414, 2004.

[251] Mountford J: An analysis of the changes in corneal shape and refractive error induced by accelerated Orthokeratology, *Int Contact Lens Clin 24*:128, 1997.

[252] Nichols JJ, Marsich MM, Nguyen M, et al: Overnight Orthokeratology, *Optom Vis Sci 77*:252, 2000.

[253] Rah MJ, Jackson JM, Jones LA, et al: Overnight orthokeratology: preliminary results of the Lenses and Overnight Orthokeratology (LOOK) study, *Optom Vis Sci 79*:598, 2002.

[254] Lui W-O, Edwards MH: Orthokeratology in low myopia. Part 1: efficacy and predictability, *Contact Lens Ant Eye 23*:77, 2000.

[255] Swarbrick HA,Wong G,O'Leary DJ: Corneal response to Orthokeratology, *Optom Vis Sci 75*:791, 1998.

[256] Lui W-O, Edwards MH: Orthokeratology in low myopia. Part 2: corneal topographic changes and safety over 100 days, *Contact Lens Ant Eye 23*:90, 2000.

[257] Alharbi A, Swarbrick HA: The effects of overnight orthokeratology lens wear on corneal thickness, *Invest Ophthalmol Vis Sci 44*:2518, 2003.

[258] Owens H, Garner LF, Craig JP, et al: Posterior corneal changes with Orthokeratology, *Optom Vis Sci 81*:421, 2004.

[259] Soni PS, Nguyen TT, Bonanno JA: Overnight orthokeratology: visual and corneal changes, *Eye Contact Lens 29*:137, 2003.

[260] Soni PS, Nguyen TT: XO Overnight Orthokeratology Study Group. Overnight orthokeratology experience with XO material, *Eye Contact Lens 32*:39, 2006.

[261] Kwok LS, Pierscionek BK, Bullimore M, et al: Orthokeratology for myopic children: wolf in sheep's clothing? *Clin Exp Ophthalmol 33*:343, 2005.

[262] Cho P, Cheung SW,Mountford J, et al: Incidence of corneal pigmented arc and factors associated with its appearance in orthokeratology, *Ophthalmol Physiol Opt 25*:478, 2005.

[263] Watt K, Swarbrick HA: Microbial keratitis in overnight orthokeratology: review of the first 50 cases, *Eye Contact Lens 31*:201, 2005.

[264] Sun X, Zhao H, Deng S, et al: Infectious keratitis related to Orthokeratology, *Ophthalmol Physiol Opt 26*:133, 2006.

[265] Cheung SW, Cho P: Subjective and objective assessments of the effect of orthokeratology—a cross-sectional study, *Curr Eye Res 28*:121, 2004.

[266] Joslin CE, Wu SM, McMahon TT, et al: Higher-order wavefront aberrations in corneal refractive therapy, *Optom Vis Sci 80*:805, 2003.

[267] Berntsen DA, Barr JT, Mitchell GL: The effect of overnight contact lens corneal reshaping on higherorder aberrations and best-corrected visual acuity, *Optom Vis Sci 82*:490, 2005.

[268] Duffey RJ, Leaming D: US trends in refractive surgery: 2003 ISRS/AAO survey, *J Refract Surg 21*:87, 2005.

[269] Beran RF, Stewart C, Doty J: Refractive surgery and the athlete, *J Ophthalmic Nursing Tech 14*:11, 1995.

[270] Vinger PF, Mieler WF, Oestreicher JH, et al: Ruptured globes following radial and hexagonal keratotomy surgery, *Arch Ophthalmol 114*:129, 1996.

[271] Dudenhoefer EJ,Vinger PF, Azar DT: Trauma after refractive surgery, *Int Ophthalmol Clin 42*:33, 2002.

[272] Seiler T, Mrochen M, Kaemmerer M: Operative correction of ocular aberration to improve visual acuity, *J Refract Surg 16*:S619, 2000.

[273] Mrochen M, Kaemmerer M, Seiler T: Clinical results of wavefront-guided laser in situ keratomileusis three months after surgery, *J Cataract Refract Surg 27*:201, 2001.

[274] Racine L, Wang L, Koch DD: Size of corneal topographic effective optical zone: comparison of standard and customized myopic laser in situ keratomileusis, *Am J Ophthalmol 142*:227, 2006.

[275] Aras C, Ozdamar A, Bahcecioglu H, et al: Decreased tear secretion after laser in situ keratomileusis for high myopia, *J Refract Surg 16*:362, 2000.

[276] Lee JB, Ryu CH, Kim J, et al: Comparison of tear secretion and tear film instability after photorefractive keratectomy and laser in situ keratomileusis, *J Cataract Refract Surg 26*:1326, 2000.

[277] Battat L,Macri A, Dursun D, et al: Effects of laser in situ keratomileusis on tear production, clearance, and the ocular surface, *Ophthalmology 108*:1230, 2001.

[278] Patel S, Perez-Santonja JJ, Alio JL, et al: Corneal sensitivity and some properties of the tear film after laser in situ keratomileusis, *J Refract Surg 17*:17, 2001.

[279] Toda I, Asano-Kato N, Komai-Hori Y, et al: Dry eye after laser in situ keratomileusis, *Am J Ophthalmol 132*:1, 2001.

[280] Albietz JM, Lenton LM,McLennan SG: Effect of laser in situ keratomileusis for hyperopia on tear film and ocular surface, *J Refract Surg 18*:113, 2002.

[281] Donnenfeld ED, Solomon K, Perry HD, et al: The effect of hinge position on corneal sensation and dry eye after LASIK, *Ophthalmology 110*:1023, 2003.

[282] Goto T, Zheng X, Kylce SD, et al: Evaluation of the tear film stability after laser in situ keratomileusis using the tear film stability analysis system, *Am J Ophthalmol 137*:116, 2004.

[283] Stern ME, Beuerman RW, Fox RI, et al: The pathology of dry eye: the interaction between the ocular surface and lacrimal glands, *Cornea 17*:584, 1998.

[284] Brown SM, Bradley JC, Xu KT, et al: Visual field changes after laser in situ keratomileusis, *J Cataract Refract Surg 31*:687, 2005.

[285] Laby DM, Kirschen DG, DeLand P: The effect of laser refractive surgery on the on-field performance of professional baseball players, *Optometry 76*:647, 2005.

[286] Melki SA, Talamo JH, Azar DT, et al: Late traumatic dislocation of laser in situ keratomileusis corneal flaps, *Ophthalmology 107*:2136, 2000.

[287] Booth MA, Koch DD: Late laser in situ keratomileusis flap dislocation caused by a thrown football, *J Cataract Refract Surg 29*:2032, 2003.

[288] Nose W, Neves RA, Schanzlin DJ, et al: Intrastromal corneal ring: one-year results of first implants in humans: a preliminary nonfunctional eye study, *Refract Corneal Surg 9*:452, 1993.

[289] Schanzlin DJ, Asbell AA, Buris TE, et al: The intrastromal corneal ring segments: phase *II* results for correction of myopia, *Ophthalmology 104*:1067, 1997.

[290] Guell JL: Are intracorneal rings still useful in refractive surgery? *Curr Opin Ophthalmol 16*:260, 2005.

第七章

眼部运动损伤的评估及管理

本章大纲

- 眼部运动损伤的场边管理
  - 赛前体检
  - 预防
  - 选择护目镜
  - 眼部急性运动损伤的即刻处理
  - 钝挫伤
    - 异物
    - 眼睑表面损伤
    - 化学灼伤
  - 识别特殊的眼部和面部损伤
    - 面部骨折
    - 鼻骨骨折
    - 眼眶骨折
    - 颧骨骨折
    - 额骨骨折
    - 眼外伤
    - 角膜损伤
    - 眼前房积血
    - 眼球破裂
    - 视网膜损伤
    - 眼眶出血
    - 眶周挫伤
    - 视网膜脱离
    - 结膜炎
    - 结膜下出血
    - 撕裂伤
    - 晶状体脱位
    - 非外伤性或环境性眼部损伤
- 眼部运动损伤的临床管理
  - 运动项目的眼部损伤风险
    - 棒球和垒球
    - 篮球
    - 拳击
    - 钓鱼
    - 橄榄球
    - 高尔夫球
    - 曲棍球
    - 长曲棍球
    - 登山
    - 持拍运动
    - 潜水
    - 足球
    - 游泳和水上运动
    - 彩弹游戏
  - 钝挫伤
    - 眼睑
    - 眼眶内容物
    - 骨结构
    - 结膜和巩膜损伤
    - 角膜损伤
    - 眼前房和眼色素层
    - 晶状体
    - 玻璃体
    - 视网膜损伤
    - 视神经
    - 脉络膜
    - 视野
  - 穿透性创伤
  - 化学灼伤
- 后续护理

1　眼部运动损伤的场边管理

据统计，每年在美国发生的240万例眼部损伤中，有3.3万～10万例是在运动中发生的。[1,2]眼部运动损伤从轻度损伤到严重损伤都需要紧急的医疗处理，在大多数情况下，眼部护理专家是非常必要的，受到严重损伤的运动员通常需要住院护理，其中12.5%～42%的运动员需要高级护理。[3–5]

只要参加运动就要承受眼部损伤的风险，每年有上百万名儿童青少年会参加有组织的体育运动，还有更多的儿童青少年参加非联赛或非组织性的体育活动，[6]超过50%的患者在25岁以前遭受过眼部损伤，在美国每年有超过16万名的在校学生眼部遭受创伤。[7,8]2000年，美国报道了约42,000例与运动和娱乐相关的眼部损伤事件，[9]且同年在运动时发生的眼部损伤中，72%的受伤者小于25岁（框7–1）。

框7–1

25岁以下人群眼部损伤发生率为72%
15岁以下人群眼部损伤发生率为43%
5岁以下人群眼部损伤发生率为8%

眼睛受伤是儿童失明和眼部疾病的首要原因。[10] 儿童和青少年由于接受监督不善、指导不佳，运动技术不成熟或运动太激烈更易在运动中受到眼部损伤。[11–15] 在眼部运动损伤的预防中，运动医学专业人员扮演着非常重要的角色，将运动员转移至眼部护理专家处，并且对眼部受伤运动员进行随访护理。医生以及与医学相关的专业人员为运动队（场上的和医院里的）提供运动医学防护，包括队医、验光师或眼部护理专家、运动防护师和运动康复师等。由于每年在美国全国范围内发生大量的眼部损伤事件，因此所有为训练和比赛提供服务的运动医学专业人员都要掌握与运动相关的眼部应急方案。

1.1　赛前体检

每年的赛季开始前，运动员都要进行赛前体检（以下简称PPPE），进行PPPE以识别有猝死风险的运动员；确定需要进一步评估和治疗的疾病，包括骨科检查，识别有无药物滥用、性传播疾病、暴力和抑郁症的高危人群；且PPPE符合体育管理机构的法律要求。[16]运动医学专业人员必须掌握在其各地区PPPE的流程，PPPE符合运动员参加体育运动的法律要求，但是运动医学医生也意识到“通过一张免责声明就认定运动员处于健康状态是错误的”。[16]

运动医学和健康委员会建议，应鼓励参与组织性运动的所有青年人戴上适当的眼部护具（框7–2）。该委员会强烈建议功能性单眼运动员在所有运动、娱乐和工作相关活动中都佩戴适当的眼部护具。[11,12]功能性单眼运动员被定义为具有最佳矫正视力且超过较差一侧的眼睛20/40的个体。[9,11,12,15]已受到眼睛创伤或进行了眼科手术的运动员也应由眼部护理专家或验光师进行评估。[11,12]属于以下类别的运动员可能需要眼部护具或者应该限制特定的运动（框7–2）。[11,12]如果在执行PPPE中检查者无法确定眼睛情况，熟悉此运动员病史的运动防护师可以通过将运动员转诊到眼部护理专家处寻求帮助。

框7–2

1. 青少年参加组织性运动时，应佩戴适当的眼部护具。
2. 建议规定使用运动防护眼镜。适合是至关重要的，因为一些孩子的脸部较窄，所以即使是最小的运动护目镜也可能戴不上。这些儿童可能配有专为儿童设计的符合美国国家标准协会规定的Z87.1镜架和3毫米碳化纤维镜片。应该告知父母，这种保护并不是最佳的，应进一步讨论如何在保证眼睛安全下进行运动。
3. 由于护目镜无法提供保护，因此强烈建议佩戴护目镜的运动员也应佩戴适当的眼部护具。
4. 需要配备护目镜的运动员有三种眼睛保护的选择：①运动镜框中的聚碳酸酯镜片，通过ASTM专为进行特殊运动而定制的F803标准护目镜；②护目镜加适当的护具；③超过ASTM标准F803规格的护目镜，对于以ASTM标准F803护目镜为标准的运动来说足够了。
5. 功能性单眼运动员在参加任何运动时都要佩戴适当的眼部护具。
6. 功能性单眼运动员和有过眼部损伤或手术的运动员禁止参加拳击和全面对抗性武术（眼部护具在拳击或摔跤项目中并不实用，并且在全面对抗性武术中不允许佩戴），摔跤项目的眼睛损伤率较低，而且护眼装备没有固定标准，大多数是私人定制的，佩戴定制护眼装备的摔跤运动员必须意识到护眼装备也不能完全防止受伤。
7. 对于必须佩戴有眼部保护的面罩或头盔的运动，强烈建议单眼运动员佩戴符合ASTM标准F803要求（适合任意一种运动）的运动护目镜。例如，对于曲棍球和足球替补队员来说，就算拿开面部护具，护目镜仍能起到一定程度的保护作用。最优保护是佩戴合适的头盔和下颏带。
8. 运动员应该换掉有破损的或随着年数增长而变黄的运动护目镜，因为这种护目镜不能再起到保护作用。

1.2 预防

在预防眼部运动损伤时，1oz(1oz=28.35g)的预防抵得上1lb的治疗。[17] 例如，在专业和精英球队中普遍使用头部和面部护具几乎能够避免面部和眼部损伤[18] 然而，并不是所有优秀的冰球业余球队都佩戴全部的面部护具，[18] 通过对一群精英冰球运动员进行检查，分析面部损伤与面部和头部保护水平之间的关系，[18] 发现不佩戴护具的运动员（只戴头盔）的眼部损伤概率至少是佩戴部分护具的运动员（头盔和部分面部防护装置）的4.7倍，并且佩戴全面部护具的运动员没有眼部损伤的情况。[18]

尽管流行病学证据表明，使用防护眼镜可以降低受伤的风险，但一些联赛、球队、教练和球员仍旧十分抵抗对它们的使用。[19] 这种抵抗主要是因为担心使用防护眼镜可能对整体表现产生负面影响。[20]

棒球和篮球被认为是在美国造成眼睛损伤最多的运动。[20,21] 每年都有数百万名美国青少年进行棒球和篮球运动。一项非随机的前瞻性队列研究对比了那些使用附在棒球头盔襟翼上的树脂面罩的防护面具与标准的棒球头盔的受伤发生率。使用面部护具的人员都是自愿的。与对照组相比，使用面部护具的小组受伤发生率降低了28%。[20]

1.3 选择护目镜

本书第六章提供了有关如何为运动员选择合适的护目镜的介绍。

1.4 眼部急性运动损伤的即刻处理

美国眼科学会制订了运动医学专业人员在实践中或在比赛中遇到运动相关眼损伤的应急管理方案。许多与运动相关的眼部损伤是非常严重的，需要立即就医，运动医学专业人员必须能够识别严重眼外伤迹象，给予急救，给出决策，以及对运动员进行适当的后续护理。

对于眼部受伤的运动员，首先要评估其是否有轻度创伤性脑损伤（MTBI），即脑震荡。许多损伤机制既会引起眼部创伤也可能引起脑震荡，未能识别和治疗脑震荡可能会导致更严重的情况。

眼部损伤和脑震荡有一些相似的体征和症状（框7–3和框7–4）。这些包括视力模糊、瞳孔大小不一、瞳孔扩大或无反应、头痛或头部相关的疼痛。

框7-3

意识丧失
记忆丧失
平衡出现问题
记忆力和注意力减退
头痛
耳鸣
恶心

框7-4

需要立刻转诊到急诊部门的症状
神经功能减弱
意识水平下降
呼吸减弱或不规律
脉搏减弱或不规则
瞳孔大小不一，扩张或无反应
脊柱或颅骨骨折；出血
精神状态异常
癫痫发作
需要当天转诊的症状
赛场上失去意识
失忆持续时间超过15min
血压升高
脑神经缺损
在现场初始评估后出现运动、感觉、平衡障碍或脑神经缺损等脑震荡症状的恶化
比赛结束时出现症状

如果运动员发生了脑震荡，应遵循国际运动防护协会指南。[22]如果运动员出现框7-4内的症状，应立即将运动员转交到当地的急诊科。评估项目应包括任何潜在的眼部损伤。

1.5 钝挫伤

美国大多数与运动有关的眼部损伤事件发生在棒球和篮球比赛中。在篮球比赛中被他人的肘关节撞到或在棒球比赛中被一个犯规球击中，都可能会导致眼部的钝挫伤（图7-1）。在检查受伤的运动员时，运动医学专业人员必须对眼睛进行以下评估：肿胀的眼睑是否闭上？眼内是否出血？角膜是白色还是浑浊？瞳孔是否形状不规则，固定不动，扩张或是收缩？运动员是否遇到视力问题（如看到星星、漂浮物、物体变形）？如果运动员有以上迹象或症状，应冷敷，并立即将运动员转至眼部护理专家处。如果眼部疼痛是唯一的症状，那么损伤并不紧急。如果不需要立即转诊，请让运动员在受伤后的24h内冰敷15～20min。损伤发生后的24～36h内，应将运动员转至眼部护理专家处（表7–1）。受到眼部钝挫伤的运动员应在96h内接受眼部护理专家的眼底检查。

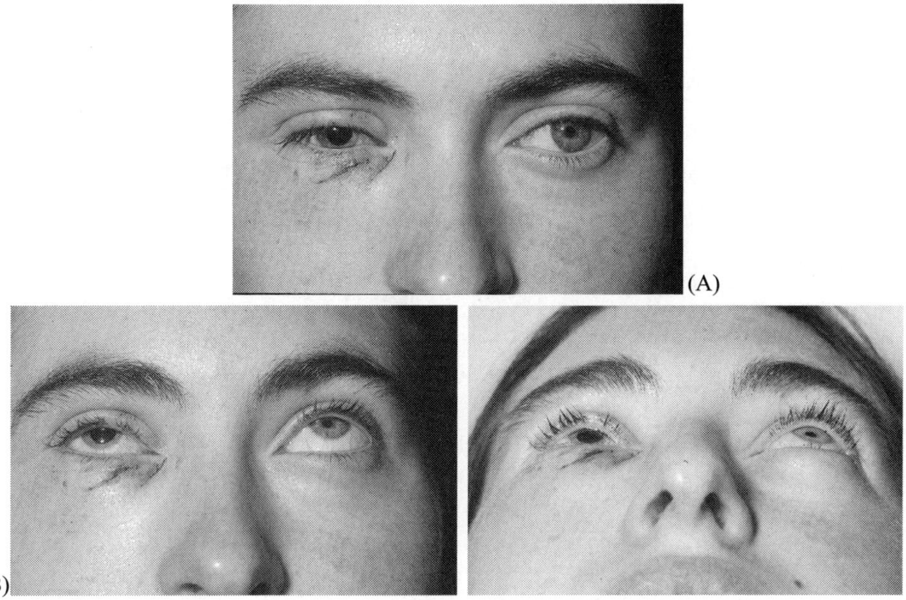
(A)
(B)
(C)

图7–1 右侧眶底爆裂骨折见出现钝伤

（A）轻度瘀伤，表面撕裂，眼底检查到瞳孔扩张；（B）眼球向上运动受限；（C）轻度眼球内陷。
转载自J.J.坎斯基的《临床眼科学》第5版，巴特沃斯·海因曼公司于2003年在美国波士顿出版。

1.5.1 异物

在棒球运动中，运动员被飞来的棒球击中头面部，棒球表面碎片滑入眼底，这是运动员的眼睛因异物受伤的一个真实案例。异物可能会造成很大的麻烦，引起疼痛，给眼睛造成刺激，并且会浪费运动员宝贵的比赛或训练时间。运动员流泪可有助于清除异物。如果怀疑有异物伤害，运动员无法自行清除异物，运动医学专业人员也可以协助清除。如果物体是可见的（而并没有嵌入），则用无菌眼睛护理液（没有护理液可用水）浸湿的棉花或纱布轻轻取出物体。如果不能看到异物，必须外翻眼睑（图7–2），让流出的泪水冲洗掉异物。

如果异物难以清除，且运动员有视觉障碍或眼睛出血，或者异物已经穿透了眼球或眼周组织，请立即将患者转诊给眼部护理专家（表7–1）。

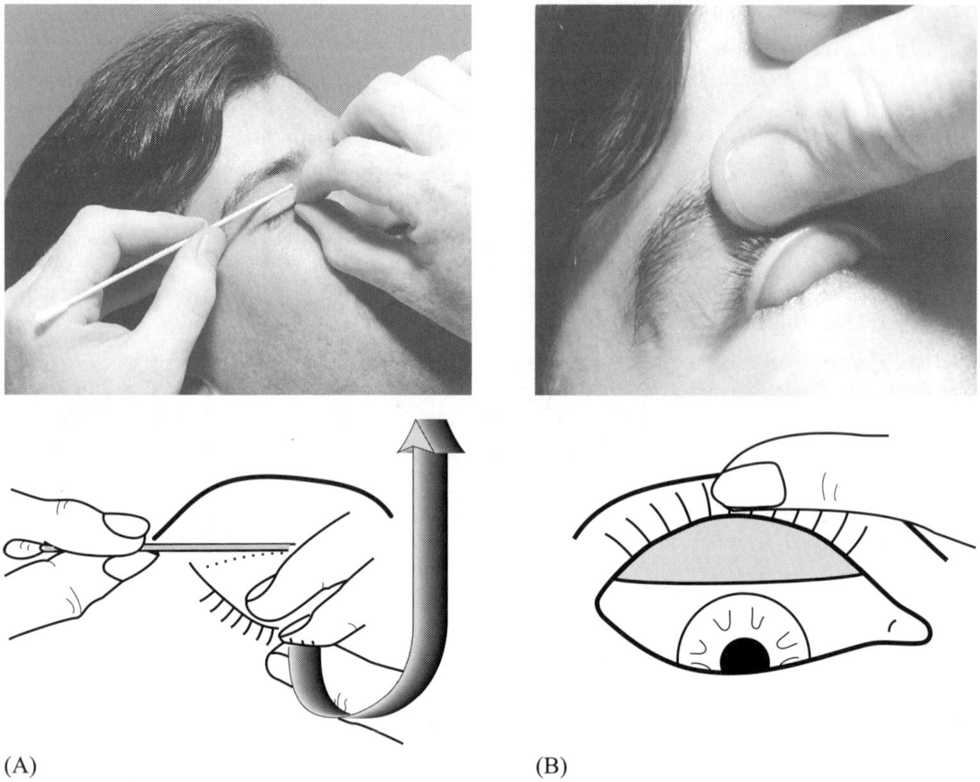

(A) (B)

图7–2 外翻眼睑

（A）要求运动员眼睛向下看，同时保持眼睛睁开。捏住睫毛和睑板靠近眼睑边缘，轻轻地向前和向下拉。眼睑不应该被拉起或拉出（顶部）。在眼睑的睑板上方放置一个棉签。在保持捏住睫毛的同时，将眼睑外翻至敷贴器上（底部）。

（B）可以通过将眼睑抵在眼眶上骨嵴（顶部）对眼睛进行检查。指示运动员向上看然后眨眼，这将使眼睑返回其正常位置（底部）。

转载自D.A.帕莱、J.H.克拉克默的《初级保健眼科》第2版，莫斯比公司于2005年在美国密苏里州圣路易斯出版。

1.5.2　眼睑表面损伤

当眼睑表面受伤时，轻度按压止血，清洁伤口，贴上无菌敷料或用绷带包扎头部。将运动员转至眼部护理专家处进行后续处理。

1.5.3　化学灼伤

被化学灼伤时，不要尝试去中和酸或碱，此外不要戴眼罩或对眼睛进行包扎，化学灼伤最初通过用无菌灌注溶液或水冲洗眼睛30min，同时保持眼睑上抬，要防止化学溶液流入另一个眼睛（表7-1）。由强碱（如下水道疏通剂，石灰）或强酸（如蓄电池酸液）引起的眼部灼伤在抬起眼睑的同时用无菌灌注溶液冲洗30min。运动员需要尽快被转至眼部护理专家处。

紫外线灼伤常发生在户外水上运动或冰雪运动中。虽然按惯例，运动医学专家并不会在这些场所中，但运动员受伤后当天应被送往眼部护理专家处。

1.6　识别特殊的眼部和面部损伤

1.6.1　面部骨折

头部和脸部的创伤可能导致严重的急性损伤，运动医学专家必须能够识别出与面部骨折相关的症状，并立刻将运动员移出场内，否则可能会导致进一步的伤害，包括对眼睛的损害。

与任何头部创伤一样，应立即评估患者是否存在潜在的危及生命的损伤，这比任何其他损伤都重要。一旦确定伤势并不危及生命，运动医学专家就应排除脑震荡的可能。

在二级评估中，运动医学专家应采集运动员症状，确定发病机制，进行评估、治疗或转诊。

如果怀疑有骨折，运动员应立即停止运动，否则可能导致进一步的伤害，包括眼睛损伤。紧急治疗应包括在受伤区域温和地进行冷敷或冰敷以控制疼痛和肿胀。如果流鼻血伴随骨折，用手指按压来控制出血。所有疑似骨折的患者必须转至急诊室立即就医。

1.6.2　鼻骨骨折

鼻骨在所有面骨中最易骨折。[23]这种骨折发生在碰撞性或对抗性运动中，进攻篮板球期间，手肘的偏离或在拳击比赛中打出的拳头都可能导致鼻骨骨折，高达15%的鼻骨骨折会复发，给运动员带来困扰，并且可能导致功能性呼吸困难或影响外观。[23] 鼻骨骨折通常发生在运动员受到侧向或前方的直接应力时。[23,24]

鼻骨骨折的运动员可能有以下症状：流鼻血、肿胀、摩擦音、鼻骨移动、眼周挫伤和畸形。[23,24] 运动防护师的急性处理包括：手指按压鼻前方控制出血，冰敷减少疼痛和肿胀。鼻骨骨折通常很明显，应立即转诊至医生处。任何鼻部受伤后回到接触性运动中的运动员，都应使用面部防护装置以减少再次损伤的风险。

1.6.3 眼眶骨折

前额、颧骨、鼻骨和上颌骨构成了眼眶，同时也保护了眼睛。眼眶保护眼睛免遭一些或大或小物体的损害，比如篮球、棒球或手肘，都有可能造成眼眶周围骨折。虽然眼眶周缘各部位都有可能发生骨折，但是下眼眶的骨折更为常见（图7–3）。[23] 眼眶骨折既可归类为内部骨折（眶壁骨折），也可归类为外部骨折（眶缘骨折）。[25,26] 内部骨折如爆裂性骨折和眶壁骨折。[25] 外部骨折发生在眶缘上或眶缘旁的部位。[25]

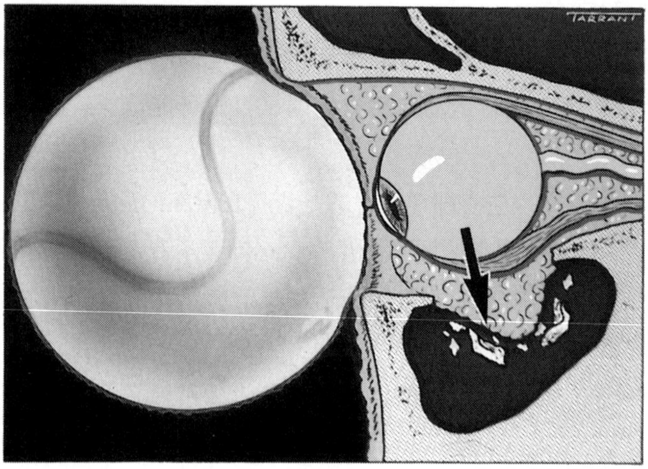

图7–3 眶底爆裂骨折的机制

转载自J.J.坎斯基的《临床眼科学》第5版，巴特沃斯·海因曼公司于2003年在美国波士顿出版。

外部骨折（眶缘骨折）经常是由直接撞击导致的[27,28]；内部骨折（眶壁骨折）是由眼部创伤引起的，[26] 例如，棒球等物体打到了眼睛，眼部变形，随之眶内压升高的可能性加大。眶内压增加可能导致眼眶上部或下部的骨折，这种骨折属于爆裂性骨折，可导致上直肌的无力，阻碍了同心注视，从而导致复视（图7–1）。此时，运动员会当场表明自己眼睛受伤部位和眼球运动时产生疼痛，视觉检查会发现眼前房出血、肿胀，同侧脸颊麻木无感，眼球凸出或凹陷、眼球垂直方向异位，眶周血肿。[23,24,29]

当运动员眼部受到了爆裂性骨折，应将无菌眼垫放在眼睛上防止其环视四周。运动员可能两边都需要放置眼垫来减少眼睛运动的可能，冰敷可以缓解疼痛，然后运动员应该被转移到急诊科。

对美国国家足球联盟球员的回顾性评估发现，眼眶骨折后最常见的体征和症状包括视力下降、眼球运动减少、眼前房出血和眶下神经麻木。[26]损伤的机制常为手指戳伤或钝性面部创伤。26眼眶骨折非常严重，19例中有15例需要进行外科重建术，其中两名足球运动员由于存在视力障碍而无法继续足球生涯。[26]

运动员在眼睛受伤后返回运动场时，应使用防护眼镜或面部防护装置。使用适当的运动专用防护眼镜可以防止许多这种类型的伤害。鼻梁受过重大打击的运动员，直到恢复正常的眼球运动前，应避免擤鼻涕。如果下眼眶骨折，擤鼻涕可能导致上颌窦内容物进入眼眶。

1.6.4　颧骨骨折

颧骨骨折通常是由于面部或头顶受到直接重击而引起。[24]颧骨骨折的迹象包括鼻出血、眶周瘀斑、面部麻木、眼球内陷，眼睛无法向上看和出血、结膜下出血、颧骨凹陷以及无法张嘴。[23,24]伴随眶下神经损伤将引起同侧上唇、下眼睑、同侧鼻和脸颊内侧的感觉减退或消失。[24]触诊该区域通常显示骨位置异常或脱位畸形。如果怀疑有骨折，用冰敷控制水肿，并立即将患者转诊给医生。

与其他骨折一样，至少需要6～8周愈合时间。重返运动时，运动员应佩戴面部防护装置或护目镜。[23]

1.6.5　额骨骨折

眶上区域受到重击可能会导致额骨骨折。这种类型损伤的潜在因素，如在足球比赛期间两名运动员头部相撞，[30]额窦可见或可触及的凹陷可提示运动医学专家有骨折的可能。[30发现额窦可能有凹陷，以及眶上区麻木，[29]医生需要立即进行处理。

1.6.6 眼外伤

钝挫伤可以对眼睛导致轻至重度的伤害。运动员在团体对抗运动或与高速射击相关的运动中最易面临钝挫伤的风险。例如，篮球运动员在篮下时眼睛可能会受到钝挫伤，在进球时的身体碰撞中，进攻和防守的球员的眼睛都容易被手指戳到，或者被肘部撞到眼眶上。棒球运动员和持拍运动员容易受到快速移动的球导致的直接创伤。即使大于骨性眶缘的球也可能造成重大伤害。实验证实，足球可以在与脸部的撞击时变形，形成了能够进入眼眶撞击眼球的“肘关节”（图7–4）。[31,32]

图7–4 足球撞击人造眼眶。

眼眶（左边的平面，小箭头指向处）被速度18m/s的3号足球穿透8.1mm，压缩了眶周固定装置（大箭头指向处）。在球的压缩阶段，足球的一角挤入眼眶（1~4ms），很容易看到足球撞进眼眶的三角区域。在回弹阶段，与在眶周处回弹相比，框内回弹缓慢（5~10ms），这是由于眼眶内对足球产生了第二次的回吸。

在足球回弹时，眼睛出现了二次吸力效应。这种效应解释了为什么在足球运动中的眼部损伤比其他运动中的眼部损伤更加严重。[31, 32]

1.6.7 角膜损伤

角膜的擦伤经常发生在篮球等运动中，因为手指或者指甲会划伤眼睛。角膜的擦伤也可能在运动员清除眼内异物时引起。常见的角膜擦伤的症状有流泪、疼痛和畏光。[16] 运动员可能会在眨眼时感到疼痛。

运动医学专家的紧急处理包括清除任何可见异物（表7–1），遮盖或覆盖眼睛，告诉运动员不要揉眼睛，然后将运动员转诊至眼科医生处。荧光素染料的使用和眼睛的采光是确定损伤程度的必要检查。场上服务人员主要处理小擦伤，较严重的眼睛擦伤应转诊至眼科医生处。[16]

碱灼伤是一种不常见的角膜损伤，通常是运动员眼睛接触了白垩粉标志线引起的。应使用无菌灌注溶液对眼睛冲洗至少20min，然后将运动员转诊就医（表7–1）。

表7-1　眼部运动损伤的治疗

紧急情况	治疗
眼部异物或疼痛	
异物可见，并未嵌入	用无菌灌注溶液润湿的纸巾或棉布轻轻取出异物。如果没有无菌溶液，可以用水代替。
异物不可见	抓住上眼睑，向前和向下拉，让泪水冲出异物。
无法取出异物	当天去看眼部护理专家。
眼球或周围组织可能被异物穿入	禁止尝试取出异物，立即去看眼部护理专家。
眼内出血	立即去看眼部护理专家。
异物位于眼睑后面	立即去看眼部护理专家。
视力出现问题	立即去看眼部护理专家。
眼睛出现疼痛	当天去看眼部护理专家。
钝挫伤 由于有发生严重眼内损伤的可能性，运动员在伤后96h内应由眼部护理专家对其进行瞳孔扩大检查。若没有以下症状，伤后24h内应用冰敷，如果伤情没有好转，伤后24～36h内去看眼部护理专家。	
眼睑肿胀至闭合	立即去看眼部护理专家。
眼内出血	立即去看眼部护理专家。
角膜（眼前部）变白或模糊	立即去看眼部护理专家。
瞳孔形状不规则、固定不动、扩大或收缩	立即去看眼部护理专家。
眼睛疼痛	立即去看眼部护理专家。
眼睑表面损伤	轻度按压止血，清洁伤口，贴上无菌敷料或用绷带包扎头部。立即去看眼部护理专家。
眼部灼伤 出现眼部化学灼伤后，不要尝试去中和酸或碱，禁止使用洗眼杯，也不要对眼部进行包扎。进行眼部冲洗时，确保化学制剂不会被冲到另一个眼睛里。如果没有无菌灌注溶液，可使用清水。	
紫外线灼伤 （普遍发生在水中运动和冰雪运动中）	当天去看眼部护理专家。
强碱性化学灼伤 （如下水道疏通剂、石灰、水泥、石膏）	用无菌灌注溶液冲洗30min，抬起眼睑。立即去看眼部护理专家。
强酸性化学灼伤（如蓄电池酸液）	用无菌灌注溶液冲洗至少15min，抬起眼睑。立即去看眼部护理专家。
弱酸或弱碱化学灼伤 （如次氯酸钙、漂白剂、汽油）	用无菌灌注溶液冲洗至少15min，抬起眼睑。当天去看眼部护理专家。

摘下接触镜。许多人使用接触镜替代框架眼镜来纠正视力。接触镜绝不能当作眼睛保护装置。美国大学生体育协会建议所有参与对抗性和接触性运动，且佩戴接触镜的运动员在运动中都应佩戴眼睛保护装置。[33]然而，佩戴接触镜时，许多人不会再佩戴眼睛保护装置。一旦运动员眼睛发生轻伤如角膜擦伤就应取下接触镜。[16]在眼睛发生角膜表面严重创伤的情况下，接触镜应留在原位，直到有医生或眼部护理专家进行更彻底的评估后再做决定。

1.6.8 眼前房积血

眼前房积血是眼睛前房内血液汇集（图7–5）。眼前房积血可能是由虹膜、基质或睫状体的撕裂引起的。[25,34]超过25%的眼部运动损伤为眼前房积血。眼前房积血的症状包括损伤后最初在前房呈淡红色，视力可能因为大量出血而受影响，几小时内血液会留滞在眼睛前部或充满整个眼房。[35]眼前房积血是严重的眼部损伤，需要立刻进行医疗救治。持续的流血可能导致不可逆的青光眼或角膜着色。[25]

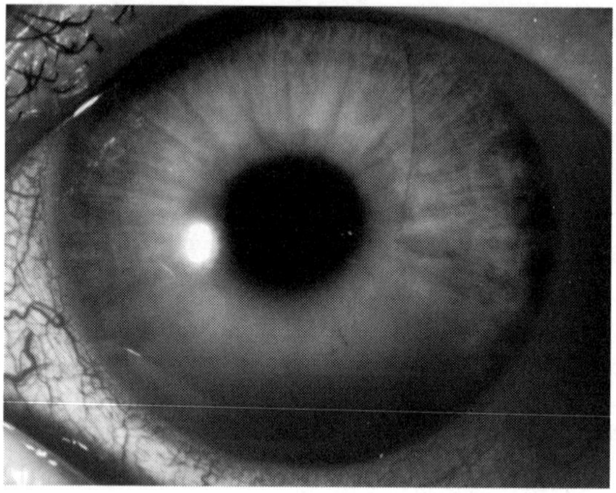

图7–5 创伤性眼前房积血（放大视图），血液汇集在前房下部

转载自D.A.帕莱、J.H.克拉克默的《初级保健眼科》第2版，莫斯比公司于2005年在美国密苏里州圣路易斯出版。

运动医学专业人员应该识别出上述症状，并立即将运动员转至验光师或眼部护理专家处。[36]患者应以坐姿或直立姿势被运送到急诊部。[16]运动防护师应告知家属避免给予阿司匹林或其他抗炎药物，否则可能会加重出血。

1.6.9　眼球破裂

诸如壁球之类的小物体对眼睛造成的钝挫伤可以产生足够大的力来破坏眼球。在这种类型的伤害中，运动员表述有双重视力（复视）、视力下降和剧烈疼痛。[35]眼球破裂的迹象包括眼眶周围有渗漏物和瞳孔不等大，[35]应立即将运动员转到急诊科。

1.6.10　视网膜损伤

视网膜的出血可能由于对眼睛的直接打击，头后部的打击或创伤，或举重时进行瓦尔萨尔瓦动作而发生。外周出血可能无症状，而中枢性出血则导致视力模糊。受到脑震荡的运动员应被评估视网膜出血情况。

1.6.11　眼眶出血

眼眶出血可能伴有眼球突出（眼球隆起）和眼球外肌运动减少。[37]此外，由于视网膜和视神经血管供应受损，可能会导致视力丧失。[37]紧急处理包括冰敷和转至眼部护理专家处。

1.6.12　眶周挫伤

眼睑皮下组织中的小血管破裂导致“黑眼圈”。[26]黑眼圈的存在是进一步评估眼睛和面部损伤的一个提示，随后将患者转至眼部护理专家处。

1.6.13　视网膜脱离

视网膜脱离是由眼睛钝挫伤引起的无痛损伤，[35]近视患者更易于发生视网膜脱离。[26]运动员可将症状描述为“眼帘在眼前坠落”或“灯光闪烁起伏”，[26,35]运动员也可能会看到黑色斑点飘浮在眼睛上。视网膜脱离是严重的眼睛损伤，需要立即转诊至医生处。运动防护师应使用防护眼罩或纸杯底部覆盖眼睛。

1.6.14　结膜炎

污垢、接触镜或尘土的刺激会使结膜发炎，运动员表述自己疼痛、眼睑肿胀、流泪、有分泌物、怕光或可能影响视力。清除刺激物后症状会很快改善。[37]

病毒或细菌感染、化学刺激或过敏也可导致结膜炎。[35]当运动员感觉眼睑肿胀或有分泌物时应找眼部护理专家治疗。

1.6.15　结膜下出血

结膜下出血（SH）（图7–6）为结膜内毛细血管的破裂。这种类型的出血可能因温和活动，如打喷嚏或咳嗽，或创伤性损伤，如眼睛受到打击而发生。结膜下出血经常伴随挫伤或角膜磨损。结膜下出血在白色结膜内呈现明亮红色区域。“红眼”可能使这种形式的伤害表面上看起来很严重，但在许多情况下，这种出血形式不需要治疗。如果出现视觉障碍，怕光或大量出血，则应将运动员转至眼部护理专家处。

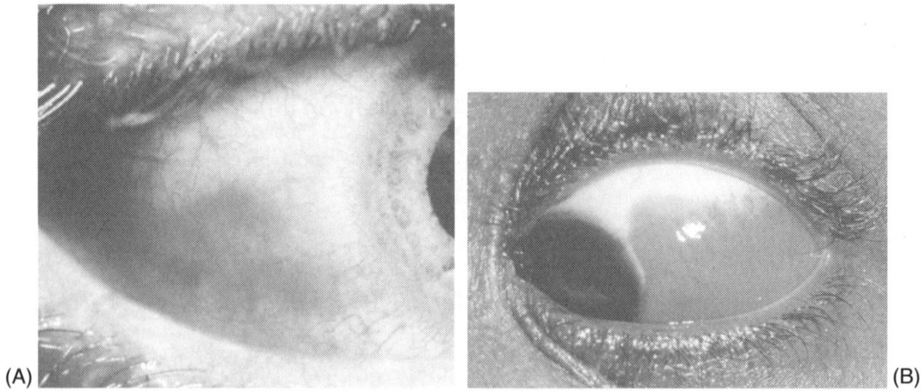

图7–6 结膜下出血

转载自D.A.帕莱、J.H.克拉克默的《初级保健眼科》第2版，莫斯比公司于2005年在美国密苏里州圣路易斯出版。

1.6.16 撕裂伤

运动防护师通常会处理运动员身体的大部分区域的损伤。如果运动员在比赛或训练中受到撕裂伤，他通常能够在运动防护师进行急救处理后返回运动场。但是，眼睛的撕裂（图7–7），需要特殊护理和评估。特殊情况下，面部或眼部撕裂之后，运动员需要在现场立即治疗和缝合。例如，拳击手团队会在比赛回合期间缝合撕裂的伤口。

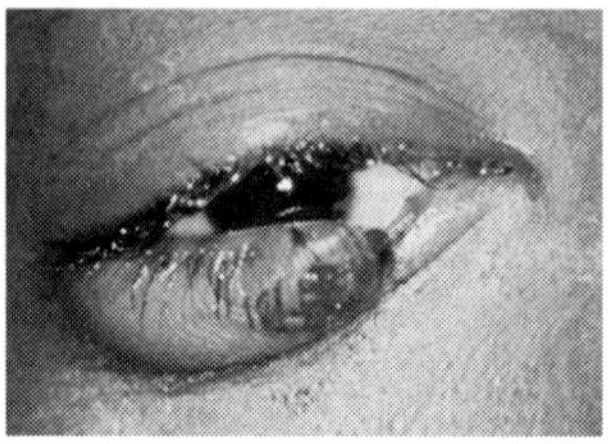

图7–7 眼睑边缘撕裂

转载自D.A.帕莱、J.H.克拉克默的《初级保健眼科》第2版，莫斯比公司于2005年在美国密苏里州圣路易斯出版。

如果怀疑是角膜擦伤或者是瞳孔撕裂，运动员应该立刻去看眼部护理专家或验光师，在眼睛上放置保护垫或眼罩。有必要两眼都覆盖上，以减少双眼运动。如果撕裂穿过眼睑边缘，就需要找眼部护理专家进行缝合。如果运动员没有接受适当护理，可能会由于瘢痕形成眼睑畸形（外翻）。

上方和下方的泪小管（泪腺）撕裂也需要让眼部护理专家进行缝合，如果没有缝合泪腺，患者将会流泪不止。

在外地比赛中发生轻度撕裂可以等到运动员回家后再就医。[26] 应该对伤口进行消毒，敷上抗生素，然后包扎。

1.6.17　晶状体脱位

晶状体脱位的表现（图7–8）为当眼球运动时虹膜发生抖动。应立即让运动员去看眼部护理专家或急诊。

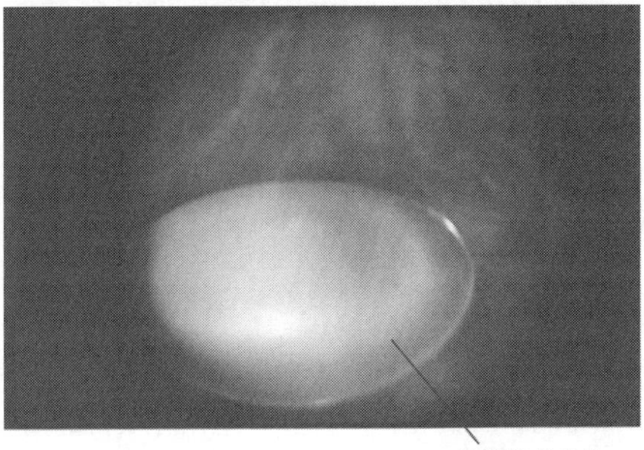

图7–8　视网膜上晶状体错位

转载自P.K.凯泽、N.J.弗里德曼的《马萨诸塞州眼耳医院眼科图解手册》第2版，WB桑德斯公司于2004年在美国费城出版。

1.6.18　非外伤性或环境性眼部损伤

请运动防护师来检查非外伤性眼部损伤，通过运动防护师评估后，对运动员进行医疗处理，随后转诊至眼部护理专家处。

角膜炎。角膜炎为眼角膜感染后发炎。角膜炎通常是由于单一疱疹的爆发而感染。眼睑撕裂也会导致角膜炎。[25]运动员会诉说有异物感、视力下降、惧光（不耐光）和流泪，运动医学专家应注意眼睛分泌物的清理。

麦粒肿。眼睫毛周围的小腺体和毛囊可被带有葡萄球菌的生物感染，导致麦粒肿。[35]麦粒肿首先表现出红斑，几天之内，会发展成为疼痛的脓包（图7–9），[35]应将运动员转至眼部护理专家处治疗。

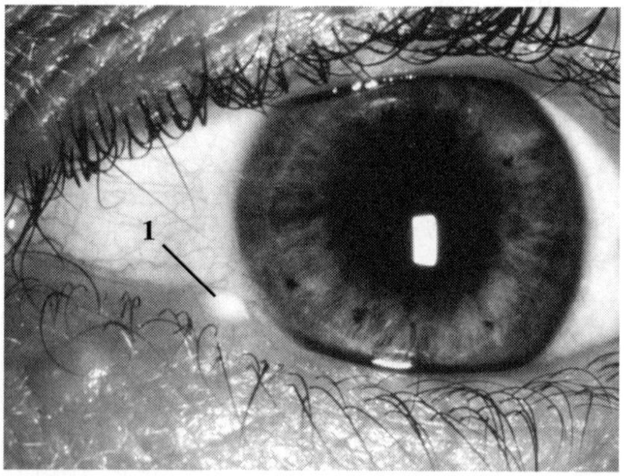

图7–9　下眼睑麦粒肿（1）

转载自D.A.帕莱、J.H.克拉克默的《初级保健眼科》第2版，莫斯比公司于2005年在美国密苏里州圣路易斯出版。

非传统运动项目的眼部损伤。现代的运动员会参加到各种各样的运动项目中，在20世纪甚至在过去的10年间，我们见证了许多新型体育项目的出现（如蹦极这样的极限运动）或是传统体育项目的变形（如沙滩排球）。运动员也会参加一些其他的运动（如武术）来增加力量和进行身体调整。眼部损伤也可发生在其他非体育、娱乐性活动中（如彩弹游戏）。[38]

尽管运动医学专业人士不一定会出现在损伤现场进行紧急处理，但他应该意识到教练在专业训练以外可能会要求运动员参加这些运动。

运动防护师应担当两个重要角色，以帮助运动员减少非传统运动造成的眼睛受伤的风险。首先，防护师应该与运动员建立信任关系。如果运动员主动咨询运动防护师，且不存在潜在的负面影响，那么防护师就能够对运动员进行风险行为和降低风险的教育。佩戴护目镜可以避免很多眼部损伤。[38] 运动防护师是现场面对运动员的医疗团队成员，有时也是运动员联系的唯一保健提供者，识别症状或适当的转诊塑造了运动防护师的另一个角色。

2　眼部运动损伤的临床管理

眼部护理专家可能会对运动性或娱乐性眼部损伤的运动员进行初步的分类和管理，然后遵循前述的一些建议处理。许多关于运动和娱乐活动期间发生的眼部损伤的报告已被公布。[1,4,7,39–67] 如果基本急救措施可以治疗损伤，运动员可能不会立即进行健康或视力护理，所以医师也应该看到损伤的长期影响。无论如何，眼部护理专家有法律和道德责任，即对眼睛和眼眶进行全面的评估，以确定损伤的程度。彻底、系统地评估眼睛损伤，有助于给出适当的治疗建议。系统评估眼部运动损伤的方法包括检查视力、眼球运动、瞳孔功能、附属结构、眼内压和眼球前后段结构的评估。[68,69]

医生应获得患者全面的病史来确定损伤的性质以及可能引起的任何长期病症。应详细记录相关症状，以及事件发生后如何处理损伤的完整说明。收集患者病史的最终目标是明确损伤对眼睛和视力影响的可能指数。虽然应当对具有眼部创伤史的所有运动员进行彻底的眼睛健康评估，但是对损伤的症状和类型选择适当评估手段来说，有效的病史可能更有价值。例如，一名篮球运动员被对手的肘部重击，存在眼睑损伤、出血和眼眶内容物损伤、眼眶骨折、角膜创伤、房角后退、眼前房积血、葡萄膜结构损伤、玻璃体脱离、视网膜和脉络膜破裂等可能。如果运动员在受伤后报告突然发生复视，则进一步提醒医生评估眼外肌功能，并确定是否存在眼眶骨折。

在进行其他评估之前，应先做视力检查。视力的情况指明了不同的诊断方法和治疗的方向，而且视力检查对于法医鉴定也是至关重要的。[70] 医生通常使用从前到后的方法来对眼部进行评估，然而，考虑到本章节眼部损伤的类型都与运动相关，创伤通常被归类为闭合性眼球损伤或开放性眼球损伤，伯明翰眼外伤术语系统（BETTS）的开发是为了规范眼部损伤的描述。[69] 本章节损伤的原因包括钝挫伤、穿透伤或化学灼伤，下面会简要说明运动中常见的眼睛损伤机制。

美国消费品安全委员会创建了美国国家电子伤害监测系统（NEISS）来监测消费者

的受伤发生率，包括眼部损伤。目前，各类规模和各个地区的100个医院急诊部门包括儿童医院加入了该报告系统。这些急诊部门的受伤发生率数据用于对患者眼睛受伤的原因进行估计，并且在线数据库可以通过各种因素进行搜索。[71]表7–2显示了2004年按运动类别检索到的数据。经评估，2004年，美国发生了15 358起与运动和娱乐相关的眼部损伤事件，这仅仅是统计了在医院急诊部门严重受伤的人员。体育和娱乐活动造成的眼睛受伤发生率远远大于NEISS数据估计，因为许多运动员会在医院外部寻求医疗帮助。[62]

2.1 运动项目的眼部损伤风险

表7–2 体育和娱乐相关眼部损伤报告的NEISS数据摘要（2004年）

运动种类	急诊科的损伤报告	对所有急诊部门的评估（如果可能）
球赛	20	
棒球	108	3137
篮球	212	6114
格斗	12	
橄榄球	72	1768
高尔夫球	21	
曲棍球	17	
持拍运动	60	
足球	53	1822
水中运动	54	2076
总计	629	14917

2.1.1 棒球和垒球

据报道，美国棒球运动造成的眼睛受伤发生率很高，棒球是儿童眼部运动损伤的主要原因。[7,39,58,59,65] 棒球的硬度，再加上其被扔出和击中的力量，对眼睛和眼眶造成潜在的毁灭性的损害。[36] 当棒球高速旋转时，额外的牵引力可以通过球上凸起的接缝传递到眼组织。[64] 类似的眼睛损伤模式可以在板球中发现。[64,72,73] 垒球运动的眼睛损伤的发生率尚不清楚。[65] 球比较柔软降低了受伤的风险，但是投掷或击球的力量足以给眼睛造成严重损害。[74] 在外场环境中运动同时存在眼部进入异物的风险。

2.1.2 篮球

篮球造成的运动损伤在体育运动中占有很大比例，因为在比赛中有强烈的对抗[21,75,76]，而且参与篮球运动的人数非常多，该运动已经成为美国最常见的引起眼部损伤的运动[7,39,58, 59,65,77]。常见的损伤包括眼睑擦伤或撕裂，眼眶挫伤和骨折以及角膜擦伤[78]。眼睛受伤很少是由球引起的，而是由手指或肘部。

2.1.3 拳击

眼部创伤是拳击中的常见损伤，眼部损伤的广泛性已经在文献中得到了充分的证明。[79–91] 大多数眼部损伤是眶周、眶周骨骼和眼内容物受到了撞击的结果。眼睑和软组织的损伤较常见，并且可能会发生对眼内结构和眼外肌更广泛的损伤。拇指能够向眼球传递最大的力量，因此，可能会对眼睛造成最严重的伤害。[65] 虽然一些研究表明，严重眼部创伤的发生率低于其他报告，[90,91] 但大多数研究中证明了拳击眼部损伤的严重性。[79–89]

2.1.4 钓鱼

钓鱼是许多人追捧的活动，且会出现周期性的受伤事件。虽然眼睛受伤并不频繁发生，但已报告的病例通常相当严重。[92–99] 在不增加组织损伤的情况下去除鱼钩是一个挑战，已经存在一些关于去除方法的讨论。[93–97] 最常见的鱼钩穿透受损部位包括角膜、虹膜和晶状体组织。旁观者也面临竿尖、诱饵、砝码和钓鱼矛造成损伤的危险。[98,99] 最常见的损伤包括角膜裂伤、眼睑和眼球破裂。[98]

2.1.5 橄榄球

防护面具的使用使橄榄球运动员面部和眼部的损伤发生率显著下降。然而，标准面罩不能提供对眼睛完全的保护，具体来说，手指能够以足够的力量引起严重的眼部创伤。[100,101] 在运动场上也存在异物给眼部造成损伤的风险。

2.1.6 高尔夫球

高尔夫球可以产生相当大的撞击力量，这个硬球体的大小和人眼眶的大小差不多，可以造成相当大的眼部损伤。类似地，高尔夫球杆杆头非常的坚硬并且可以直接向眼球传递很大的力。与高尔夫球相关的眼部损伤相对较少，然而一旦发生后果常常相当严重。[65,102–108]高尔夫球或高尔夫球杆杆头造成的钝性创伤导致眼球破裂，通常具有较差的预后，并且眼球摘除率高。[104,106,108]闭合眼球钝性创伤比开放性创伤有更好的视觉预后。

2.1.7 曲棍球

由于除冰球以外美国国家曲棍球联盟的所有级别的比赛都要求佩戴面部防护装置，曲棍球运动员的眼睛受伤概率已被消除。运动员眼睛受伤通常发生在无监督的比赛中，或因不正当使用面部保护装置而发生。[18,65,109]眼睛损伤的最常见原因来自曲棍球棍，其次是球或对手。[18,65,109 –116]曲棍球杆的尖端可以传递相当大的力量到眼组织，因为它与眼眶内部边缘契合，并可能导致严重的钝伤。球和对手的攻击也会给眼部造成相当大的伤害。其他形式的曲棍球，例如陆上曲棍球，室内曲棍球和街头曲棍球也存在类似的风险。

2.1.8 长曲棍球

长曲棍球运动具有类似于曲棍球运动给运动员眼睛带来损伤的风险，其中棒和球具有显著的危害性。男子长曲棍球要求使用头部和面部保护装置，从而最大限度地减少眼部受伤的风险。直到现在女子长曲棍球还没有要求面部保护，眼睛受伤的发生率和严重程度一直是运动中的一个有争议的问题。[65,117–121]与带有攻击性的棒和球相关的事故可能对眼组织造成广泛的钝伤。

2.1.9 登山

当登山者到达3000米以上时，高海拔下登山者随着对急性高山病的敏感性增加，视网膜病变风险也增加。对于不习惯这种高度的人，大气压力的降低可导致视网膜动脉和静脉直径的可见性增加和曲折以及视神经盘充血。[122–129]更快的上升速度，更高的海拔和更长的高海拔停留时间，会增加视网膜出血、视网膜神经纤维层缺陷和其他视网膜血管变化的发生率。[129]高山攀登常见的咳嗽和身体负重的体力消耗问题已被认为会引起血管系统中视网膜出血。[125] 大多数登山者没有注意到海拔高度引起视网膜病变的症状，但是更严重的脉管系统问题可能导致永久性视力丧失。[126,129,130] 由于紫外线辐射量在较高海拔处显著增加，雪反射了85%的紫外线辐射，如果没有适当地使用过滤装置，也会有患上光性角膜炎的风险。[131]

2.1.10　持拍运动

很大一部分与运动相关的眼损伤是由持拍运动造成的。持拍运动包括羽毛球、回力球、壁球和网球[42,47,49,59,64,65,132]。球以惊人的速度行进可产生巨大的打击力量（表6–4）。即使在一些持拍运动中使用的球大于人类眼眶的平均直径，压缩力也可以将球推到眼眶内部深处。[65] 羽毛球具有0.75in（1in≈2.54cm，下同）的直径并且能容易地穿过眼眶口。眼部创伤通常是由球拍或球引起的严重钝力创伤，包括高患病率的眼前房积血、创伤性青光眼、视网膜震荡和视网膜脱落。[65,132–141] 在网球和羽毛球运动中，由于双打搭档的相互靠近，双打比赛中眼睛受伤的风险显著增加。使用不合适的防护眼镜，也可增加眼部损伤风险（见第六章）。许多眼部损伤的运动员都需要住院治疗，眼睛损伤可能导致永久性视力改变。[133,134,136–138,140–142] 据报道，壁球伤害的视网膜脱落比其他流行性脱落具有更差的预后。[141] 尚未证明，运动员的经验和专业水平可以降低眼睛受伤的风险。[136,139]

2.1.11　潜水

潜水中遇到的环境压力增加必须通过在下降期间鼻子呼气来平衡，以避免面罩气压伤。除非面罩内压力均衡否则面罩增加的压力将眼睛和周围组织拉入面罩的空气空间，可能会导致眼组织出血和水肿。[65,143–148] 幸运的是，大多数面罩气压伤是可以自我解决的，唯一的治疗是确保给予支持（如冰敷）。

减压病（以下简称DCS）可能是由于运动员浮出表面过快，积聚在人体组织中的气体快速释放导致的。有文献报道了DCS的许多神经性眼部症状，包括眼球震颤、复视、视野缺损、皮质性盲、视网膜中央动脉闭塞和视神经病变。可通过再加压治疗和高压氧来治疗DCS的眼部症状。

如果潜水员佩戴接触镜，最好选择柔软的镜片。硬镜片，特别是有机玻璃镜片，在减压过程中会形成透镜下的氮气气泡，造成角膜水肿。如果一名潜水员进行了眼科手术，管理员建议他在潜水之前至少经历了最短的恢复期（表7–3）。[147] 主要风险涉及伤口愈合过程中丰富的水中微生物环境的感染。与潜水相关的压力增加并不会对有过角膜或屈光手术，青光眼或玻璃体视网膜疾病的患者构成重大风险。[147]

表7–3 眼科手术后至潜水前推荐的最短恢复期[147]

流程	推荐的恢复期
眼前段手术	
全层角膜移植术	6个月
角膜裂伤修复	6个月
白内障手术	
非角膜瓣切口	3个月
角膜瓣切口	
透明角膜切口	2个月
巩膜隧道切口	1个月
放射状角膜切开术	3个月
散光性角膜切开术	3个月
青光眼滤过术	2个月（相关禁忌症）
光性屈光性角膜切削术	2周
翼状胬肉切除	2周
结膜手术	2周
角膜缝合切除	1周
氩激光小梁成形术或虹膜切除术	无需等待
钇铝石榴石激光晶状体囊切开术	无需等待
玻璃体视网膜手术	
玻璃体切割术	2个月（禁忌，直到眼内气体吸收）
视网膜脱离修复	2个月
充气性视网膜固定术	2个月（禁忌，直到眼内气体吸收）
视网膜冷冻术或激光凝固术	2周
眼部整形手术	

续表

流程	推荐的恢复期
伤口缝合	2周
皮肤移植或造粒伤口	直到上皮形成
摘除术	2周（禁止用中空眼眶植入物）
斜视手术	2周

2.1.12　足球

在足球运动中尽管眼部损伤的发生率相对较低，但足球是眼部损伤的主要原因。[1,31,32,49,52,152–154]尽管足球有着大于运动员眼眶的直径，但是球的一部分会在与眼眶高速碰撞接触的过程中变形并进入眼眶。[31,32]一项研究发现，虽然足球没有像较小的球（如棒球、高尔夫球、网球、南瓜球）那样穿透眼眶开口，但足球保留在眼眶内的时间比其他球类更长。[32]足球在初始压缩阶段之后也会产生明显的回弹效应，从而产生对眼球的吸引变形，可能增加钝力创伤的严重性（图7–4 ）。视网膜损伤易发生于颞上的部位，可能是由于当力量冲击到整个视网膜平面上时，视网膜颞侧暴露得更多。鼻子对力量传递到鼻侧视网膜时提供了保护。[32]

2.1.13　游泳和水上运动

游泳和水上运动不存在对眼睛造成严重损伤的风险。游泳眼镜如果在摘下或清洗时滑落，可能会导致钝伤。弹性带可能导致护目镜回弹，给眼睛造成严重伤害，包括眼球破裂。[65]若保护不当，在水球运动中有被手指、肘部或球造成眼睛钝伤的风险。其他风险包括在室外水上运动（如冲浪、风帆冲浪、风筝冲浪、皮划艇）中没有充分清洁镜片，导致佩戴者眼部感染，和出现眼睑裂斑和翼状胬肉等病变。[65,155]

2.1.14　彩弹游戏

使用彩弹枪的战争游戏对于没有使用适当保护的眼睛造成巨大的风险。油漆颗粒以足够的力量射击，引起严重的眼睛创伤，包括角膜撕裂、眼前房积血、创伤性白内障和视网膜病变。[156–164]

2.2 钝挫伤

经报道，许多在运动和娱乐中发生的眼部损伤事件里，大于眼眶的物体通常造成钝挫伤，小于眼眶的物体往往导致穿透性创伤。[64–67,70,165,166] 头部的钝挫伤也可影响视觉，[25,65] 在只有一只眼睛受伤的情况下，针对另一只眼也应对短期或长期的损伤进行彻底评估。

钝挫伤是通过对眼眶内容物施加巨大压力产生的。眼部损伤通常是通过直接损伤造成局部创伤（打击而产生的效果）或震荡波沿路径通过眼组织传递的力产生的（混合效应）。[70,167–169] 眼睛损伤也可能由眼眶内容物在骨性眶内被施加的力压缩而引起。[64,70]在眼压缩损伤中，眼球沿前后方向被压缩，并且必须通过直径扩张或破裂进行补偿（图7–10）。每一种机制都能够对脆弱的眼眶骨骼和眼组织造成严重伤害。如前所述，在运动参与期间，大多数的眼睛钝挫伤是由球、棍、手指或其他物体或身体部位造成的。检查还应确定运动员是否发生了在创伤史中未报告的任何穿透性眼内异物损伤。

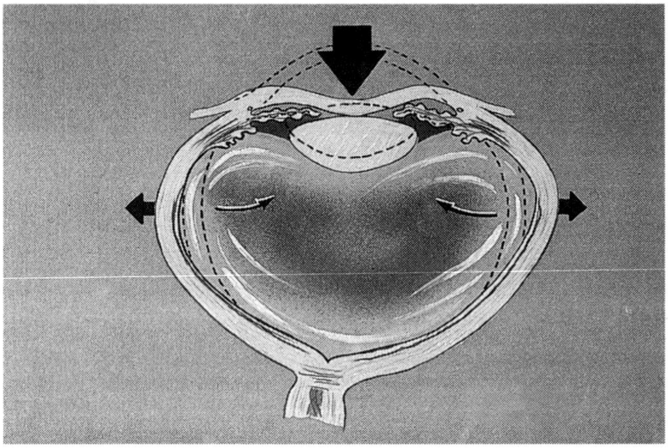

图7–10 眼部钝挫伤损伤机制

转载自J.J.坎斯基的《临床眼科学》第5版，巴特沃斯·海因曼公司于2003年在美国波士顿出版。

2.2.1　眼睑

检查眼睑时，应该检查任何撕裂和眼睑运动受限的情况。大量的撕裂通常需要手术修复，如果可能的话，应该应用广谱局部抗生素来预防继发感染（应评估眼睑的任何撕裂或运动、闭合的限制）。不完全的眼睑闭合可能需要用眼药水进行治疗，以防止暴露性角膜炎，直到可以进行外科手术修复眼睑。应特别评估对颅神经Ⅲ和Ⅶ，眼睑提肌，眼轮匝肌和泪器的损伤。[25,170]当眼睑受损严重时，应提示将患者转给眼外科医生。

2.2.2　眼眶内容物

运动员可能会出现眼眶出血，导致瘀斑、眼球突出和眼外肌异常。[165,166]即使是单纯的眼眶青肿，也应该像眼睛受到严重创伤一样进行检查，直到证明不是这样。[67]血肿会引起许多眼部后遗症，需要进行彻底的眼内部健康评估和眼压评估。应仔细评估视力、色觉、瞳孔反应和眼内压。此外，严重的眼球突出可能会影响视神经和视网膜血管的功能，需要快速诊断以确定是否需要进行眼眶减压或皮质类固醇治疗。许多眼眶出血在没有接受直接的治疗时就痊愈了，但谨慎的做法是在整个恢复期密切监测运动员的状况。

任何头部创伤均可导致眼外肌或颅神经Ⅲ、Ⅳ或Ⅵ的直接损伤。医生需要确定肌肉异常是由肌肉周围的出血或水肿引起的，还是由直接的损伤引起的，如肌肉撕裂或肌腱断裂。眼眶骨折也可能会影响眼外肌并直接影响肌肉功能。这些肌肉损伤通常会产生疼痛、复视和凝视限制的症状。[25,170]如果颅神经受损，患者将报告相同的症状，但不太可能报告任何疼痛。颅神经损伤是严重封闭性头部创伤或颅内血肿扩张压迫的征兆，应立即进行治疗。[67]

关于眼外肌功能的鉴别诊断有版本测试，判断动作的交替遮盖试验，Hess-Lancaster测试，红透镜或马克多斯杆测试，或Park三步测试。[171–173]诊断动作是每个眼外肌的单独运动（表7–4）。被动眼球牵拉试验可以帮助确定是否发生了肌肉的机械损伤，是否发生了颅神经的神经支配损伤。[174,175]眼外肌异常的管理包括监测自发性分辨率、棱镜处方、阻塞（通常为受影响区域的部分阻塞）、帮助恢复肌肉功能的矫正视力治疗、肉毒杆菌毒素治疗[176–178]和外科手术。

表7–4 眼外肌的动作评估[171]

眼睛位置	右眼	左眼
向右看	外直肌	内直肌
向左看	内直肌	外直肌
向右25° 凝视然后向上	上直肌	下斜肌
向左25° 凝视然后向上	下斜肌	上直肌
向右25° 凝视然后向下	下直肌	上斜肌
向左25° 凝视然后向下	上斜肌	下直肌

2.2.3 骨结构

眼眶部位的钝挫伤可以引起眼眶外缘骨折，然而，内部眶壁更加脆弱，更易发生骨折。[25,64,165,166,170]朗[179]第一个提出了爆裂性骨折的损伤机制。[180]眼睛的钝挫伤致使眼球倒撞上眼眶，被压缩的眼球液压可以冲破一个或两个眶壁。爆裂性骨折用于描述眼眶内底（分离上颌窦）的骨折，而不包括眼眶外缘的骨折。在爆裂性骨折期间，分离筛窦的内侧壁（眶板）也可能骨折。[165,170]内侧壁骨折也可使空气从鼻窦进入眼眶引起眶气肿（图7–11），眶气肿最易在擤鼻子或在做瓦尔萨尔瓦动作时发生。这些骨折可通过对眼眶进行计算机断层扫描或X射线摄影来证实（图7–12），并经常导致疼痛、眼外肌限制和最终的眼球内陷（见图7–1）。严重骨折必须要进行外科手术以尽量减少眼球内陷和眼外肌的限制。[165,170]

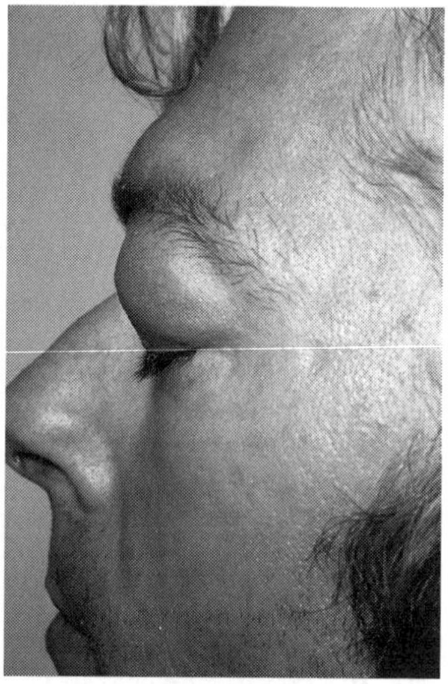

图7–11 眶气肿

转载自J.J.坎斯基的《临床眼科学》第5版，巴特沃斯·海因曼公司于2003年在美国波士顿出版。

琼斯报道，三分之一的眼眶爆裂性骨折是在体育运动中发生的，足球是英国最常发生眼眶爆裂性骨折的运动。[181]对抗激烈的运动被认为是骨折的最常见原

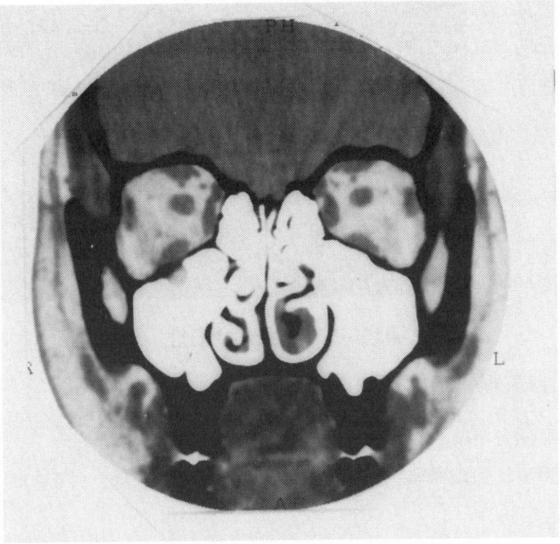

图7-12　右侧眶底爆裂性骨折的冠状面计算机断层扫描

转载自J.J.坎斯基的《临床眼科学》第5版，巴特沃斯·海因曼公司于2003年在美国波士顿出版。

因，通常是由手指、拳头、肘部、膝盖或靴子的大力击打导致的。

2.2.4　结膜和巩膜损伤

在对抗性运动中，手指经常会造成结膜组织的损伤。结膜下出血通常是这种对抗的结果，病情一般会自我愈合且没有后遗症。然而，确定更广泛的巩膜撕裂或断裂是否被血液和球结膜水肿所掩盖是非常重要的。可以用预防性广谱抗生素软膏处理小的巩膜撕裂，而较大的撕裂可能需要缝合。[166]对运动员的检查应该包括对可能损伤的内部结构进行彻底的评估，可使用荧光素进行塞德尔测试来确定是否发生破裂或穿透性损伤。损伤部位附近的荧光渗漏处即为穿透性伤口破裂处，需要外科会诊。[182]角膜缘区域和眼外肌嵌入区域最容易发生巩膜破裂，[70]以前的眼部损伤或手术会使眼球更脆弱。[67]

2.2.5　角膜损伤

无论是在钝挫伤、穿透性损伤或是异物创伤中，角膜都是最常见的损伤部位。由于感觉神经的高度集中，角膜上皮损伤的患者会特别痛苦，发生畏光和反射性流泪。参与对抗性运动的运动员特别容易被手指损伤，指甲会对角膜组织造成严重损害。因此，医生必须用生物显微镜对角膜层进行仔细评估，以确定损伤的深度和程度。所幸，除非涉及前界层（鲍曼膜），否则上皮损伤的愈合非常快且没有后遗症。前界层的损伤增加了瘢痕组织形成的发生率，这可能会影响视觉清晰度。对于涉及植物性物质的角膜损伤，应仔细监测其后的真菌感染情况。严重而不能自动愈合的角膜撕裂（图7-13）需要使用Fox防护物进行保护，并转诊进行手术咨询。

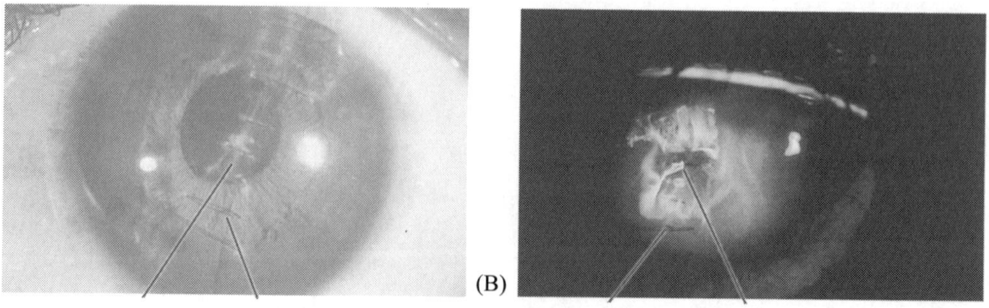

图7–13　通过视轴看到较大的角膜裂伤

（A）通过视轴看到较大面积的角膜撕裂伤。注意伤口和用于修复撕裂伤的各种长度的多段的尼龙缝线周围的线性瘢痕。（B）角膜撕裂伤显示Seidel试验阳性（中央缝线周围的明亮的荧光流）。

转载自P.K.凯泽、N.J.弗里德曼的《马萨诸塞州眼耳医院眼科图解手册》第2版，WB桑德斯公司于2004年在美国费城出版。

压力修补术是治疗角膜擦伤的标准方法（图7–14）；然而，修补导致的上皮氧气减少和温度增加会减缓愈合并增加感染的风险。[166,183]使用局部抗生素和睫状肌麻痹剂，无需修补就可能更快地愈合，同时增加患者的舒适度并防止继发感染。[184]积极使用眼药水，特别是在睡前使用润滑药膏，可以增加患者的舒适度并促进愈合。由于上皮损伤会引起剧烈的疼痛，经常需要口服非甾体抗炎药。但抗炎药会减缓组织愈合，所以其使用应限制在每天两次以内。禁忌使用局部麻醉剂来增加患者舒适度，因为这样会显著影响角膜愈合和增加感染风险。[166]

接触镜可以是角膜损伤的有效治疗工具，尽管这些镜片也可能减缓愈合。接触镜可以保护上皮，且不会像传统的压力修补术那样显著减少氧气供应或增加角膜温度。使用接触镜的额外好处是允许运动员在愈合期间用眼。对于已经是接触镜佩戴者的运动员来说，这是一种很好的治疗方法。应鼓励运动员频繁使用眼药水，以保持眼睛润滑。

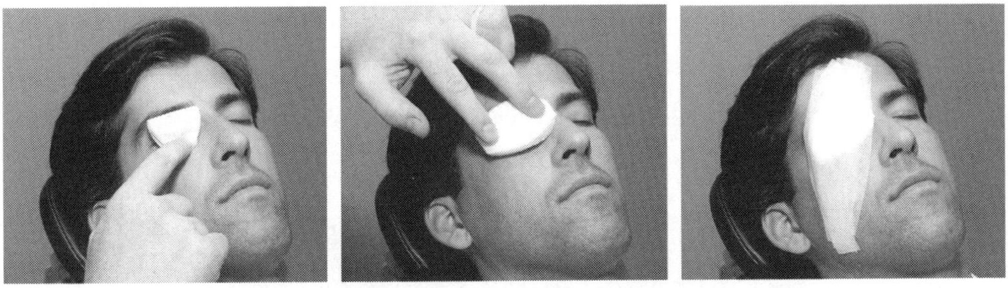

(A)　(B)　(C)

图7–14　用压力修补术治疗角膜擦伤

（A）检查者将眼垫敷于患者合上的眼睑，眼垫可以是纵向的，也可以是对折的。（B）检查者在第一块眼垫上纵向放置第二块眼垫。（C）检查者用胶带从前额中心到下颌角固定纱布。

转载自D.A.帕莱、J.H.克拉克默的《初级保健眼科》第2版，莫斯比公司于2005年在美国密苏里州圣路易斯出版。

指甲造成的角膜损伤的一个特殊问题是有复发性角膜糜烂的可能。大多数上皮损伤愈合良好，仅仅7%～8%的损伤会发生复发性角膜糜烂。[185,186]治疗旨在重建上皮和前界层之间的黏附复合物，包括连续使用局部高渗剂、绷带接触镜、手术清创、基质微穿刺和准分子激光切除术。[166,186–191]

快速的球类运动和对抗性运动中产生的力可以导致各种层面的角膜撕裂，角膜后弹力层或内皮的损伤会造成严重的角膜水肿甚至可能出现角膜血染。单纯的角膜水肿或角膜血染会自行溶解；然而内层细胞的破裂却是永久性的。[70,192] 力量过大会导致角膜深层破裂，且经常会累及邻近的虹膜。[193,194] 接受了角膜屈光手术的运动员，角膜撕裂的风险较高，强烈建议佩戴适当的护目镜。

2.2.6　眼前房和眼色素层

运动中眼部受到压力会发生钝挫伤，导致虹膜或睫状体组织的损伤。撞击引起的压力可导致角膜、晶体–虹膜隔和睫状体的快速扩张和变形。[64,166,195,196] 最终影响眼前房角度和瞳孔功能，导致创伤性眼前房积血等问题。

看起来相对轻度的创伤也可能会引起虹膜基质的损伤，诱发虹膜炎，虹膜炎可以在一段时间后自行恢复。虹膜炎的患者可使用局部睫状肌麻痹剂以缓解疼痛和畏光。有时，虹膜括约肌也可能断裂，导致永久性的特征性三角形缺陷和瞳孔边缘缺口（图7–15）。虹膜和睫状体受到钝挫伤，有可能导致瞳孔缩小、瞳孔扩大、睫状肌麻痹或调节痉挛等问题。更严重的创伤可能导致虹膜劈裂症（前中胚层叶脱离）或虹膜根部断离（虹膜的基底与睫状体分离）。典型的虹膜根部断离会出现眼前房大量出血，且在眼前房出血被清理前，虹膜根部断离很难被察觉。除非同侧瞳孔出现单眼复视的情况，否则虹膜根部断离一般不需要治疗。

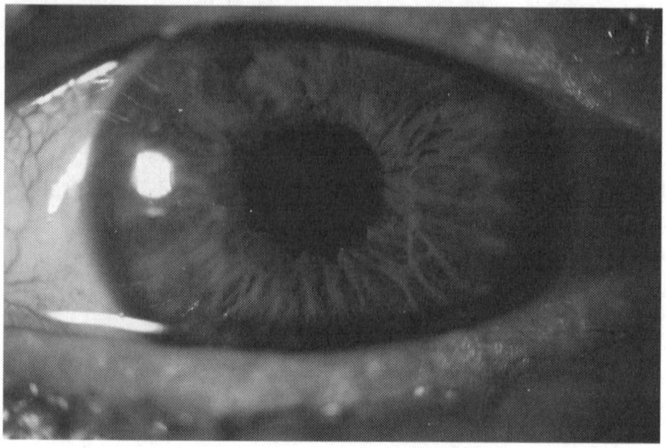

图7–15 虹膜括约肌撕裂

转载自J.J.坎斯基的《临床眼科学》第5版，巴特沃斯·海因曼公司于2003年在美国波士顿出版。

睫状体也可能受到钝挫伤，这通常会在前睫状体产生裂缝并引起房角后退（图7–16）。[64,70,166,195]房角后退可伴有或不伴有出血，并由于小梁网的损伤，影响前房水的流通。前房角镜检查表明，大多数导致创伤性上皮的伤害，也会导致房角后退。[97,198]房角后退通常是造成青光眼的原因，在只有一只眼睛创伤的案例中，往往是单侧发生房角后退。继发性青光眼可发生在损伤后2个月至2年内，甚至可能发生在损伤后的10至15年。[199]房角后退继发性青光眼的概率约为7%，[195]房角衰退大于180°时发展为青光眼的风险较高。[199,200]患有房角后退的运动员，终生都应监测青光眼的发展。发生360° 的睫状体脱离的可能性很小（睫状体脱离术），其导致的眼压过低和眼球萎缩需要手术治疗。[166]

虹膜和睫状体组织的损伤常常导致前房出血，并且由此对诊断和治疗形成相当大的挑战。前房出血可以遮盖眼内结构，使临床医生对损伤程度的评估相当困难。然而，应该尽可能地进行彻底的病史检查和评估。应该仔细检查眼前房积血的程度，包括症状和凝块的位置。创伤性眼前房积血分级系统用于记录出血程度（框7–5）。[195]

图7–16　严重的房角后退

转载自J.J.坎斯基的《临床眼科学》第5版，巴特沃斯·海因曼公司于2003年在美国波士顿出版。

框7–5

一级：积血量不到前房的三分之一。 二级：积血量达前房的三分之一到一半。 三级：积血量超过前房的一半但未全部填满。 四级：眼前房积血全部凝结，通常称为“黑球”或“八号球”式的眼前房积血。

创伤性眼前房积血会导致许多后果，包括急性眼前房出血、继发性出血、前后虹膜粘连、角膜血染和视神经萎缩期间的眼内压升高。暂时的眼内压升高可能是由小梁网阻塞引起的，并且通常会随着眼前房积血的清除而快速恢复正常。这种机制类似于运动引起的色素分散综合征中的眼压升高。[201] 镰状细胞病的运动员和未确诊的非洲裔或西班牙裔运动员的眼压升高和随后的视网膜中央动脉阻塞的风险较高，因为镰状红细胞不能通过小梁网。[202–206] 二次出血对视力恢复[198,206,207] 和继发性青光眼的预后明显较差。[206,208,209] 创伤性眼前房出血中的虹膜粘连通常由相关的虹膜炎和房角关闭引起，医生可以注意到患者瞳孔变化的反应。[198,207] 视力萎缩可以由创伤本身引起，也可以由长期眼内压升高引起。[198,207]

所有这些并发症，加上缺乏明确的治疗方法，使之成为一个复杂和困难的临床问题。[206,210]许多医疗和外科治疗方案必须仔细考虑。创伤性眼前房出血的常规初始治疗包括严格卧床休息、双侧敷医用纱布、镇静和住院治疗。医学治疗适合于三级及以下的眼前房积血，经外科手术介入的四级眼前房积血在4天之内不应进行医学治疗。[195]

2.2.7 晶状体

晶状体会因同侧或对侧眼外伤的影响而受到损伤。当眼球受压将角膜后推至与晶状体接触，虹膜瞳孔和晶状体前表面之间的接触可能引起永久性Vossius环。[25,64,68]更大的力可产生暂时性玫瑰状白内障，然而通常情况下白内障会残留并逐渐恶化。白内障的清除可能由于存在眼前房积血和其他结构特别是晶状体悬韧带的损伤而变得复杂。如果晶状体囊破裂，可能会进一步导致色素层炎和晶状体溶解性青光眼等并发症。

在更严重的眼部创伤的情况中，晶状体可能发生半脱位或完全脱位。损伤产生的压迫可能引发晶状体悬韧带破裂并导致晶状体向前或向后倾斜，从而导致视力波动和复视。如果该患者需要进行扩张术，就必须注意防止半脱位的晶状体移入前房。如果移位的晶状体触碰到了虹膜，或者如果玻璃体已经下垂到前房，则通常需要外科手术。在罕见的情况下，当晶状体悬韧带完全断裂时，晶状体可以内部脱位到前房或玻璃体内，或脉络膜上。[166,211–213]晶状体也可能在严重外伤中脱位，特别是在眼球破裂中。除了晶状体脱位造成的视力低下外，临床医生还可能观察到虹膜震颤。[68]脱位的晶状体预后不良，如果晶状体囊破裂，会随之发生并发症。晶状体脱位的最佳治疗方法是用完整的玻璃体切割术摘除晶状体。[166]

2.2.8 玻璃体

在眼部创伤中，玻璃体可受到玻璃体基底部撕脱、玻璃体后脱离的直接影响，或者受到玻璃体出血的间接影响。眼色素层和视网膜部位可能存在出血，这强调了彻底的后期评估的必要性。如果视网膜的成像过程被玻璃体中的血液遮蔽，则需要通过B超检查评估视网膜的完整性。玻璃体出血可以在几周后自行消退；然而，有的可能需要进行玻璃体切割术。出血细胞可以移动到前房，产生血影细胞青光眼，这通常需要用玻璃体切割术进行治疗。[166,196,214]

玻璃体牵引在玻璃体附着的位置产生撕裂。最常见的情况是，玻璃体基底沿着视网膜前部和睫状体扁平部撕裂，这是钝性创伤的病理特征。[70]玻璃体基部撕裂可导致玻璃体基底部悬挂在周边视网膜上，形成“桶柄状”外观。[64,166]玻璃体基部撕裂通常也会引起周边视网膜脱离。玻璃体也紧密附在环绕着视神经、黄斑和视网膜血管的视网膜上。来自钝性创伤的牵引可产生后玻璃体脱离和随后的视网膜脱离。除非视网膜上的牵引力需要外科手术干预，否则可以只监测玻璃体前部或后部的脱离。[166]

2.2.9　视网膜损伤

视网膜经常受到眼部损伤的影响。其中一些损伤会导致视觉功能的永久性丧失并需要手术治疗。具有高度近视或其他视网膜损伤的运动员，在外伤中受到视网膜损伤的风险极高。

视网膜震荡由伯林在1873年第一次命名，是一种常见的冲击性损害。[215] 挫伤导致的视网膜白色、不透明的外观（图7–17）通常不需要干预即可恢复，除非光感受器和视网膜色素上皮组织发生了永久性的损害。[70,166,196,214] 视网膜震荡可发生于周边视网膜或黄斑中央区（称为Berlin水肿），对视力有很大的影响。视网膜色素上皮可能会发生相当严重的损伤，最终导致类似于色素性视网膜炎引起的视网膜的颗粒色素沉着和骨细胞外观。[216–218]运动员还应评估浆液性视网膜脱离，这同样会影响预后的视力恢复。[219]

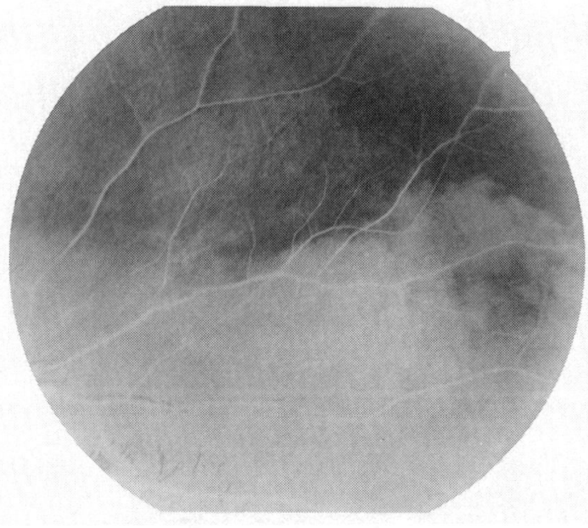

图7–17　周边视网膜震荡

转载自J.J.坎斯基的《临床眼科学》第5版，巴特沃斯・海因曼公司于2003年在美国波士顿出版。

创伤性黄斑裂孔在眼部钝挫伤中发生得比较普遍，可能的损伤机制包括坏死、玻璃体牵拉和窝下鳞出血。[166,196,220,221]全层黄斑裂孔后视力通常较差，并且经常与其他内眼组织损伤有关。[222]对创伤性黄斑裂孔进行手术，手术成功者，特别是年轻患者，手术后近期视力即有所改善。[221,223–232]

视网膜锯齿缘断离，即附着于后缘的残留玻璃体与视网膜锯齿缘前部的分离是最常见的创伤性视网膜断裂。[233]在受到创伤时，经常发生锯齿缘断离，[234,235]玻璃体附着最有可能导致视网膜脱离的发展。视网膜锯齿缘断离可能难以观察和诊断，预防性手术治疗可以预防其发展为视网膜脱离。[166]

眼部钝挫伤可导致多种视网膜撕裂和脱离。临床医生应做到熟练识别马蹄形裂孔、鳃盖样裂孔、牵拉撕裂、巨大视网膜裂孔、坏死性撕裂和孔源性视网膜脱离。[70,166]创伤后可能不会立刻出现视网膜脱离。因此，强烈建议创伤后对视网膜脱离症状进行持续地监控。许多视网膜撕裂和脱离都需要外科手术治疗以防后续的视网膜损伤；没有证据表明，手术重建的连接可以防止在高对抗性的运动如拳击或武术中的视网膜脱离。[236]

2.2.10 视神经

视神经可由直接因素或间接因素导致损伤。最常见的视神经损伤是由于间接的对侧外伤力或肿胀压力损伤了神经或视神经的血供（如眶气肿）而引起的。[25,70,156,166,237,238]在概率极小的案例中，视神经会由于眼内异物或眼科骨折碎片而直接损伤；还会因剪切力或压力，视神经部分或全部撕裂。[29,165,166,239,240]运动员有眼眶受到手指损伤的特定风险，且已被证实这可能会引起视神经撕裂。[241–243]根据之前的介绍，拖延眼内压评估也可造成视神经损伤。对于创伤引起的视神经损伤，影像学检测是确定损伤程度最基本的方法。

眼部神经疾病的许多治疗方法已经有所改进。大剂量的皮质类固醇和外科降压手术是最普遍的治疗方法，可用一种方法单独治疗，也可几种方法结合进行治疗。[165,166,170]尽管已有研究表明，视力会自行恢复，[244]但仍旧推荐进行治疗以增加视力恢复的可能性。视神经撕裂的视力恢复预后不良，尽管有些人建议使用静脉注射大剂量皮质类固醇的治疗方法。[166]

2.2.11脉络膜

脉络膜、布鲁赫膜或上覆的视网膜色素上皮的破裂可由钝性创伤引起。脉络膜破裂最常发生在由后极受压引起的冲击性损伤中，脉络膜毛细血管的破裂常在视盘和黄斑区域引起严重的视网膜下出血（图7–18）。出血可能需要几周才能消除，并可能导致黄白色的瘢痕（图7–19）。

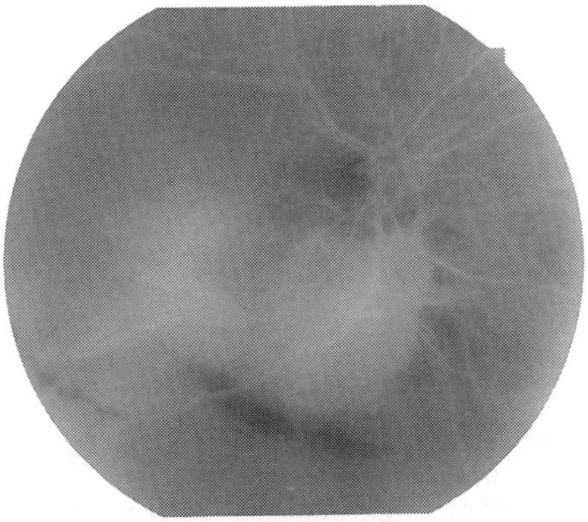

图7–18　急性脉络膜破裂性瘢痕

转载自J.J.坎斯基的《临床眼科学》第5版，巴特沃斯·海因曼公司于2003年在美国波士顿出版。

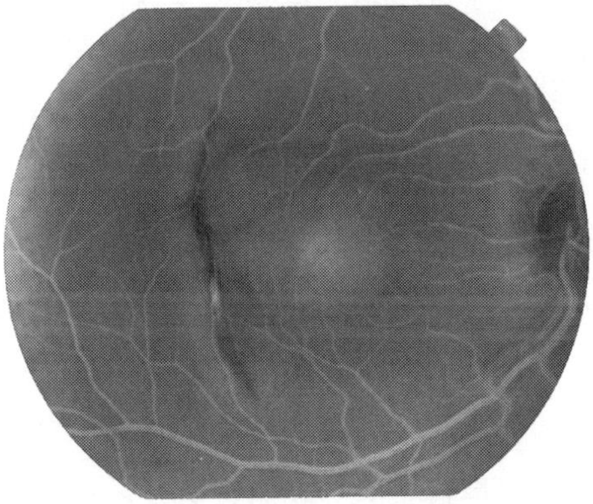

图7–19　老脉络膜破裂疤痕

转载自J.J.坎斯基的《临床眼科学》第5版，巴特沃斯·海因曼公司于2003年在美国波士顿出版。

预后视力相对较好，除非出血发生在中央凹下。如果布鲁赫膜已经破裂，脉络膜血管可以在视网膜下发展。[245–247] 光凝治疗可能有助于预防脉络膜破裂后多年发生的视网膜脱离和视网膜下新生血管膜的形成。[70,196]

对脉络膜的直接创伤通常会在更前方产生损伤，并且也会影响眼色素层结构。前脉络膜破裂的位置使对损伤的观察变得困难。因此，医师必须有目的地评估预后。如果出现大面积的脉络膜分离，严重的继发性青光眼可对治疗效果产生不利影响。[195]

2.2.12 视野

导致眼睛受伤的力量也可能导致闭合性头部外伤。[25] 涉及脑水肿、出血、压迫或局部缺血的闭合性头部损伤可能会损害视觉通路。视野、瞳孔反射、视力和颜色测试可用于其他健康专业人员确定损伤的性质和程度。

2.3 穿透性创伤

穿透性眼内损伤在运动中相对较少，特别是在运动员佩戴护目镜之后。常见的穿透物体包括鱼钩、飞镖、与武器有关的物体和不适当的眼镜镜片和镜架。[248] 虽然眼睛内部通常对玻璃的耐受性很好，但破碎玻璃的锋利边缘可能会引起相当严重的继发性损伤。[248] 详细的病史对确定损伤和潜在眼内异物的确切性质至关重要。在快速运动的小型物体造成的损伤中，眼睛外部损伤的迹象可能有限。所有眼部组织均应进行彻底评估，并进行房水渗漏试验以帮助检测创口。计算机断层扫描对于定位异物的存在和位置通常是必不可少的。眼组织渗透可引起许多并发症：角膜疤痕，虹膜部分受损，晶状体可能需要摘除，玻璃体可能需要摘除，视网膜可能有长期的问题。[64,166]

许多金属和工具异物具有较高的引起眼内感染和炎症的风险。因此，建议对所有异物进行广谱抗生素预防性治疗。[165] 眼内异物的管理由异物的组成、保留异物的机械效应和感染的存在决定。[165] 眼睛不耐受或有可能引起二次损伤的外来物质，如有可能，应予以清除。感染，特别是器官异物的感染，不能单独用抗生素治疗，通常需要移除感染源。外科医生在确定是否去除异物时，必须考虑异物的位置、组成和感染问题，以及如何以最少的眼组织手术损伤来完成移除。

穿孔性钝挫伤往往比非穿孔性钝挫伤或穿透性异物损伤预后更差。钝性创伤力引起的眼组织和结构的损伤，其程度通常是严重的。此外，穿孔性钝挫伤的疤痕可能会比最初的损伤造成更大的伤害。[166] 应尽快启动玻璃体切割术和其他医疗和外科治疗手段。

2.4　化学灼伤

化学灼伤（图7–20）在运动中相当罕见。化学处理不当的泳池会对游泳者的眼睛产生刺激，导致球结膜水肿。有时，运动员（如足球和棒球）可能会在他的眼睛中发现用于现场标记的白垩粉。这些化学伤害几乎总是温和的，细致的冲洗可能是唯一必要的治疗。如果化学试剂是固体，建议对穹隆部进行严格的检查以除去任何残留的物质。

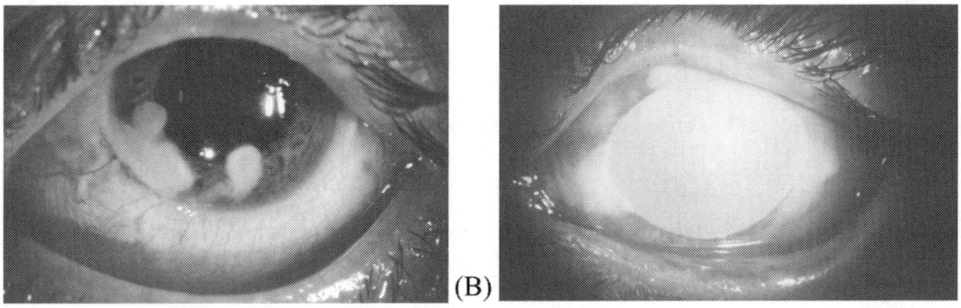

(A)　(B)

图7–20　角膜碱烧伤

（A）烧伤当天。（B）烧伤后7天，彻底破坏性碱烧伤，表现为角膜灼伤和结膜感染。

转载自P.K.凯泽、N.J.弗里德曼的《马萨诸塞州眼耳医院眼科图解手册》第2版，WB桑德斯公司于2004年在美国费城出版。

如果角膜上皮被破坏，则提倡使用广谱抗生素进行预防性治疗。[249] 如果发生虹膜睫状体炎，这通常由角膜上皮损伤引起，则需要用睫状肌麻痹剂治疗以防止后侧粘连。[249]

3　后续护理

运动员在受到与体育运动相关眼损伤后恢复运动，需要整个运动医学团队继续进行评估和管理，以确保达到最佳效果。眼部护理专家负责管理受伤后的运动员，运动员和运动防护师应收到关于进一步治疗、注意事项、护目镜佩戴建议的详细指示。

眼部护理专家与现场运动医学专业人员（通常是经过认证的运动防护师）之间的沟通至关重要。书面和语言沟通，这两种方式是最有效的。书面沟通应包含足够的细节。语言沟通允许运动员和其他专业人员就情况发生时，需要做什么，何时执行，谁来执行，以及为什么需要这么做等提出具体问题。此外，对家族庭成员和主教练进行教育将提高运动员遵从医嘱的程度。

运动防护师的作用非常重要，因为他可以每天评估受伤情况，并在必要时将运动员转到医生处。如果医生不熟悉运动员的运动，运动防护师可以提供关于训练和比赛情况的宝贵信息。运动防护师也可以通过对运动员的后续护理，来提高其依从性。

参考文献

[1] Larrison WI,Hersh PS, Kunzweiler T, et al: Sports-related ocular trauma, *Ophthalmology 97:*1265, 1990.

[2] Vinger PF: Sports eye injuries a preventable disease, *Ophthalmology 88:*108, 1981.

[3] Barr A, Baines PS, Desai P, et al: Ocular sports injuries: the current picture, *Br J Sports Med 34:*456, 2000.

[4] Ghosh F, Bauer B: Sports-related eye injuries, *Acta Ophthalmol Scand 73:*353, 1995.

[5] MacEwen CJ: Eye injuries: a prospective survey of 5671 cases, *Br J Ophthalmol 73:*888, 1989.

[6] Kyle S: *Youth baseball protective equipment project final report*, Washington, DC, 1996, Consumer Products Safety Commission.

[7] Strahlman E, Elman M, Daub E, et al: Causes of pediatric eye injuries: a population-based study, *Arch Ophthalmol 108:*603, 1990.

[8] *Prevention of blindness, data analysis*: *vision problems in the US*,New York, 1978,National Society for the Prevention of Blindness, pp 24-33.

[9] Consumer Products Safety Commission: *Sports and recreational eye injuries*, Washington, DC, 2000, Consumer Products Safety Commission.

[10] National Society to Prevent Blindness: *Fact sheet*, New York, 1980, National Society to Prevent Blindness.

[11] American Academy of Pediatrics Committee on Sports Medicine and Fitness: Protective eyewear for young athletes. Policy statement, *Pediatrics 113:*619, 2004.

[12] American Academy of Pediatrics Committee on Sports Medicine and Fitness: American Academy of Ophthalmology, Eye Health and Public Information Task Force. Protective eyewear for young athletes, *Ophthalmology 111:*600, 2004.

[13] Nelson LB, Wilson TW, Jeffers JB: Eye injuries in childhood: demography, etiology, and prevention, *Pediatrics 84:*438, 1989.

[14] Grin TR, Nelson LB, Jeffers JB: Eye injuries in childhood, *Pediatrics 80:*13, 1987.

[15] Jeffers JB: An on-going tragedy: pediatric sports-related eye injuries, *Semin Ophthalmol 5:*21, 1990.

[16] Landry GL, Bernhardt DT: *Essentials of primary care sports medicine*, Champaign, IL, 2003, Human Kinetics.

[17] Weber TS: Training room management of eye conditions, *Clin Sports Med 24:*681, 2005.

[18] Stuart MJ, Smith AM,Malo-Ortiguera SA, et al: A comparison of facial protection and the incidence of head, neck, and facial injuries in Junior A hockey players, *Am J Sports Med 30:*39, 2002.

[19] Morris DS: Ocular blunt trauma: loss of sight from an ice hockey injury, *Br J Sports Med 40:*e5, 2006.

[20] Danis RP, Hu K, Bell M: Acceptability of baseball face guards and reduction of oculofacial injury in receptive youth league players, *Inj Prev 6:*232, 2000.

[21] Meeuwisse WH, Sellmer R, Hagel BE: Rates and risks of injury during intercollegiate basketball, *Am J Sports Med 31:*379, 2003.

[22] Guskiewicz KM, Bruce SL, Cantu RC, et al: National athletic trainers' position statement: management of sport related concussion, *J Athletic Training 39:*280, 2004.

[23] Schenck RC, Barnes RP, Behnke RP, et al, editors: *Athletic training and sports medicine*, Sudbury, MA, 1999, Jones and Bartlett.

[24] Guyette RF: Facial injuries in basketball players, *Clin Sports Med 12:*247, 1993.

[25] Vogel MS: An overview of head trauma for the primary care practitioner: part II—ocular damage associated with head trauma, *J Am Optom Assoc 63:*542, 1992.

[26] Williams RJ, Marx RG, Barnes R, et al: Fractures about the orbit in professional American football players, *Am J Sports Med 29:*55, 2001.

[27] Forrest LA, Schuller DE, Strauss RH: Management of orbital blow out fractures. Case reports and discussions, *Am J Sports Med 17:*217, 1989.

[28] Kulwin DR, Leadbetter MG: Orbital rim trauma causing a blowout fracture, *Plast Reconstr Surg 73:*969, 1984.

[29] Kaufman BR, Heckler FR: Sports-related facial injuries, *Clin Sports Med 16:*543, 1997.

[30] Bahr R, Maehlum S: Clinical guide to sports injuries, Champaign, IL, 2004, Human Kinetics.

[31] Capao-Filipe JA: Soccer (football) ocular injuries: an important eye health problem, *Br J Ophthalmol 88:*159, 2004.

[32] Vinger PF, Capao-Filipe JA: The mechanism and prevention of soccer eye injuries, *Br J Ophthalmol 88:*167, 2004.

[33] NCAA Guideline 4b: Eye safety in sports. NCAA Committee on Competitive Safeguards and Medical Aspects of Sports, 2001. http://www.ncaa.org/library/sports_sciences/sports_med_handbook/2006-07/ 2006-07_sports_medicine_handbook.pdf. Accessed May 1, 2007.

[34] Eagling EM, Roper-Hall MJ: *Eye injuries: an illustrated guide*, Philadelphia, 1986, J.B. Lippincott.

[35] Arnheim DD, Prentice WE: *Principles of athletic training,* ed 10, Boston, 2000,McGraw Hill.

[36] Stilger VG, Alt JM, Robinson TW: Traumatic hyphema in an intercollegiate baseball player: a case report, *J Athl Train 34:*25, 1999.

[37] Reid DC: *Sports injury assessment and rehabilitation*, New York, 1992, Churchill Livingstone.

[38] Capao-Filipe JA, Rocha-Sousa A, Falcao-Reis F, et al: Modern sports eye injuries, *Br J Ophthalmol 87:*1336, 2003.

[39] Vinger PF: The incidence of eye injuries in sports. In Vinger PF, editor: *Ocular sports injuries*, Boston, 1981, Little, Brown, pp 21-46.

[40] Vinger PF: Sports eye injuries: a preventable disease, *Am Acad Ophthalmol 88:*108, 1981.

[41] Diamond GR, Quinn GE, Pashby TJ, et al: Ophthalmologic injuries, *Clin Sports Med 1:*469, 1982.

[42] Diamond GR, Quinn GE, Pashby TJ, et al: Ophthalmologic injuries, *Prim Care 11:*161, 1984.

[43] Gregory PT: Sussex Eye Hospital sports injuries, *Br J Ophthalmol 70:*748, 1986.

[44] Grove D: Study: eye injuries in varsity sports, *Phys Sportsmed 15:*64, 1987.

[45] Jones NP: Eye injuries in sport: an increasing problem, *Br J Sports Med 21:*168, 1987.

[46] MacEwen CJ: Sport associated eye injury: a casualty department survey, *Br J Ophthalmol 71:*701, 1987.

[47] Jones NP: One year of severe eye injuries in sport, *Eye 2:*484, 1988.

[48] LaRoche GR, McIntyre L, Shertzer RM: Epidemiology of severe eye injuries in childhood, *Ophthalmology 95:*1603, 1988.

[49] Jones NP: Eye injury in sport, *Sports Med 7:*163, 1989.

[50] Pashby TJ: Eye injuries in Canadian sports and recreational activities, *Can J Ophthalmol 27:* 226, 1992.

[51] Zagelbaum BM, Tostanoski JR, Kerner DJ, et al: Urban eye trauma: a one-year prospective study, *Ophthalmology 100:*851, 1993.

[52] Orlando RG: Soccer-related eye injuries in children and adolescents, *Phys Sportsmed 16:*103, 1988.

[53] Capoferri C, Martorina M, Menga M, et al: Eye injuries from traditional sports in Aosta Valley, *Ophthalmologica 208:*15, 1994.

[54] Fong LP: Sports-related eye injuries, *Med J Aust 160:*743, 1994.

[55] Fong LP: Eye injuries in Victoria, Australia, *Med J Aust 162:*64, 1995.

[56] Pardhan S, Shacklock P, Weatherill J: Sport-related ocular trauma: a survey of the presentation of eye injuries to a casualty clinic and the use of protective eye-wear, *Eye 9(pt 6 suppl):*50, 1995.

[57] Zagelbaum BM, Starkey C, Hersh PS, et al: The National Basketball Association eye injury study, *Arch Ophthalmol 113:*749, 1995.

[58] Napier SM, Baker, RS, Sanford DG, et al: Eye injuries in athletics and recreation, *Surv Ophthalmol 41:*229, 1996.

[59] Orlando RG, Doty JH: Ocular sports trauma: a private practice study, *J Am Optom Assoc 67:*77, 1996.

[60] Capao Filipe JA, Barros H, Castro-Correia J: Sports-related ocular injuries: a three-year follow-up study, *Ophthalmology 104:*313, 1997.

[61] Barr A, Baines PS, Desai P, et al: Ocular sports injuries: the current picture, *Br J Sports Med 34:*456, 2000.

[62] Vinger PF: A practical guide for sports eye protection, *Phys Sportsmed 28:*49, 2000.

[63] Vinger PF: Understanding eye trauma through computer modeling, *Arch Ophthalmol 123:*833, 2005.

[64] Jones NP: Eye injuries in sport. In Loran DFC, MacEwen CJ, editors: *Sports vision*, Oxford, 1995, Butterworth-Heinemann.

[65] Vinger PF: The eye and sports medicine. In Tasman W, Jaeger EA, editors: *Duane's clinical ophthalmology*, Philadelphia, 1985, JB Lippincott.

[66] Pizzarello LD, Haik BG, editors: *Sports ophthalmology*, Springfield, IL, 1999, Charles C. Thomas.

[67] Pane A, Simcock P: *Practical ophthalmology: a survival guide for doctors and optometrists*, Edinburgh, 2005, Elsevier Churchill Livingston, pp 106-127.

[68] Fingeret M: The initial evaluation of ocular trauma in sports, *J Am Optom Assoc 51:*687, 1980.

[69] Heiberger MH, Madonna RJ, Nehmad L: *Emergency care in the optometric setting*, New York, 2004, McGraw-Hill, pp 81-116.

[70] Benson WE, Shakin J, Sarin LK: Blunt trauma. In Tasman W, Jaeger EA, editors: *Duane's clinical ophthalmology*, Philadelphia, 1983, JB Lippincott.

[71] Consumer Product Safety Commission: *National Electronic Injury Surveillance System (NEISS) online*, http://www.cpsc.gov/library/neiss.html, accessed June 15, 2006.

[72] Jones NP, Tullo AB: Severe eye injuries in cricket, *Br J Sports Med 20:*178, 1986.

[73] Aburn N: Eye injuries in indoor cricket at Wellington Hospital: a survey January 1987 to June 1989, *NZ Med J 103:*454, 1990.

[74] Vinger PF, Duma SM, Crandall J: Baseball hardness as a risk factor for eye injuries, *Arch Ophthalmol 117:*354, 1999.

[75] Abrams JH: Sports related ocular trauma, *Athl Therapy Today 1:*31, 1996.

[76] Marton K,Wilson D,McKeag D: Ocular trauma in college varsity sports, *Med Sci Sports Exerc 19:*S53, 1987.

[77] Witherspoon CD, Kuhn F,Morris R, et al: Epidemiology of general and sports eye injuries, *Ophthalmol Clin North Am 12:*333, 1999.

[78] Zagelbaum BM, Starkey C, Hersh PS, et al: The National Basketball Association eye injury study, *Arch Ophthalmol 113:*749, 1995.

[79] Doggart JH: The impact of boxing on the visual apparatus, *Arch Ophthalmol 54:*161, 1955.

[80] Palmer E, Lieberman TW, Burns S: Contusion angle deformity in prizefighters, *Arch Ophthalmol 94:*225, 1976.

[81] Maguire JI, Benson WE: Retinal injury and detachment in boxers, *JAMA 255:*2451, 1986.

[82] Giovinazzo VJ, Yannuzzi LA, Sorenson JA, et al: The ocular complications of boxing, *Ophthalmology 94:*587, 1987.

[83] Smith DJ: Ocular injuries in boxing, *Int Ophthalmol Clin 28:*242, 1988.

[84] Enzenauer RW,Mauldin WM: Boxing-related ocular injuries in the United States Army, 1980 to 1985, *South Med J 82:*547, 1989.

[85] Leach A,McGalliard J, Dwyer MH, et al: Ocular injuries from boxing, *Br Med J 304:*839, 1992.

[86] McLeod D: Ocular injuries from boxing, *Br Med J 304:*197, 1992.

[87] Whiteson A: Ocular injuries from boxing, *Br Med J 304:*574, 1992.

[88] Wedrich A, Velikay M, Binder S, et al: Ocular findings in asymptomatic amateur boxers, *Retina 13:*114, 1993.

[89] Vadala G, Mollo M, Roberto S, et al: Boxing and the eyes: morphological aspects of the ocular system in boxers, *Eur J Ophthalmol 7:*174, 1997.

[90] Hazar M, Beyleroglu M, Subasi M, et al: Ophthalmological findings in elite amateur Turkish boxers, *Br J Sports Med 36:*428, 2002.

[91] Bianco M, Vaiano AS, Colella F, et al: Ocular complications of boxing, *Br J Sports Med 39:*70, 2005.

[92] Bartholomew RS,MacDonald M: Fish-hook injuries of the eye, *Br J Ophthalmol 64:*531, 1980.

[93] Grand GM, Lobes LA: Technique for removing a fishhook from the posterior segment of the eye, *Arch Ophthalmol 98:*152, 1980.

[94] Mandelcorn MS, Crichton A: Fish-hook removal from vitreous and retina, *Arch Ophthalmol 107:*493, 1989.

[95] Aiello LP, Iwamoto M, Guyer DR: Penetrating ocular fish-hook injuries, *Ophthalmology 99:*862, 1992.

[96] Aiello LP, Iwamoto M, Taylor HR: Perforating ocular fish-hook injuries, *Arch Ophthalmol 110:*1316, 1992.

[97] Yuksel N, Elibol O, Caglar Y: Penetrating corneal fish-hook injury, *Ophthalmologica 208:*112, 1994.

[98] Alfaro DV 3d, Jablon EP, Rodriguez FM, et al: Fishing-related ocular trauma, *Am J Ophthalmol 139:*488, 2005.

[99] Tanton JH, Elliott DC: Fishing-spear injury of the orbit, *Am J Ophthalmol 64:*973, 1967.

[100] Heinrichs EH, Willcockson JR: Catastrophic eye injury in a football player, *Physician sportsmed 10:*71, 1982.

[101] Sherwood DJ: Eye injuries to football players, *N Engl J Med 320:*742, 1989.

[102] Millar GT: Golfing eye injuries, *Am J Ophthalmol 64:*741, 1967.

[103] Portis JM,Vassallo SA, Albert DM: Ocular sports injuries: a review of cases on file in the Massachusetts Eye and Ear Infirmary pathology laboratory, *Int Ophthalmol Clin 21:*1, 1981.

[104] Mieler WF, Nanda SK,Wolf MD, et al: Golf-related ocular injuries, *Arch Ophthalmol 113:*1410, 1995.

[105] Burnstine MA, Elner VM: Golf-related ocular injuries, *Am J Ophthalmol 121:*437, 1996.

[106] Pollack JS,Mieler WF,Mittra RA: Golf-related ocular injuries, *Curr Opin Ophthalmol 8:*15, 1997.

[107] Jayasundera T, Vote B, Joondeph B: Golf-related ocular injuries, *Clin Exp Ophthalmol 31:*110, 2003.

[108] Weitgasser U,Wackernagel W, Oetsch K:Visual outcome and ocular survival after sports ocular trauma in playing golf, *J Trauma 56:*648, 2004.

[109] Devenyi RG, Pashby RC, Pashby J: The hockey eye safety program, *Ophthalmol Clin North Am 12:*359, 1999.

[110] Pashby TJ, Pashby RC, Chisholm LD, et al: Eye injuries on Canadian hockey, *Can Med Assoc J 113:*663, 1975.

[111] Vinger PF: Ocular injuries in hockey. Arch Ophthalmol *94:*74, 1976.

[112] Pashby TJ: Eye injuries in Canadian hockey. Phase II, *Can Med Assoc J 117:*677, 1977.

[113] Pashby TJ: Eye injuries in Canadian amateur hockey, *Am J Sports Med 7:*254, 1979.

[114] Pashby TJ: Eye injuries in Canadian hockey. Phase III, *Can Med Assoc J 121:*643, 1979.

[115] Pashby TJ: Ocular injuries in hockey, *Int Ophthalmol Clin 28:*228, 1988.

[116] Benson B,Meeuwisse W: Ice hockey injuries. In Maffulli N, Caine DJ, editors: *Epidemiology of pediatric sports injuries*: *team sports*, *Med Sport Sci 49:*86, 2005.

[117] Lapidus CS,Nelson LB, Jeffers JB, et al: Eye injuries in lacrosse: women need their vision less than men? *J Trauma 32:*555, 1992.

[118] Livingston LA, Forbes SL: Eye injuries in women's lacrosse: strict rule enforcement and mandatory eyewear required, *J Trauma 40:*144, 1996.

[119] Webster DA, Bayliss GV, Spadaro JA: Head and face injuries in scholastic women's lacrosse with and without eyewear, *Med Sci Sports Exerc 31:*938, 1999.

[120] Waicus KM, Smith BW: Eye injuries in women's lacrosse players, *Clin J Sport Med 12:*24, 2002.

[121] Mantz SO, Nibbelink G: Injuries in intercollegiate women's lacrosse, *Am J Sports Med 32:*608, 2004.

[122] Singh I, Khanna PK, Srivastava MC, et al: Acute mountain sickness, *N Engl J Med 280:*175, 1969.

[123] Frayser R, Houston CS, Gray GW, et al: Retinal hemorrhage at high altitude, *N Engl J Med 282:*1183, 1970.

[124] Kobrick JL, Appleton B: Effect of extended hypoxia on visual performance and retinal vascular state, *J Appl Physiol 31:*357, 1971.

[125] Rennie D,Morrisey J: Retinal changes in Himalayan climbers, *Arch Ophthalmol 93:*395, 1975.

[126] Wiedman M: High altitude retinal hemorrhage, *Arch Ophthalmol 93:*401, 1975.

[127] Clarke C, Duff J: Mountain sickness, retinal haemorrhages, and acclimatisation on Mount Everest in 1975, *Br Med J 2:*495, 1976.

[128] McFadden DM, Houston CM, Sutton JR, et al: High-altitude retinopathy, *JAMA 245:*581, 1981.

[129] Butler FK, Harris DJ, Reynolds RD: Altitude retinopathy on Mount Everest, 1989, *Ophthalmology 99:*739, 1992.

[130] Shults WT, Swan KC: High altitude retinopathy in mountain climbers, *Arch Ophthalmol 93:*404, 1975.

[131] Classe JG: Prescribing for noncontact sports, *Optom Clin 3:*111, 1993.

[132] Easterbrook M: Ocular injuries in racquet sports, *Int Ophthalmol Clin 28:*232, 1988.

[133] Ingram DV, Lewkonia I: Ocular hazards of playing squash rackets, *Br J Ophthalmol 57:*434, 1973.

[134] Chandran S: Ocular hazards of playing badminton, *Br J Ophthalmol 58:*757, 1974.

[135] Jones WL: Ocular manifestations of blunt racquetball injury, *Optom Monthly 69:*968, 1978.

[136] Easterbrook M: Eye injuries in squash: a preventable disease, *Can Med Assoc 118:*303, 1978.

[137] Barrell GV, Cooper PJ, Elkington AR, et al: Squash ball to eye ball: the liklihood of squash players incurring an eye injury, *Br Med J (Clin Res Ed) 283:*893, 1981.

[138] Genovese MT, Lenzo NP, Lim RK, et al: Eye injuries among pennant squash players and their attitudes towards protective eyewear, *Med J Aust 153:*655, 1990.

[139] Loran D: Eye injuries in squash, *Optician*, *204:*18, 1992.

[140] Holdeman NR: Courting disaster: racquetball injury triggers hyphema, *Rev Optom 130:*83, 1993.

[141] Knorr HL, Jonas JB: Retinal detachments by squash ball accidents, *Am J Ophthalmol 122:*260, 1996.

[142] McWhae J: Badminton-related eye injuries [letter], *Can J Ophthalmol 25:*170, 1990.

[143] Becker GD: Barotrauma resulting from scuba diving: an otolaryngological perspective, *Phys Sportsmed 13:*112, 1985.

[144] Melamed Y, Shupak A, Bitterman H: Medical problems associated with underwater diving, *N Engl J Med 326:*30, 1992.

[145] Andenmatten R, Piguet B, Klainguti G: Orbital hemorrhage induced by barotrauma, *Am J Ophthalmol 118:*536, 1994.

[146] Kirby BS: In deep water: scuba diving mishap causes ocular barotrauma, *Rev Optom 131:*113, 1994.

[147] Butler FK: Diving and hyperbaric ophthalmology, *Surv Ophthalmol 39:*347, 1995.

[148] Carkeet A: Mask barotrauma leading to sub-conjunctival haemorrhage in a scuba diver, *Clin Exp Optom 78:*18, 1995.

[149] Hoelting C, Egan DJ, Bennett ES: The use of contact lenses in swimming and scuba diving, *Can J Optom 46:*12, 1984.

[150] Josephson JE, Caffery BE: Contact lens considerations in surface and subsurface aqueous environments, *Optom Vis Sci 68:*2, 1991.

[151] Jurkus J, Colarusso MA: To see or not to see: a swimmer's dilemma, *Contact Lens Spect 11:*44, 1996.

[152] Burke MJ, Sanitato JJ, Vinger PF, et al: Soccerball-induced eye injuries, *JAMA 249:*2682, 1983.

[153] Horn EP, McDonald HR, Johnson RN, et al: Soccer ball-related retinal injuries: a report of 13 cases, *Retina 20:*604, 2000.

[154] Capao-Filipe JA, Fernandes VL, Barros H, et al: Soccer-related ocular injuries, *Arch Ophthalmol 121:*687, 2003.

[155] Renneker M: Medical aspects of surfing, *Phys Sportsmed 15:*96, 1987.

[156] Easterbrook M, Pashby TJ: Eye injuries associated with war games, *Can Med Assoc J 133:*415, 1985.

[157] Randall KA:War games: a new sport that can cause eye casualties, *Sightsaving 54:*2, 1985.

[158] Ryan EH, Lissner G: Eye injuries during "war games," *Arch Ophthalmol 104:*1435, 1986.

[159] Tardif D, Little J,Mercier M, et al: Ocular trauma in war games, *Phys Sportsmed 14:*90, 1986.

[160] Martin PL, Magolian JJ: Eye injury during "war games" despite the use of goggles, *Arch Ophthalmol 105:*321, 1987.

[161] Easterbrook M, Pashby TJ: Ocular injuries and war games, *Int Ophthalmol Clin 28:*222, 1988.

[162] Wellington DP, Johnstone MA, Hopkins RJ: Bull's-eye corneal lesion resulting from war game injury, *Arch Ophthalmol 107:*1727, 1989.

[163] Hargrave S, Weakley D, Wilson C: Complications of ocular paintball injuries in children, *J Pediatr Ophthalmol Strabismus 37:*338, 2003.

[164] Fineman MS: Ocular paintball injuries, *Curr Opin Ophthalmol 12:*186, 2001.

[165] Iwamoto MA, Iliff NT: Management of orbital trauma. In Tasman W, Jaeger EA, editors: *Duane's*

clinical ophthalmology, Philadelphia, 1993, JB Lippincott.

[166] Kuhn F, Pieramici DJ: *Ocular trauma principles and practice*, New York, 2002, Thieme.

[167] Courville CB: Coup-contrecoup mechanism of cranio-cerebral injuries, *Arch Surg 45:*19, 1942.

[168] Courville CB: Forensic neuropathology, *J Forens Sci 7:*1, 1962.

[169] Wolter JR: Coup-Contrecoup mechanism of ocular injuries, *Am J Ophthalmol 56:*785, 1963.

[170] Baker SM, Hurwitz JJ: Management of orbital and ocular adnexal trauma, *Ophthalmol Clin North Am 12:*435, 1999.

[171] Griffin JR, Erickson GB: Binocular vision problems. In Alexander KL, editor: *The Lippincott manual of primary eye care*, Philadelphia, 1995, JB Lippincott, pp 378-421.

[172] Caloroso EE, Rouse MW: *Clinical management of strabismus*, Boston, 1993, Butterworth-Heinemann, pp 32-39.

[173] Griffin JR, Grisham JD: *Binocular anomalies,* Amsterdam, 2002, Butterworth-Heinemann, pp 110-126.

[174] von Noorden GK: *Burian-von Noorden's binocular vision and ocular motility. Theory and management of strabismus*, St Louis, 1985, Mosby–Year Book, pp 350-351.

[175] Amos JF, editor: *Diagnosis and management in vision care*, Boston, 1987, Butterworth-Heinemann, pp 549-550.

[176] Magoon EH: Botulin therapy in pediatric ophthalmology. In Smolin G, Friedlaender MH, editors: Pediatric ophthalmology, *Int Ophthalmol Clin 29:*30, 1989.

[177] Scott AB, Magoon EH, McNeer KW, et al: Botulinum treatment of strabismus in children, *Trans Am Ophthalmol Soc 87:*174, 1989.

[178] Metz HS,Mazow M: Botulinum toxin treatment of acute sixth and third nerve palsy, *Graefes Arch Clin Exp Ophthalmol 226:*141, 1988.

[179] Lang W: Traumatic enophthalmos with retention of perfect acuity of vision, *Trans Ophthalmol Soc UK 9:*41, 1889.

[180] Smith B, Regan WF: Blow-out fracture of the orbit: mechanism and correction of internal orbital fracture, *Am J Ophthalmol 44:*733, 1957.

[181] Jones NP: Orbital blowout fractures in sport, *Br J Sports Med 28:*272, 1994.

[182] Carter JH: Diagnosis of pupillary anomalies, *J Am Optom Assoc 50:*671, 1979.

[183] Parris CM, Chandler JW: Corneal trauma. In Kaufman HE, Barron BA, McDonald MB, et al, editors: *The cornea*, New York, 1988, Churchill Livingstone, pp 619.

[184] Kirkpatrick JNP, Hoh HB, Cook SD: No eye pad for corneal abrasion, *Eye 7:*468, 1993.

[185] Weene LE: Recurrent corneal erosion after trauma: a statistical study, *Ann Ophthalmol 17:*521, 1983.

[186] Kenyon KR: Recurrent corneal erosion: pathogenesis and therapy, *Int Ophthalmol Clin 19:*169, 1979.

[187] McLean EN, MacRae SM, Rich LF: Recurrent erosion: treatment by anterior stromal puncture, *Ophthalmology 93:*784, 1986.

[188] Rubinfeld RS, Laibson PR, Cohen EJ, et al: Anterior stromal puncture for recurrent erosion: further experience and new instrumentation, *Ophthal Surg 21:*318, 1990.

[189] Dausch D, Landesz M, Klein R, et al: Phototherapeutic keratectomy in recurrent corneal epithelial erosion, *Refract Corneal Surg 9:*419, 1993.

[190] John ME, Van der Karr MA, Noblitt RL, et al: Excimer laser phototherapeutic keratectomy for treatment of recurrent corneal erosion, *J Cataract Refract Surg 20:*179, 1994.

[191] Fountain TR, de la Cruz Z, Green WR, et al: Reassembly of corneal epithelial adhesion structures after excimer keratectomy in humans, *Arch Ophthalmol 112:*967, 1994.

[192] Slingsby JG, Forstot SL: Effect of blunt trauma on corneal endothelium,*Arch Ophthalmol 99:*1041, 1981.

[193] Cherry PMH: Rupture of the globe, *Arch Ophthalmol 88:*498, 1972.

[194] Cherry PMH: Indirect traumatic rupture of the globe, *Arch Ophthalmol 96:*252, 1978.

[195] Crouch ER, Williams PB: Trauma: ruptures and bleeding. In Tasman W, Jaeger EA, editors: *Duane's clinical ophthalmology*, Philadelphia, 1983, JB Lippincott.

[196] Reppucci VS, Movshovich A: Current concepts in the treatment of traumatic injury to the posterior segment, *Ophthalmol Clin North Am 12:*465, 1999.

[197] Rakusin W: Traumatic hyphema, *Am J Ophthalmol 74:*284, 1972.

[198] Read JE, Goldberg MF: Comparison of medical treatment for traumatic hyphema, *Trans Am Acad*

*Ophthalmol Otolaryngol 78:*799, 1974.

[199] Blanton FM: Anterior chamber angle recession and secondary glaucoma: a study of the after effects of traumatic hyphemas, *Arch Ophthalmol 72:*39, 1964.

[200] Milauskas AT, Fueger GF: Serious ocular complications associated with blowout fractures of the orbit, *Am J Ophthalmol 62:*670, 1966.

[201] Haynes WL, Johnson AT, Alward WLM: Effects of jogging exercise on patients with pigmentary dispersion syndrome and pigmentary glaucoma, *Ophthalmology 99:*1096, 1992.

[202] Goldberg MF: The diagnosis and treatment of secondary glaucoma after hyphema in sickle cell patients, *Am J Ophthalmol 87:*43, 1979.

[203] Michaelson PE, Pfaffenbach D: Retinal arterial occlusion following ocular trauma in youths with sickle-trait hemoglobinopathy, *Am J Ophthalmol 74:*494, 1972.

[204] Sorr EM, Goldberg RE: Traumatic central artery occlusion with sickle cell trait, *Am J Ophthalmol 80:*648, 1975.

[205] Wax MB, Ridley ME, Magargal LE: Reversal of retinal and optic disc ischemia in a patient with sickle cell trait and glaucoma secondary to traumatic hyphema, *Ophthalmology 89:*845, 1982.

[206] Hamill MB: Current concepts in the treatment of traumatic injury to the anterior segment, *Ophthalmol Clin North Am 12:*457, 1999.

[207] Crouch ER, Frenkel M: Aminocaproic acid in the treatment of traumatic hyphema, *Am J Ophthalmol 81:*355, 1976.

[208] Darr JL, Passmore JW: Management of traumatic hyphema: a review of 109 cases, *Am J Ophthalmol 63:*134, 1967.

[209] Crouch ER: Traumatic hyphema, *J Pediatr Ophthalmol Strabismus 23:*95, 1986.

[210] Kennedy RH, Brubaker RF: Traumatic hyphema in a defined population, *Am J Ophthamol 106:*123, 1988.

[211] Sneed S, Weingeist T: Suprachoroidal dislocation of a posterior chamber intraocular lens, *Am J Ophthalmol 109:*731, 1990.

[212] Lam D, Chua J, Kwok A: Combined surgery for severe eye trauma with extensive iridodialysis, posterior lens dislocation, and intractable glaucoma, *J Cataract Refract Surg 25:*285, 1999.

[213] Netland K, Martinez J, LaCour OR, et al: Traumatic anterior lens dislocation: a case report, *J Emerg Med 17:*637, 1999.

[214] Shingleton BJ, Hersh PS, Kenyon KR, editors: *Eye trauma*, St Louis, 1991, Mosby–Year Book.

[215] Berlin R: Zur sogenannten commotio retinae, *Klin Monatsbl Augenheilkd 1:*42, 1873.

[216] Cogan DG: Pseudoretinitis pigmentosa, *Arch Ophthalmol 81:*45, 1969.

[217] Crouch ER, Apple DJ: Posttraumatic migration of retinal pigment epithelial melanin, *Am J Ophthalmol 78:*251, 1974.

[218] Bastek JV, Foos RY, Heckenlively J: Traumatic pigmentary retinopathy, *Am J Ophthalmol 92:*621, 1981.

[219] Friberg TR: Traumatic retinal pigment epithelial edema, *Am J Ophthalmol 88:*18, 1979.

[220] Gass JDM: *Stereoscopic atlas of macular diseases*: *diagnosis and treatment*, ed 4, St Louis, 1997, Mosby–Year Book.

[221] Kuhn F, Morris R, Mester V, et al: Internal limiting membrane removal for traumatic macular holes, *Ophthalmic Surg Lasers 32:*308, 2001.

[222] Yanagiya N, Akiba J, Takahashi M, et al: Clinical characteristics of traumatic macular holes, *Jpn J Ophthalmol 40:*544, 1996.

[223] Kelly NE, Wendel RT: Vitreous surgery for idiopathic macular holes: results of a pilot study, *Arch Ophthalmol 109:*654, 1991.

[224] Rubin JS, Glaser BM, Thompson JT, et al: Vitrectomy, fluid-gas exchange and transforming growth factor-beta-2 for the treatment of traumatic macular holes, *Ophthalmology 102:*1840, 1995.

[225] de Bustros S: Vitreous surgery for traumatic macular hole, *Retina 12:*451, 1996.

[226] Ciulla TA, Topping TM: Surgical treatment of a macular hole secondary to accidental laser burn, *Arch Ophthalmol 115:*929, 1997.

[227] Garcia-Arumi J, Corcostegui B, Cavero L, et al: The role of vitreoretinal surgery in the treatment of posttraumatic macular hole, *Retina 17:*372, 1997.

[228] Madreperla SA, Benetz BA: Formation and treatment of a traumatic macular hole, *Arch Ophthalmol 115:*1210, 1997.

[229] Margherio AR, Margherio RR, Hartzer M, et al: Plasmin enzyme-assisted vitrectomy in traumatic

pediatric macular holes, *Ophthalmology 105:*1617, 1998.

[230] Sheidow TG, Gonder JR:Macular hole secondary to retrobulbar needle perforation, *Retina 18:*178, 1998.

[231] Amari F,Ogino N,Matsumura M, et al:Vitreous surgery for traumatic macular holes, *Retina 19:*410, 1999.

[232] Chow DR, Williams GA, Trese MT, et al: Successful closure of traumatic macular holes, *Retina 19:*405, 1999.

[233] Goffstein R, Burton TC: Differentiating traumatic from nontraumatic retinal detachment, *Ophthalmology 89:*361, 1982.

[234] Weidenthal DT, Schepens CL: Peripheral fundus changes associated with ocular contusion, *Am J Ophthalmol 62:*465, 1966.

[235] Tasman W: Peripheral retinal changes following blunt trauma, *Trans Am Ophthalmol Soc 70:*190, 1972.

[236] McLeod D: Ocular injuries from boxing: what about prophylactic laser coagulation of boxers' retinas? *Br Med J 304:*197, 1992.

[237] Steinsaper KD, Goldberg RA: Traumatic optic neuropathy, *Surv Ophthalmol 38:*487, 1994.

[238] Frenkel REP, Spoor TC: Diagnosis and management of traumatic optic neuropathies, *Adv Ophthalmic Plast Reconstr Surg 6:*71, 1987.

[239] Sanborn GE, Gonder JR, Goldberg RE, et al: Evulsion of the optic nerve: a clinicopathological study, *Can J Ophthalmol 19:*10, 1984.

[240] Steinsaper KD, Goldberg RA: *Traumatic optic neuropathy*, ed 5, Baltimore, 1998, Lippincott,Williams & Wilkins, p 5.

[241] Park JH, Frenkel M, Dobbie JG, et al: Evulsion of the optic nerve, *Am J Ophthalmol 72:*969, 1971.

[242] Chow AY, Goldberg MF, Frenkel M: Evulsion of the optic nerve in association with basketball injuries, *Ann Ophthalmol 16:*35, 1984.

[243] Rosenberg PN, Stasior OB: Optic nerve evulsion and transection, *Adv Ophthalmic Plast Reconstr Surg 6:*63, 1987.

[244] Wolin MJ, Lavin PJM: Spontaneous visual recovery from traumatic optic neuropathy after blunt head injury, *Am J Ophthalmol 109:*430, 1990.

[245] Fuller B, Gitter K: Traumatic choroidal rupture with late serous detachment of the macula, *Arch Ophthalmol 89:*354, 1973.

[246] Smith RE, Kelley JS, Harbin TS: Late macular complications of choroidal ruptures, *Am J Ophthalmol 77:*650, 1974.

[247] Hilton GF: Late serosanguineous detachment of the macula after traumatic choroidal rupture, *Am J Ophthalmol 79:*997, 1975.

[248] Saar I, Raniel J, Neumann E: Recurrent corneal oedema following late migration of intraocular glass, *Br J Ophthalmol 75:*188, 1991.

[249] Ralph RA: Chemical burns of the eye. In Tasman W, Jaeger EA, editors: *Duane's clinical ophthalmology*, Philadelphia, 1983, JB Lippincott.

第八章

运动视觉技巧的促进

本章大纲

- 运动视觉表现促进领域
- 视觉促进训练概括
  - 训练过程的层次
  - 运动员或患者的选择
  - 视觉表现促进训练的交付
  - 对视觉表现促进训练的期望
- 视觉技巧纠正和促进
  - 视敏度：敏锐度和对比敏感度
    - 透镜灵敏度
    - 霍华德-多尔曼灵敏度
    - 棱镜灵敏度
    - 海丁格刷训练
    - 模糊的解释活动
- 动态视力
  - 磁盘和图形旋转器
  - Wayne视速仪旋转活动
  - 字母球和弹力球网
  - 自适应和聚散度的促进
  - 距离视力卡
  - 视力透镜
  - 视力棱镜
- 眼球运动
  - 眼球追踪运动
  - 眼球扫视运动
  - 深度知觉的速度与准确性
  - Brock线
  - 霍华德-多尔曼训练
  - 深度模拟活动
  - 注视修开
  - 空间定位

本章大纲

- 认知速度
  - 视速仪训练
  - 频闪训练
- 视觉运动反应（眼–手、眼–足、眼–体协调）
  - 电子设备
  - 视觉运动反应刺激游戏
- 周边视觉
  - Wayne外围意识训练器
  - 空间定位技术
  - 注意力分散活动
  - 杂耍（判别处理能力）
  - 码尺扫视
- 预判能力
  - Bassin预判定时器或Wayne速度追踪系统
  - 频闪训练
- 总结

由于视觉技巧被认为是提高大多数运动项目表现的一项关键因素，所以人们对训练提高视觉能力和运动表现产生了很大兴趣。本书第四章支持这样的论点，即运动员的视觉能力比非运动员强，并且顶尖运动员往往由于更好的视觉能力而胜过低水平运动员。视觉表现促进训练和其他运动表现训练，如力量训练、协调练习、速度和灵敏训练、营养补充和运动心理训练有着相似的目标，即将提高功能转化为提高运动表现。[1]与此相关的问题是：视觉能力是否可以被训练？视觉技巧的促进是否能够转化为运动表现的提升？

答案是运动中重要的视觉特性可以通过训练实现提高。本章介绍了与此相关的实验和临床研究，这些研究都与视觉能力提升有关。少有研究证明，视觉能力的改善能转化为实际的运动表现，因为很难抽出一种干预成分，作为导致运动表现变化的唯一因素。已有的文献报告中多是趣闻，有些研究因在实验设计方面有明显缺陷而排除了最终结果。并且与视觉表现促进训练相关的信息并不完整，因此需要更确凿的证据支持。

1 运动视觉表现促进领域

视觉表现促进训练的目标：

· 视觉效率低下，可能对运动表现的一致性产生负面影响。

· 视觉技能的提升被视为最佳运动任务表现的关键。

· 视觉信息处理技巧的提高促进关键视觉信息的快速利用。

· 视觉运动效率的提高促进运动表现的提升。

· 增强认知功能是竞技中视觉决策的关键。[2]

为了确定运动员个体的训练目标，必须完成全面彻底的病史检查和运动视觉评价。正如在第二章和第四章中所讨论的，运动视觉从业者必须明确在运动中对取得成功至关重要的视觉因素，并且以最合适、最准确和可重复的方式评估这些视觉技能的质量。正如第五章所述，视觉技能表现计划需要比较运动员在运动视觉评价中的相对优劣势，该计划可以被用于制定容易衡量的、特定的视觉促进目标，以确定技能的提高。这些目标与第三章讨论的技能运动表现信息处理模型一致，并且每一个训练过程都应该仔细审查，以确定对3个中央处理机制的影响：感知机制、决策机制和效应机制。

如果运动员存在视觉缺陷，那么他一定期待将视觉能力提高到平均水平以促进运动表现的提升。一篇1988年的文献综述总结说："通过标准化临床和实验室测试分析各年龄段患者后，有充足的科学证据支持视觉治疗可以提高动眼神经的适应性和修正双目系统紊乱。"[3]2002年休弗雷达的研究也支持该结论。[4]因此，视觉治疗旨在修复视觉不足，是运动员综合视觉防护的基本要素，通过提高感知机制的功能而实现。

视觉能力达到平均水平或高于平均水平的运动员，提高其视觉技能是一个引人注目和有争议的挑战。这个运动员的视觉技能是否可以提高到目前水平以上，并且这种感知机制的提高能否造成运动表现明显改善？[5]回顾最近的文献得出结论：正常的视觉技能可以通过具体训练得到提高，[6–9]尽管可能需要成千上万次试验证实。[10–12]而研究结果的差异，推测是由于不同的运动技能水平的运动员使用了一般与特定的视觉训练计划。另外，在这些研究中，研究设计因素削弱了结果和结论，这表明在这方面需要进一步研究。

许多视觉表现促进训练计划试图改善视觉信息的整体处理。最终，训练的目标是提高决策机制的速度和效率。这种机制要求运动员知道关键视觉信息存在的地方，能够注意到那些重要的元素，从可得到的信息中挑选最佳信息，进行组织，并且基于经验和类似情况，以最恰当的方式解释信息，最后在考虑预期行动计划的情况下选择最准确的反应。许多研究表明：有经验的运动员将常见运动情形发展成一个知识体系，这提供了许多好处，包括提升在短时间内处理较多信息的能力和吸收大量信息的感知机制与效应机制。[13–19]

许多运动要求将视觉信息转化为运动反应。例如，当球被击中时，网球运动员必须确定对手发球的预期轨迹，并采取合适的运动予以应对。视觉表现促进训练，不仅促进眼手、眼脚的平衡和眼–身体反应 ，而且帮助运动员发展速度、效率，使视觉运动反应自发产生。这种类型的运动学习被认为是提高突触效率的结果，[20] 并且表现反馈被认为是提高感知机制和效应机制的一个关键因素。[20,21]

适当地调整注意力，并经常在各种刺激下分散注意力，[22] 是信息处理模型中决策机制的另一种有价值的功能。许多视觉促进训练给运动员提供反馈机会，以促进视觉注意力的发展和控制。此外，当运动向专业化发展，复杂的知识结构，有助于扩大和加强对心理意象战略的使用。心理预演是一种构建心理意象的活动，优秀运动员在为比赛做准备时经常使用。[22–26] 研究证实：心理意象与视觉感知有着相同的神经处理过程，这在运动中具有重要的意义。[27] 虽然只有零星的证据能证明这种方法的有效性，但是运动心理学家和一些运动视觉从业者仍然使用这种方法，旨在提高心理意象能力和运动员使用的视觉技能。[27–30]

对于视觉促进训练计划而言，有许多目标是可能的；一些目标是分层的并且需要一个连续策略，用以特定过程。第三章详细的信息处理模型能提供一个框架，帮助了解特定过程和视觉表现因素之间的联系，并最终提高运动表现。

2 视觉促进训练概括

一旦视觉表现具体训练方案确定，则可以选择专门的训练过程以实现目标。从广泛地管理运动员到提供每一位运动员所需的精确性、特异性诊断和个性化治疗方案，都有特殊的训练方法可供选择。每一位运动视觉从业者所开发的方法是最适合自己的训练模式。但是，在广泛使用的指导方针中，应尤其注意视觉表现促进训练。

2.1 训练过程的层次

视觉表现促进训练的发展要求从业者有针对性地逐步提高视觉表现。选择训练过程时最重要的是所进行的活动必须直接与运动任务有关。如果训练的目的不被理解，那么运动员将很少投入必要的努力。

在向运动员提出更多的要求之前，应该进行基本的技能发展过程。最初应剔出目标视觉技能直到运动员意识到视觉反应。随着视觉反应被意识到，提高视觉反应质量的战略应该被讨论和实践。视觉反应意识的另一个好处是对注意力的调节，运动员可以在比赛时更好地控制注意力。一旦持续表现出高质量的视觉反应，就应该使运动员提高反应速度并保持质量。当制定训练过程时，应考虑到视觉运动任务的实际需求；大部分视觉需求都发生在超出手臂长度的位置和非眼位的位置。因此，许多运动视觉促进体育活动训练过程设计的观看距离大于3m，并且对视觉位置进行调整以适应人体工程学的需要。例如，对排球选手的训练方案进行修正使目标在更远更高的视线位置上呈现以模拟排球运动中经常遇到的情况。

训练计划的最终目标是实现一个轻松、卓越的视觉反应能力——有时候也被称为自动反应。[31–33]注意力的集中程度是决定反应过程自动化程度的关键变量。高水平的自动化运动员善于将注意力从视觉表现因素分配到其他关键方面。许多方法旨在建立训练系统中视觉反应的自动化回应，其中大部分方法都在尝试模拟人体运动任务的同时将注意力转移到其他任务上。

许多运动要求运动员处理运动中的视觉信息。训练过程开始可以在静态条件下进行，随后可以添加动态元素，如比赛期间目标的移动或运动员的运动。从一个技能隔离的范例到额外视觉技能要求整合，修正训练过程往往可以促进视觉技能反应的自动化。例如，佩戴负透镜后，运动员试图融合投影矢量图，其可以产生大约5m的差异。当训练能够更精确地符合运动中人体工程学以及建立了视觉反应自动化时，额外的感官整合需求也十分常见。常见的感官整合需求包括增加平衡活动、处理听觉任务、增加感知处理和分散注意力活动。这些感官整合需求，增加了运动员的压力，需要重新分配注意力资源。所有这些自动化变量的具体例子在本章都有列出。

视觉表现促进训练的最终目标是将视觉技能的提高运用到运动领域。从业者应该讨论视觉技能运用到运动领域的策略。许多方法认为提高视觉表现技能的自动化，同样提供了一种协助转移的手段。例如，尽管受到多感官整合的干扰和压力负荷，一个运动员仍能以超高水准完成运动任务，在竞争的高压力时刻，尽管身体非常疲劳，但是运动员的视觉系统仍维持在最佳水平。运动员、教练员其他辅助人员是宝贵的资源，协助现场训练过程的修改，并提供技能提高转移的额外支持。

2.2　运动员或患者的选择

视觉表现促进训练计划向运动员提供了改善关键视觉技能的条件和机会，运动设备或活动本身不会导致变化。棒球运动员可以花很多时间在击球练习中发展获胜所必需的技能，但是如果没有适当的训练，运动员可能会简单地重复低效或无效的技能练习。同样，一个创新的自行车比赛不会允许兰斯·阿姆斯特朗那样的运动员赢得比赛。对自行车的有效利用、运动员的不懈动力和许多其他无形的因素才是成功的关键。因此，运动员应被彻底告知与视觉表现促进训练计划相关的事项。一个典型的项目中需要复杂的培训课程和长时间的高质量实践，才能使运动员提高视觉表现，运动员需要充分了解这个前提。如果从业者不相信运动员具有基本动机，并且支持视觉表现促进训练计划，那么运动员应寻求其他途径提升运动表现。

与大多数体能和心理促进项目一样，运动员在视觉表现促进项目中投入的精力越多，运动成绩所受影响就越大。运动员必须有足够的时间和精力去发展有针对性的视觉表现以获得成功。一个专门的支持网络（如教练、父母、队友、家庭、朋友）就是一个宝贵的资产，它在整个提高过程中使运动员维持动机。支持网络的成员也可以作为在训练间歇进行视觉表现活动时的训练伙伴。产生动机的最佳方法之一是了解视觉技能表现和运动成绩之间的关系。例如，高尔夫球手越了解如何降低深度判断能力对推杆表现的影响，就越有利于提高视觉表现。这也适用于运动员的支持网络，因为教练和队友可以在实践和比赛时提供宝贵的表现反馈和适当加强技能的意见。

在启动促进计划时，应该建立具体的训练目标，并且确保评价训练效果的指标是可衡量的、有效的。训练目标必须尽可能具体化。例如，控球后卫的目标不是成为更好的球员，而是提高处理更多周边视觉信息的能力，最后将球投入篮中。这些具体的运动目标应该与视觉表现促进训练计划相匹配。例如，篮球运动员可能希望成为所在球队的首发控球后卫，获得大学奖学金，或进入职业球队。无论运动员处于何种水平的竞争，都可以建立可视化的表现目标以提供潜在的关键竞争力，使其达到最佳表现。

2.3 视觉表现促进训练的交付

许多方法可以用于运动视觉训练的交付。大多数从业者使用一对一的训练课程，以评估运动员目前的视觉技能表现并推动这些技能达到更高的水平。这通常由眼科医生或受过训练的助理完成。其他的训练计划，会同时应用于一个团队或一组运动员，但这样将无法根据每个运动员的个人视觉需求调整训练计划。应建立定期的进度评估制度，以定期评估运动表现的主观变化，以及视觉表现技能的客观变化。这些不断改进的评估制度用以提高训练目标，保持运动员的动机，并确定具体目标的实现时间。

当向运动员推荐视觉促进训练计划时，应确定治疗时间。从业者和运动员就一对一训练课程的频率、每次训练课程的时间长度、训练课程地点达成一致。根据训练计划的强度，训练课程可能会安排2~3次/周。每一个训练课程通常至少持续30min，如果需要的话，可以安排90min。医生通常在自己的办公室提供训练课程，医生的办公室是训练设备和用品的所在地；然而，在运动员的训练场地接受训练可能对运动员更方便。对于可用设备的优劣势应该在启动训练方案之前详细讨论。视觉表现促进训练与其他训练项目的结合，可以帮助保持和提高视觉技能并运用至运动领域。运动员应该明白，课外练习的质量和频率对技能发展的影响也很大，因此运动员不应该认为只有一对一的训练课程能提高成绩。

2.4 对视觉表现促进训练的期望

如前所述，在开始强化训练之前，应制订具体的训练目标。如果这些目标是合理的，那么训练计划的结果是明确的，运动员更可能拥有现实期望，即训练计划是有好处的。如果运动员有不切实际的期望或从业者做出了不切实际的承诺，令人失望的结果是必然的。从业者和运动员应该承认，视觉表现促进训练计划只是提高运动表现的一个方面。即使视力可能是一个关键因素，但许多其他方面仍可能会阻碍运动表现的提高。如果从业者做出不切实际的承诺，并且没有成功地实现目标，则该计划将不会被视为运动员成功的因素。如果运动员认为，视觉表现促进训练是不成功的，那么从业者与体育界其他人再讨论此计划将变得很困难。因此，当设定目标和做出承诺时，记住“最好还是少承诺和少散播”的格言尤其重要。

3 视觉技巧纠正和促进

多年来，许多从业者给运动视觉从业圈提供了许多关于视觉表现促进训练的建议和想法。每一个训练计划的科学性和合理性都难以证明，这使得人们对其的信任降低。以下提出的训练方法来自出版物、演讲和专业交流。虽然下列方法并不代表所有训练方法，但是它们都被临床医生认为是有效的。

3.1 视敏度：敏锐度和对比敏感度

训练的主要目的是提高运动员在运动环境中辨别细节的能力。在体育运动中有许多例子表明，运动员必须依据详细的信息以做出最适当的反应。例如，高尔夫球选手对绿色轮廓越敏感，他或她判断最适推杆轨迹的能力就会更强。这个推杆例子包括对绿色细节的处理与因表面轮廓变化引起的任何柔和对比变化。有几个方法可用于模糊图像的解释，这可能有助于从一个快速移动的物体中提取详细信息。

大量证据表明，实践可以提高识别细节的能力，包括中央凹注视细节[34–44]和旁中央凹细节。[45–51]大多数研究都是以近视为主题的模糊解释，但是，它们并没有发现由训练引起的屈光状态的变化。[34,44,52–54]对比灵敏度已被证明通过练习可以提高，[40–42]如游标视敏度。[51,55,56]

3.1.1 透镜灵敏度

此过程需要运动员在观察一个远距离目标时使用不同种类的透镜。本过程在眼睛上进行以消除辐辏反射的影响，并且固定目标的选择应与体育运动的任务要求有关。例如，有一个高尔夫球手注视3 ~ 6m的距离而不是字母图，这更接近于模拟高尔夫球的视觉任务要求。这些运动员被要求区分镜头是如何影响他对目标的观察。提高对透镜引起的空间信息变化的敏感性在理论上对于区分深度有好的影响，因为这些单眼深度线索在许多运动任务中十分丰富（如棒球接球）。它们可以用来区分−0.25 D透镜的差异。为了在不接收调节系统反馈的情况下提高对视网膜图像大小的敏感性，可以用等像透镜代替。在不改变目标聚焦要求的情况下，等像透镜允许图像大小发生较小的变化。最终，对0.12D和0.5%的放大或缩小变化的敏感性应该是需要细节辨别或精确深度判断的运动的目标。目标也可以在运动员的周边，以刺激其提高对外差异的敏感度，这在运动中可能是有价值的，如下坡滑雪。

正如在第三章中讨论的，深度运动的感知部分是由一个不断变化的视网膜图像大小信息系统所组成，它独立于视网膜视差系统。[57–59] 人类拥有皮层神经元，对不断变化的图像大小有些敏感，即使在单眼观看的条件下，这些“若隐若现”的探测器为判断接触时间提供了大量的信息。[60, 61] 双眼观察已被证明有利于捕捉或击打球；[62–64] 然而，单眼捕捉能力可以训练至与双眼观察相似的水平。[65] 在那些要求运动员快速判断接近目标（如网球）的运动中，对图像大小的细微变化十分敏感对运动员而言是一个有价值的优势。

3.1.2 霍华德–多尔曼灵敏度

霍华德–多尔曼装置可用于提高单眼深度线索的灵敏度。传统的霍华德–多尔曼装置是一个经过修改的装置，它用来测量纵向视点，方法是第一眼位处观察矩形框中的两根同颜色同大小的小杆（图4–4）。[66–68] 运动员对单眼视觉条件下两杆的视位置进行深度判断。这种方法可进一步修改以适应体育运动，即用两个相同的球或物体替代，如高尔夫球、网球，或射击黏土。[1] 训练的初始目标是提高运动员对单眼深度线索的灵敏度。那么运动员必须在逐渐缩短的周期内进行深度判断。

3.1.3 棱镜灵敏度

以类似于透镜灵敏度的方式，用低量的棱镜来提高对目标运动的视觉灵敏度。当运动员一直观察一个固定目标时，如高尔夫球、足球、射击目标，运动员最初的目标是探测由棱镜引起的目标运动的方向。当运动员在识别由少量棱镜引起的空间变化方面变得更加精确时（如0.5^{Δ}到1^{Δ}），他将会被鼓励在逐渐缩短的时间间隔内做出这些准确的判断。

3.1.4 海丁格刷训练

在需要稳定、固定的体育运动中，如目标射击，由海丁格刷的内视现象所提供的视觉反馈是有价值的。海丁格刷的感知是由Henle纤维层黄斑区视网膜吸收各种平面偏振光产生的。[69]运动员学会保持海丁格刷的准确和稳定，并达到一个适当的集中的状态，减少固定目标偏离的倾向。迪·鲁索等[70]表明，精英射手比新手拥有更好的固定能力，并且尽管有精力分散的情况存在，精英射手仍然可以保持固定的准确性。[70]黄斑完整性测试仪是一个商业使用的装置，它可以产生内视现象，有许多包含各种固定目标的玻片可供选择（图8-1）。运动员应该意识到适当集中注意力的感觉，它被用于保持准确和稳定，以便在运动实践和比赛中重现这种集中状态。为提高精确度和固定稳定性，应该在海丁格刷训练时模拟比赛条件并且在建立集中与固定的自动化过程中引入分散注意力训练。

图8-1　带固定玻片的黄斑完整性测试仪

3.1.5　模糊的解释活动

许多研究已经成功证明训练有提高受试者的视敏度阈值的能力。[34-43]提高视敏度的过程通常是将目标尺寸或清晰度降低到对受试者来说勉强达到阈值以下的水平，然后随目标改变进行各种猜测。每个猜测都能提供足够的反馈，直到目标辨别准确性提高到令人满意的水平，这时目标尺寸或清晰度进一步降低到亚阈值水平。这样做使运动员提高了区分微小细节和细微目标的能力。在要求快速辨别的体育运动中，如打棒球，随着每个级别的性能被掌握，速测演示的刺激被引入。

降低图像清晰度的许多目标和方法可以用于提高视觉识别的灵敏度（框8-1）。字母和数字的随机序列可以通过使用逐渐变小的字体从计算机上打印出来，当运动员试图区分这些目标时，这些目标可以离他们越来越远。可以通过让受试者透过降低可见光透射量的滤光片观察目标，或通过减少反射在目标上的光照度，从而提高对对比敏感度的要求以辨别目标。运动员也可以配戴引起模糊的镜片，如那些对运动员而言度数过高或光学性能较差的镜片（如斑纹镜片）。班格特箔眼镜也可以通过镜片分级降低视力（图8-2）。这些类似的视力下降镜片可以在运动训练时使用（如在高尔夫球推杆练习时），并且当镜片被移开时，运动员可以体验到视觉辨别力的提高。在这项活动中，运动员的安全必须得到保护，尤其是当运动员面临危险时，比如在棒球的击球练习时。正如其他视觉敏感性训练活动所描述的那样，速测演示的刺激是提高视觉识别速度的一个重要步骤。

框8-1

视敏度阈值目标或距离
班格特箔
退化光学器件（如斑纹镜片）
超功率透镜
负功率过大的镜片（缩小）
等像镜片
黑色的滤光片
减少光照水平

图8-2　班格特箔眼镜可以降低病人的视觉输入

正如前面所讨论的，在视觉灵敏度训练时加入额外的感官需求，对于在某些运动情况下遇到的人体工程学要求和建立视觉反应自动化是十分重要的（框8–2）。平衡活动通常需要使用平衡板（图8–3）或可调式步行轨（图8–4）。这些方法的训练效果已被证明能转移到训练期间未使用的刺激上[37–39,43]，并改善对比敏感度功能。[40–42]也有证据表明，训练效果是在视网膜以外的层面上产生的，因为训练效果已被证明可以转移到同一人的未经训练的眼睛上。[37,44]

框8–2

平衡板 步行轨迹 听觉“噪声”应力 听觉整合（如节拍器） 认知挑战（问题） 周边视觉处理（如沙包）

图8–3　两种类型的市售平衡板

图8-4 可调式步行轨

3.2 动态视力

许多运动都要求运动员具有辨别运动中的视觉信息的能力，如判断网球发球的速度和轨迹。传统的静态视力训练不能完全解决在某些类型的运动中遇到的视觉问题。运动员的个人特点可以影响动态视力：视网膜分辨率（视觉灵敏度）、外围意识、动眼能力（眼球追踪和扫视运动）和影响视觉信息解释的心理功能。[71-95]已证明动态视力能力可以通过训练提高，[96,97]在最具挑战的任务中训练效果是最明显的。[97]动态视力促进训练经常被推荐给运动员。[1,5,98-104]但是，实践训练的本质差别很大，很少有对应目标工具。一些从业者建议使用向运动员移动的目标工具，[98]一些人推荐使用旋转的目标工具。[1,98]速测演示的刺激在运动中十分有价值。在这样的运动中，运动员必须迅速掌握关键的视觉信息和判别重要细节，例如在山地自行车运动中判断轨道轮廓。

3.2.1 磁盘和图形旋转器

选择和运动员阈值同水平的目标大小，目标被放置在一个旋转盘上（图4-1），并以运动员越难以分辨的速度旋转。当目标处于运动状态中时，其可提高对其视觉分辨的敏感度。当速度慢慢降低到可以区分的时候，运动员被鼓励猜测目标的实体。每一种猜测都有足够的反馈支持，直到目标辨别的准确度提高到令人满意的水平，此时目标尺寸进一步缩小到新的阈值水平。当使用这种方法时，从快速移动的目标中辨别微小细节的能力得到提高。这种方法是有意义的，尤其是在一些目标移动大多可以预测的运动中（如棒球运动中的击球）；但是，它在一些不可预测的运动中却受到限制（如高山滑雪）。额外的视觉辨别需求和感官综合负担可以被添加到这项任务中，就像模糊的解释活动所描述的那样。

3.2.2　Wayne视速仪旋转活动

Wayne旋转视标训练仪由两个棱镜组成，这两个棱镜可以在感知视速仪镜头前旋转（图8–5）。每一个棱镜旋转的速度可以在20~240 r/min之间调整，允许投影图像往不同的方向移动。有各种各样的幻灯片可供选择，如带有图案、箭头、数字和运动图像的图片（如足球、棒球）。这些图片可以持续0.01~1s然后切换，以此促进短时间曝光的动态视力训练。

图8–5　Wayne旋转视标训练仪

运动员与图像的距离接近视敏度阈值，然后同运动员展示投影图像将出现的区域。通过听觉线索，图像在预定的曝光时间内出现，同时在棱镜旋转所决定的方向上移动。运动员必须在图像曝光时获得幻灯片细节，这要求运动员定位和注视移动图像并且保持眼球追踪。额外的视觉辨别需求和感官综合负担可以被添加到这个任务，如前文模糊的解释活动中所描述的那样。另外，要求运动员采用适当的动作反应回应刺激目标通常是有益的。例如，使用一个网球发球的幻灯片，指导运动员进入反手或正手回去位置以应对预期轨迹。

应优先使用符合人体工程学的目标物，但是，专门针对运动的图像很少。采用实时视频图像进行视速训练会产生更好的动态视力敏感刺激，然而，从运动员视觉角度开发一个合适的录像库需要相当多的资源。

3.2.3 字母球和弹力球网

贴有随机字母的橡胶棒球和弹力球网如图8-6所示。运动员把球扔进弹力球网并尝试在球返回时定位球上的字母。当运动员分辨字母的能力提高时，球被扔进网里的速度更快；更多的旋转可能是由运动员在投掷过程中引起的。如果想给任务增加不可预测性，则可以由另一个人抛球，要求运动员迅速判断球飞行的速度和轨迹。一旦运动员能够在这项任务上持续表现出准确性，就可以增加额外的视觉辨别需求和感官整合负担。如果弹力球网不可用，也可以让人把球扔回来，还可以让运动员对墙拍球，或者把球扔到空中，以模拟运动的要求。

图8-6　位于弹力球网前的带有字母贴的橡胶棒球

3.3　自适应和聚散度的促进

自适应和聚散度的训练能够提高在运动中遇到各种固定距离时快速调整焦点和眼睛校准的能力。主要有两个方法来改变自适应和聚散度需求：使用镜片或棱镜来改变固定距离上的自适应和聚散度的要求；使用图表或不同距离的固定目标，在目标之间快速交替固定。当使用镜片时，适应系统必须调整睫状肌的紧张度以使得图像清晰；但是，视力系统必须与目标平面保持一致以防止复视。这种自适应和聚散度的分离是近距离工作时视疲劳患者训练双眼相对适应能力的常用方法。[105-107]但是，这不能代表运动中一般的视觉任务要求。放置在不同距离的图表或目标可以让自适应和聚散度反应保持配对。因此，使用各种不同距离的目标的过程可能更适合提高运动员聚焦和眼睛校准的强度与灵活性。如果一个学生运动员在近距离工作，并且也有视力疲劳症状，那么使用传统棱镜和透镜可能会缓解这些症状。

3.3.1　距离视力卡

有随机字母的图表被放置在一个离运动员相对较远距离的地方，通常超过3m，而近距离通常是50cm以内（图8-7）。这位运动员站在最远的地方，尽可能地阅读这些字母。运动员应该首先伸直手臂拿着图像缩小的字母图观看，并且缓慢靠近直到字母模糊到难以辨认。运动员应该花费2~3s试图使字母变清晰，然后将字母表调整到一个稍远的距离，这些字母会再次变清晰。这项任务要求运动员尽可能快地准确说出连续的字母，确定每个固定目标的最大视觉清晰度。这个过程最初可以单眼实施以平衡每只眼球的自适应性，并且观看距离和位置的选择应该基于运动任务要求。一旦运动员可以连续准确地完成任务，那么就可以增加额外的视觉辨别需求和感官综合负担。使用节拍器是一种综合提高听觉和视觉的有效方式，并且加快节拍器速度可以产生类似比

图8-7　Hart改良视力表

赛的现场压力。在添加节拍器的过程中，运动员要正确踩在节拍器的每一个连续节奏点上。

3.3.2 视力透镜

将有随机字母或单词的图表（如Hart改良视力表、调节速度卡）放置于较近的地方，通常距离是40cm。将各种类型的镜片都放在运动员眼睛前面，要求运动员尽可能快地使字母或单词变得清晰。运动员应该能感觉到自适应刺激时和自适应休息时的区别。眼镜片分类是提高自适应性一个有用的方法。镜片分类需要运动员根据屈光度为各种不同的散光镜头排序。例如，一系列的小透镜的屈光度从-0.50D到-4.00D不等，变化幅度为0.50D。要求运动员透过镜片准确辨别指定目标；基于图像大小的明显变化和伴随而来的自适应性感受，运动员将镜片从最弱到最强进行排序。典型目标是对0.25D差异的敏感性。

视力透镜通常首先以单眼形式进行。一旦单眼的表现良好，就会换为双眼形式；透镜一面是正视镜，一面是负视镜。一旦运动员能够准确、迅速地连续完成这个过程，那么就可以增加额外的视觉辨别需求和感官综合训练。

视力透镜训练的目的是提高由透镜引起的适应性反应的速度和准确性。尽管适应性功能障碍的矫正视力治疗强调快速适应屈光度较大的镜头的能力（如+2.50D/-2.50D），但这可能在运动期间不能为运动员提供一个大的优势。正如前面提到的镜头敏感性，对图像大小变化的敏感性可能通过单眼深度线索高敏感性提供一个有价值的优势。因此，意识到图像大小改变并快速产生适应性变化可能产生高于传统目标的附加性能收益，而传统目标则是扩大自适应性范围。

3.3.3 视力棱镜

棱镜的敏感性训练应该在棱镜视力训练之前进行，以确保运动员能够准确地识别出由少量棱镜引起的空间变化（如$0.5^{\Delta} \sim 1^{\Delta}$）。各种的类型的棱镜反转拍被用来进行聚散度训练；反转拍的一侧是底向外的棱镜，而另一侧是底向内的棱镜。根据运动任务的要求，在适当距离上设置一个阈值敏度目标。棱镜反转拍的一侧放在运动员的眼睛前面，要求运动员尽快使目标变得单一且清晰。运动员应该能够感受到正负融像性辐辏之间的差异。一旦运动员可以连续准确且快速地完成任务，那么就可以增加额外的视觉辨别需求和感官综合负担。

棱镜视力训练是为了提高由棱镜引起的聚散度反应的速度和准确性。针对聚散度异常的矫正性视觉，强调快速适应屈光度相对较大的棱镜的能力（如底向外10^{Δ}或底向内10^{Δ}），这可能在运动中给运动员提供显著优势。和视力透镜训练类似，对图像大小的感知变化和由快速聚散度变化引起的空间定位变化可能产生互补优势，这超越了扩展融合聚散度范围的传统目标。运动员被鼓励通过每个棱镜定位目标的位置，以提供关于空间判断的反馈。

3.4　眼球运动

保持对快速移动物体的注视能力经常是一个关键方面，这需要对运动中的关键信息进行视觉处理。从一个位置到另一个位置，快速而准确地注视的能力也是许多运动任务的一个重要方面。在非动态运动中，如精确目标射击，保持稳定的注视能力是成功表现的一个重要因素。有很多训练过程已被开发出来以获得关于眼球运动的准确性和速度的反馈。大多数应用于运动员的方法都是经过改良的，最初的目的是改善儿童眼球运动的缺陷，并且这些过程的主要目标是提高阅读类任务的眼球运动效率。[105-107]之前描述的海丁格刷通过提供直接的视觉反馈来加强视线追踪的稳定性。对运动员运动中涉及的特定眼球运动的任务进行分析，要求医生具备必要的洞察力，以便调整训练过程，推动与特定运动相关的眼球运动技巧的发展。

经验丰富的运动员身上很少出现糟糕的眼球运动控制，这个问题在努力取得成绩的年轻运动员身上更常见。这些年轻的运动员更容易从眼球运动效率训练中获益。对于经验丰富的运动员来说，他们的目标是在高压情况下，提高表现能力。在这样的情况下，精准快速的眼球运动控制是一项重要因素。训练的最终目标是提高眼球运动的自动性，从而使技能表现所需的注意力降到最低。赫伯[108]和其他人[109-111]的研究发现：视觉表现技能的发展应该提升一个水平，这样只需很少的注意力，从而使运动员有选择性地将注意力分散到其他关键方面上。眼球运动训练必须包括额外的感官综合负担和感知处理要求，以提高运动员准确的眼球运动控制的自动性和在比赛中调节注意力的能力。

3.4.1 眼球追踪运动

Marsden球常被用来反映追踪眼球运动的准确性。Marsden球是一个软棒球，球体上随机贴附字母，它被一个绳子悬挂在天花板上，以不同的轨迹摆动（图8-8）。当球随机摇摆时，要求运动员注视球上的某个字母。这个练习通常要求球从与运动员视线垂直的平面开始摆动，这样球相对眼睛的水平距离不会在摇摆时改变。要求运动员固定头部，只需要眼球跟着球体运动。当运动员已经对此训练十分熟练，并且此训练已展现出很好的效果时，可让球体在椭圆轨迹上摆动，使得球运动时相对眼睛的水平距离发生变化。

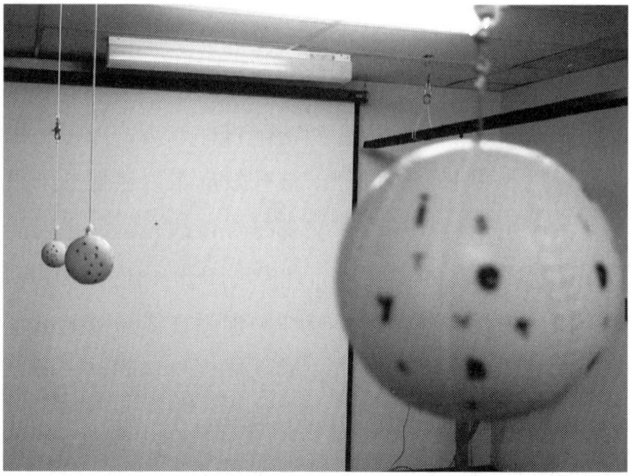

图8-8 悬挂在天花板上的Marsden球

运动员应该得到关于在这个活动中流畅的眼球追踪运动是否准确的口头反馈，这样他才会意识到眼球运动何时会变成扫视运动。当他很难提高眼球追踪运动的准确性时，视觉余像可以用来改善对运动员的反馈。余像可以通过遮盖相机闪光灯或类似的商用设备产生（图8-9）。这要求运动员注视闪光装置上的一个中心点，部分光线垂直射入眼睛，且距离眼睛大约为25cm，然后使灯光持续闪烁。运动员应该会看到一个垂直的光束，无论是否注视，注视准确性都可以在追踪Marsden球时得到监督。如果运动员很难看到余像，快速眨眼和调暗房间灯光应该能促进图像显示。

图8–9 Wayne余像闪光

一旦运动员用Marsden球获得了准确的眼球追踪运动表现，就会加入感官整合活动。一般来说，运动反应通常被添加到任务中，要求运动员找到球上的字母，并且食指用力戳球上的字母，使球以弧线摆远离运动员。每次球向运动员方向摆动时，他都会被指示去跟踪不同的字母，直到他可以用左手或右手交替戳字母。另一个方法可以应用到追踪Marsden球过程中，那就是运动员在球下举着无线的球拍（网球、壁球、回力网球球拍）时，球处于摆动状态。运动员按照指示和命令举起球拍，使其环绕或者箍住摆动的球，保证不接触球或线。

因为很多运动都要求运动员在保持平衡的同时跟踪运动的物体或人，所以在Marsden球活动的基础上增加平衡训练是十分有用的。要求运动员站在平衡板上，达到稳定的平衡。同时，注视一个静止的Marsden球。一旦运动员达到稳定的平衡，Marsden球便开始晃动，而运动员则试图保持平衡并追踪眼球运动。眼球追踪运动会引起前庭神经的反应，运动员必须克服这些反应以保持稳定的平衡。运动员可以通过之前所描述的椭圆轨迹和运动反应活动提高训练难度。另外，如果运动员在一项既要处理中心视觉信息同时又需要注意周围信息的运动中比赛，那么教练员可以随意把沙包扔到运动员周围，要求运动员必须立刻在比赛的同时抓住或拦截。

3.4.2 眼球扫视运动

将随机字母表（图8-7）放置在一个距离运动员相对较远的地方，通常是3m或更远。这项任务要求运动员找到并快速说出字母图上的连续字母，确保每一次注视视线都十分清晰。要求运动员说出每一行的第一个和最后一个字母（O、E、Y、X等）直到进行到表格底部。成功执行此任务后，运动员被要求说出每一行的第二个和倒数第二个字母，每一行的第三个和倒数第三个字母，或者其他有挑战的眼球扫视运动图案。还可以使用多个图表，按照预先设定好的顺序或者教练的要求追踪图表。眼球扫视运动的精准性可以通过教练员的观察以及监控运动员的眼球运动行为并提供反馈来监测。正如之前所描述的，进一步的视觉反馈能通过视觉余像提供。我们的目标是流利、迅速地完成眼球扫视运动模式。

一旦运动员能够连续快速精确地完成任务，就可以增加额外的视觉辨别需求和感官综合负担。节拍器的使用是提高视听觉综合效果的一种特别有效的方法，并且加快节拍器的速度可以产生类似于比赛现场的紧迫感。当在这个过程中加入一个节拍器时，运动员面临的挑战是按照节奏正确地喊出每一个连续的字母。

可以用带有随机指向箭头的图表代替字母表（图8-10）。箭头图提供了一种在眼球扫视运动任务中增加运动表现特点的方式。例如，运动员可以按照箭头所指方向（右，前等）移动他的脚，或者按照每个箭头所指方向移动平衡板。这种感官综合活动也可以用运动员的手进行，或者在运动员拿着球拍、球棒、球棍等。计算机也可用于眼球扫视训练，可以在电脑屏幕的任意位置上随机显示不同方向的箭头，而运动员必须尽快将操纵杆或箭头键移动到与箭头相同的方向。这是一个将认知训练与任务需求融合的极好练习。运动员也可以通过回答训练过程中的随机问题来

图8-10 Kirschner改良箭头图

增加认知训练，或者通过忽略背后的噪音干扰来集中注意力。

对于团队运动来说，可以投射处于不同位置的运动员，必须在下一张照片展示前快速识别出他们。这要求运动员执行与运动任务要求类似的符合人体工程学的眼球扫视运动任务。

3.5　深度知觉的速度与准确性

许多运动任务都要求对深度和空间定位进行判断。在体育运动中，如高尔夫球，精确位置定位在短杆比赛中至关重要，但是并不要求运动员快速做出深度判断。相反，美式足球中空间定位可以不那么精确，但是运动员需要快速做出深度判断。每只眼睛都有6条眼外肌，所有眼外肌所产生的施加在目标或物体上的神经支配数量为判断深度提供了一些必要的信息，严重的斜视应采用传统方法治疗，适用于非运动员。既有强度又有弹性的辐辏反射能让运动员更稳定地获取深度信息，尤其是当运动员必须应对过度疲劳和心理压力时。但是，有人推测，更窄的辐辏反射范围可能与更精确的空间判断能力有关。大多数视觉表现促进训练包括深度判断过程，许多视觉表现促进训练还包括来自变化的聚散度的反馈以刺激对眼睛与目标之间相对距离变化的敏感性。

3.5.1　Brock线

Brock线是一条串有不同颜色珠子的白色长细绳（图8-11）。绳子的一端放在运动员的鼻尖上，而另一端可由训练者拿着或系在一个物体上（如门把手）。这些珠子通常被放在距离运动员近、较近、较远的位置上。要求运动员看一看珠子并且说出看到了什么。珠子前面和后面都可以看到两条细线，细线组成了“X”形。如果“X”在珠子的前面或者后面出现交叉，这分别代表“内斜视”或“外斜视”。然而，如果固定的珠子位于2m之外，大多数人会看到细绳在珠子前面交叉，因为潘诺融合区相对扩大。如果在珠子前面和后面都没有看到细绳的复试图像，那么可能是因为皮层抑制了一只眼睛的信息。应指示运动员迅速眨眼以打破抑制，或者佩戴红色或绿色的滤光片以更有效地监测任何抑制因素。

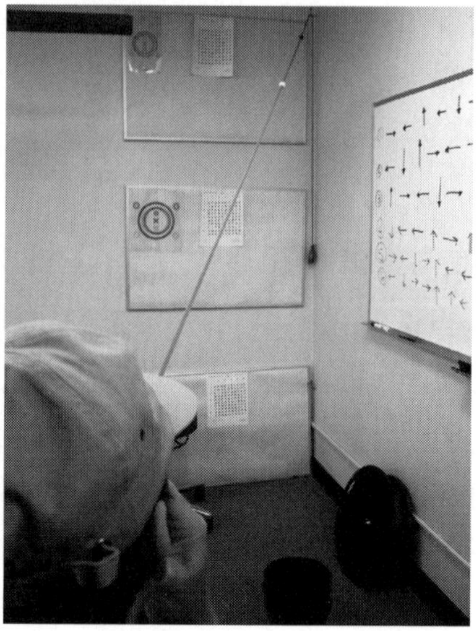

图8-11 Brock线仰望训练

Brock线训练的主要目的是当观察物体时，提供关于视轴位置的视觉反馈。通过练习，运动员可以学会将视轴与物体对准，从理论上提高了由眼外肌提供的空间定位的精确度。运动员可以将细绳从第一眼位移动到模拟体育运动所要求的其他眼位，例如，棒球运动中的击球或者高尔夫球运动中的推杆。指示运动员完成由远珠到近珠的视线交替跳跃训练。在实践中，运动员应该意识到细绳的“X”模式，以及细绳在每个珠子被重合时的交叉点，从而使快速精确的对齐方式得到强化。应该鼓励运动员将胜利的喜悦迅速转化为良好的竞技状态。

一旦运动员能连续精确和快速地完成任务，那么就可以增加额外的视觉辨别需求和感官综合负担。运动员站在平衡板上，在完成Brock线任务的同时保持平衡。这也是为任务需求增加认知挑战的一个极好的活动。

3.5.2 霍华德–多尔曼训练

霍华德–多尔曼训练可以用来增加对双眼深度线索的敏感度。正如之前所描述的单眼深度线索，传统的霍华德–多尔曼装置将两根相同大小和颜色的棒子放在主凝视位置上观察（图4–4）。[66–68]运动员在“真实”空间中用双眼观察，对两根杆的位置而不是模拟深度做出深度判断。这个过程可以用两个相同的球或物体来代替，例如高尔夫球、网球或者射击黏土。训练的最初目标是提高运动员对深度线索的敏锐度，并且要求运动员在逐渐缩短的时间周期内做出深度判断（速示演示）。运动员还可以将主凝视位置移动到模拟运动任务需要的其他位置，例如以棒球运动中的击球姿势或高尔夫球运动中的推杆姿势观察。

3.5.3　深度模拟活动

许多治疗方法使用偏振光或彩色滤镜模拟立体视觉，用于治疗双眼视力异常。偏振立体图是一种具有相反偏振方向的视标，当运动员佩戴带有交叉轴的偏振滤镜时，运动员用右眼看到一部分，也可以用左眼看到一部分。例如，当佩戴红色或绿色滤光器时，红绿可变矢量图是使用红色和绿色滤光片来模拟深度的立体视标。由于滤光器没有引起色度间隔，所以偏振滤光只能提供接近自然条件的光源，但这两个系统都提供关于抑制的反馈。

偏振立体图和红绿可变矢量图通常用于近距离观察，以增加正负融像性的范围（图8-12）。[105-107]对运动员而言，远距离深度训练认知往往更合适，而只有当运动员发生远距离斜视时，大的聚散度范围才可能会有好处。视觉促进训练的目标是通过偏振立体图来提高深度定位的精确度或者将红绿可变矢量图目标投射到一个合适的屏幕上。红绿可变矢量图目标可以被投射到一个白色的屏幕上；然而，偏振立体图需要一个银色的屏幕来保持偏振。通过分离目标，右眼看到的目标在左眼看到的目标的左侧，从而产生少量的正向融合需求。图像越靠近观察者，相对基本需求诱导的常见感知，会使其看起来更小更近；反之，则更大更远。这些空间知觉效应又被称为SILO（小进大出），SILO使得图像比屏幕更接近运动员，并且图像看起来略小。如果运动员能在无抑制的情况下融合图像，他应该报告目标的准确位置。教练可以挥动手或米尺来帮助运动员说出目标图像所在平面；一般来说，教练应该首先在屏幕平面挥手然后慢慢向运动员移动。这种训练可以提高眼外肌判断相对深度信息的敏感度。

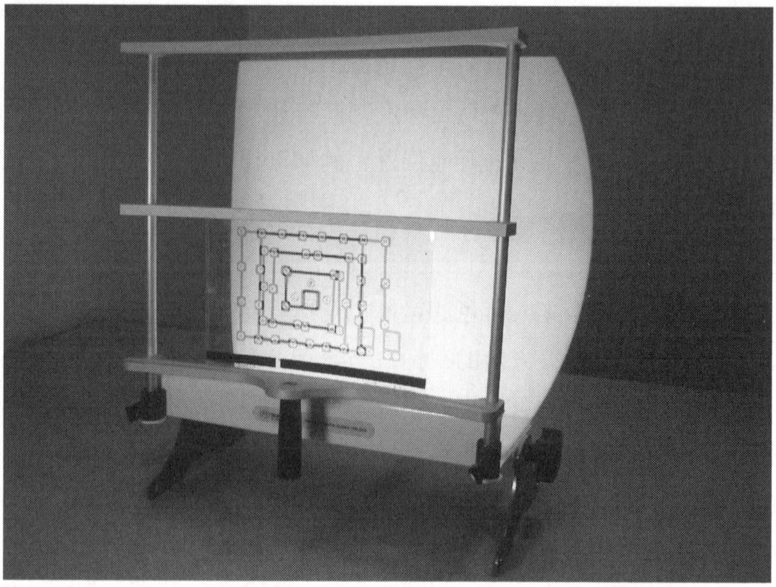

图8-12 在VTE动态融合玻片架上的螺旋形可变矢量图

一旦运动员熟练掌握对目标进行深度定位的技能，那么他的立体视觉将得到提高。运动员首先被要求在维持适度正融像性聚散需求量的情况下注视目标，然后闭上眼睛。当运动员合上双眼时，这种正融像性聚散需求量不是提高就是略微下降。然后运动员再看一遍，确定目标是在相同位置，还是稍微近一点或稍微远一点。在这种方式下，运动员对空间定位的微小改变变得更敏感并能够接受快速深度判断的反馈。

一旦运动员能够连续、快速、准确地完成这项任务，就会增加额外的感官综合负担。平衡板或者迷你蹦床可以增加到此过程中，来增加运动员本体感受的挑战，并且帮助运动员建立行为自动化。迷你蹦床的使用方式和之前所描述的平衡板的使用方式类似。当在迷你蹦床上有节奏地跳跃并完成偏振矢量图或红绿可变矢量图任务时，运动员被要求保持平衡的稳定性。

3.5.4 注视侈开

精确和稳定的眼球校准（表示为注视侈开）在需要精准空间定位的运动项目中十分重要。正如前文所描述的模拟深度活动那样，许多用于改善辐辏功能的无影灯和偏光镜治疗活动中，都有给运动员提供有关眼球较准视觉反馈训练目标。例如，大多数矢量图都会使运动员右眼看到的"R"出现在左眼看到的"L"的正上方上。这些垂直对齐的字母显示水平注视侈开的状态。其他目标可以很容易修改，以提供对准反馈。例如，在救生卡上的圆中画游标线（图8-13）。这些目标物通常提供与注视侈开相关的反馈和融像性聚散需求量；但是，可能没有必要提高某些运动员的聚散度范围。科菲博士设计的目标物没有任何聚散度要求（图8-14），他使用了交叉偏振滤光器和手工绘制的游标线。

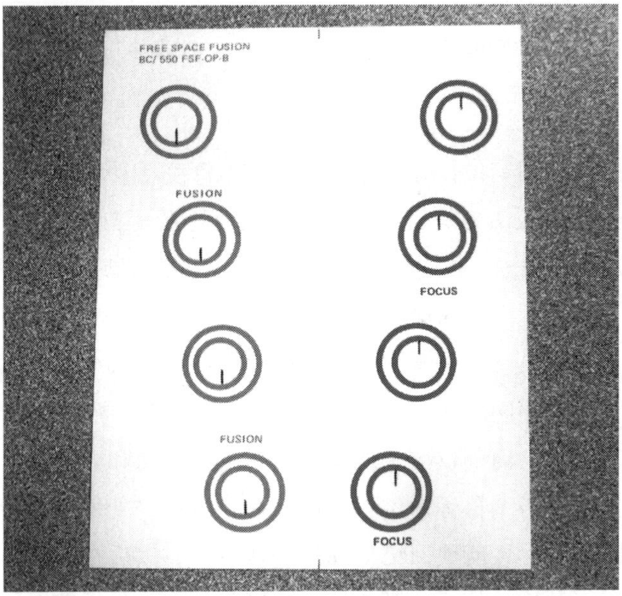

图8-13　在救生卡上画出游标线以获得关于注视侈

训练的最初目标是提高运动员保持稳定以及眼球校准的能力。一旦运动员可以轻松实现和保持目标校准，就应要求运动员在逐渐变短的时间内实现校准——最好能瞬间实现校准。额外的视觉辨别需求和感官综合负担也会进一步建立，以实现精准稳定的眼球自动校准化。

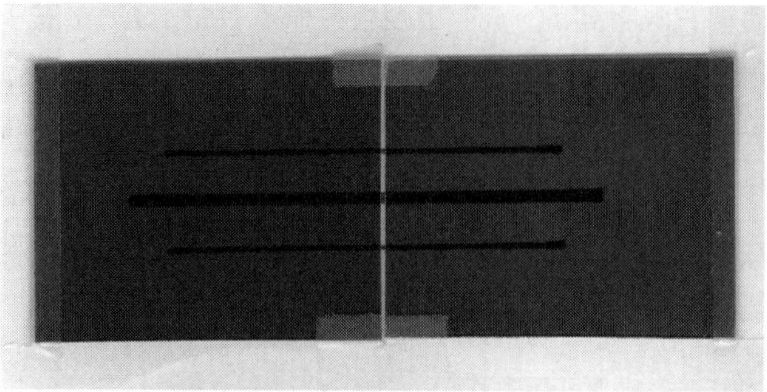

图8–14 使用交叉偏振滤光器和手绘游标线的注视侈开（由科菲设计）

3.5.5 空间定位

“真实”空间的空间定位任务可能是连接模拟深度活动和体育比赛之间的有效桥梁。此外，心理意象也被认为是提高身体表现能力的强大工具。[1]研究显示：精神意象可能与视觉感知的神经过程相同，这可能对运动中的深度判断十分重要。[112]

科菲和赖肖[1]提出了一个视觉表现促进训练活动，将真实空间的深度判断与心理图像的校准结合。运动员站在一系列目标的前面（如不同大小的纸张、咖啡罐），不同目标与运动的距离和相对方位不同。运动员通过将沙包扔到目标上并注意错误倾向，培养一种估算距离的内部校准模式。再按照不同距离和方向重新排列目标，并且要求运动员在心里构建每个目标的位置图像。在将沙包扔到每一个新目标位置之前，运动员必须合上眼睛，尽可能地回忆目标的确切位置，然后在闭眼的同时把沙包扔到目标上（图8–15）。每次投掷后，都将关于投掷是否准确的反馈提供给运动员。一旦运动员投掷的准确性达到一定水平，就会要求他在心里创造一个多目标的位置图像，并在获得投掷精确性反馈之前，将沙包扔到所有目标上。训练者也可能希望运动员能以单眼方式从而提高对单眼深度线索的敏感度。虽然许多变量可能影响表现，但是这个过程十分有益，尤其是对那些运动员获得关键信息时经常被其他参与者或物体打断的运动而言，如篮球、足球、曲棍球等。

图8-15　将真实空间的深度判断和心理图像的校准相结合的视觉表现促进训练活动；由科菲和赖肖创建

3.6　认知速度

快速处理视觉信息的能力被认为是在快速运动项目中取得成功所必不可少的元素。运动员必须相对快速地分析在体育比赛中可用的时间和空间信息，以做出关于表现反应明确决定。大多数视觉表现促进训练项目能提高认知速度，同时试图增加运动员可处理的信息量。

3.6.1　视速仪训练

多年来，视速仪被用于提高快速处理视觉信息的能力（图8-16）。通常情况下，要求运动员回忆一串飞速闪过（如0.02秒内）的数字。然而，数字刺激可能会混淆运动员认知速度的评估和提高。正如先前讨论过的动态视力训练，在模拟运动环境下，视觉信息的目标参数可能提供一个更加有效的措施来提高视觉信息处理速度。特定的运动图像或定格视频对运动员更有益，能使其将技能发展成果展现到赛场上。

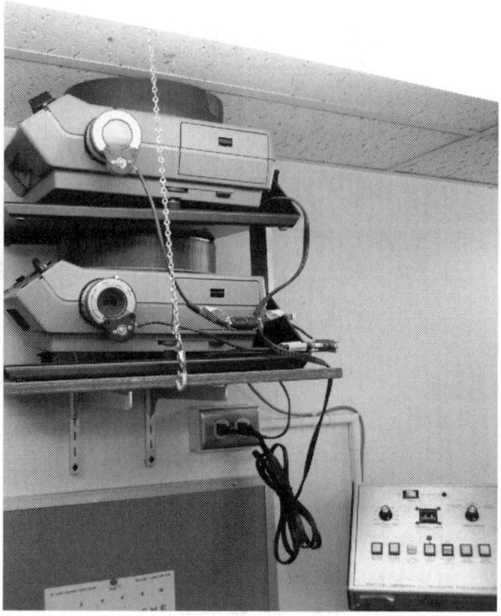

图8-16 具有控制面板的双视速仪投影系统

对刺激增加动作反应使运动反应过程的完成更完整。例如，让运动员依照幻灯片上随机展示的箭头的方向移动他的脚（或网拍、球棍、手套）。通过使用闪存卡和电脑也可以让运动员在家中执行这类活动。如果使用视频片段，运动员能对停止的视频动作做出预期的动作反应，并且获得关于预期动作准确性的反馈。例如，棒球投球视频片段可以在投球后的指定时间内暂停（如0.1s），然后击球手用挥棒（或不挥棒）的方式回应预期的击球轨迹。

3.6.2 频闪训练

频闪灯（图8-17）或者频闪式滤光器为提高视觉信息处理速度提供了另一种方式。[33] 当频闪灯照亮昏暗的房间时，频闪灯可以降低视觉信息的可用性。频闪灯的频闪速度越快，运动员可利用的信息量越多。最终，随着频闪灯频闪速度下降，视觉信息逐渐减少，运动员要努力保持运动表现。

图8–17 频闪灯

通常，运动员从事的是一项运动表现任务，如之前提及的弹力球网：运动员把球或沙包扔进一个弹力球网并试图在它弹回时抓住它。当运动员的能力提高时，球和沙包被更快地扔进网内，并且在投掷过程中，球可以产生更多的旋转。为了增加任务的不可预测性，可以由另一个人扔球，进而要求运动员快速判断飞行中球的速度和轨迹。

弹力球网活动可以被与运动需求匹配的运动任务代替。例如，拦截棒球、垒球、橄榄球；拦截网球、壁球、桌球、排球；或团队项目的模拟比赛，如篮球、垒球、橄榄球和排球。在完成频闪训练（如使用带有机器的击球笼而不是一个真正的投掷或击球装置）时，训练员必须小心保护运动员，使其远离伤害。由Maximum Performance公司产生的一个名为Strobespecs的产品，其眼镜框架里有由电池供电的液晶频闪滤光器。这个装置能满足实际运动中的频闪需求，运动员可以在运动时戴着Strobespecs。这种产品不久将会像Nike Strobe一样在市面销售，并且这种产品还会显示频闪率的数值（图8–18）。

图8-18 Nike Strobe

3.7 视觉运动反应（眼-手、眼-足、眼-体协调）

许多运动情况要求运动员对视觉信息做出运动反应，并且视觉和神经肌肉处理速度对运动员而言，通常十分重要。视觉系统负责提供关于运动员手、脚和身体反应特征的关键信息。很多旨在提高相关运动的竞技表现的训练计划，都包括加强视觉运动反应时间的活动，它是视觉表现促进训练项目的常见元素。

提高视觉运动反应和反应速度有两个目标。第一个目标是减少视觉刺激启动到开始对刺激做出合适反应的间歇时间。这个过程涉及视觉信息处理速度（知觉机制）和准确激发效应机制的决策机制。按照体育圈的说法，这种能力通常被称为敏捷性。一个敏捷性高的运动员比其他运动员更有能力做出对视觉信息的快速反应。第二个目标是减少神经肌肉系统向肌肉发送信息所需要的时间，做出适当的运动反应需要这种信息来刺激肌肉。这个过程涉及效应机制的速度，并且通常被认为是纯粹的速度。一旦效应机制被启动，具有超常速度的运动员在运动表现上会更加快速。例如，速度敏捷的足球守门员会比射入门中的足球的速度更快，从而拦截目标。敏捷性和速度的结合为成功提供了最好的方法。

3.7.1 电子设备

目前已经设计了一些仪器来评估和提高视觉运动反应和反应速度。Wayne扫视注视器（图4-6）、Acuvision、Dynavision、SVT，以及Activision都是此类仪器，但是市面上只能购买到Wayne扫视注视器、Dynavision2000和SVT。这些仪器的相似之处在于它们都是由一个二维面板组成，二维面板上有一系列可点亮的按钮。运动员用一只手按下随机的一个按钮，随后在另一个随机位置上的按钮点亮，这种循环在一定时间内重复。

通常，运动员会在仪器上重复一个特定的训练以提高分数。训练员给运动员提供关于行为表现的反馈，尤其是关于眼睛定位与中心和周边视觉的信息。运动员应采取与其他项目需求一致的中央和周边视觉表现策略。当运动表现改善时，训练速度往往会提高以保证运动员在运动时处于能力阈值。杰克博士在Wayne扫视注视器上设计的眼手运动项目是一个很好的方法，它逐渐增加刺激的速度直到运动员产生疲劳，之后不断地调整速度使运动员在最大能力范围内工作。额外的感官综合负担（如平衡板）可以被添加以进一步建立视觉运动反应和反应速度的自动化。

3.7.2　视觉运动反应刺激游戏

许多比赛需要对视觉刺激做出快速的运动反应。例如，乒乓球迫使运动员做出快速的眼手反应，这对其他要求眼手运动协调能力的运动也有好的影响。尽管其他部位（如拇指）可能不参与大多数运动要求的运动神经肌肉系统，但是一些视频游戏可以为眼手反应速度的发展提供一个好的环境。前面描述的弹力球网、频闪训练活动就提供了一个极好的提高视觉运动反应和反应速度的环境。

3.8　周边视觉

无论任务是留意队员和对手，还是保持稳定的平衡，处理来自周边视觉领域的信息实际上都对成功的运动表现十分重要。周边视觉有助于在大多数运动中产生精确的眼球扫视运动并引导眼球追踪。周边视觉促进训练的目标是在提高视觉意识和反应能力的同时，处理中央视觉信息，通常不以扩展视觉领域为目标。

3.8.1　Wayne外围意识训练器

外围意识训练器有一个中心圆形部件，它包含一个中心固定光源，其上有8个透明的棒，每根棒的两端都有红色的发光二极管（图4-10）。运动员手持中央固定的操纵杆，当感知到周围视野的二极管发光时，向相应方向移动操作杆。本书第四章已经讨论过如何用这个系统评估外围反应速度，并且经常用其提高运动员的外围意识。虽然这个项目为运动员提供关于外围意识的有用反馈，但是它只是初级水平的活动。可以增加额外的感官综合任务，以进一步建立外围意识的自动化。

3.8.2 空间定位技术

在诸如飞碟射击和体操等运动中，精确的外围定位是成功的关键。目前已经开发了一些提供关于周围定位精确性反馈的方法。增加视觉运动反应的这种装置需要周边视觉来定位相应按钮。要求运动员在仪表板上固定一个中心点以获得精确的外围定位。要求运动员指出仪表板上被随机点亮的按钮同时保持注视中心点，然后将手指放在面板上。之后允许运动员看手指定位是否准确，多次重复这个过程可以提高外围定位的快速精确性。额外的感官综合任务可以被添加以进一步建立自动化。

科菲和赖肖[1]描述了一个类似的训练过程，它使用了速读训练器投影仪和激光笔。运动员面对一个有中央固定点的屏幕并且手中握有激光笔。幻灯片上的指示点随机出现在某个位置，幻灯片的放映速度很快，运动员要将激光笔指向屏幕上指示点所在位置，然后通过照亮幻灯片以提供反馈，运动员可以看到他的外围定位是否精确。随着运动员外围定位精确性的改善，幻灯片的展示时间可以缩短。

3.8.3 注意力分散活动

许多运动要求运动员同时处理中心和外围的信息，这给注意力机制带来了挑战。当一名运动员想获得卓越的视觉技巧时，培养运动员在中央和外围信息之间分散注意力的能力是一种建立自动化的有力方式。例如，当运动员集中注视Hart视力表和观察Wayne扫视注视器（图8-19）时，要求运动员用Hart视力表完成眼球扫视运动任务，同时当发现Wayne扫视注视器上的某个指示点被随机点亮时，运动员按下Wayne扫视注视器按钮。额外的感官综合任务可以被添加，以进一步建立自动化。

图8-19 Hart视力表和Wayne扫视注视器放置在视野周围，以分散对中心和外围信息的注意力，从而建立自动化

3.8.4　杂耍（判别处理能力）

杂耍行为需要高度的外围意识、出色的手部反应和反应速度。对于不能成功应付三个物体的运动员，需要注意提高手部协调和外围意识。一些网站专门介绍如何玩杂耍，这些可以用于补充专业人员的介绍。一旦掌握了三球杂耍，那么额外的感官综合任务可以被添加。

对于团队运动而言，整个团队可以在日常杂耍竞争中完成表演，在这样的比赛中，每个人同时开始进行杂耍以确定谁能继续的时间最长。当运动员掌握杂耍技术时，可以在竞赛中增加移动。团队成员们可以四处走动，相互碰撞以诱导队员掉球。当分散注意力和引入足部动作时，外围意识的负担显著地增加了。为了进一步挑战运动员的预期能力，可以使房间变暗并使用频闪灯以增加对运动的认知速度要求。这种运动能帮助运动员在有压力的情况下更好地控制视觉注意力。

3.8.5　码尺扫视

码尺扫视由马丁[113]提出，以发展眼球扫视运动时的头部控制能力，现在用米尺代替码尺。在第一眼位时，运动员和米尺的中心大约相隔50cm。这项任务是让运动员注视50cm的标记并且通过使用外围意识定位下一个更远的标记（51cm）。运动员精确扫视标记并返回中心点。这个过程重复出现在下一个较近的标记（49cm）。如果执行成功，运动员使用外围意识来定位下一个标记（52cm和48cm），并且按照先前描述重复步骤。这个过程一直持续下去，直到运动员不能用他的外围视觉定位下一个标记。进一步的视觉反馈可以提供与之前描述类似的视觉余像。这项任务最初是用水平摆放的米尺进行的，并且它可以调整方向，以模拟运动需求和增强周边视觉的优势和不足。目标是实现流利的、快速的和带有扩大外围意识的精确的眼球扫视运动。

一旦运动员能连续、准确、快速地完成此任务，就可以增加额外的感官综合任务。节拍器的使用对于增强听觉视觉整合能力是特别有效的，并且增加节拍器的节奏可以产生类似于运动比赛的紧张感。在引入节拍器的过程中，要求运动员按照节拍器的节奏精确扫视每个连续的标记。运动员必须提高对注意力状况的认识，以提高外围意识并将这种心理状态应用于体育运动中。

3.9 预判能力

许多快速动作的运动涉及对视觉信息的反应。例如，网球运动员必须确定对手动作发生的时间和地点并及早进行预判以做出适当的反应。时空行为预测中的关键视觉信息对于确定和执行最佳动作反应十分重要。[114–124] 因此，许多视觉表现促进训练都包括提高预判能力的活动。目标是提高视觉动作预判时间的准确性和一致性。

3.9.1 Bassin预期计时器或Wayne速度追踪系统

Bassin预期计时器和Wayne速度追踪系统是最常被用于评估视觉符合预期的工具。正如第四章所描述的那样，每一台仪器都由一串LED灯组成，构成了各种长度的“跑道”。LED灯按顺序快速点亮，以模拟刺激光的移动。这项任务要求运动员预测目标灯光将何时点亮，因为LED灯沿着Z轴依次点亮并逐渐接近运动员，运动员做出与目标灯光一致的动作反应。可以校准刺激光的速度来模拟运动员在专项运动中的动作速度，实际上模拟运动员所经历的刺激参数（如棒球的投球速度）。将每一种项目的视觉和语言反馈提供给运动员，这样运动员可以开始自我校准预期的准确性。很多运动员报告称使用这些仪器训练后，运动时视觉集中度得到了提高。

3.9.2 频闪训练

除了提高视觉信息处理的速度，频闪灯或者频闪滤光器还提供了另一种锻炼预判能力的方法。正如在弹力网球活动中所描述的，这种训练主要强调接近物体时的动作反应。

4 总结

视觉表现促进训练的发展只受个人或集体创造力的限制。运动视觉训练者应该为每一个运动团队或者运动员进行视觉任务分析。为了提高表现，应该将关键的视觉技能分离出来。视觉技能的整合和感官合成的需求逐渐被引入，以增加对运动员的挑战并建立表现的自动化。训练者、运动员和运动员支持团队应该制定策略，通过将视觉表现方面纳入运动技能练习和比赛心理准备，来帮助运动员在运动场上发挥出更好的视觉表现。时空行为预测中的关键视觉信息虽然很多支持视觉训练的文献都是道听途说或在研究设计中有重大缺陷，无法得出明确结果，但视觉表现和运动表现之间存在逻辑关系。有充分证据显示，精心设计的训练可以提高视觉表现。因此，准备比赛时，提高视觉表现，可以给运动员提供额外的优势。

参考文献

[1] Coffey B,Reichow AW:Visual performance enhancement in sports optometry. In Loran DFC,MacEwen CJ,editors: *Sports vision*, Oxford, 1995, Butterworth-Heinemann, pp 158-77.

[2] Coffey B, Reichow AW: Optometric evaluation of the elite athlete, *Probl Optom 2:*32, 1990.

[3] Cohen AH: The efficacy of optometric vision therapy, *J Am Optom Assoc 59:*95, 1988.

[4] Ciuffreda KJ: The scientific basis for and efficacy of optometric vision therapy in nonstrabismic accommodative and vergence disorders, *Optometry 73:*735, 2002.

[5] Ciuffreda KJ,Wang B: Vision training and sports. In Hung GK, Pallis JM, editors: *Biomedical engineering principles in sports*, New York, 2004, Kluwer Academic/Plenum, pp 407-433.

[6] West KL, Bressan ES: The effect of a general versus specific visual skills training program on accuracy in judging length-of-ball in cricket, *Int J Sport Vis 3:*41, 1996.

[7] Quevedo-i-Junyent L, Sole-i-Forto J: Visual training program applied to precision shooting, *Ophthalmol Physiol Opt 15:*519, 1995.

[8] McLeod B: Effects of eyerobics visual skills training on selected performance measures of female varsity soccer players, *Percept Mot Skills 72:*863, 1991.

[9] Kofsky M: Sports vision visual training and experimental program with Australian Institute of Sport basketball players, *Aust J Optom 6:*15, 1988.

[10] Abernethy B,Wood JM: Do generalized visual training programmes for sport really work? An experimental investigation, *J Sports Sci 19:*203, 2001.

[11] Quevedo L, Sole J, Palmi J, et al: Experimental study of visual training effects in shooting initiation, *Clin Exp Optom 82:*23, 1999.

[12] Wood JM, Abernethy B: An assessment of the efficacy of sports vision training programs, *Optom Vis Sci 74:*646, 1997.

[13] Allard F, Starkes JL: Perception in sport: volleyball, *J Sport Psychol 2:*22, 1980.

[14] Allard F, Graham S, Paarsalu ME: Perception in sport: basketball, *J Sport Psychol 2:*14, 1980.

[15] Starkes JL, Deakin J: Perception in sport: a cognitive approach to skilled performance. In Straub WF, Williams JM, editors: *Cognitive sport psychology*, Lansing, NY, 1984, Sport Science, pp 115-128.

[16] Allard F, Burnett N: Skill in sport, *Can J Psychol 39:*294, 1985.

[17] Helsen W, Pauwels JM: The use of a simulator in the evaluation and training of tactical skills in football. In Reilly T, Lees A, Davids K, et al, editors: *Science and football*, London, 1987, E&FN Spon, pp 493-497.

[18] Starkes JL: Skill in field hockey: the nature of the cognitive advantage, *J Sport Psychol 9:*146, 1987.

[19] Garland DJ, Barry JR: Sports expertise: the cognitive advantage, *Percept Mot Skills 70:*1299, 1990.

[20] Lisberger SG: The neural basis for learning of simple motor skills, *Science 242:*728, 1988.

[21] Gottlieb GL, Corcos DM, Jaric S, et al: Practice improves even the simplest movements, *Exp Brain Res 73:*436, 1988.

[22] Bjurwell C: Perceptual-motor behavior in sport: the double reaction, *Percept Mot Skills 72:*137, 1991.

[23] Mahoney M, Avener J: Psychology of the elite athlete: an exploratory study, *Cog Ther Res 1:*135, 1977.

[24] Meyers AW, Cooke CJ, Cullen J, et al: Psychological aspects of athletic competitors: a replication across sports, *Cog Ther Res 3:*361, 1979.

[25] Greenspan MJ, Feltz DL: Psychological interventions with athletes in competitive situations: a review, *Sport Psychologist 3:*219, 1989.

[26] Davis H: Cognitive style and nonsport imagery in elite ice hockey performance, *Percept Mot Skills 71:*795, 1990.

[27] Finke RA: Mental imagery and the visual system, *Sci Am 254:*88, 1986.

[28] Harris DV, Harris BL: *The athlete's guide to sports psychology: mental skills for physical people*, New York, 1984, Leisure Press.

[29] Heil J: Imagery for sport: theory, research, and practice. In Straub WF,Williams JM, editors:

Cognitive sport psychology, Lansing, NY, 1984, Sport Science Associates, pp 245-252.

[30] Suinn RN: Imagery and sports. In Straub WF,Williams JM, editors: *Cognitive sport psychology*, Lansing, NY, 1984, Sport Science Associates, pp 253-271.

[31] Birnbaum MH: Automaticity in fusional vergence therapy, *J Am Optom Assoc 66:*471, 1995.

[32] Groffman S: Consideration of individual characteristics and learning theory in vision therapy. In Press LJ, editor: *Applied concepts in vision therapy*, St Louis, 1997, Mosby, pp 51-52.

[33] Leslie S: Sports vision therapy. In Press LJ, editor: *Applied concepts in vision therapy*, St Louis, 1997, Mosby.

[34] Woods AC: Report from the Wilmer Institute on the results obtained in the treatment of myopia by visual training, *Trans Am Acad Ophthalmol Otolaryngol 49:*37, 1945.

[35] Ewalt HW: The Baltimore myopia control project, *J Am Optom Assoc 17:*167, 1946.

[36] Rowe AJ: Orthoptic training to improve the visual acuity of a myope, *J Am Optom Assoc 18:*494, 1947.

[37] Epstein LH, Greenwald DJ,Hennon D, et al:Monocular fading and feedback training, *Behav Mod 5:*171, 1981.

[38] Gil KM, Collins FL: Behavioral training for myopia: generalization of effects, *Behav Res Ther 21:*269, 1983.

[39] Collins FL, Pbert LA, Gil KM: The effects of behavioral training for improving visual acuity in emmetropic and myopic volunteers, *Behav Med Abst 5:*142, 1984.

[40] Gil KM, Collins FL, Odom JV: The effects of behavioral vision training on multiple aspects of visual functioning in myopic adults, *J Behav Med 9:*373, 1986.

[41] De Valois KK: Spatial frequency adaptation can enhance contrast sensitivity, *Vision Res 17:*1057, 1977.

[42] Adini Y, Sagi D, Tsodyks M: Context-enabled learning in the human visual system, *Nature 415:*790, 2002.

[43] Ricci JA, Collins FL: Visual acuity improvement following fading and feedback training. III: effects on acuity for stimuli in the natural environment, *Behav Res Ther 26:*475, 1988.

[44] Bailliet R, Clay A, Blood K: The training of visual acuity in myopia, *J Am Optom Assoc 53:*719, 1982.

[45] Low FN: The peripheral visual acuity of 100 subjects, *Am J Physiol 140:*83, 1943.

[46] Low FN: Some characteristics of peripheral visual performance, *Am J Physiol 146:*573, 1946.

[47] Low FN: Peripheral visual acuity, *Arch Ophthalmol 45:*80, 1951.

[48] Saugstad L, Lie I: Training of peripheral visual acuity, *Scan J Psychol 5:*218, 1964.

[49] Johnson CA, Leibowitz HW: Practice effects for visual resolution in the periphery, *Percept Psychophys 25:*439, 1979.

[50] Collins FL, Epstein LH,Hannay HJ: A component analysis of an operant training program for improving visual acuity in myopic students, *Behav Ther 12:*692, 1981.

[51] Beard BL, Levi DM, Reich LN: Perceptual learning in parafoveal vision, *Vision Res 35:*1679, 1995.

[52] Hildreth HR, Meinberg WH, Milder B, et al: The effect of visual training on existing myopia, *Am J Ophthalmol 30:*1563, 1947.

[53] Marg E: Flashes of clear vision and negative accommodation with reference to the Bates method of visual training, *Am J Optom Arch Am Acad Optom 24:*167, 1952.

[54] Gallaway M, Pearl SM,Winkelstein AM, et al: Biofeedback training of visual acuity and myopia: a pilot study, *Am J Optom Physiol Optics 64:*62, 1987.

[55] McKee SP,Westheimer G: Improvement in vernier acuity with practice, *Percept Psychophys 24:*258, 1978.

[56] Fahle M, Edelman S: Long-term learning in vernier acuity: effects of stimulus orientation, range and of feedback, *Vision Res 33:*397, 1993.

[57] Regan D, Beverly KI, Cyander M: The visual perception of motion in depth, *Sci Am 241:*136, 1979.

[58] Regan D, Beverley KI: Illusory motion in depth: aftereffect of adaptation to changing size, *Vis Res 18:*209, 1978.

[59] Beverley KI, Regan D: Separable aftereffects of changing-size and motion-in-depth: different neural mechanisms? *Vis Res 19:*727, 1979.

[60] Regan D, Beverley KI: Looming detectors in the human visual pathway, *Vis Res 18:*415, 1978.

[61] Regan D, Cynader M. Neurons in area 18 cat visual cortex selectively sensitive to changing size:

non-linear interactions between responses to two edges, *Vis Res 19:*699, 1979.

[62] McLeod P, McLaughlin C, Nimmo-Smith I: Information encapsulation and automaticity: evidence from the visual control of finely timed actions. In *Attention and performance* VI , Hillsdale, NJ, 1985, Erlbaum, pp 391-400.

[63] Judge SJ, Bradford CM: Adaptation to telestereoscopic viewing measured by one-handed ball-catching performance, *Perception 17:*783, 1988.

[64] von Hofsten C, Rosengren K, Pick HL, et al: The role of binocular information in ball catching, *J Mot Behav 24:*329, 1992.

[65] Savelsbergh GJP,Whiting HTA: The acquisition of catching under monocular and binocular conditions, *J Mot Behav 24:*320, 1992.

[66] Ogle KN: *Researches in binocular vision*, New York, 1964, Hafner.

[67] Cline D, Hoffstetter HW, Griffin JR: *Dictionary of visual science*, ed 3, Radnor, PA, 1980, Chilton, p 641.

[68] Griffin JR, Grisham JD: *Binocular anomalies. Diagnosis and vision therapy*, Amsterdam, 2002, Butterworth-Heinemann, pp 59-62.

[69] Hart WM: Entoptic imagery. In Moses RA, Hart WM, editors: *Adler's physiology of the eye*, St Louis, 1987,Mosby–Year Book, pp 383-384.

[70] Di Russo F, Pitzalis S, Spinelli D: Fixation stability and saccadic latency in elite shooters, *Vision Res 43:*1837, 2003.

[71] Blackburn RH: Perception of movement, *Am J Optom 14:*365, 1937.

[72] Graham CH, Cook C: Visual acuity as a function of intensity and exposure time, *Am J Psychol 49:*654, 1937.

[73] Ludvigh EJ: The gradient of retinal illumination and its practical significance, *Am J Ophthalmol 20:*260, 1937.

[74] Langmuir I: The speed of the deer fly, *Science 87:*233, 1938.

[75] Ludvigh E: Extrafoveal visual acuity as measured with Snellen test-letters, *Am J Ophthalmol 24:*303, 1941.

[76] Ludvigh E: Visibility of the deer fly in flight, *Science 105:*176, 1947.

[77] Ludvigh E: The visibility of moving objects, *Science 108:*63, 1948.

[78] Ludvigh EJ: Visual acuity while one of viewing a moving object, *Arch Ophthalmol 42:*14, 1949.

[79] Westheimer G: Eye movement responses to a horizontally moving visual stimulus, *AMA Arch Ophthalmol 52:*932, 1954.

[80] Hulbert SF, Burg A, Knoll HA, et al: A preliminary study of dynamic visual acuity and its effects in motorist's vision, *J Am Optom Assoc 29:*359, 1958.

[81] Ludvigh EJ, Miller JW: Study of visual acuity during the ocular pursuit of moving test objects. I. Introduction, *J Opt Soc Am 48:*799, 1958.

[82] Miller JW: Study of visual acuity during the ocular pursuit of moving test objects. II . Effects of direction of movement, relative movement, and illumination, *J Opt Soc Am 48:*803, 1958.

[83] Burg A, Hulbert SF: Dynamic visual acuity and other measures of vision, *Percept Mot Skills 9:*334, 1959.

[84] Burg A, Hulbert S: Dynamic visual acuity as related to age, sex and static acuity, *J Appl Psych 45:*111, 1961.

[85] Miller JW, Ludvigh E: The effect of relative motion on visual acuity, *Service Ophthalmol 7:*83, 1962.

[86] Weissman S, Freeburne CM: Relationship between static and dynamic visual acuity, *J Exp Psychol 69:*141, 1965.

[87] Burg A: Visual acuity as measured by dynamic and static tests: a comparative evaluation, *J Appl Psychol 50:*460, 1966.

[88] Kirshner AJ: Dynamic acuity a quantitative measure of eye movements, *J Am Optom Assoc 38:*460, 1967.

[89] Barmack NH: Dynamic visual acuity as an index of eye movement control, *Vis Res 10:*1377, 1970.

[90] Brown B: Resolution thresholds for moving targets at the fovea and in the peripheral retina, *Vision Res 12:*293, 1972.

[91] Brown B: Dynamic visual acuity, eye movements and peripheral acuity for moving targets, *Vis Res 12:*305, 1972.

[92] Brown B: The effect of target contrast variation on dynamic visual acuity and eye movement, *Vis*

*Res 12:*1213, 1972.

[93] Hoffman LG, Rouse M, Ryan JB: Dynamic visual acuity: a review, *J Am Optom Assoc 52:*883, 1981.

[94] Westheimer G: Eye movement responses to a horizontally moving visual stimulus, *AMA Arch Ophthalmol 52:*932, 1954.

[95] Heck H, Jendrusch G,Wenzel V: The significance of dynamic visual acuity as a performance-influencing parameter in tennis, *Int J Sports Med 19:*S46, 1998.

[96] Long GM, Rourke DA: Training effects on the resolution of moving targets-dynamic visual acuity, *Hum Fact 31:*443, 1989.

[97] Long GM, Riggs CA: Training effects on dynamic visual acuity with free head viewing, *Perception 20:*363, 1991.

[98] Seiderman A, Schneider S: *The athletic eye*: *improved sports performance through visual training*, New York, 1983. Hearst Books.

[99] Reichow AW, Stern NS: Athlete and optometrist: performance oriented, *OEP Curriculum II* 59*:*35, 1986.

[100] Revien L: *Eyerobics* [videotape], Great Neck, NY, 1987, Visual Skills.

[101] Gregg JR: *Vision and sports*: *an introduction*, Stoneham, MA, 1987, Butterworth Publishers.

[102] Sherman A: Sports vision testing and enhancement: implications for winter sports. In Casey M, Foster C, Hixson E, editors: *Winter sports medicine*, Philadelphia, 1990, F.A. Davis, pp 78-84.

[103] Leslie S: Sports vision: therapy in motion. In Press LJ, editor: *Applied concepts in vision therapy,* St Louis, 1997, Mosby.

[104] Wilson TA, Falkel J: *Sports vision training for better performance*, Champaign, IL, 2004,Human Kinetics.

[105] Griffin JR, Grisham JD: *Binocular anomalies diagnosis and vision therapy*, Amsterdam, 2002, Butterworth-Heinemann.

[106] Scheiman M, Wick B: *Clinical management of binocular vision*: *heterophoric, accommodative, and eye movement disorders*, Philadelphia, 2002, Lippincott Williams & Wilkins.

[107] Press LJ: *Applied concepts in vision therapy,* St Louis, 1997, Mosby.

[108] Hebb DO: *The organization of behavior: a neurophysiological theory*,New York, 1949, John Wiley & Sons.

[109] Piaget J: Development and learning. In Ripple R, Rockcastle V, editors: *Piaget rediscovered*, Ithaca, NY, 1964, Cornell University.

[110] Case R: *The mind's staircase: exploring the conceptual underpinnings of children's thought and knowledge*, Hillsdale, NJ, 1991, Erlbaum.

[111] Peachey GT: Minimum attention model for understanding the development of efficient visual function, *J Behav Optom 2:*199, 1991.

[112] Finke RA: Mental imagery and the visual system, *Sci Am 254:*88, 1986.

[113] Martin WF: *An insight to sports featuring trapshooting and golf*, Seattle, 1984, SportsVision, pp 155-159.

[114] Sharp RH,Whiting HTA: Information processing and eye-movement behavior in a ball catching skill, *J Human Mov Studies 1:*124, 1975.

[115] Franks IM, Weicker D, Robertson DGE: The kinematics, movement phasing and timing of a skilled action in response to varying conditions of uncertainty, *Human Mov Sci 4:*91, 1985.

[116] Bootsma RJ, van Wieringen PCW: Visual control of an attacking forehand drive. In Meijer OG, Roth K, editors: *Complex movement behavior: the motor-action controversy*. Amsterdam, 1988, North-Holland, pp 189-199.

[117] Bootsma RJ: *The timing of rapid interceptive actions: perception-action coupling in the control and acquisition of skill*, Amsterdam, 1988, Free University Press.

[118] Bootsma RJ: Accuracy of perceptual processes subserving different perception-action systems, *Q J Exp Psychol 41A:*489 1989.

[119] Bootsma RJ, van Wieringen PCW: Timing an attacking forehand drive in table tennis, *J Exp Psychol Hum Percept Perform 16:*21, 1990.

[120] Bootsma RJ: Predictive information and the control of action, *Int J Sport Psychol 22:*271, 1991.

[121] Savelsbergh GJP, Whiting HTA, Bootsma RJ: "Grasping" tau, *J Exp Psychol Hum Percept Perform 17:*315, 1991.

[122] Bootsma RJ, Peper CE: Predictive visual information sources for the regulation of action with

special emphasis on catching and hitting. In: Proteau L, Elliott D, editors: *Vision and motor control*, Amsterdam, 1992, North-Holland, pp 285-314.

[123] Bootsma RJ, Oudejans RRD: Visual information about time-to-collision between two objects, *J Exp Psychol Hum Percept Perform 19:*1041, 1993.

[124]Siegel D: Response velocity, range of movement, and timing accuracy, *Percept Mot Skills 79:*216, 1994.

第九章

运动视觉实践的发展

本章大纲

- 内部营销
  - 品牌识别与形象
  - 广告语
  - 利基
  - 标志
  - 质量
  - 定价
  - 产品和服务的选择
- 患者进入前的营销机会
  - 电话留言
  - 电话预约
  - 网站
  - “欢迎来到工作室”邮件
  - 实践的地点
  - 停车场
  - 橱窗展示
- 接待室营销
  - 工作室设计与装饰
  - 员工风采
  - 患者教育
  - 以患者为中心的工作室
  - 卫生间
  - 音乐
- 了解病史以及预测试
- 预检室
- 对病史的专业回顾
- 专业技术人员的预测试手稿

本章大纲

运动视觉实践发展的关键是让别人知道你可以提供独一无二的东西。你要以惯用的方式来讲述一个故事。这就要求在外部营销之前，内部营销要做到位。外部营销为你带来新患者。如果患者没有得到外部营销信息中所承诺的东西，那么结果比没有营销还要糟糕很多。在实践中抓住一切交流机会使患者的体验与他们所得到的承诺信息保持一致。除非你正在推广视觉防护中的特殊领域，否则运动视觉实践的营销与任何其他视觉训练的营销相似。本章讨论如何制定促进运动视觉实践的发展营销计划。

表9–1展示的自我评估训练列出了可用于实践的几个交流机会。完成练习，并根据自己的反应来决定在训练中需要改变的地方从而使运动视觉发挥更大作用。以下包含了一些有关营销技巧的建议。

表9-1 营销技巧自我评价表

营销技巧	成功的	需要改进的	不使用但是想要尝试的	不恰当的
营销计划				
调查				
品牌识别或形象				
名称				
广告语				
利基				
标志				
质量				
定价				
选择				
电子邮件				
人口统计学研究				
报纸插页				
冰箱贴				
报刊广告				
课程和讲座				
学校教育项目				
研讨会				
新品展示				
医生转诊				
竞赛				
奖学金和奖品				
社区活动				

续表

营销技巧	成功的	需要改进的	不使用但是想要尝试的	不恰当的
公共关系				
俱乐部和协会				
外部标志				
声誉				
口碑				
融资可用性				
营业时间				
营业天数				
免费咨询				
速度				
服务				
手机短信				
微笑				
欢迎来到工作室				
工作室手册				
简介				
资料包				
诊所地点				
建筑外观				
停车场				
橱窗展示				
网站				
工作室外观				

续表

营销技巧	成功的	需要改进的	不使用但是想要尝试的	不恰当的
接待室设计				
颜色				
装饰				
家具				
员工问候				
员工面貌				
服装				
态度				
注意力				
图书馆				
电子公告板				
视频				
柜台商品广告牌				
产品宣传册				
样品				
示范者				
商业名片				
广告和宣传画				
茶点				
接待				
电视				
阅读材料				
浴室				

续表

营销技巧	成功的	需要改进的	不使用但是想要尝试的	不恰当的
音乐				
病史表格				
病史问题				
海报				
证书				
学位证、获奖情况				
新闻文章				
名人患者的照片				
设备				
福利说明				
助手手稿				
配药垫				
检查室外观				
整洁度				
问好				
解释测试过程				
感情纽带				
模型				
图片				
透镜				
书面材料				
文章				
书				

续表

营销技巧	成功的	需要改进的	不使用但是想要尝试的	不恰当的
处方笺				
说再见				
转诊卡				
检查总结				
药房设计				
销售培训				
透镜包				
框架显示				
商品展示				
礼品包装				
费用单或收据				
随访				
打电话				
卡片和信件				
文具				
简报				
特别邀请函				
礼品				
回访				
与其他专业人士合作				
团队赞助				
合作资金				

续表

营销技巧	成功的	需要改进的	不使用但是想要尝试的	不恰当的
无线电广告或节目				
电视广告或节目				
杂志广告或文章				
广告牌				
电子邮件公告				

1　内部营销

1.1　品牌识别与形象

当对实践进行定位时，需思考你想向消费者展示什么样的形象。确定形象的一种方法是它能够代表你的品牌。你的品牌是什么？你有什么特别之处能够使患者（消费者）在竞争中选择你？在竞争激烈的领域这个问题尤其重要。

除了考虑眼睛护理和佩戴眼镜之外，患者还有很多事要做。他们要考虑支付账单、工作安排和家庭生活。眼科医生有义务向公众介绍其所能提供的东西。

《眼睛保健业务：营销和策略》这本书提供了一些帮助你树立品牌和形象的方法，如何讲述一个关于你的故事。[1] 这个故事是你的患者在谈论你时使用的，他们的话就是医疗保健行业一直以来的主导营销技术——口碑营销。信任和能力在医疗保健方面非常重要，大多数患者会依据他们信任的某个人所给出的评价做出选择。你想让你的患者怎样评价你？他们应该讲什么故事？

以下是一个示例，“我们提供关于眼睛护理的一切，以帮助任何年龄、任何项目的运动员表现出他们的最高运动水平。加入我们，我们会为您提供最佳的视力保护服务，以提高视觉技能，这将增加你在比赛中的竞争优势。无论你是一个业余运动员还是专业运动员，我们都能为您提供可以帮助您展现最高水平的工具。”

在你决定营销技巧之前，请考虑你的品牌识别和形象。以此来确定实践信息。所有沟通应与品牌形象保持一致，否则你的患者以及潜在客户就会在心里对你的身份疑惑。沟通发生在消费者与你进行互动的每个过程中。协调这个过程中发生的事情有助于树立理想的品牌形象。

1.2 广告语

沟通品牌故事的最好方法之一是通过广告语。这个广告语是一个描述你立场的短语，应该贯穿你与患者交流沟通的始终，以便让他们记住你想要传达给他们的信息。读者能够通过阅读广告语了解到你的诊所重点强调的东西。你认为以下广告语强调什么？

· 竞技运动能力的矫正、保护与提高。

· 运动视觉的矫正、保护与增强。

· 胜利者的运动视觉。

· 看到你的冠军之路。

· 运动员的优势：更好的视力。

· 更好的视力；更多的关爱。

· 看得更清，表现得更好。

· 为运动员提供一切。

· 专注于所有运动员的运动视觉。

· 像职业运动员一样看比赛。

· 看到最好的，成为最好的。

如果有人看到了这些广告语，他们是否能够接收到你想传递的信息？如果是的话，那么这就是你的广告语。

1.3 利基

考虑一下你对运动视觉的哪一个方面感兴趣。运动视觉已经是视觉防护领域的一个利基，但你可能要强调准分子激光原地角膜消除术、接触镜或视觉表现增强训练。你可能只想与大学或者专业水平的运动员合作，或者你对那些18岁以下的年轻运动员更感兴趣。确定你的利基并使之成为品牌故事的一部分。

1.4 标志

你的标志代表了你的服务内容。每次有人看到你的标志，你都希望他们能够联想到你能够提供什么。潜在患者可能不会阅读你的邮件，但他们会看到你的标志。如果选择了正确的标志，那么当他们看到你的标志的时候就会想到“运动视觉”（图9-1）。除了在所有的办公文件上都印上你的标志，你还可以写一段话说明为什么选择这个标志以及它代表什么，这可以放在“欢迎来到工作室”的宣传页中或放在你的网站上。你可以发邮件或者写信向现有患者解释新标志的意义。很多眼科行业的公司在他们更换标志时都会写这样一封信。

THE INSTITUTE FOR
SPORTS VISION

图9-1 运动视觉标志示例

1.5 质量

虽然你可能不认为产品和服务质量是一种营销策略，但是你所提供的产品和服务的质量会向患者传达一些信息。在美国，每个家庭的平均年收入约为45, 000美元。难道你不认为他们应该将这些钱花一部分在你所提供的产品和服务上面吗？教他们了解高质量产品和服务所带来的益处，使他们能够对如何花费辛苦赚来的钱做出明智的决定。

1.6 定价

定价要与质量保持一致。你可以用高价格提供高质量的产品和服务，而不能用低价。如果你以较低的价格提供高质量的产品和服务，那么你的业务就不会长久。早期的策略可以是以较低的价格提供服务和产品直到消费者形成需求。你甚至可以选择向社区内的意见领袖赠送服务和产品，希望他们为服务和产品打广告从而产生新患者。但要记住，你不能长期以低廉的价格提供优质的服务和优质的产品，只有减少其中之一才能降低价格。

每位医生必须制定可以反映当地健康和健身经济水平的运动视觉服务收费标准。合适的诊疗费用应该包括运动视觉综合评估、视觉表现促进训练以及咨询服务的费用。对于个别运动员，医生可以分期收费或者一次性收取全部费用。

当与团队或俱乐部建立合作关系的时候，可按期收取费用或者收取所需服务的定金。团队或俱乐部管理员与医生必须就哪种方式更合适达成一致。对于团队（或俱乐部）和医生来说收取定金的好处就在于医生不用在每次诊疗时向每一个消费者解释收费的标准，同时他们也不必担心医生会为了增加自己的收入而提出不必要的治疗方案。医生应该在与团队或俱乐部管理人员有效地沟通后，提出合适的定金数额。

1.7 产品和服务的选择

产品和服务的选择是你可以超过竞争对手的一个领域。少有诊所为运动员提供好的护目镜、运动员专用镜片以及视觉表现促进训练服务。不幸的是，患者并不知道这一点，除非你告诉他们。为运动员提供最佳的产品和服务，并抓紧一切机会与他们交流。如果你的竞争者不能提供你所能提供的服务，那么他并不算是真正意义上的竞争者。

选择您的实践品牌标识、名称、广告语、利基、标志、质量、定价，以及产品和服务选择，那么你就做好了开展内部营销的准备，为来参加训练的患者提供完全一致的信息。确保你能够在交流过程中保持信息一致，遵守你对患者的品牌承诺。

2 患者进入前的营销机会

消费者会在每一次互动中形成对企业的看法。甚至许多看法在消费者进入营业场所之前就已经形成。你的患者在预约诊治、浏览你的网页以及关注实践地点、建筑外观、观看橱窗展示的过程中就会形成对你的看法。抓住每一个机会来提高他们以你所期望的方式来看待你的概率。

2.1 电话留言

没有人喜欢被搁置，但在繁忙的时候这都是不可避免的。利用这个机会告诉来电者在运动视觉领域中你所能提供的服务。记住，消费者有许多比眼睛护理更需要操心的事。很少有人知道角膜屈光治疗（又称为角膜矫正术）、高阶像差或视觉表现促进训练。在你的电话留言中告诉他们你可以提高他们的运动表现。

2.2 电话预约

有电话预约时接待员可以记录来电者的年龄并询问他是否参加体育活动，并建议来电者使用可能更加有益的新技术。一个利用新技术的例子是由Neuro Vision公司研发的一个声称能提高对比敏感度的计算机训练程序。2006年10月这一程序在美国进行临床试验，目前已被食品药品管理局批准用来治疗弱视。几乎所有的运动员都有可能从这项技术中受益。预约后，你的接待员会说，“______医生正在使用一种可以改善视力并提高运动员竞争优势的新技术。他会让你知道NeuroVision是否适合你。”这句话可以点燃消费者想要来接受训练的热情，减少顾客的流失。

2.3 网站

许多消费者通过访问网站来评估服务供应商，甚至使用网站预约。因此，你可以使用网站将信息传达给潜在患者。为了照顾到那些想要了解更多信息的患者，你可以提供你所销售的产品的链接，并确保信息中包括广告语和标志。你可以给患者提供一张在进入工作室前就需要填写的运动视觉病史表。有关运动专项病史的问题能够有效地向患者展示你的专业知识，并且告诉潜在客户你所能提供的服务范围。你和你的工作人员也要注意患者对运动专项问题的反应，使其了解网站的潜在价值。网站可以激起患者参与的热情，减少患者的流失，增加患者的到访。

2.4 “欢迎来到工作室”邮件

你可以给新患者发送包括你的实践信息的邮件。邮件可以采取工作室手册或者资料包的形式，包括“欢迎来到工作室”的邀请信、医生和工作人员的简介以及服务和产品手册资料包。虽然成本高昂，但专业的邮件能让你从竞争者中脱颖而出。想要比别人做得更加成功，你必须做别人没有做或者不愿意去做的事情。这个资料包就是你可以比你的竞争者提供更多信息的一个很好的例子。如果患者使用电子邮件，你可以用电子邮件给他们发送相同的信息，这仅仅耗费你一些时间，但没有其他的任何成本。

2.5 实践的地点

一般患者期望运动视觉实践在哪里进行呢？需要你站在潜在患者的角度回答这个问题，并且给你的潜在患者发送正确的位置信息。最好是运动训练馆、物理治疗室以及骨科手术室；或者靠近田径场、运动场、健身馆。这些都是运动员频繁出没的地方。如果你离运动员近的话，你也会更容易地向他们展示你产品的优势，并指导他们正确使用产品。

当与其他项目共用一间治疗室或者在同一幢建筑里的时候，物理治疗师或者队医的患者很容易变成运动视觉患者。你可以和其他专业人员共同分担外部营销成本。

2.6 停车场

患者对于工作室的第一印象的建立或者缺失通常来源于停车场。停车场的外观能给你的患者传达很多信息。要思考一下如何才能让停车场的外观与你作为运动视觉专家的形象相符合。例如，你可以在停车场设置一个篮筐，悬挂当地球队的旗帜，或者提供一个记分牌。

2.7 橱窗展示

许多工作室入口处都设有一个大的橱窗。患者或者潜在患者在进入训练室前会经过橱窗或者在橱窗边等待。你可以通过橱窗向患者展示你在运动视觉方面的专业水平以及你能给运动员带来的福利。

3 接待室营销

你的接待室是你与患者交流的主要场所。患者通常不会问你是否拥有最新的设备和仪器，但是他们可以分辨接待室的颜色设计、地毯、窗帘以及装饰是否时髦。从消费者的角度审视你的接待室并思考它所传递的信息。它向患者传达的信息与你理想的品牌形象一致吗？验证你所使用的颜色以及装饰是否时髦的最好方式就是去观察快餐店。快餐店通常每四年会重新装修一次以保证外观时髦。眼镜展示供应商也许能够免费或者以低价向你提供关于接待室装饰的专业建议。他们的建议通常能使你在接待室装饰方面得到巨大回报。

患者在接待室等待的时候会看到很多东西。例如，他们能够看到每一张蜘蛛网以及每一份过期的报纸。他们会注意到员工的着装、行为举止，以及对待患者的方式。他们会注意员工说的每一句话以及说话方式。因此，在接待室，我们要尽量为患者提供愉快且有教育意义的体验。将接待室当作教室来让患者知道你将为他们提供什么服务，以及将给他们带来什么益处。思考你可以做的每一件符合你品牌形象并在工作室有可实施性的事情。

3.1　工作室设计与装饰

作为一个运动视觉专家，你可能想要使用所在地区最受欢迎的球队的颜色来装饰你的工作室。球队的粉丝将会因你和他们喜欢同一支球队而感到开心。当然，这也很可能引来对立球队粉丝的嘲笑。你可能想把它装饰成一个运动商店或者书房。你可以用球队旗帜、体育纪念品或者照片，尤其是社会知名人士的感谢信来装饰你的工作室。装饰品还包括你赞助的球队的照片以及你或者你的患者赢得的得益于运动训练的奖杯。

3.2　员工风采

员工风采也会给患者传达很多信息。穿什么样的衣服可以表现出他们是从事运动视觉训练工作的呢？手术用的绿色衣服可能暗示他们是从事眼睛损伤的治疗工作，而印有你们的标志和广告语的运动上衣可以表达一定的运动治疗倾向。裁判员的制服则增加了一些异想天开的有趣的氛围。身材较好的员工会给患者传达这样的信息，那就是如果他们按照你的要求来做，塑造他们所期望的最好的体形也是有可能的。

3.3　患者教育

接待区适宜的装饰可以向患者传达关于你的产品以及你所能提供的服务的信息。利用每一个机会让患者了解他们将从治疗中得到的好处。如果你没有提前向患者发送“欢迎来到工作室”资料包，那么在他们来的时候给他们发放一份纸质版的。根据患者的年龄以及运动专项有针对性地提供产品、训练以及服务信息。利用图书馆加深他们对你所提供的知识的印象。放置一个书架，摆满与运动视觉相关的资料或者课本。开发一个在患者有需求的时候能够借书给他们的系统。当他们看到课本里复杂的知识，他们将更加钦佩你。电子公告板可以显示比赛分数，突出新技术，同时让患者了解他们是如何受益的。用柜台商品广告牌、手册、海报及广告随时向等待的患者进行宣传，以便他们了解更多关于眼部护理的知识。电视和电脑显示器可以通过播放视频或者电视比赛对患者以及潜在患者进行教育。

3.4 以患者为中心的工作室

愉快的就诊体验更容易留住患者，特别是有家庭的患者。如果没有让孩子们娱乐消遣的设施，他们将特别抗拒来工作室，无论是作为患者还是由作为患者的家长。因此，运动视觉训练要以患者为中心。为年轻人提供视频游戏，或者为孩子们提供一个玻璃隔离区，让家长能够时刻看到他们。

你是如何接待来你家做客的朋友？通常你会为他们提供一些茶点或者小吃。那么在工作室的时候，同样把自己当成是患者的朋友，人们通常喜欢和朋友合作。通过电视机播放体育赛事、提供《体育画报》之类的以体育为主题的杂志或者报纸来让你的患者感到舒服，同时提高自己的运动视觉品牌影响力。

3.5 卫生间

卫生间通常不被认为是营销技术，但是工作室的卫生间会向患者传达一定的信息，而这就是所谓的营销。一个经过仔细清洁的、让患者感到舒服的卫生间可以从侧面反映你的服务。这说明你是一个注重细节同时了解患者需求的人。如果工作人员对卫生间特别重视，那么他也会特别认真地对待视觉护理。同时，要注意到女士卫生间里的化妆镜、发胶、洗手液以及纸巾。许多患者在眼部检查结束后会到卫生间里检查一下自己的仪容。有些人还会在去下一个目的地之前整理好自己的发型。

3.6 音乐

在任何工作室，音乐的选择都是一个难题，因为无论如何都不能符合每一个患者的偏好。作为一名运动视觉专家，你可以通过播放体育脱口秀或者赛事解说来避免这种情况，同时也可以向患者传达出你是从事运动领域的视觉护理工作，从而将你自己与其他的眼部护理专业人员有效区分开来。

4　了解病史以及预测试

与你的患者交流的另一个重要环节就是了解病史。患者的病史表会让他们自己意识到预约时都没有想到的需求。就像苏珊·斯滕森说的："通常情况下，医疗都依赖于病史、身体检查以及各种遗传、社会、环境、职业、娱乐因素形成处方去帮助治疗或者预防疾病。"[2]病史可以收集从其他方面无法获得的信息。例如，病史可以揭示风险因素，提醒人们在室外日光下活动时保护双眼。运动视觉训练之前应该询问患者体育专项的相关问题。问患者是否打网球、高尔夫球、壁球、棒球、篮球或者从事一些其他的运动，频率是多少，是否期望在运动中看得更清楚？所有体育活动列表对运动视觉病史来说都是有用的。就像之前提到的，患者所提供的信息至关重要。例如，患者表明自己所从事的娱乐性活动是双向飞碟射击，那就应该提供针对性的评估和建议以及服务。

许多药物会导致散瞳，这会降低聚焦深度同时增加高阶像差对视力的影响。一个详细的病史会让你对于运动中药物对视觉的副作用有深入的了解，并为患者提供适当的咨询服务。

4.1　预检室

在专业人员做测试之前，患者通常都会坐在预检室里。在房间里的时候，他们就会像在接待室那样四处张望。海报、证书、报纸以及特殊患者的照片都可以挂在房间的墙上。优秀运动员的治疗史是最好的宣传材料。

柜台商品广告牌、手册、配药垫以及工作室营销材料也可以拿来展示。利用预检室让患者了解你所提供的服务。

4.2　对病史的专业回顾

一个受过良好训练的技术人员能够通过回顾运动员的病史提出合适的治疗计划。他会对运动员说，"我从你的病史中看到你是打壁球的，这里有一款镜片它特别轻薄又不容易破，可以保护你的眼睛。而且这里有对镜片进行详细介绍的手册，以及一款专为壁球运动员设计的镜架"，或者会说，"根据你的病史我了解到你有在服用防过敏的药物，它可能会影响你的瞳孔对于阳光的反应，同时考虑到你在室外打高尔夫球的时间，你应该保护你的眼睛。这有一个专为高尔夫球运动员设计的太阳镜，能够保护你的眼睛，使它免于白内障以及视网膜黄斑退化，从而使你拥有更好的视力，医生将讨论这款镜片是否符合你”。

要教会你的助手怎样看病史表，同时根据病史提出适当的治疗建议。给你的员工提供资料，让他们了解你能够提供什么产品和服务。

4.3 专业技术人员的预测试手稿

专业的技术人员可以通过解释预测试项目与患者特殊需求的关系来进一步告诉患者检查过程的重要性。例如，他们可能会说，“我现在准备检查你的周边视觉，就是打篮球的时候你用来发现视线之外的篮球所用的视觉”，或者说“我将测试你的深度知觉以确保你在打球的时候可以尽可能准确地判断距离”。

一个训练有素的技术人员可以把双眼视力、视野、色觉测验与运动联系起来，并且向患者传递出你提供了一次极佳测试的信息。“医生会利用这些测试结果和病史信息来进行针对特定需求的眼部检查。”

5 医生的检查

预测试结束后，患者一般会被领进医生的检查室坐下。患者可以查看从技术人员那里得到的手册和教育材料，然后环视检查室。文凭、奖状、证书、眼部状况的照片、海报和其他能传达出运动视觉专家形象的材料都可以挂在这个房间的墙上。

5.1 情感纽带先于商业联系

市场专家认为，医生必须在商业联系之前建立情感纽带，并且情感纽带可以建立在除手头业务之外的任何对象上。运动视觉很适合那些从未考虑过与医生讨论通过改善视觉来提高运动表现的业余运动员。对相似运动兴趣进行讨论可以和患者建立密切关系，增加他在检查结束后继续治疗的概率。一年后再见面时，一句“高尔夫球打得怎么样了”可以马上将患者与医生联系起来。一些关于再运动经历的随意讨论可以加强患者对你的好印象。

在医生和患者之间建立情感纽带还有很长的路要走。情感纽带可以增加患者的忠诚度和转诊机会。

5.2 解释检查程序的重要价值

眼科医生经常错误地假设患者知道在检查的过程中发生了什么。实际上，除非解释流程，否则患者无法了解这些检查的益处。例如，视网膜检影法已经使用了数百年，但很少有患者知道这个过程的价值。一个简单的描述如“我会将一束光投射到患者的视网膜，然后反射穿过检影镜窥孔被我观察到，所以你可能会觉得有点模糊。这个可以在不问你任何问题的情况下，反映出你的眼睛需要什么。我今天所做的一半的测试都不需要你说话，这被称为客观检查。这样你不需要担心自己会给出错误答案”，会消除许多患者关于他们给出错误反应从而得到不合适的镜片的顾虑。

尽可能多地把检查流程和患者特殊的运动需求联系起来。为他们准备治疗处方，如佩戴接触镜、偏光太阳镜、护目镜和进行视觉表现促进训练。通过详细解释实验过程，时间将不再漫长，并且患者会更有参与感。如果解释得当，患者就不会对推荐的治疗方法感到惊讶并且可能会急于购买。

5.3 病情介绍

病情介绍是医生为患者把所有信息整合在一起并让其理解的过程。研究表明，如果在解释过程中使用直观道具，患者可以多记住60%的内容。[3]

模特、图片、透镜、录音材料、写作材料、样本和范例都可以用来解释患者的需求（基于病史和检查）和解决方法。医生们常常忙于收集数据，以至于他们没有花费足够的时间向患者解释他们能为患者提供什么。如果可以的话，多花点时间在眼部检查程序的解释上，患者期待从医生这里获得解释。

可以用检查总结表概括测试结果和病情描述（见附录C和D）。这张表能使患者意识到测试中涉及的每件事和视觉防护的复杂性。将检查总结表交给患者是其他医生不会做的行为，这会帮助你在患者心中留下好印象。

医生的建议通常被视为“白衣力量”。如果医生和患者讨论了产品和服务，并提出强烈的建议，患者们通常会更愿意在产品和服务上花费更多的钱。将棱镜功能点的解释权留给眼镜技师并不会提高患者对医嘱的服从度。请使用你的“白衣力量”来提高患者的生活质量。

检查结束后，你可能想给患者几张转诊卡。转诊卡是一张商业卡片，后面可能会写“您能给予我的最大赞美是将我推荐给朋友和亲人，感谢您的信任。”如果你觉得你和患者关系好，给他一些卡片并说：“如果你认为家人或朋友能从我的服务中受益，那么请将他们推荐过来。”一些医生认为这是招揽新患者的最重要的方法。

5.4 药房内沟通的好处

患者通常会被护送至药房，在这眼镜技师会重申建议并进行演示。销售训练对眼镜技师来说是有好处的，因为他需要“完成销售”和解释费用。有时候必须反驳反对意见并且重申产品和服务的价值。

5.5 示范者、展示以及书面材料

示范者、展示和书面材料能向患者展示他们能从产品或服务中得到什么。就像快餐店提供的套餐，即将搭配好的食物呈现给顾客供其选择。眼镜商可以为患者选择最理想的眼镜。捆绑销售也可用于将产品和服务结合在一起，如接触镜。你可以为患者提供何种运动视觉的服务和产品？

5.6 收费单和收据

提交账单时，应在收费单上印制你的标志、广告语以及你所能提供的一系列产品和服务，以此作为你的营销手段。患者往往不了解眼科专业人士提供的各种服务和产品。他们所接触的视觉防护可能仅限于一般的眼睛检查以及有限的镜片选择。在你的收据上列出一系列可供选择的服务和产品可以帮助患者明白眼睛保健并不仅局限于最基本的眼睛检查和配镜。

5.7 药房的布置

药房的布置要符合运动视觉训练的主题。这样可以加强团队纪念品、颜色以及运动主题。现代的装饰可以很好地体现你使用的最新技术。商品陈列可以让看到它的人意识到他们可以使用什么。

6　外部营销

一旦依托内部营销技术建立了你的形象，你就要准备通过外部营销技术来招揽新患者。如果内部营销没有做到位，你就不能兑现你给患者的承诺，这样就会很快失去患者的信任，导致你的生意比没有营销时还要损失惨重。南加州的一项训练调查显示，如果口碑较好，外部营销并不是必需的。[4]然而为了达到这一点，就需要通过外部营销得到这样的口碑并宣传这些信息。框9–1展示了几种可以招揽新患者的营销技术。

框9–1

直接邮件	医生转诊
人口统计	比赛
电子邮件	奖学金和奖励
报纸插页	社区活动
冰箱贴	公共关系
报刊广告	俱乐部和学会会员
课程和讲座	外部标志
学校教育项目	声誉
研讨会	口碑
新品展示	

选择外部营销技术应该思考什么是最有效的、最有趣的、最容易做到的，并且是免费或者是不那么昂贵的，满足患者现在需求的，对别人来说是具有吸引力的。

6.1　直接邮件

虽然似乎没有人想要收到垃圾邮件，但直接邮件仍然是人们了解产品和服务的主要方法。[5]几乎所有的眼睛护理医生都会在某个时刻尝试使用直接邮件。许多专家对使用类似垃圾邮件的直接邮件嗤之以鼻。然而，作者至今记得一个抱怨收到垃圾邮件的朋友的事情。这个朋友正开车载着作者的家人去一个滑雪场并提到自己刚刚得到了一个新轮胎。他说，他买了一个国际制造商制造的全季节轮胎。当作者询问他是从哪里听说它们的，他说收到一封来自当地轮胎店的邮件。作者一言不发地看着他。朋友笑着回答说：“好吧，我其实并不会读垃圾邮件，但是我确实需要能适应任何天气的轮胎来带我的孩子去爬山！我本应该离这些垃圾邮件远远的。”

通常直接邮件只能简单提醒收件人他们可以从某些服务或产品中得到哪些好处。直接邮件上的品牌、商标和广告语可以表明他们能从你这里得到眼部保健。

很多专家只寄一次直接邮件并且惋惜这份努力没有创造额外的营业额。普遍的错误，如忘记写电话号码、地址或拼写错误，都可能会使直接邮件的宣传效果大打折扣。

一个成功的直接邮件营销至少要保证一年发送四次且每次都应该增加一些新的内容。理想状况下，第四次邮件应该能获得更好的效果。市场专家认为，一个信息至少要听到三次人们才会回复他。例如，27次机会中会有9次注意到一个标志，而这9次中只会有3次会集中注意力看其中的信息。直接邮件效果比商标效果更好，因为收件人必须看过之后再决定是否把它扔进垃圾邮件箱。眼科医生可以大致在一年内发送4次邮件，10次之后会得到回报。

直接邮件的成功率也会因为针对合适的人群而提高。正如一个运动视觉专家会向目标教练、物理治疗师、整形外科医师或任何与运动相关的组织发送信件、通讯或者明信片，告诉他们所提供的训练是低成本高回报的。

6.2 电子邮件公告

如果你有重要推荐人的电子邮件地址，你可能想要通过这个媒介与他们进行沟通。记住，虽然对方可以删除文件，但是对方先得知道你曾经发过邮件。你可以向收件人询问他们更喜欢通过哪种方式来了解一项能帮助运动员的新技术，那些被询问的人将会成为你运动视觉诊所的新患者。

6.3 报纸插页

插页是报纸上的一种全页广告，是一种廉价的、向大众传播信息的方式。价格通常因报纸的发行量而不同。虽然消费者可能不会重复阅读整张报纸，但在丢弃报纸之前，他们一定看了足够长的时间。它会提醒消费者你的存在，并且可能及时地迎合了一个刚意识到自己需要眼部保健服务及产品的患者的需求。

插页的另一个优点是它会与报纸信息分开。一个插页要比一个包含几例新闻的专栏或者其他广告的广告传单更加显眼。插页也可以在其他形式的营销中重复使用，就像接待室所展示的直接邮件、传单以及工作室信息等，或者在其他的医疗保健场所重复使用。

6.4　报刊广告

许多人喜欢通过当地的报纸来了解适合他们的服务，而当地的报纸通常都不包含新闻插页。在这种情况下，一个占据有利版面且定期发布的广告可以向社会传达有关你所能提供的服务的信息。确保你的广告指明了你的产品和服务的所有益处。将几个小的益处捆绑往往会让患者选择你，而不是一个特别的益处。思考你能带给患者的每一个益处，并将它们和你的商标、广告语以及联系信息都列到广告单上。在报纸上刊登广告可以增加出现在大众视野的概率。

6.5　报刊专栏

如果你觉得自己擅长写作并乐在其中，那么请你为当地的报纸写专栏文章，包括有空间才能发表的专栏文章。

6.6　公共关系

问一问负责你的报刊广告和插页的销售人员，让他们把你介绍给报纸的体育或科学编辑。你可以通过新闻稿的形式，向他们介绍眼科护理知识从而建立你作为一名眼科护理界权威象征的信誉。在报纸发行之后，让你的工作室经理给他们打电话并提出要面谈相关话题。

眼科医生可能精通激光视力矫正等技术，但是体育或科学编辑可能并不精通。你要成为他们信赖的、可以澄清谣言的人。

6.7　冰箱贴

如果你喜欢和年轻人一起工作，那么冰箱贴是必需的。父母总是没有足够的冰箱贴来张贴他们孩子的学校作业和通知。冰箱贴的优点就在于它可以让你的名字在一年内或者更长时间出现在你的潜在患者的面前。设计一个包括商标、广告语以及联系方式的冰箱磁贴，赠送给工作室的潜在患者。

6.8 课程与讲座

根据调查，个人声誉是第二有力的营销手段。课程和讲座会使你成为该领域的权威人士。每年让你的工作室经理向服务机构以及学会写一封信，为他们提供专题讲座。体育教练通常很愿意从事运动眼睛损伤的分类和管理工作，这就为和他们建立关系提供了绝佳机会。亲自听过课程和讲座之后，潜在的患者以及还在犹豫的患者就会更加放心地选择你。

你也可以在工作室举办讲座和研讨会。即使只有少数人参加，参加者也可能是重要的转诊源。

6.9 医生转诊

讲述你可以提供什么产品和服务是简单的，但是得到医学工作者的信任，然后让他们来介绍你可以提供什么产品和服务，对于说服潜在患者来说，是更加有效的。可以向潜在的专业转诊人发送邮件、宣传册和推荐信息，赠送检查服务并且作为回报给他们提供分析。与重要的医学工作者的友谊可以发展成为强大的转诊来源。

6.10 竞赛

你可以为一个竞赛做广告来获得本地报纸和广播电台的免费曝光。把参加比赛的人添加到你的邮箱列表中。运动视觉训练的奖品应该与运动项目有关，如运动太阳镜或者泳镜。

对于初级者来说，用海报宣传比赛比较合适。对于资深人士，发表关于运动视觉重要性的文章会更加有效。

6.11 社区活动

人们喜欢从朋友那买东西。你与社区联系得更频繁，你结交的朋友就更多。为患者教育事业付出时间和金钱，并建立对于支持社区的忠诚。

然而，记住一个重要的事实，就是表现得专业一点。一些眼科医生通过社区活动来建立自己的业务，但另一些人却没有成功。如果你想让大众把你当作医生，你必须满足他们对于医生的想象。这一般意味着具体的预期行为。如果你不能表现得像医生一样（对于你的社区人群来说），就不要试图通过社区活动来推广你的业务。你可能是派对的灵魂人物，但是对于愿意相信自己眼睛的人来说也许不是一个医生。

考虑通过加入兄弟会俱乐部、家长-教师联合会、支持者俱乐部、校友组织、基督教青年会来开展你的业务。

赞助一支当地青年队，把标志和名字印在他们的制服上，提醒所有人视觉是运动中的重要组成部分并且你们是来帮助运动员的。在体育场馆或舞台上的广告牌登广告或者联系有很高成就的运动员的媒体团队。如果你是有很高成就的运动员的眼科医生，你也许会被认为比其他眼科医生要好。一些工作室给专业运动队支付超过100, 000美金来进行广告宣传，表明他们是这个队伍的眼睛医生。就算你已经有大量的业务，这种水平的赞助也许是有益的。

6.12　特殊邀请

你的营销计划应该尽可能多地给潜在患者一个机会，来到工作室了解你和你能提供的帮助。邀请可以家庭招待会、患者感谢日、社区服务日或者运动视力筛查日的方式进行。你可以请他们来了解更多关于新镜架、新的运动视力接触镜、运动型有色接触镜、一次性双光眼镜、镭射视力矫正手术等新产品以及服务。

通常你也可以与光学或制药公司合作，提供合作基金以支付特殊事项的费用。他们也许会派销售代表或者专家讲授接触镜的佩戴和摘除的相关事项。

6.13　声誉

所有外部市场的终极目标就是建立所需要的声誉。一旦社会群体想要与你结交而且你的工作室拥有人们喜欢的特征，患者就不会想去其他地方。声誉的建立基于履行了训练时对患者所做的承诺。一旦获得了好的声誉，你就拥有了市场中最有力的工具——口碑。

6.14　口碑

消费者比以往都接受了更好的教育，他们因为广告中承诺的与提供的是不同的事物而变得多疑。与以往相比，消费者们将金钱花费在更大量的产品和服务上。潜在患者通常通过朋友或同事来了解网站或市场营销。由于这个因素，口碑依旧是吸引患者的主要营销技术。永远记住，在与患者沟通时，满意的患者跟你是有互动的；你要对患者说的话负责。

使用每一次交流机会来让你的患者说出正面的评价。重复你的立场并且反复讲述你的故事。一旦有其他人来帮你宣传故事，建立声誉，那么你就成功了。你就是运动视觉专家！

参考文献

[1] Moss GL, Shaw-McMinn PG: *Eyecare business marketing and strategy,* Boston, MA, 2001, Butterworth- Heinemann, pp 98-106, 11J.

[2] Stenson S: Healthy site counseling, http://www.ustransitions.com/NR/rdonlyres/4045879B-C093-426D- 9DFC-393BADFA6465/0/hscpaper.pdf. Accessed May 1, 2007.

[3] Levinson JC: *Guerilla marketing attack,* Boston, MA, 1989, Houghton Mifflin, p 8.

[4] Katzaroff J, Hopkins J, Shaw-McMinn PG: *A survey of marketing methods by private practitioners in Southern California* [thesis], 1997, Southern California College of Optometry student research papers, 97-28 to 97-39, Fullerton, CA.

[5] Majority of adults prefer direct mail, says survey. http://www.directmag.com/news/marketing_majority_ adults_prefer/. Accessed May 1, 2007.

附 录

附录A

2006年业余运动联盟青少年奥运会视觉评估规程

准则
历史
眼镜检测仪
视觉灵敏度（Snellen测试）
遮盖试验
近点收敛
颜色视觉（收敛简易版）
颜色视觉（Ishihara彩色板）
Randot立体觉
瞳孔
眼部运动
追踪/扫视
优势侧眼－手（WSVP优势手杖）
优势侧眼－手
自动测光仪
外部健康
内部健康
眼睛运动：Ober Ⅱ
阈值动态视力
Acuvision 1000眼手协调
Wayne脚步速度
Wayne扫视固定器
Wayne扫视固定器（手速）
Wayne扫视固定器（平衡板）
Wayne外围感知测试仪（PAT）
视速仪
矢量视觉对比敏感度
霍华德－多尔曼立体视敏度测试
Bassin预测定时器
维森固定差距卡
视觉和平衡

（美国眼科学会转载许可，圣路易斯，©2006）
（来自S.贝克曼、S.希泽曼：2006年业余运动联盟青少年奥运会的视觉评估规程）

1 准则

视觉筛查和调查研究的参与准则

将下述告知运动员：

我，署名人，允许美国眼科学会运动视觉部门筛查组（AOA SVSST）成员对我实施视觉运动的筛查。在授予这个允许的前提下，我免除青奥会和美国验光学会运动视觉部门筛查组的代理人和代表在筛查实验或测试中可能出现的部分及全部责任。我了解筛查不一定是完整的检查并且任何推荐的后续护理的责任都是我个人的。

进入美国眼科学会运动视觉部门筛查组参与这个筛查，我自愿同意我的测试信息（包括测试结果、照片和其他相关信息）被检查（审查）和/或被用于研究、学生教育、科学研究或其他专业目的。在测试期间，负责我的临床医师或验光师会向我解释特殊实验过程的利益和风险。我了解当我的测试记录被审查时，姓名会被保密（不会被使用）。

另外，我了解我可以拒绝记录被使用，但是这种拒绝不会影响到我该享有的治疗质量。

将以上信息呈现给运动员并且允许提问。

如果该运动员同意视觉筛查，让他在记录表的相应位置签字。如果运动员未成年，让他的法定监护人签署表格。

2 历史

获得准确的视觉方面的病史对充分运用筛查信息十分重要。询问运动员下列有关他的视觉、医疗健康和运动参与的问题。允许运动员提问并提供额外信息，在表格相应的位置记录答案。

2.1 人口信息

患者名字的首字母：

年龄（参与筛查时）：

运动（记录主要竞赛运动）：

（1）棒球

（2）篮球

（3）冰球

（4）橄榄球

（5）排球

（6）足球

（7）径赛

（8）网球

（9）游泳

（10）摔跤

（11）高尔夫球

（12）垒球

（13）帆船运动

（14）体操

（15）空手道、武术

（16）冲浪

（17）曲棍球

（18）举重

（19）健美操

（20）水球

（21）其他

2.2 男/女

2.3 竞技水平（记录曾达到的最高水平）

（1）小学

（2）初中

（3）高中

（4）专科学校

（5）高校在美国大学体育总会的划分2或3

（6）高校在美国大学体育总会的划分1

（7）专业（职业球队小联盟）

（8）专业（职业球队大联盟）

（9）娱乐消遣

（10）控制

2.4 就诊史

你上次去眼科医生诊室的日期是？

你眼科医生的名字是？

你戴矫正性的眼镜吗？

如果是，那么你运动时也佩戴吗？

询问以下哪个是运动员目前的眼镜：

- 无
- ASTM f803认可眼镜（规范）
- 平光聚碳酸酯护目镜
- 标准眼镜

如果运动员佩戴接触镜，询问是以下哪种：

- 软球形，日常佩戴
- 软球形，延长佩戴
- 软性，一次性
- 软性，散光矫正
- 透气性硬性角膜接触镜

询问运动员他是否经历过或被告知有过以下任何视觉症状：

- 视物困难
- 外周视觉的减少
- 对光敏感
- 当压力积聚时表现降低
- 缺乏比赛的连贯性
- 头痛
- 容易从视觉目标上分心
- 深度知觉不佳
- 对移动物体追踪困难
- 近距离工作后视觉模糊

询问运动员他是否有理由相信自己存在眼睛或视觉问题。

2.5 病史

要求运动员描述他目前的医疗健康状况并罗列出任何他目前服用的药物。

3 眼镜检测仪

评估：对运动员最常用于体育活动的处方实行眼镜检测。

眼镜检测仪的基本构成：

（1）视镜

视镜使得通过未知镜头形成的目标图像被观察到。这个镜筒聚焦在无限远处，因此，只有当光从镜筒平行进入时，才会出现。

（2）目镜

观察者通过目镜看向检测仪内部，必须聚焦使得内部标线清晰。标线是黑色的十字线，在一些仪器中使用一系列的同心圆和/或散列标号来测量棱镜。标线必须对准焦点来获得未知透镜的精确中和。

（3）目标（标点）

在检测仪内部有目标线，通过转动转动轮来聚焦。它们是两行或三行两两垂直的集合。一个集合里的两条线相隔很近，另一个集合的两条线会相隔较远。

（4）动力轮

旋转这个外部的轮子直到内部视野变清晰。当标点在焦点上，球形和圆柱形组件就可以读出转动轮上的刻度。

（5）圆柱（坐标）轮

这是一个旋转标点的外部轮。当标点被正确定位时，它通过角度来校准，减去透镜的圆柱轴就可以指示方向。

（6）透镜台（桌）

这是一个水平的平台，用来支持眼镜的下缘，可以上下移动以适应不同支架。

（7）透镜架

透镜测量时被放置在透镜架上。将测量部分放在透镜架的中心位置。

（8）透镜支撑器

这是一个弹簧臂，当弹簧臂释放时，透镜被牢牢地固定在透镜架上。

（9）透镜标记

这是一个三点透镜标记系统，用来标记通过镜片的一条水平线。当标点图案放在十字线中心时，用来标记透镜上的视觉中心。

（10）棱镜调节器

这个装置被用来消除标点在标线中心放置的位移。调节器上的刻度可以决定棱镜的大小和方向。除非测量棱镜，否则补偿器归零。

3.1 准备眼镜测试仪

（1）目镜对焦

首先，设置转动轮在零处，然后逆时针将目镜完全旋转出，直到标线变模糊。然后旋转目镜慢慢向里直到标线清晰明显（图1）。

（2）重设棱镜调节器

如果眼镜测试仪有棱镜调节器，那么棱镜调节器必须重设到零。当你用眼镜检测仪看物体时，如果物体图标不在标线的中心，就说明棱镜装置没有调到零。

3.2 调整透镜

（1）永远先测右眼的镜片。

（2）将这副眼镜放在眼镜检测仪上，凹的部分远离测试者（图2）。

（3）将镜片放在中间，上下左右移动镜片以使矫正目标在目镜标线中间。移动镜片到载物台中间，这样载物台能支撑镜框的底端。小心地松开镜片支撑器，使得镜片在这个位置被牢牢固定。

（4）将动力轮调到最高，再缓慢向反方向调动力轮，然后旋转转动轮直到球形物体（小细线）到达焦点。如果圆柱物体（宽一点的线）首先到达焦点，旋转坐标轴90°使得球形物体到达焦点。如果球形物体和圆柱物体同时到达焦点，则镜片是球形的。

（5）现在找到圆柱物体。不要动标线轮，因为标线已经被确定了。继续向负方向转动转动轮直到圆柱物体变清晰。新的动力读数展现在动力轮上和原始球动力的区别是减少镜片圆柱动力的数量。从标线轮上读取减少的圆柱的轴（图3）。

例如：

（1）当球形标线在焦点时，动力轮读数=-1.00D

当圆形标线在焦点时，标线轮读数=175°

当圆柱标线在焦点时，动力轮读数=-3.00D

Rx=-1.00-2.00×175

（2）当圆形物体在焦点，动力轮读数=+2.00D

当圆形标线在焦点时，标线轮读数=45°

当圆柱标线在焦点时，动力轮读数=+0.50D

Rx=+2.00-1.50×045

3.3　记录

（1）一直记录圆形和圆柱形以及三个点的标线位置。例如：

矫正	非矫正
+1.00 -0.50 × 45	+1.00 -0.50 × 45

（2）如果镜片是圆的，记录“圆”或“DS”，例如：-3.00DS

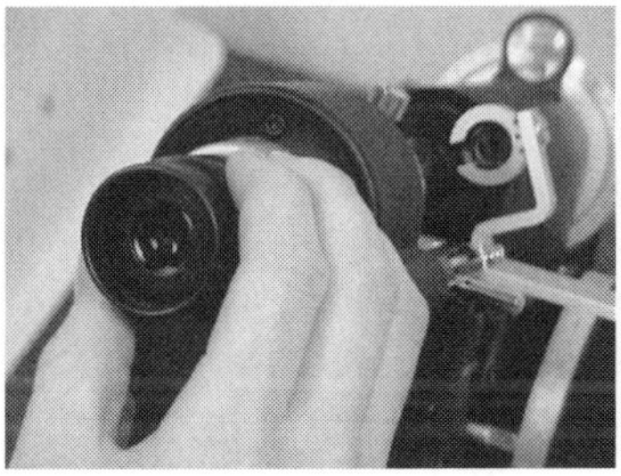

图1

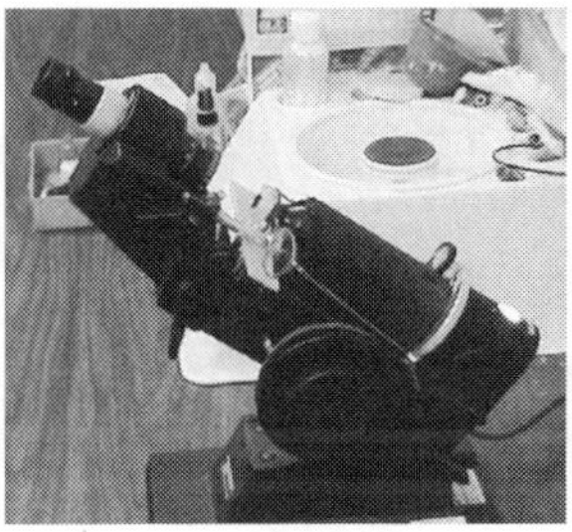

图2

图3

4　视觉敏锐度（Snellen测试）

评估：Snellen表用最小的可区分角度来确定视觉敏锐度。得到的小数部分结果是最小角度分辨率的倒数（这基于1弧分）。

测试距离：20ft。

照明：标准房间照明。

体位：放松站立。

关键因素：测试顺序是先右眼后左眼。

标准：脆性20/20（1弧分）右眼，左眼。

指导语："请盖住你的左眼，读出红线上的这行字母，直到红线上你不用眯着眼睛看到的最小的一行。不得已的情况可以猜测，然后盖住右眼重复。"

记录：记录最佳的视觉敏锐度，即运动员给出一半以上是正确答案的字母最小的行。

标准表答案：

200：E

100：F，P

70：T，O，Z

50：L，P，E，D

40：P，E，C，F，D

30：E，D，F，C，Z，P

25：F，E，L，O，P，Z，D

20：D，E，F，P，O，T，E，C

15：L，E，F，O，D，P，C，T

13：F，D，P，L，T，C，E，O

10：P，E，Z，O，L，C，F，T，D

5 遮盖试验

评估：这个测试评估隐性斜视或斜视是否存在及严重程度。如果动眼融像存在（没有斜视），遮盖试验的测量需求就放在运动员视觉聚散系统中。

设备：遮眼器，Snellen表，近点目标，棱镜杆。

位置：这个测试在远距离（20ft）和近距离（16in）下分别进行。运动员佩戴他习惯的处方眼镜进行测试。房间光照应当充足。远距离测试时，目标应当是在最佳视觉敏度上两行的单独的奈伦斯字母，提供给患者视力不佳的眼睛（图4）。近距离测试时目标应当是一个单独的目标字母（图5）。

图4

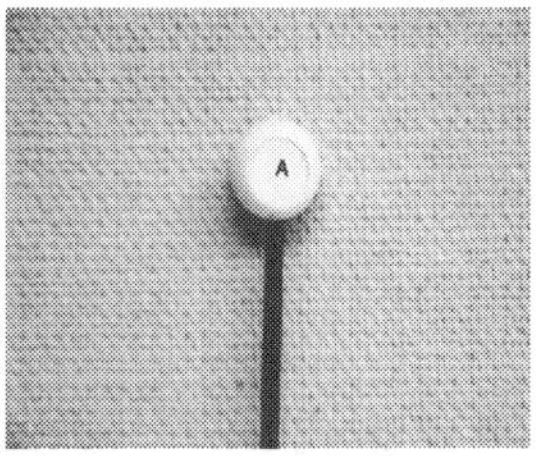

图5

指导语：告知运动员这个测试测量他的眼睛作为一体工作的能力；告诉运动员看一个具体的目标字母（看A的提示）；告诉运动员在整个测试中持续看目标。这对于避免运动员在测试中四处张望非常重要。

过程：

（1）先进行单侧的遮盖试验。这部分测试决定了是否有斜视。开始覆盖测试时，遮眼器在中线位置（患者鼻子上方）。在左眼观察时，盖住运动员的右眼。重复这个测试几遍，只注意左眼的一切活动。当右眼观察时，盖住运动员的左眼。再一次，重复数次，只注意右眼的一切活动。保证遮眼器覆盖2~4s让斜视眼睛（如果存在）重新固定。注意运动的方向和大小。如果在这个测试中没有出现移动，说明这个运动员没有斜视。在远距离和近距离都进行这个测试（图6）。

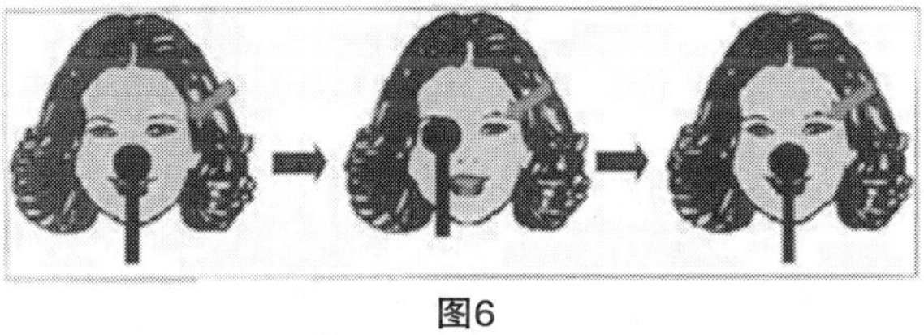

图6

（2）现在进行交替覆盖测试。如果斜视已经在单侧覆盖测试中排除，这个测试会检查出隐性斜视的存在。交替遮盖右眼和左眼至少5个来回。确保运动员任何时候都没有在使用双眼很重要。覆盖器覆盖2~4s，为了避免使用双眼，眼睛之间转换要快。当没有覆盖时，记录眼睛运动方向，确定出现的偏差类型。

①如果眼睛在未覆盖时向内移动=外偏（眼睛开始是在外面的）

②如果眼睛在未覆盖时向外移动=内偏（眼睛开始在里面）

③如果眼睛在未覆盖时向下移动=向上偏（眼睛开始向上）

④如果眼睛在未覆盖时向上移动=向下偏（眼睛开始向下）

同样在远距离和近距离下进行交替覆盖测试（图7）。

图7

（3）要确定偏差的大小，请在一只眼睛上握住适当的基准棱镜并进行交替遮盖试验：

BO棱镜针对内偏；

BI棱镜针对外偏；

BD棱镜针对向上偏；

BU棱镜针对向下偏。

从低数量的棱镜开始，增加棱镜的数量和重复交替覆盖，直到看不到运动。偏差的大小在看不见运动时才被确定（图8）。

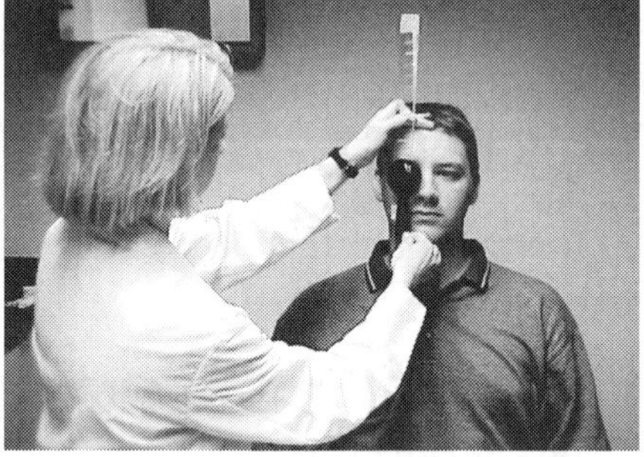

图8

记录：

隐斜：记录偏差大小和方向。

斜视：记录偏差的类型，斜率（单边或交替），偏差的大小（棱镜屈光度），偏差频率（常数或间歇），以及方向。主要标志（'）表示近似偏差。

P=隐斜

T=斜视

E=内偏

X=外偏

例如：

2XP=远距离，2棱镜屈光度外偏

10 EP′ =近距离，10棱镜屈光度内偏隐斜

5CLET= 远距离，5棱镜屈光度恒定左内斜视

30IAXT′ =近距离，30棱镜屈光度间歇性交替外斜视

转诊标准：存在任何的斜视。

远距离时，隐斜超过2外偏或2内偏。

近距离时，隐斜超过6外偏或2内偏。

6 近点收敛

评估：视觉模糊时眼睛聚焦图像的能力。

设备：近点目标，PD尺。

位置：运动员可以坐或站立，应该佩戴他的习惯性处方眼镜。近点目标应完全照明。将PD尺的零刻度保持在眼睛的旋转中心（图9）。

指导语：指导运动员看近点目标。告诉运动员你将把目标移向他的鼻子，指示运动员报告目标是否变得模糊或分裂成两个目标，告诉运动员始终盯着目标。

过程：

（1）开始时将目标放置在距离眼睛50cm处，略低于运动员水平视线。

（2）将目标缓慢上升到中线水平，向鼻子移动。如果运动员报告出现两个目标或

一个眼睛转动，记录目标到眼睛的距离。这是断点。

（3）现在把目标向测试者移动，直到运动员报告现在是一个目标或直到测试者双眼恢复双目视物状态（图10）。这是恢复点。

记录：记录断点和恢复点要精确到cm。还要注意是否报告了复视或者单眼偏差。如果运动员维持注视直到目标到他的鼻子，记录“TN”（到鼻子）。

例如：5/8（5cm处断开，8cm处恢复）。

转诊标准：任何断点或恢复点超过12或15cm。

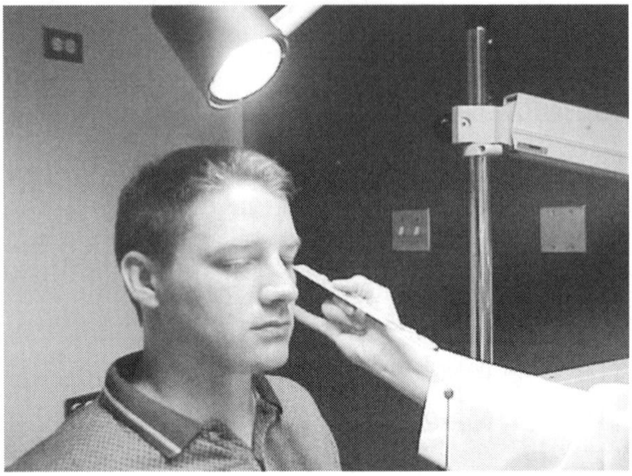

图9

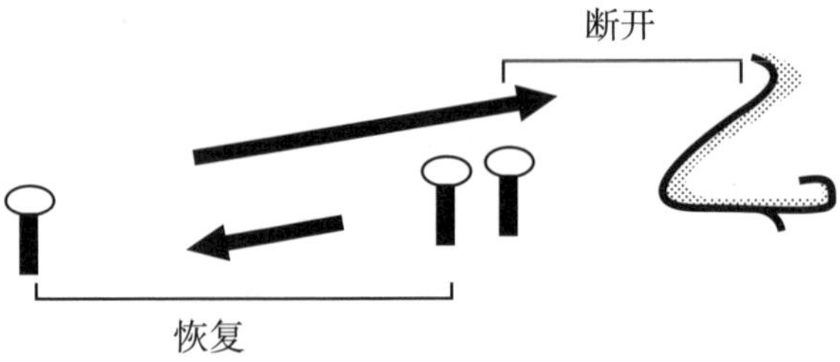

图10

7 颜色视觉（简易版测试）

评估：检测是否存在任何红绿色盲。

测试距离：75cm。

照明：日光照明（TDI），标准照明“C”。

体位：坐位或站立位。

关键因素：双目测试。

标准：如果运动员能够识别9个板中的8个，则测试完成。如果运动员确定了样品板，但得分小于8，则再次识别9个板。

指导语：

第一部分：“如果你在这些卡片上看到一个圆圈（或球）就请告诉我。”将第一张卡片提交给运动员让其双眼观看，每盘允许看3s。如果运动员第一次尝试失败，重复测试。

第二部分：“请告诉我你在每张卡上看到什么图像。你看到狗、船、气球还是没看到？”

记录：用数字记录9个图片中正确答案的数量（X / 9）。此号码中不包含演示卡。将任何颜色认知不足分类。

标准表答案：第一部分

卡片号	正常颜色视觉	色差不足	正常颜色视觉	色差不足
1	+	+	+	+
2	+	没有	+	没有
3	+	+	+	+
4	+	没有	+	没有
5	+	+	+	+
6	+	没有	+	没有
7	+	没有	+	没有
8	+	没有	+	没有
9	+	没有	+	没有

标准表答案：第二部分

	正常颜色视觉	色差不足
A	船	没有
B	气球	没有
C	狗	没有

注：如果患者的回答是“汽车”，诊断为有疾病。

8 颜色视觉（Ishihara彩色板）

评估：存在对各种波长光的敏感度的任何感知缺陷。

测试距离：50cm。

照明：日光照明（TDI）或标准光源类型“C”。

体位：坐位或站立位。

关键因素：双目测试。

标准：运动员双眼观看，不能错过任何板块。如果错过任何板块，单眼重测。第一板块是示范，任何人不应错过，或者假装看不见。对于板块1～15，仅每隔一个板显示一个（1，3，5等），然后显示板16和17（图11~图12）。

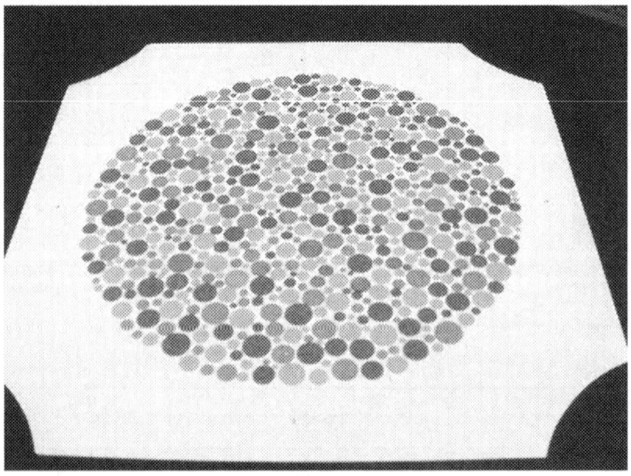

图11 颜色板块举例

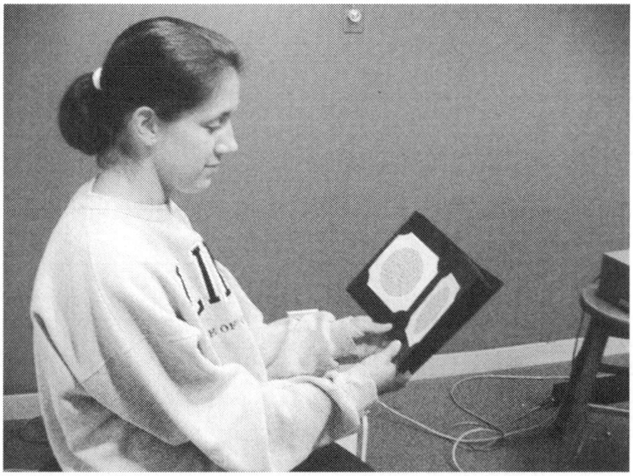

图12 正确测试姿势示例

指导语："看着这些板块，告诉我这些点组成了什么。"

记录：记录正确回答的数量（X / 10）。将受试者分类为红绿色缺陷，红色弱，绿色弱或全色缺陷。

Ishihara彩色板的答案（正常人和颜色缺陷者的回答）

板块	正常人	有红绿缺陷的人	色彩完全缺失的人
1	12	12	12
2	8	3	X
3	29	70	X
4	5	2	X
5	3	5	X
6	15	17	X
7	74	21	X
8	6	X	X
9	45	X	X

续表

板块	正常人	有红绿缺陷的人		色彩完全缺失的人	
10	5	X		X	
11	7	X		X	
12	16	X		X	
13	73	X		X	
14	X	5		X	
15	X	45		X	
		红色弱		绿色弱	
		严重	中等	严重	中等
16	26	6	(2)6	2	2(6)
17	42	2	(4)2	4	4(2)

9 Randot立体觉

评估：对于双眼深度信息差异的近距离敏感度，通过矢量化呈现。

测试距离：40cm。

照明：标准房间照明。

体位：坐位或站立位。

关键因素：必须先测试位于图书右侧六个框中的表格。六个框必须正确后才能进行下一步测试。测试图书不得有标题或旋转。每行反应时间限制为5s。测试距离正好40cm。注意：许多患者在6号有困难，请鼓励猜到10号。

标准：毫不犹豫地说出6/6表格和7/10圈。

规范：8.71 ± 1.94。

指导语：让运动员在习惯性处方外佩戴交叉偏光滤光器。提供印在书本封面的如下示例数字。通过询问“你看到每个画板中隐藏了什么形状？”让运动员来识别这本书右侧六个框中的数字。如果看到所有的数字，展示左边的圆圈。“告诉我左边、中间或者右边哪个圆圈，看起来稍微浮动在其他圆圈上面。”10个圈都要提出这个问题。

记录：记录正确识别的数字的数量。在圆圈部分第一个不正确的回答被视为差距所限，除非患者连续两次识别出更精准的数字（图13、图14）。

答案

得分点	弧度为16in
1→L	400
2→R	200
3→L	140
4→M	100
5→R	70
6→M	50
7→L	40
8→R	30
9→M	25
10→R	20

图13 立体表示例

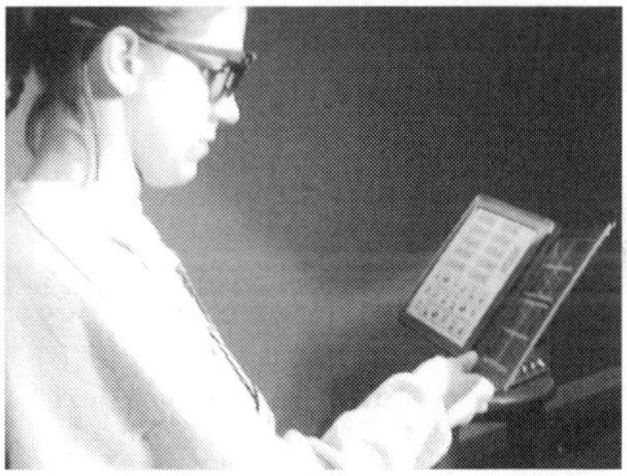

图14 正确测试姿势示例

10 瞳孔

评估：直接的、交叉的和传入性瞳孔反应。

设备：调节需求低的固定目标，透照器。

位置：运动员站立位，用他的眼睛瞄准20ft外的固定目标。

指导语：向运动员说明你正在评估他的眼睛对光的反应。告诉运动员当你对他的眼睛闪透照器时，视线保持固定在远距离目标上。

过程：

（1）将光线照射到右眼，不会影响运动员的视轴并且观察瞳孔的大小和收缩速度三个循环。这是右眼的直接反应。

（2）继续照亮右眼的光线，同时观察左眼瞳孔三个循环。这是左眼的交叉反应。

（3）将光线照射到左眼，观察左眼三个循环的直接反应和右眼三个循环的交叉反应。

（4）通过在两眼间快速交替移动灯光来检查运动员的瞳孔是否存在传入瞳孔缺陷（APD），同时每眼保持4s的时间。当灯光移向某只眼睛时，观察眼睛的反应。确保光照在眼睛上时，指示每只眼睛是否发生收缩（正常）或是否发生初始扩张（异常）。

记录：记录瞳孔的相对外观，是否存在瞳孔对光反应敏感（左右），传入瞳孔缺陷。确定记录两个瞳孔之间的大小或形状的任何差异。

转诊标准：任何异常反应，包括光反应减弱，存在传入瞳孔缺陷，或尺寸和形状之间的差异（图15）。

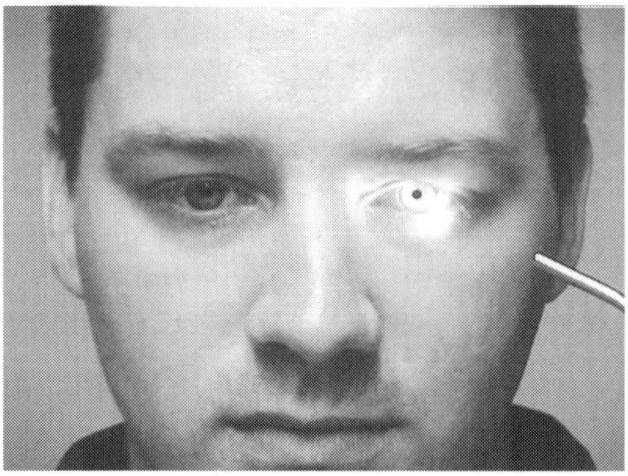

图15 瞳孔

11 眼部运动

评估：运动员进行眼睛共同运动的能力。

设备：透射仪。

位置：运动员应该站立面对测试者，并保持50cm远。房间照明应充足，运动员应该去除他的习惯性处方眼镜。

指导语：告诉运动员你在测试他的眼睛向不同方向的移动能力。指示运动员保持头部静止并用眼睛跟随光移动（图16）。告诉运动员在测试期间的任何时候出现疼痛或者复视要报告。

过程：从初级注视开始，将笔尖移动到图案“H”的开始位置（图17）。确保把笔尖移动到运动员的凝视极限。在整个过程中，观察运动的平滑度，跟随笔的准确性，以及眼球运动的程度。在凝视末端，观察到健康人低振幅眼球震颤是正常的，称为终点眼球震颤。

记录：如果运动员在各个位置平滑、准确地跟随笔尖运动，记录FROM（全范围运动）。记录任何疼痛、复视的存在位置。

转诊标准：任何眼动抑制的存在。

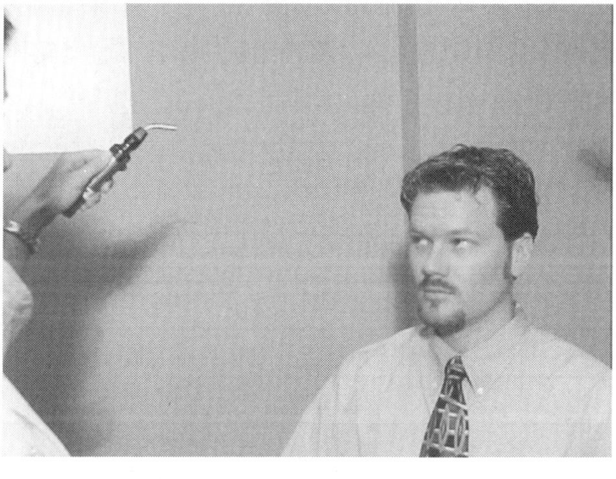

图16

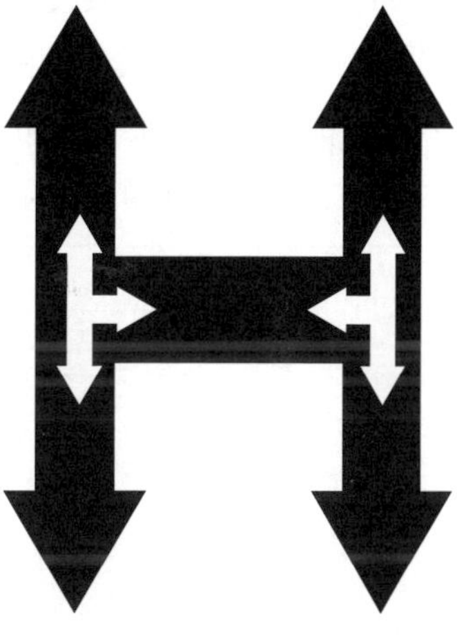

图17

12 追踪/扫视

评估：运动员追踪和扫视质量的好坏。

设备：不同颜色的两个靠近的目标。

位置：运动员面向测试者站立，并保持50cm。房间照明充足，运动员佩戴习惯的运动眼镜。

指导语：

追踪：告诉运动员你正在测试他追随近处移动物体的能力。指示运动员看着目标并且追随它，无论它运动到哪里。只能用眼睛，不可以运动头部。

扫视：告诉运动员你在评价他将视线从一个目标转换到另一个目标的能力。指示运动员看着一个近处目标，然后当你说出第二个目标的颜色时，运动员尽可能快速、准确地看向另一个目标。

如果在任何测试中发生了头部的运动，指示运动员尽量保持头部静止，只移动眼睛。如果运动员不能控制头部的运动，在这部分仅记1分。

过程：

追踪：使用一个近处目标，将它左右、右左、上下、下上按照循环模式移动。确保50cm的工作距离，不要使用超出运动员脸部大小的图案（图18）。

扫视：使用两个近处目标，且两个目标分隔10cm。将视线从一个目标直接转换到另一个目标。注意不要进入可预测的循环（图19）。

记录：通过下列模式记录。

追踪	4+	平滑且准确
	3+	一个目标丢失
	2+	两个目标丢失（失败）
	1+	超过两个目标丢失或有头部运动（失败）
扫视	4+	平滑且准确
	3+	一些轻微的调整
	2+	上下调整或延迟（失败）
	1+	不能完成或延迟，增加任何头部运动

转诊标准：2+或1+。

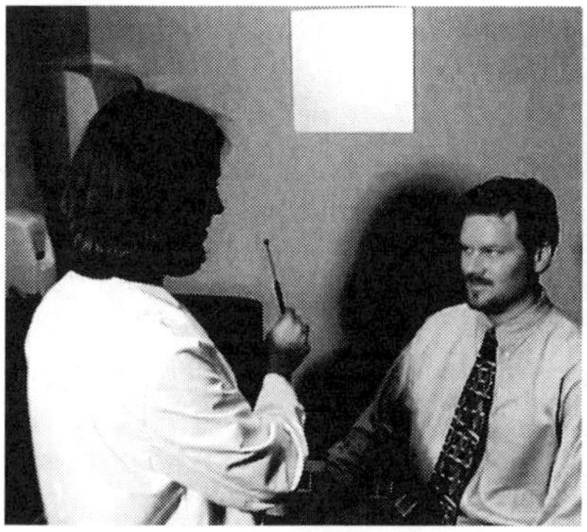

图18

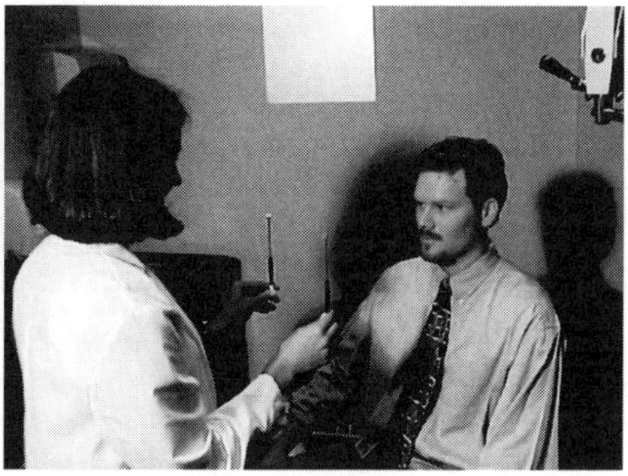

图19

13 优势侧眼–手（WSVP 优势手杖）

评估：找出优势眼和手。

测试距离：测试者与运动员相距10ft（1ft=0.30m）。

照明：标准房间照明。

体位：放松站立。

关键因素：运动员双手握着WSVP手杖的手柄，双手和双臂在身体的中线伸展，视线在正常凝视视线下方几英尺处。测试者对准他的优势眼睛，并指示运动员慢慢沿中线抬高手臂，捕捉眼睛在圆圈里的时刻。

指导语：“用两手将这个手杖保持在身体中心。两眼睁开，看着我所指的。将手杖举起，通过这个环看着我的眼睛。”

记录：记录病人是左手还是右手。标记出优势眼，记录强、轻或中度偏好，或中央或中间的倾向，或交替（待定）偏好（图20~图22）。

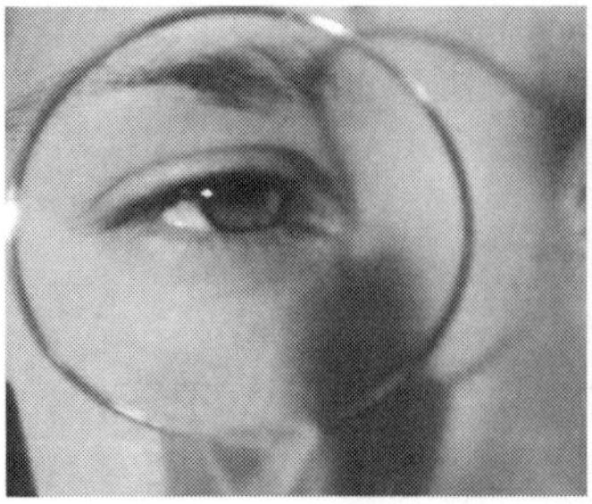

图20 强

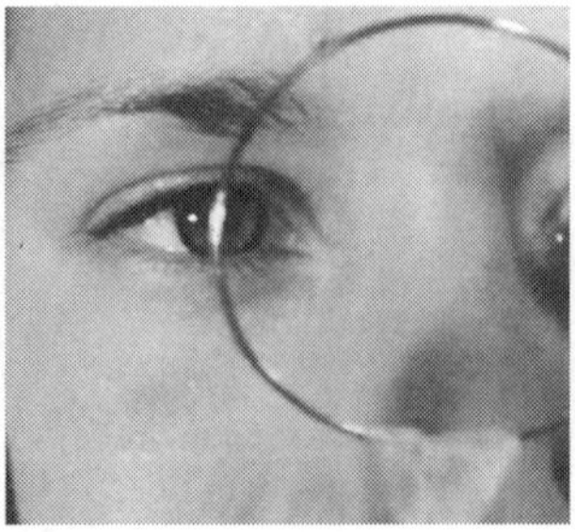

图21 轻或中度

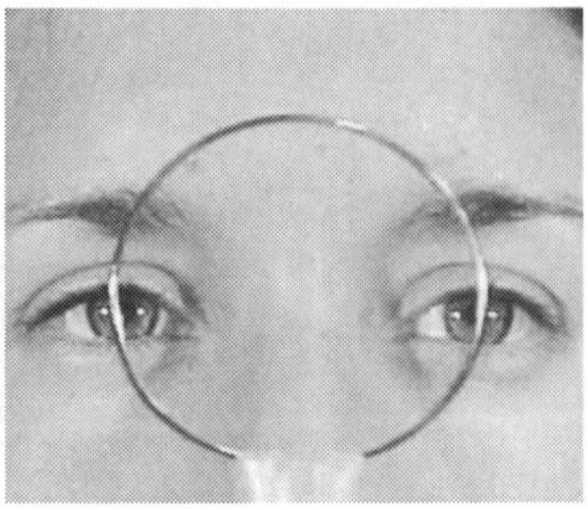

图22 中央

注意：没有形成固定优势眼的运动员可能两只眼睛都会是轻或中度状态（优势眼可能会从一只眼睛换到另一只眼睛）。

14 优势侧眼-手

评估：确定优势眼。

测试距离：独立的20/40字母放置在距离运动员6～15ft处。

照明：标准房间照明。

体位：放松站立。

关键因素：确保运动员通过圆圈孔径视物，一旦了解任务就不要再移动圆圈。运动员的身体需要以目标为中心。

指导语："双眼睁开看着房间另一边的目标。拿着圆圈，把它抬高，用圆圈对准远处物体的中心。"盖住运动员的右眼并询问："你还能通过圆圈看到物体吗？"盖上左眼，然后询问物体是否仍然被看见。

记录：当另一只眼睛被盖住时，优势眼能看见物体。记录右眼优势或者左眼优势。记录受试者是左侧优势手还是右侧优势手。

15 自动验光仪

评估：使用自动化仪器分析存在的客观折射误差，无论是使用台式机还是手持式自动折光机。

15.1　台式

照明：标准房间照明。

位置：运动员取坐位，将下颌放在下颌架上，将前额靠在前额架上。运动员应该拿掉习惯性佩戴的眼镜。

过程：

（1）打开机器。

（2）根据运动员的情况调整下颌架和机器。调整仪器先进行右眼的测试（图23）。

（3）指示运动员盯着特定的目标。

（4）看显示器，以确保正确的对齐和注视。使用仪器设置的标点进行正确对齐（图24）。

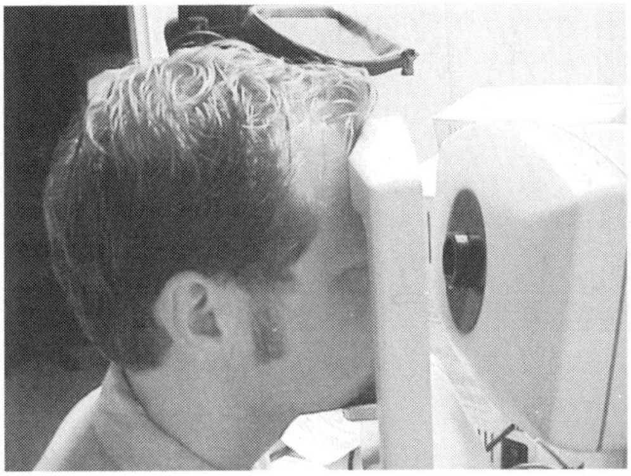

图23

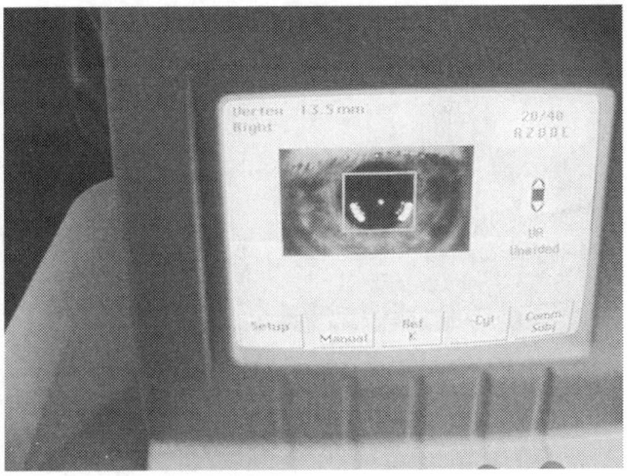

图24

（5）按下按钮将开始客观评估。

（6）一旦测试完右眼，仪器可以自动移动到左眼。如果没有，手动调整仪器测试左眼。

（7）按打印按钮接收测出数据并显示（图25）。

15.2　手持（尼康手持自动验光仪）

照明：标准房间照明。

位置：运动员取舒适坐位，眼睛自然凝视，去掉习惯性处方眼镜。盯着目镜，以便测试者旋转目镜直至内部清晰。通过轻轻推动放松前额。然后其余的部分放松。目镜的角度可以根据测试者和运动员的身高进行调节，使仪器垂直于运动员的视线。

过程：

（1）指导运动员看向自动验光仪。他应该看到一个人驾驶火箭到月球，要求运动员在整个测试过程中持续关注此目标。

（2）首先测试右眼。如果仪器是自动设置的，它默认右眼先进行测试。握住仪器，使仪器左侧的线与外眦对齐，仪器顶部的线在瞳孔中间。如果仪器排列正确，当测试者看向目镜时，瞳孔应该在中心位置（图26）。

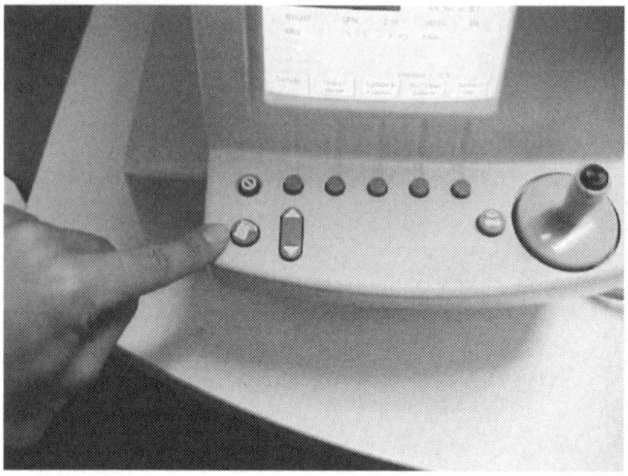

图25

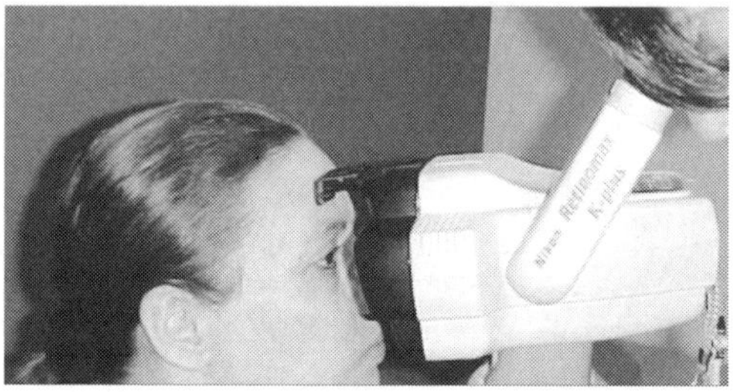

图26

（3）测试者应该来回移动，直到目镜中心的圆圈对焦清晰。一旦完成，按下手柄上的按钮，仪器将自动开始读取。

（4）在测试者开始读取前，右侧目镜屏幕下方会显示“R0 / L0”。这表示左右眼读取的数目。仪器需要至少8次读数来保证平均信息的准确性。当自动验光仪读数可靠时，右侧的读数将会累计到8。一旦达到“R8 / L0”，左眼就准备进行测试。在屏幕上方的“R0 / L0”进行角膜弧度测量。在这里不需要关注这个信息。

（5）自动验光仪会自动响应转向左眼。只要确定测试者的瞳孔在中部，与圆心对齐。按钮不需要再次按下。继续阅读，直到屏幕显示“R8/ L8”。

（6）将自动验光仪瞄准打印机前端，距离不超过50cm。按住自动验光仪顶部的按钮2~3s，直到听到来自自动验光仪的“哔”声和来自打印机响应的“哔”声。两个声音色调略有不同，所以你可以区分它们。

（7）“哔”声后，打印机将立即开始打印。标星号的为平均值。在自动验光仪的筛选表上记录这个数值。

16 外部健康

评估：眼睛外部和前部的健康。

照明：微暗房间照明。

位置：运动员取坐位。如果有显微镜可用，运动员可将下颌放在下颌架上，前额抵靠上杆。

关键因素：按照测试者的指示，稳定地注视一个目标点。

标准：

眼睑：看眼睑的边缘。观察眼睑上的炎症、排出物、皮肤上的结皮或碎屑。如果发现结皮碎屑，运动员可能会有睑炎。

结膜：外周结膜应光滑。注意小乳头状突起（血管位于中心）或滤泡（没有中央血管凸起的肿块）的存在。如果小乳头状突起很大，则可能需要前房角镜检查。常见的球结膜包括结膜黄斑和翼状胬肉；应当注意运动员存在一个或两个的情况。还要注意运动员是否有任何注射历史（按1~4级的分级）。

角膜：扫描角膜上的任何疤痕，如果发现疤痕，注意位置和角膜层内的水平。还应注意渗出（由多形核白细胞组成）。

前房：寻找细胞和耀斑的迹象（两者都分1~4级，其中1+为痕量，4+为密集）。通过比较前房深度与角膜边缘厚度来计算弓角。

晶状体：寻找任何不透明的位置，并注意前后囊下、皮质或细胞核。

指导语：“这个过程是评估眼睛前部及眼睛的健康。将你的下颌放在支撑架上，前额抵靠在杆上。尽量保持头部不动，眼睛看着我指引你的目标。”

记录：记录眼睑、结膜、角膜、前房和晶状体的状态（图27、图28）。

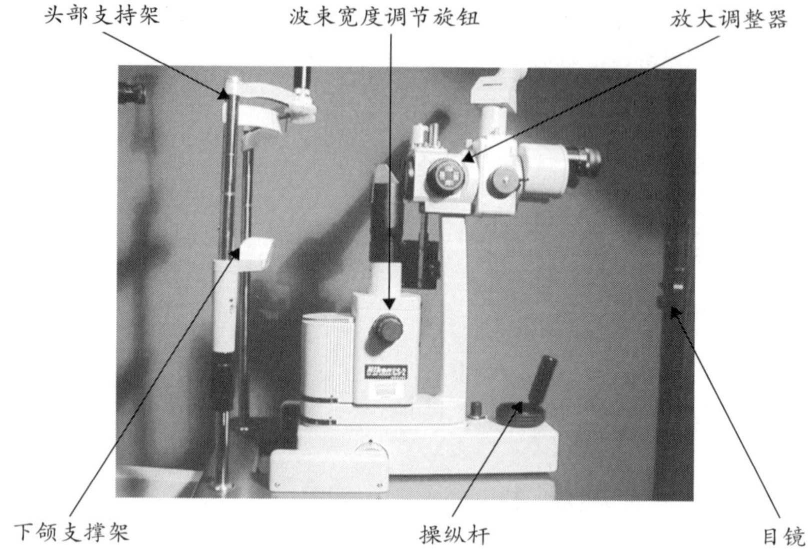

图27 角膜显微镜（微生物显微镜）

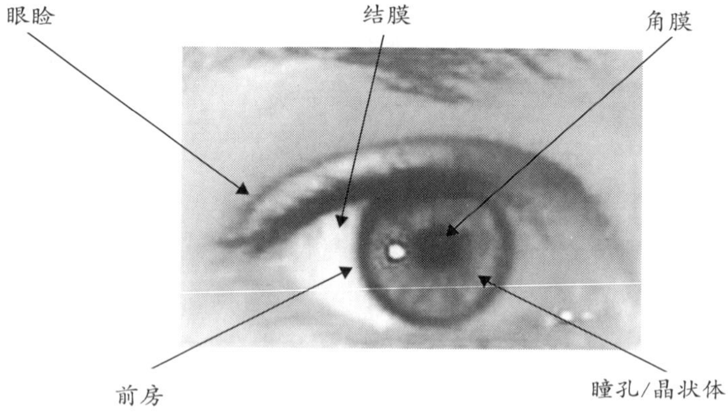

图28 外眼

17 内部健康

评估：眼睛内部结构的健康。

设备：直接检眼镜，远距离目标。

位置：运动员取坐位，目标放置在20ft远处。房间照明应略暗以鼓励瞳孔扩张。

指导语：告诉运动员你在评价眼睛内部的健康。指导运动员看着远距离目标，如果测试者挡住了目标则看向目标所在方向（图29）。

过程：

（1）用右手拿着眼底镜，将它放置在你的右眼上来检查运动员的右眼。自己站在运动员眼睛轴旁大约15° ，以便运动员继续盯着远距离目标（图29）。

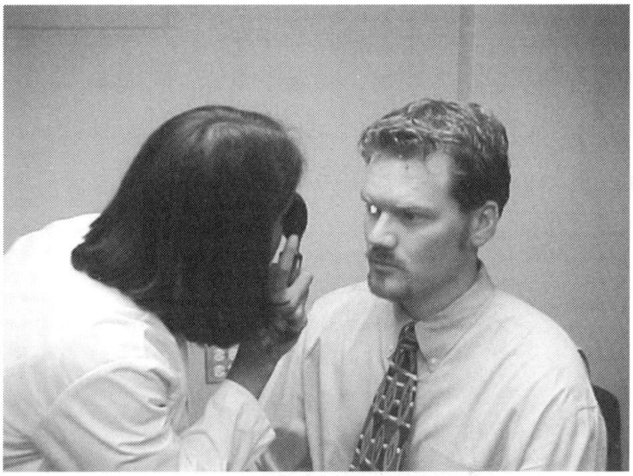

图29

（2）在眼底镜中调用+8.00 D ~ +10.00 D来检查运动员的虹膜。

（3）缓慢地减小眼底镜的力度（少加或多减）以便观察玻璃体。检测玻璃体的清晰度。

（4）继续减小力度观察眼底。寻找红色反射。

（5）评估视神经头，包括眼盘边缘、边缘组织（轮廓和颜色）和视杯（视盘）的大小和深度。

（6）评估眼球后极，包括黄斑区域和周围脉管系统。请注意以下内容：黄斑区域的颜色和清晰度、存在中心凹反射和动脉/静脉（A/V）比。

记录：记录视杯/视盘、动脉/静脉和黄斑状态。

转诊标准：参考是否有异常发现。

18 眼睛运动：Ober Ⅱ

评估：固定状态，扫视速度和准确性，以及远距离追踪质量。测试Ⅰ评估眼睛视物准确的能力。测试Ⅱ评估眼睛从一个点移动到另一个点的速度，测试Ⅲ评估眼睛跟踪移动物体的能力。

设置：

（1）打开电脑，点击“visa4.3”图标。点击visa主页工具栏上的第一个图标。转到“输入主题和测试数据”。输入名称、类别（输入“JO”）、测试（输入“v”）、性别和运动员的出生日期。点击“测量”并做好准备“固定保持”。

（2）运动员应该站立在5ft处，房间照明为标准。运动员的眼睛与目标同高。护目镜必须调整合适并校准到运动员的瞳孔距离（图30）。

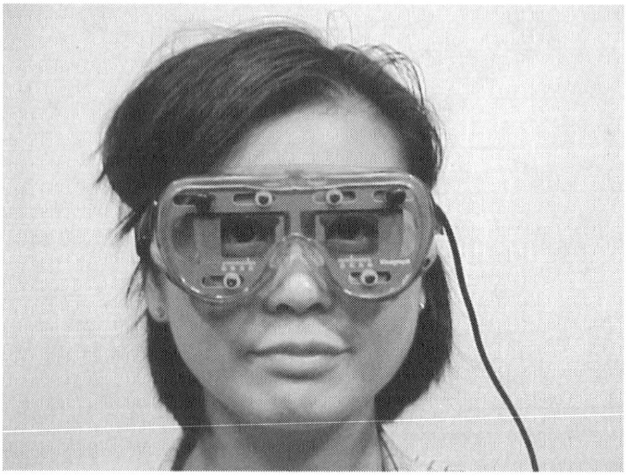

图30

过程：

测试Ⅰ，保持固定：指导运动员看向目标“O”的中心，并不要移动头或眼睛直到你告诉他这么做。在告诉运动员停止或移开眼镜前，允许至少25s（4次筛查）通过测试。按“回车”键（或点击“ok”）开始测试。点击“停止”结束测试。软件将进行下一个测试。

测试Ⅱ，运动–横向扫视：告诉运动员在两个X之间尽可能快地前后移动眼睛，避免头部运动。测试至少持续25s，开始和结束程序同测试Ⅰ。

测试Ⅲ，追踪：引导运动员在每个X之间进行5～10s的交替固定。开始和结束程序同上。

在这三个程序结束时，询问运动员对测试是否满意或是否需要再测试。点击“ok”，你会得到一份包括数据的视觉技巧文件。如果没有得到数据（只有零），你需要重复这个程序，但是追踪部分的结果可能还是零。

记录固定（固定维护）为“固定损失/10s”。记录偏移（在运动下）作为“扫视速度/ 15s”。用最佳测试结果选择眼睛（右侧或左侧）（数字越少，结果越好）。不使用“追踪”数据。

（注意：每5次测试后，通过点击主体窗口右上方的“×”退出额外的主题窗口。打开窗口数量太多会减慢计算机的速度。）

追踪：

注意：追踪部分不是在青奥会上进行的。

返回到4.3段工具栏，点击“新建”（文件菜单）。输入跟之前相同的“输入主题和测试数据”框中的数据，在注释部分中输入“追踪”一词。点击“测试”开始下一个测试。

测试Ⅰ，保持固定：这个测试针对追踪固定丢失的问题。运动员在距离4ft处看着摆动的球。在球水平摆动期间，指导运动员固定看一个字母或黑线（当球旋转，切换到另一个字母），横向摆动总长约50～55cm。运动员看球大约25s。像以前一样开始和结束测试。

测试Ⅱ，运动：此部分程序仅用于计算。指导患者在每个X之间交替固定5～10s，然后结束测试。

测试Ⅲ，追踪：此部分程序很有必要但仅用于计算。按照与之前测试Ⅱ相同的说明操作。

在这三个程序结束时，询问运动员对测试是否满意或是否需要再测试。点击“ok”，会提供一份包括数据的视觉技巧文件。如果只有零出现，你需要重复这个程序。

记录“追踪固定丢失/10s”作为固定保持部分的数据（右眼或左眼最低）。其他数据忽略。完成后关闭此页面，并返回到4.3段工具栏。

	小于7岁	7~11岁	12~15岁	16~25岁	大于25岁
每10s的固定丢失	10±7	8±6	7±5	6±4	4±3
每15s的扫视速度	17±8	20±7	24±8	28±8	29±6
每10s的追踪固定丢失	26±7	24±6	21±6	17±6	15±6

19 阈值动态视力

评估：评估对象在运动中解决20/40的Snellen字母的能力。

测试距离：10ft。

照明：标准房间照明。

位置：运动员双脚以舒适距离分开。测试时运动员佩戴习惯的眼镜，双眼视物。

标准：

- 目标尺寸：980px×40px
- 刺激（字母）尺寸：9mm（30px，或20/40当量）
- 刺激颜色：黑色
- 目标颜色：白色
- 速度：10
- 刺激曝光时间：200ms

说明和步骤：从电脑桌面，点击“动态敏锐度”图标。点击“运行程序”。程序默认为标准测试参数。给病人指示，按任意键开始测试。测试自动结束并在屏幕上记录得分。

指导语：“看屏幕的中心。当开始测试时，你会看到一个白色的球在屏幕上来回移动。用眼睛追随球，当你看到球上的字母闪光时，说出你看到的字母。在测试期间，目标可能会加速或减速。继续跟踪目标，直到我告诉你停止。”

记录：

（1）当运动员喊出字母时，按键盘上的空格键。输入运动员说出的字母。按下“Enter”进行下一个测试。

（2）当达到阈值时，软件将自动停止。记录显示在屏幕上的平均值，中位数和标准偏差动态视力评分。

（3）要退出测试，请按“F2”。

20 Acuvision 1000眼–手协调

评估：以有效的方式评估手指向目标的能力。

测试距离：运动员距仪器30in。仪器上中心绿色目标灯应与眼睛处于同一水平。

照明：标准房间照明。在面板的周边部分处于2.50ft–c处，面板照明范围为0.65ft–c。

位置：运动员站立位，在仪器从右到左等距离正中位置。运动员应穿合适的运动鞋。

关键因素：

速度=7/Mode=FF120/Fixation=Off/Brite=9/Map=Ne/Sound9

对于7岁以下的年龄，请使用以下参数：

速度=7/Mode=rF60/Fixation=Off/Brite=9/Map=Ne/Sound9

指导语：“此设备评估你使用眼睛来指导手部动作的能力。当你正在看测试板时，红灯会出现在你的周边视野中。用任意一只手的指尖，按出现的红灯。共有120个测试灯（年龄小于7岁将会看到60个灯）。如果你不按它，光将大约1s之后移动到下一个位置。如果你准确地按一下灯，它会立即出现在另一个位置。尽快地用眼睛寻找灯，但尽量不要移动你的头。”

标准：在每次试验中，监测是否存在头部运动和身体运动。以0~4的等级评价，4是头部或身体的过度运动。

示例见图31。

1997年青少年奥运会的测试数据

	小学	初中	高中	管理者或教练	全体受试者
反应	30±17	52±12	67±13	55±28	53±22
反应晚	29±12	35±8	25±11	34±24	27±12
反应时间	95±12	88±5	82±7	80±2	87±11

对于每个试验，记录正确命中的数量，延迟响应数以及完成试验的时间。在测试后打印出分配点数的手抄版。

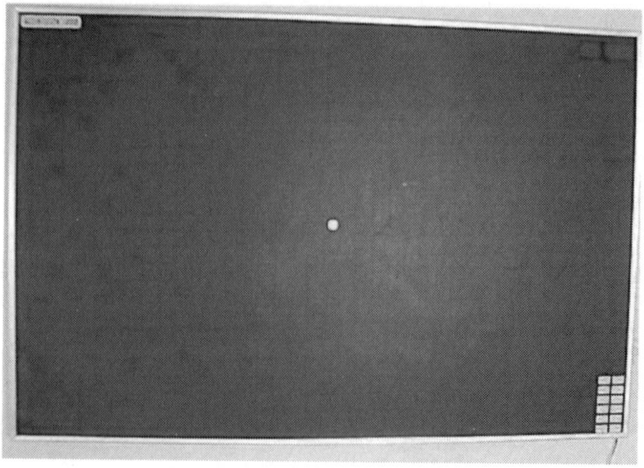

图31 Acuvision1000

速度、模式、固定、高亮设备、地图、声音按钮

21 Wayne脚步速度

评估：感知反应时间和运动脚步速度。

测试距离：7ft。

照明：标准间（约7ft-c）。

位置：运动员左脚站立在脚踏板中央，膝盖弯曲准备好。

关键因素：在指导设置完成之前，不允许运动员在左脚踏板上施加压力。脚垫水平固定，并在硬地面上分开7ft。按下“Enter-9-99-Enter”进行测试。

标准：

1997年青少年奥运会的测试数据

	小学	初中	高中	管理者或教练	全体受试者
脚步速度	0.66±0.6	0.49±0.18	0.48±0.19	0.55±0.39	0.54±0.29
释放脚步速度	1.5±0.6	1.2±0.6	1.2±0.3	1.6±0.9	1.3±0.5

指导语："这个测试评估反应时间和脚步速度。当你完全踩在中央脚踏板上，绿色的灯将在你面前的板上亮起。大约3s后，会发出声音，电路板上12，3，6或9点钟方向会出现红灯。如果在12点钟方向出现灯光，请尽快向前脚踏板移动；如果灯光在3点钟出现，向右移动；在6点钟方向，向后移动；在9点钟方向，向左移动。一听到声音，看到灯光改变，尽可能快地移动，用右脚触摸另一个脚踏板。你会这样做三次。"

记录：首先记录释放时间，接着是脚步速度。两个数据将会出现。脚步速度数值在一段时间后出现。通过检查每个试验的得分表来记录移动方向。在电脑上输入每个位置的测试。

程序改编代码：

1→13

2→0

3→0

4→3

5→4

6→0

22　Wayne扫视固定器

评估：视觉运动对视觉刺激的反馈，基于精确的、视觉上引导的动作反馈（手指按下指示灯），评估眼手协调。

测试距离：30in。

照明：在昏暗的房间里，仪器20ft-c入射。

位置：仪器中心应与运动员的眼睛处于同一水平。在不改变测试距离的前提下，运动员应该能触碰到仪器的顶部和底端（图32）。

关键因素：照明和测试距离至关重要。测试是通过使用优势手的一个手指。子测验1和2均进行30s。演示该任务时，允许运动员正确按下5个灯，然后触摸绿灯重新开始测试。

子测试1（准备）：回车；9，1，回车。

子测试2（反应）：回车；9，21，回车。

标准：

准备：平均值42；标准差，5。

反应：平均值27；标准差，4。

速度：平均值94；标准差，13。

指导语：“该仪器评估手眼协调和手速。在第一个测试中，用任意一只手触摸点亮的圆圈。当你碰到一个，另一个圈将在另一个随机位置点亮。在30s内触摸尽可能多的圆圈。”“第二个测试类似于第一个测试，除了亮光触摸没有等待时间之外。如果你不及时触碰它，灯将移动到一个新的位置，所以要不断尝试触摸它。你触碰得越快，光线移动得越快。尝试在30s内获得尽可能多的数量。”

记录：

子测试1：记录触摸的按钮数（从显示）。

子测试2：记录触摸的按钮数量和显示速度。点击“＃3”查看演示速度。

程序代码

准备	反应
1→1	1→14
2→30	2→30
3→0	3→57
4→3	4→3
5→1	5→1
6→0	6→0
7→0	7→0
8→0	8→0
9→0	9→0

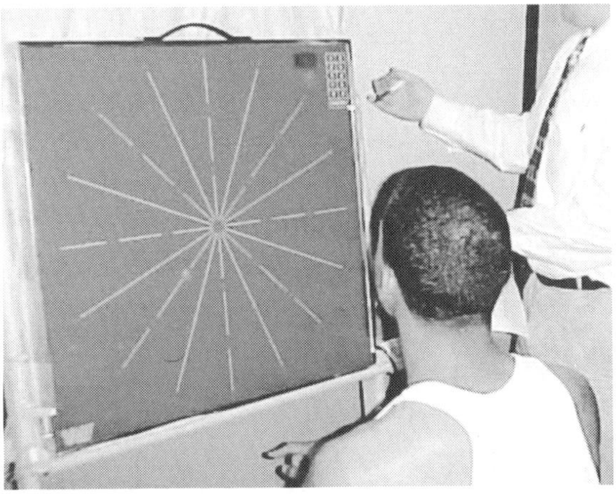

图32 Wayne扫视固定器

23 Wayne扫视固定器（手速）

评估：视觉运动对视觉刺激的反应，基于精确的、视觉上引导的动作反馈（手指按下指示灯）。还要评估眼睛的协调和手速。

测试距离：运动员舒适的位置。

照明：在一个昏暗的房间里，在仪器上发生40cd/m^2 ~ 70cd/m^{2}的入射。

位置：仪器中心与眼睛水平。不改变测试距离的前提下，运动员应能触到仪器3点钟和9点钟位置。

关键因素：照明和测试距离至关重要。运动员注视一点或跟随光源；运动员只能使用一只手的手指。

子测试3（手速）：回车；9，18，回车。

标准：手速为0.28 ± 0.07。

指导语："这种仪器可以测试眼睛的协调和手速。你可以用任何一只手的所有手指。我想让你触摸这个按钮（9点钟），然后触摸那个按钮（3点钟）。只这样做一次。记录速度。'再做一次'记录速度。最后一次。现在尝试做得更快。"。

记录：记录三个试验数据。圈出最好的，并将其输入电脑。

程序代码：

1→11

2→0

3→3600

4→4

5→1

6→0

7→0

8→0

9→0

24 Wayne扫视固定器（平衡板）

评估：视力平衡。

测试距离：7ft。

照明：标准房间照明。

位置：站在平衡板上面向Wayne图表。

关键因素：达到良好的平衡后开始程序，维持稳定的位置。允许运动员向各个方向移动以获得需要的平衡转移的感觉。

标准：待定

指导语："本仪器可以直观衡量视觉平衡。当你在平衡板时，板上有一个亮光会出现在12点钟、3点钟、6点钟或9点钟的位置。如果它出现在12点钟的位置，向前倾斜板；3点钟，向右倾斜；6点钟，向后倾斜；9点方向，向左倾斜。要小心不要走错方向，因为任何错误的举动，都会导致你失去所有的分数。任务将持续30s。"

记录：记录30s后获得的数字

程序代码：

1→11

2→0

3→0

4→3

5→1

6→121

7→0

8→0

9→0

25 Wayne外围感知测试仪（PAT）

评估：对8个视野定位的外围刺激的视觉运动反应时间（通过杠杆按压）。

测试距离：30in。

照明：3~5ft-c。

位置：放松站立，将WaynePAT的中心与运动员的眼睛水平平齐（图33）。对于处方眼镜会限制视野范围的运动员来说，对准特别重要。

关键因素：所有PAT筛查应按照PAT诊断测试协议进行。仪器应安装在中心，浅色背景下。

在测试过程中，受试者视线必须持续固定在机器的红色中心灯上。

标准：每个位置的标准<0.6s。

指导语："本仪器测量周边视力。将眼睛始终保持在中央红灯。当你在任何一个边缘看到光时，朝光的方向快速移动操纵杆并释放它。一个灯将每2 ~ 4s打开一次。"

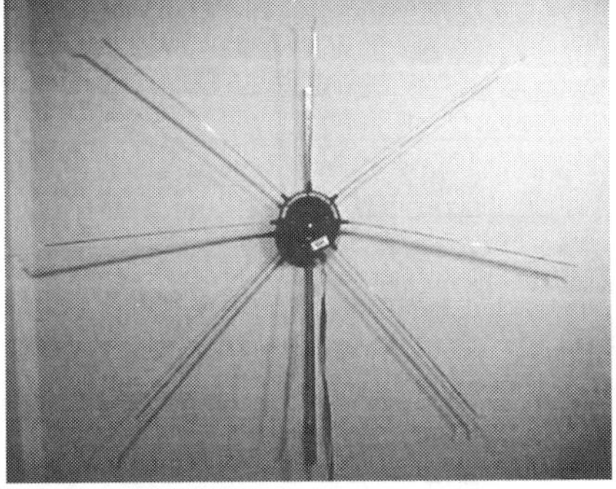

图33

26 视速仪

评估：识别的速度和跨度。

测试距离：运动员距离屏幕10ft。

照明：35ft-c。

体位：放松站立。

关键因素：数字必须高3.5cm（20/80敏锐度）。每组有6个数字，每组显示0.05s。

标准：

1997年青少年奥运会的测试数据

	小学	初中	高中	管理者或教练	全体受试者
数据	9±4	12±3	13±3	13±2	12±4

指导语："在两墙之间的贴纸上，会出现一组数字，例如这些。"按下外部快门显示6个数字。"它们会快速出现。"按下快门开始显示它们将出现得多快。"看两贴纸之间，按顺序记住数字，并背诵给我。"每个运动员进行三次试验（总共18个数字）。

记录：在18个数字（三次试验）中正确的数字。

得分：运动员在每张幻灯片中允许有一个换位。例如，数字显示为123456和测试者背诵123465。正确数字应该是5而不是6，因为4是加1正确转换的。

示例见图34。

答案

	组1	组2	组3	组4	组5
演示	360842	842907	728053	264073	739201
1	254698	302658	394625	628149	583902
2	628407	620174	873142	802476	831927
3	602391	905281	984527	210684	730159

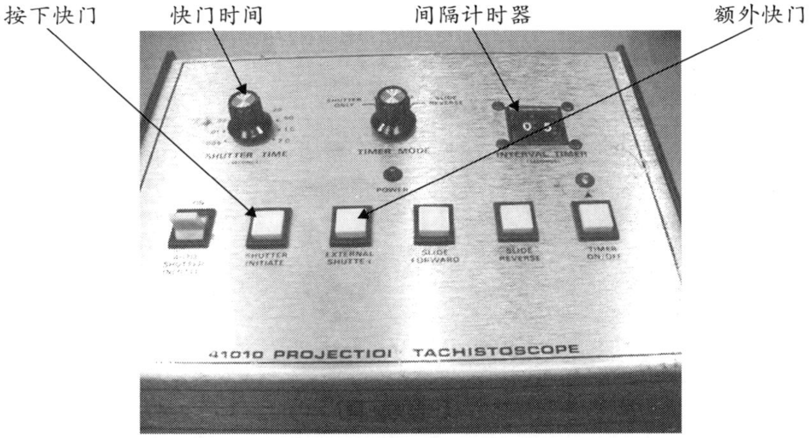

图34 视速仪控制台

27 矢量视觉对比敏感度

评估：视觉对比敏感度；视觉辨别能力。

测试距离：12.5ft。

照明：测试使用内部光源进行背光照明。

体位：放松站立。

关键因素：仅测试右眼或左眼。

各种测试距离的周期/程度的空间频率示例

	行A	行B	行C	行D
8ft	3	6	12	18
10ft	3.75	7.5	15	22.5
12.5ft	**4.7**	**9.4**	**18.75**	**28.1**

标准：

1997年青少年奥运会的测试数据

	小学	初中	高中	管理者或教练	全体受试者
对比敏感度OD1	6±2	6±1	6±1	6±2	6±2
对比敏感度OD2	6±2	6±2	6±2	6±2	6±2
对比敏感度OD3	6±2	6±2	6±2	5±6	6±2
对比敏感度OD4	6±2	6±2	6±2		6±2

指导语：“每个面板上都有两排圆圈；每对中一个圆圈会包含一些线。对于每一对，告诉我顶部还是底部包含线条。一些线条不够明显，如果你不确定可以尝试猜测。”

记录：记录矢量图表上四个板块中每一个板块里网格中的正确个数（图35、图36）。

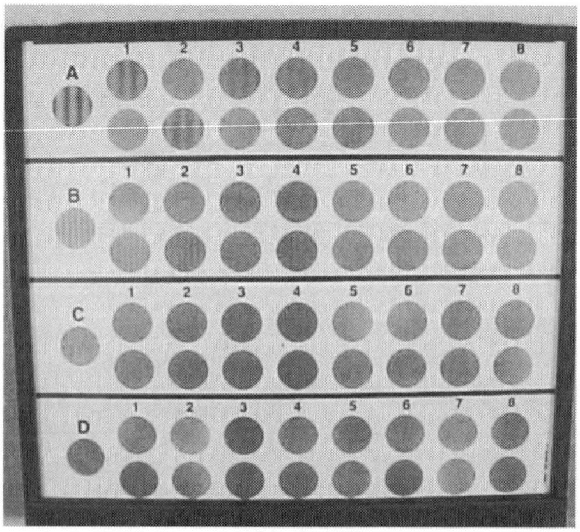

图35

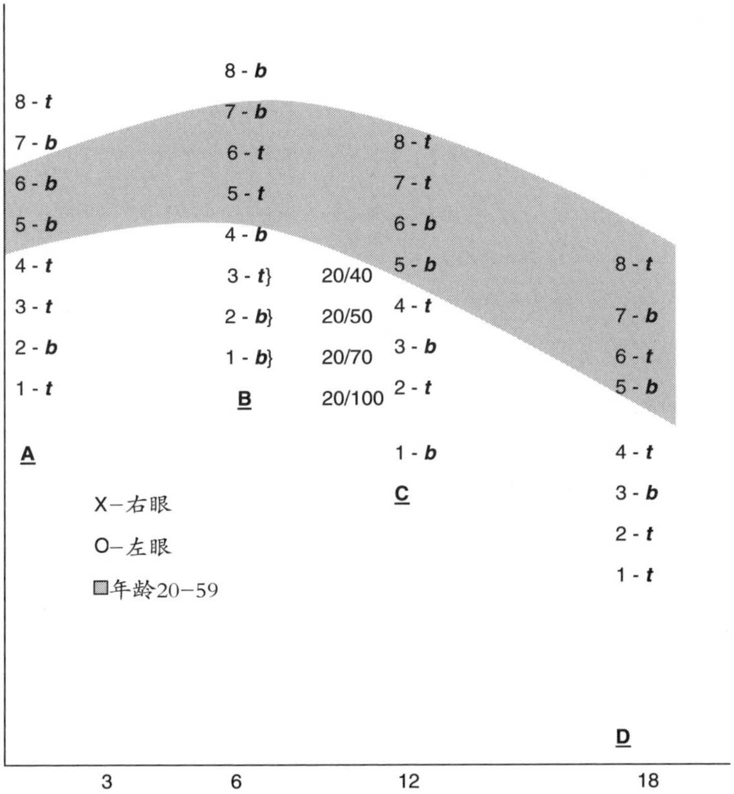

图36 空间频率（每个等级循环）

28 霍华德–多尔曼立体视敏度测试

评估：远距离的立体视敏度或深度知觉。

测试距离：运动员的眼睛距仪器顶部的刻度零点处6m。

照明：标准房间照明。

位置：运动员应该坐在设备前并与设备平齐。运动员应该佩戴适当的运动视力矫正设备。确保运动员看不到位于箱子内部的顶部和底部的引导轨道。相应地调整椅子。

过程：以9cm、6cm、4cm、2cm和1cm的分隔距离进行试验。每个分隔距离进行四次试验：两次试验为右杆在前面；两次试验为左杆在前面。从最大的分隔距离开始。只有运动员在四次试验中三次正确地识别活动杆在固定杆的前面或后面，才能移动到下一个较短的分隔距离。当向前后移动杆时，站在箱子的前面。当最后一次正确识别四次试验中的第三次时再记录立体视敏度。运动员每次只有3～5s反应时间，而他在测试期间不应该移动头部。3s后，请运动员回答。如果运动员没有回答，那么认为试验失败。不要告知运动员试验次数或左杆、右杆在前面的次数；不要在不同分隔距离的测试之间暂停；斜视或弱视的运动员不能进行测试。

指导语："这个设备有助于测量你的距离深度感知。你前面的盒子里有两个杆。当你看到杆时，马上告诉我哪一个在前面、左边或右边。"（图37）。

测试结果：

分隔距离	立体视敏度
9cm	30.94″
6cm	20.63″
4cm	13.75″
2cm	6.88″
1cm	大约6.88″

记录：

分隔距离	描述：杆在前
9cm	右，左，左，右
6cm	左，右，左，右
4cm	左，左，右，右
2cm	右，左，右，左
1cm	右，左，左，右

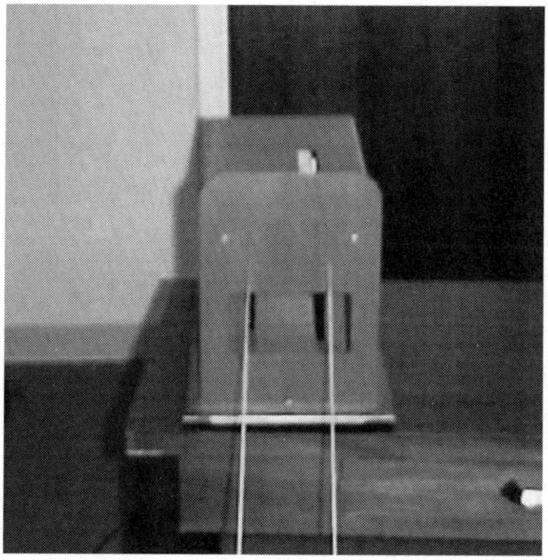

图37

29 Bassin预测定时器

评估：视觉预期技能；预测灯光到达轨道终点的能力。

测试距离：距轨道末端3ft。

照明：6～7lm（昏暗的房间）。

协议：向运动员以10mph的速度进行演示。在此速度下做一个试验。当运动员了解任务时，将速度提高到50mph。记录接下来的三个试验的结果。

记录：在光线到达之前反馈时，用加号记录。如果反馈延迟，用减号记录。

位置：放松站立，轨道与肩膀垂直放置（图38）。

关键因素：运动员了解在到达最后位置时要停止光线。

标准：计算机平均+记录为早/–记录为晚（图39）。

指导语："这排灯代表一个接近你的目标。通过推动手持式触发器在轨道的末端准确地停止光线。我会让你在慢速下练习，以便你学到它如何工作，然后我们将加速。"

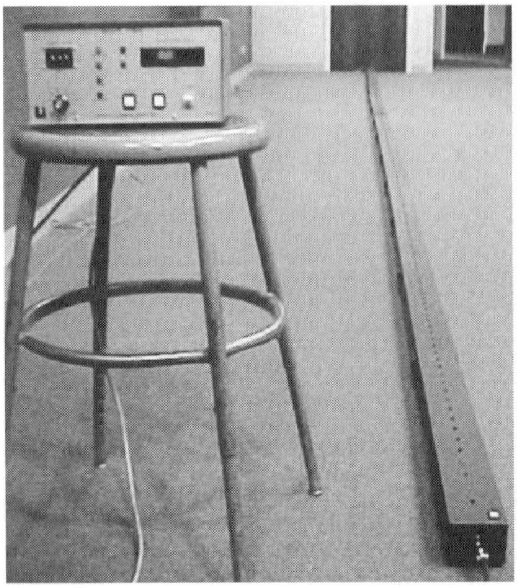

图38

图39

30　韦森固定差距卡

评估：视物姿势。

位置：运动员站立且保持头部正直，测试应该在16in的近距离和10ft的远距离处进行。使用标准房间照明，运动员应佩戴眼镜。

过程：指导运动员看卡片。请运动员看底部的箭头并注意顶部箭头是向右或向左，还是直接在底部箭头的上方。然后让运动员看其中一个水平箭头，注意另一个水平箭头是在固定箭头的上方，下方还是水平对齐。

记录：记录相关的隐斜。注意用标准的偏光眼镜记录，顶部顶端箭头向右表示内部姿势，顶端箭头向左表示外部姿势。此外，右箭头更高表示左上隐斜。

转诊标准：比另一只眼睛外偏更多或内偏更多、存在任何垂直像偏差（图40、图41）。

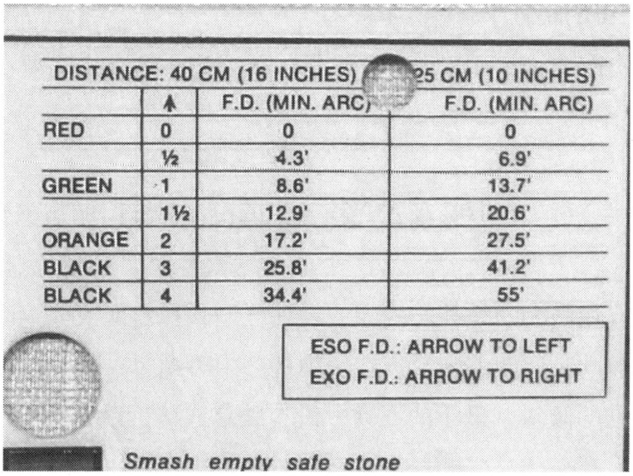

DISTANCE: 40 CM (16 INCHES)			25 CM (10 INCHES)
	↑	F.D. (MIN. ARC)	F.D. (MIN. ARC)
RED	0	0	0
	½	4.3'	6.9'
GREEN	1	8.6'	13.7'
	1½	12.9'	20.6'
ORANGE	2	17.2'	27.5'
BLACK	3	25.8'	41.2'
BLACK	4	34.4'	55'

ESO F.D.: ARROW TO LEFT
EXO F.D.: ARROW TO RIGHT

Smash empty safe stone

图40

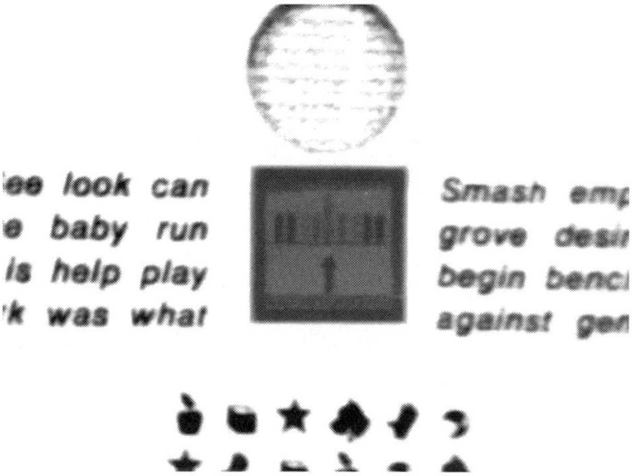

图41

31 视觉和平衡

评估：在各种情况下维持粗大运动平衡所涉及的视觉因素。

位置：使用标准房间照明，测试距离不包括眼球运动序列；然后使用40cm的距离。运动员应脱鞋和站在4×4（35/8′ ′ ×35/8′ ′ ×10ft）的标准场地边。运动员脚跟脚趾并拢，与光束的长轴平行。

关键因素：测试者应该阅读并记住评分标准以防在筛查中需要参考。使用不同的彩色目标来测试眼睛。

标准：

（1）高度紧张，巨大的身体摇动和挣扎。停留在光束时明显困难。任务期间无法停留2~3s。

（2）紧张，有相当大的挣扎和摇动；在任务期间掉落两次或更多。

（3）严重的摇动，但能够恢复。在一项任务中不超过一次跌落。

（4）轻微可见的倾斜，最小的摆动。没有跌落或接近跌落。大部分的任务保持高水平的稳定。

（5）不摇动，不跌倒。在整个任务中保持高水平的稳定性。

引导语：运动和平衡测试包括5个子试验，每个都应按照上述标准仔细评分。

（1）“上臂放在体侧，向前看，脚跟与脚趾站立并保持平衡（演示）。你可以用任何你喜欢的脚保持向前的姿势。”记录10s得分。

（2）“现在闭上眼睛。”从运动员闭上眼睛开始记录10s得分。

（3）“睁开眼睛。”仅用眼睛追踪目标。不要使用头部运动。使用四个眼动探针。

（4）两个到鼻子（打破和恢复）的聚焦慢速近点，共维持15s。从右侧到患者的鼻子（打破和恢复）6in的一个慢速聚焦近点，有8s的时间，以及从左侧到患者的鼻子（打破和恢复）6in的一个慢速聚焦近点，有8s的时间。

（5）在相对的两个基本点之间快速扫视，测试距离为40cm，两个球分开大约75cm，每点两次。

（6）快速近-远距离扫视，3～6ft的距离。

（7）目标距离40cm，眼睛平稳地运动。横向扫视2×2轮次范围，倾斜追踪两次，垂直追踪两次，每个旋转一次。

（8）动态：眼睛睁开。“向前走到杆的尽头，然后用脚后跟回去。尝试保持眼睛平视前进。”

（9）动态：闭眼。“走到杆的尽头。我会告诉你什么时候到头。然后向反方向走，停止。”

记录：记录每个子测验的表现量表评分。

标准：运动员在筛选的所有阶段应该分3级。总分是与计算平均数相关。

平均=18

标准偏差=2

得分标准：（低）1，2，3，4，5（高）。

例如：运动员在第一次测试期间轻微摇摆，表现出良好的平衡。运动员闭上眼睛，必须使用脚趾触感保持平衡，然后在剩余的测试中显示稳定的平衡。眼睛运动过程中，运动员跌倒一次。运动员使用两只脚趾接触时，双眼睁开，晃动并且在闭着眼睛行走时努力保持平衡。运动员在最后一次测试时也跌倒两次。（图42）。

记录：

（1）5

（2）3

（3）3

（4）3

（5）2

总分=16

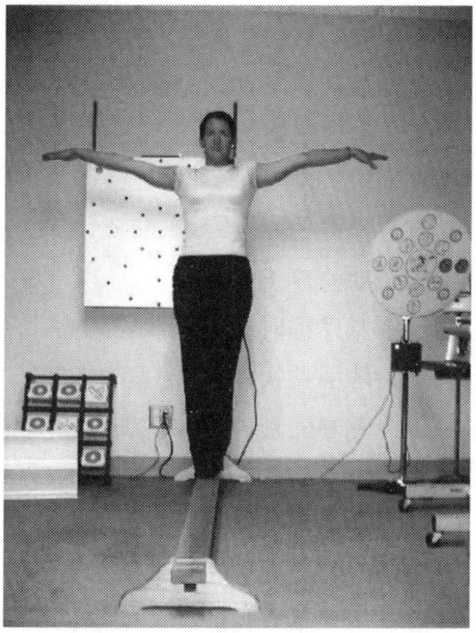

图42

附录B

棒球队视觉筛查量表

日期：______________________________

姓名：____________________________________ 出生日期：__________________________

职位：____________________________________ 所在年级：__________________________

上一次眼部测试时间：______________________ 医师姓名：__________________________

您是否佩戴框架眼镜？ 是__________ 否__________

您是否佩戴接触镜？ 是__________ 否__________

如果您佩戴接触镜，那么您佩戴的是何种类型的眼镜（软硬程度，日戴型，夜戴型等）？尽可能详细地描述。

____

当您从事棒球运动时是佩戴框架眼镜还是接触镜？______________________________

您是否有或曾有以下任何一种情况？请圈出。（多选）

视物困难 周边视觉下降

对灯光敏感 有压力时运动表现下降

缺乏运动的连贯性 头痛

注视视觉目标时易于分散注意力 深感觉下降

视觉追踪移动物体困难 近距离工作后视觉模糊不清

您是否曾感受到您的视觉使运动表现下降？请解释说明。

____

您是否正因为身体状况接受医生的医务监督？如果有的话，是何种症状？并且用了哪些药物？

____

该测试用于筛查一般视觉疾病，不能取代全面的视觉检查。

屈光不正

常用处方：		右眼：__________	左眼：__________
镜片计处方：		右眼：__________	左眼：__________
自动验光仪：	矫正前：	右眼：__________	左眼：__________
（视力筛查仪）	矫正后：	右眼：__________	左眼：__________

续表

视敏度(Bailey–Lovie视力表) 距离：右眼________ 左眼________ 双眼________ (±0.02/字母)
遮盖实验 第一眼位： 远距离：________ 近距离：________ 击球位置： 远距离：________ 次级：近距离 ______ ______ ______ ______ ______ ______ ______ ______
Acuvision(FF120,速度2)：
对比敏感度 右眼：A________ B________ C________ D________ 左眼：A________ B________ C________ D________ 双眼：A________ B________ C________ D________
Bassin预测定时器（1.5 报警时间） （主观的）（客观的） （主观的）（客观的） 5mph：(L)/(O)/(E)–(L)/(E) (L)/(O)/(E)–(L)/(E) (L)/(O)/(E)–(L)/(E) 10mph：(L)/(O)/(E)–(L)/(E) (L)/(O)/(E)–(L)/(E) (L)/(O)/(E)–(L)/(E) 20mph：(L)/(O)/(E)–(L)/(E) (L)/(O)/(E)–(L)/(E) (L)/(O)/(E)–(L)/(E) 30mph：(L)/(O)/(E)–(L)/(E) (L)/(O)/(E)–(L)/(E) (L)/(O)/(E)–(L)/(E)
距离岩 20/80____ /60 s 20/25____ /60 s
BVAT—立体视觉速度 240 s + − ____ s 180 s + − ____ s 120 s + − ____ s 60 s + − ____ s 30 s + − ____ s 15 s + − ____ s

附录C

个别运动员的运动视觉治疗报告的范例

日期：
姓名：
地址：

尊敬的××：
你于×年×月×日在××进行了一次运动视觉评估。

历史

对您的视觉技能进行评估，主要关注的是将视觉技能作为一项影响您重返竞技性双向飞碟射击的因素。您发现最近自己在看远处的时候视线会瞬时模糊（在早晨更为严重），并且当目标直接向头上方移动过来时会有些“锁定”困难。

视敏度和屈光状态

未佩戴接触镜下的视力记录结果：
右眼：0/20—于远距离处，20/20—于近距离处
左眼：20/20—于远距离处，20/20—于近距离处
您的左眼有轻度远视加散光的屈光不正。

视觉功效技能

眼球运动（眼追踪）：经检查，您有充分的能力。
眼球停留（眼注视）：经检查，在您的年龄阶段，您有充分的能力。
感觉和运动融合（眼睛的协同运作）：经检查，您的能力满足正常视觉需求；然而，您的注视移动（眼睛的协同运作）的不稳定性以及较差的远距离发散能力会对双

向飞碟射击的运动表现造成不利影响。

运动视觉评估

深度感知能力：您的深度感知能力及反应速度非常棒。

动态视觉：您该方面的能力达到了平均水平，但对于双向飞碟射击运动员来说则需要更好的表现。

对比敏感度（光适应）：与非运动员相比，您有足够的能力；然而，在高空间频率下，您的能力低于双向飞碟射击运动员所要求达到的水平。

视觉运动反应能力（眼–手反应的速度和精确度；眼–脚反应的速度）：您有充分的能力，然而，这项能力与双向飞碟射击运动颇为相关，您的该项能力还有待提高。

视觉预判能力（动作反应时间）：您总是提前并且对速度的变化不如预期敏感。

评估

在上述的很多视觉功效技能和运动视觉能力中，您的表现都很好，但在眼睛协同运动、眼–手反应的速度和精确度、视觉预判能力、动态视力、对比敏感度方面仍有不足。当视线追踪物体的时候，眼睛协同运动不足直接影响空间判断能力。眼–手反应精确度下降会导致在关键时刻有不当或缓慢的射击器械移动和调整。这个问题，连同视觉预判的不同反应时，会导致过早或过晚射击。高空间频率的对比敏感度技能让您在低对比度的情况下，如在阴天变晴天或者变化的背景下，对小的物体（例如飞盘）有详细的判断。在上述环境中，对比敏感度技能不足会导致误判。动态视力不足会影响您从快速移动的物体分辨出详细信息的能力。在双向飞碟射击中，这项能力不足会削弱运动员看转动着的飞碟以及“瞄准”的能力。

上述能力不足对普通人来说是微不足道的；然而，在优秀运动员需要进行比赛的情况下，会对视觉表现产生不利影响。加强这些能力可以消除重返竞技性射击的不利因素。

建议

1. 这次我们提出您的左眼无须佩戴矫正镜片的建议；但是，在对您进行运动视觉治疗项目时，会评估是否需要佩戴矫正镜片。

2. 为了提高上述所缺乏的视觉能力，推荐一个运动视觉治疗计划。视觉治疗计划包括每周一次，每次60min的诊所就诊以及按照指示每天约15 ~ 20min的家庭视觉治疗方案。初步估计诊所的就诊次数大约是15次。

如果您有任何问题或想了解更多有关您的视觉防护信息，欢迎联系我。

谢谢!

附录D

叙述运动员简况的范例

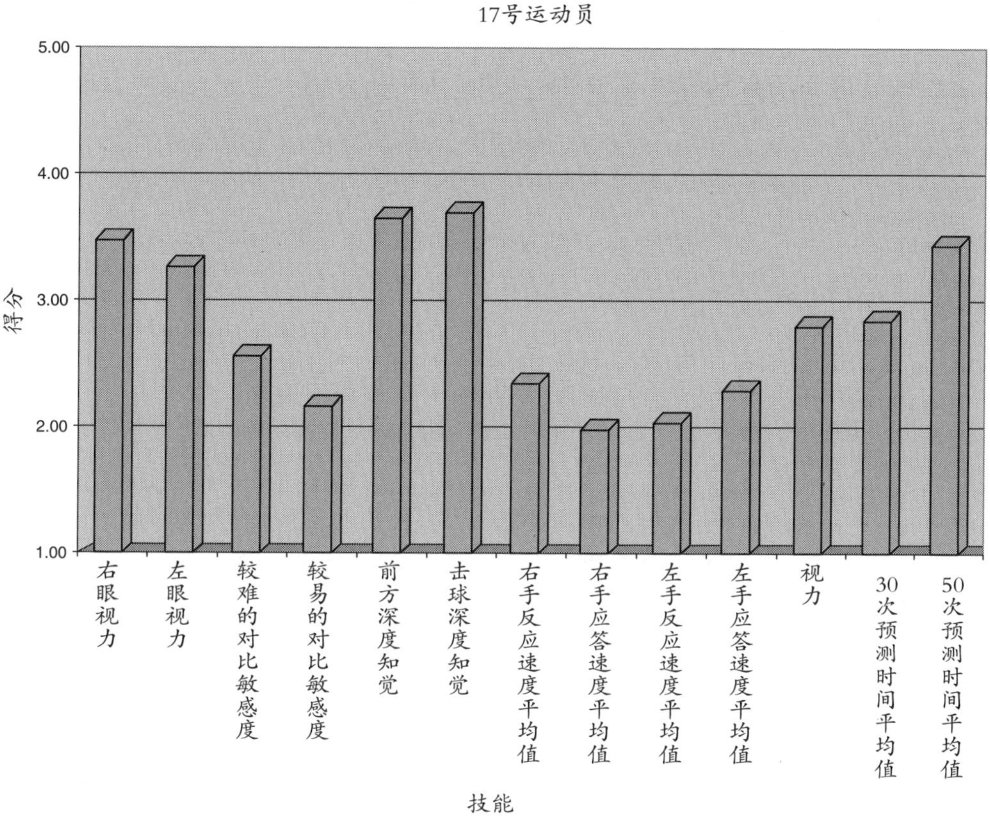

图43

17号运动员

视觉优势：

- 良好的视敏度；
- 在预判时间上表现良好；

- 良好的深度知觉。

视觉弱项：

- 左右手的反应和应答速度较慢；
- 与团队平均值相比，对比敏感度稍低。

建议：

- 佩戴有色眼镜或者加强训练可能会提高对比判断；
- 眼–手反应、应答训练可能会对防守和击球有益。